国家社会科学基金重大项目：边疆多民族地区红色文化资源调查、保护与传承研究（编号18ZDA270）

边疆多民族地区红色文化资源保护与传承意愿调查研究

Research on the Protection and Inheritance Intention of Red Cultural Resources in Frontier Multi-Ethnic Areas

卞成林　著

中国财经出版传媒集团
经济科学出版社
Economic Science Press

图书在版编目（CIP）数据

边疆多民族地区红色文化资源保护与传承意愿调查研究/卞成林著．--北京：经济科学出版社，2021.11
ISBN 978-7-5218-3038-5

Ⅰ.①边… Ⅱ.①卞… Ⅲ.①边疆地区-民族地区-革命纪念地-旅游资源开发-研究-中国 Ⅳ.①F592.7

中国版本图书馆 CIP 数据核字（2022）第093322号

责任编辑：李晓杰
责任校对：王肖楠
责任印制：张佳裕

边疆多民族地区红色文化资源保护与传承意愿调查研究
卞成林 著
经济科学出版社出版、发行 新华书店经销
社址：北京市海淀区阜成路甲28号 邮编：100142
教材分社电话：010-88191645 发行部电话：010-88191522
网址：www.esp.com.cn
电子邮箱：lxj8623160@163.com
天猫网店：经济科学出版社旗舰店
网址：http://jjkxcbs.tmall.com
北京季蜂印刷有限公司印装
787×1092 16开 21印张 420000字
2022年8月第1版 2022年8月第1次印刷
ISBN 978-7-5218-3038-5 定价：86.00元
（图书出现印装问题，本社负责调换。电话：010-88191510）

前　言

在“两个一百年”交汇的重要历史时期，我国在建设社会主义现代化强国的道路上奋勇前行，要建设社会主义现代化强国，必须树立文化自信，红色文化则是增强文化自信的重要资源。中国共产党以马克思主义为指导思想，领导中国人民在新民主主义革命时期为谋求国家独立和民族解放而凝结出的一系列先进文化被称作红色文化。红色文化深刻体现出中国人民的优秀品质，高度概括了中华文化的精神内核，是彰显中华民族精神风貌、提升民族自信和文化自信的重要载体。习近平总书记强调，“要把红色资源利用好、把红色传统发扬好、把红色基因传承好”，这充分说明了红色文化受到了党和国家领导人的重视，也体现出红色文化在增强文化自信过程中不可替代的价值和意义。

红色文化继承和发展了中华传统优秀文化，是实现文化自信的重要基础。红色文化记录了近代以来中国共产党领导各族人民进行反帝反封建斗争的历史进程，总结了马克思主义中国化的重要智慧和经验，为坚定“四个自信”提供了关键保障。从先秦诸子开始到近代以来，我国的文化遗产浩如烟海，中华文化源远流长，红色文化正是在马克思主义的指导下，结合中国实际情况，继承发展了中华传统优秀文化，进一步丰富了中华民族的文化宝库，为实现中华民族伟大复兴提供了新思路。近代以来，农民阶级、资产阶级都用了不同的思路尝试挽救中国，历史证明，只有共产党才能救中国，只有社会主义才能救中国。利用红色资源，传承红色基因，红色文化中保留的历史经验是推动我们砥砺前行的重要信心来源。

红色文化能够进一步增强各族人民对中国特色社会主义文化自信的认同。文化的自信需要不断的发展和丰富，习近平总书记强调，文化自信是更基本、更深沉、更持久的力量，一旦失去这种内在的精神力量，历史悲剧就不可避免地要上演。红色文化在当今的社会背景下，通过历史事件、集体记忆等多样化的方式，为实现文化自信提供了丰富的资源。红色文化的表现形态丰富多样，遗迹旧址、人物事件、纪念场所、文艺作品都是体现红色文化价值的重要载体，不管是信息类的文字作品、科学研究成果，还是物质类的遗迹旧址、文化广场，都能够以不同的方式增强各族人民对红色文化的认同，进而增强文化自信。不同形态的红色文化资源共同构建起了完善的作用机制，进一步生产各族人民共有的记忆。

红色文化能够有效地对抗西方意识形态的入侵。伴随着信息时代的到来，西方的历史虚无主义、新自由主义等错误文化传入中国，对中国树立文化自信产生了巨大的消极影响。西方利用“自由”“平等”“民主”等借口否定我国的价值理念，事实证明，西方的“自由”“平等”“民主”并没有为世界带来和平，反而为世界带来了动荡和不安。中国共产党从中国实际出发，基于中国现实国情找到了文化自觉和自信的立足点。红色文化形成和发展的过程也说明中国需要以马克思主义中国化的方式，才能够真正解决中国的现实问题，不需要西方的意识形态对我国的发展指手画脚。

红色文化将为构建中国特色话语体系增添动力。伴随着世界格局的不断变化，全球经济秩序、文化价值秩序都在重构，在中华民族伟大复兴的道路上，需要构建起中国特色话语体系，才能够真正让中国道路、中国理论、中国智慧影响世界。红色文化是中国道路、中国理论、中国智慧的凝练，保护与继承红色文化将为构建中国特色话语体系增添动力，井冈山精神、长征精神、延安精神、西柏坡精神充分体现了中华民族的文化烙印，讲好红色故事，不仅能够体现出社会主义制度的优越性，更能够增强民族自豪感，让世界听到中国声音。

当前，铸牢中华民族共同体意识已经成为了民族工作的主线，同样也是实现中华民族伟大复兴的根本保证。边疆各族人民也在红色文化的产生和发展过程中发挥了重要的作用，边疆多民族地区的红色文化资源十分丰富，保护好、传承好边疆多民族地区的红色文化资源，不仅能够带动当地的经济结构转型，促进当地的经济高质量发展，让各族人民共享发展成果，更能够唤醒各族人民的共有记忆，不断凝聚人心，进而铸牢中华民族共同体意识。保护与传承边疆多民族地区的红色文化资源，不仅仅是一项惠及边疆富民工程，更是实现各族人民一家亲、同心共筑中国梦的重要路径。

卞成林

2022 年 8 月

目　　录

第一章　红色文化资源的产生、保护与传承

第一节　红色文化的产生与发展

一、红色文化的萌芽阶段（1919～1921 年）

五四运动后，马克思主义得到进一步传播，中国了解马克思主义的人也越来越多，出现了一批马克思主义者（齐卫平，2019）。他们到工人中宣传马克思主义，促进了马克思主义与工人运动相结合。在这股思潮影响下，中国的革命有了新的变化。

1921 年 7 月下旬，在上海举行了中国共产党第一次全国代表大会。出席大会的代表有：毛泽东、何叔衡、董必武、陈潭秋、王尽美、邓恩铭、李达、李汉俊、张国焘、刘仁静、陈公博、周佛海十二人，陈独秀指派的代表包惠僧以及共产国际的代表马林和尼柯尔斯基出席了会议。大会宣告了中国共产党的成立，大会选举了中央领导机构，由陈独秀担任中央局书记。会上，代表报告了本地区党团组织的状况和工作进程，交流了经验体会，讨论通过了中国共产党的第一个纲领，确定了中国共产党的名称，为实现社会主义和共产主义而奋斗。大会通过了党的第一个决议，决定主要发展工会组织，指导工人运动，加强与共产国际的联系。近代中国被列强欺辱而无法抗争胜利的主要原因就是没有先进的政党领导中国革命，而中国共产党的诞生为中国革命明确了正确的前进方向，将全体中国人凝聚到一起，自此之后中国革命有了光明的未来。

红色文化在这一阶段属于萌芽阶段。首先，在这一阶段中国破除了对儒学的盲目崇拜，伴随着西方思潮的涌入，马克思主义也在这一时期进入了中国，一大批有志之士开始介绍宣传马克思主义，以期利用马克思主义来带领中华民族走上

解放、自由的道路，为后续红色文化的产生奠定了思想基础。其次，在这一阶段产生了大量的先进知识分子，由于新文化运动强调民主科学，破除了礼教对中国人民的束缚，后期又转向了对十月革命和马克思主义的宣传介绍，培养出了一大批先进的马克思主义战士，他们在后续中国共产党成立的过程中扮演了重要角色。最后，五四运动中学生和工人扮演了主力军的角色，自此之后无产阶级正式登上了政治舞台，让世界认识到了工人阶级在革命中的巨大力量，随后在无产阶级中进一步介绍宣传马克思主义，形成了领导中华民族实现民族解放的、作为工人阶级先锋队的中国共产党，为红色文化的产生奠定了阶级基础。在这一阶段红色文化还处于萌芽阶段，集体表现为以下几点：首先，它体现在反帝国主义、反封建主义的精神上，五四运动和新文化都是彻底反对帝国主义和封建主义的运动，新文化运动宣扬的民主科学是对封建主义的反对，宣扬的马克思主义是对帝国主义的反对。而五四运动之后产生的中国共产党在第二次全国代表大会中明确提出了反帝反封建的革命纲领，这就说明，中国共产党继承了五四运动和新文化运动的伟大精神。其次，它体现在爱国主义精神上，伴随着马克思主义传入中国，中国共产党成立之后继承了五四运动中的爱国精神，并与马克思主义相结合，不断探索挽救中国、建设中国的道路。

二、红色文化初步形成阶段（1921～1927年）

中国共产党成立后，为了加强对工人运动的领导，成立了中国劳动组合书记部，并且创办了《劳动周刊》，随后，全国各地先后创办了中国劳动组合书记部分部，对领导各地工人运动起到了十分重要的作用。1922年，中国工人第一次有组织的与帝国主义抗争的香港海员罢工爆发，最终取得了取消封闭海员员工、给海员增加工资的胜利，这一场罢工之后，中国工人运动愈发高涨起来。

1922年7月16日，在上海市英租界南成都路辅德里625号（今上海市成都北路7弄30号）中共二大召开。大会选举产生的中央领导机构——中央执行委员会，这次大会根据国内外形势制定了党的最高纲领和最低纲领，最高纲领即为中国共产党是中国无产阶级政党，它的目的是要组织无产阶级，用阶级斗争的手段，建立劳农专政的政治，铲除私有财产制度，渐次达到一个共产主义的社会。最低纲领为消除内乱，打倒军阀，建设国内和平；推翻国际帝国主义的压迫，达到中华民族完全独立；统一中国为真正的民主共和国。另外，参会代表对中国现阶段的社会情况和半殖民地半封建社会的性质有了明确的认识，明确了中国工人革命要联合农民、小资产阶级和资产阶级进行民主革命。大会通过了《中国共产党党章》，明确了中国革命的性质和前途，明确了中国革命两步走的原则。

1923 年 6 月 12 日，在广东省广州市东山恤孤院 31 号（今广州市恤孤院路 3 号）中共三大召开。大会选举产生的中央领导机构——中央执行委员会，委员：陈独秀、蔡和森、李大钊、谭平山、王荷波、毛泽东、朱少连、项英、罗章龙，候补委员：邓培、张连光、徐梅坤、李汉俊、邓中夏，中央局成员（委员）：陈独秀、蔡和森、毛泽东、罗章龙、谭平山（后因调职，由王荷波担任），委员长由陈独秀担任，秘书由毛泽东担任，会计由罗章龙担任。大会的中心议题是讨论与中国国民党合作、建立革命统一战线的问题；决定共产党员以个人身份加入国民党，采取与国民党实行“党内合作”的方针策略。大会明确规定，在共产党员加入国民党时，党必须在政治上、思想上、组织上保持自己的独立性；强调拥护工人农民的自身利益是我们一刻都不能遗忘的。中共三大深度结合了中国革命实际，解决了建党初期党内关于国共合作的意见分歧，联合一切可以联合的力量进行反帝反封建的民主革命。同时孙中山先生在国民党内部进行了改组，召开了国共合作的国民党第一次全国代表大会，第一次国共合作正式建立，并且取得了北伐战争的胜利。

1925 年 1 月 11 日，在上海市横滨路 6 号中共四大召开。大会就党如何进一步领导革命运动，在宣传、组织和群众发动方面进一步推动大革命走向高潮进行了讨论。大会指出在民族运动中与“左”倾和右倾都要作斗争。中共四大提出了无产阶级革命的领导权问题，明确了无产阶级不是其他阶级的附庸，而是要独立自主地对革命进行领导。在革命的过程当中，要加强与农民的联系，农民是无产阶级坚定的同盟军，无产阶级革命的成功是必须要发动农民的。同时，中共四大还明确了民主革命的具体内容，不仅要反对封建军阀，还要反对封建的经济关系。会议内容都是基于国共合作的经验而提出的，大会的各项决议为之后大革命做出了思想政治上和组织上的准备。

中共四大以后，全国各地的革命运动十分高涨，较为著名的革命运动有五卅运动。1925 年 5 月，上海日商内外棉七厂资本家借口存纱不敷，故意关闭工厂，停发工人工资，并且在冲突当中打死了工人，这成为五卅运动的导火索，中共中央决定召集全国各地的党组织组织工会支援上海，为加强工会组织的力量成立了上海总工会。在游行示威当中，英国捕头组织人员对游行群众开枪射击，造成了三死十八伤的五卅惨案，中共中央及时应对，决定组织全上海民众罢工罢市罢课，上海总工会的成立表示着上海工人运动逐渐有组织起来。在全世界范围内，许多国家都声援五卅运动，莫斯科举行了足有 50 万人参与的大规模游行，日本多个工人团体也声援中国工人，全国范围内有一百多个国家和地区的华侨进行了募捐来支持五卅运动。五卅运动成功地抗争了帝国主义的剥削，对中华民族的觉醒起到十分重要的作用，同时在国际社会中作用也十分巨大。五卅运动对党的成熟、党员干部的培养、党的群众基础的扩大有着宝贵的经验。

1926 年，北伐战争开始了，明确了推翻军阀的政治主张，广州国民政府决定从广州出兵，至三江，到武汉，进而统一中国。北伐战争的开始是国民大革命的高潮，北伐战争的主要对象是受帝国主义支持的，占领中国大部分土地的北洋军阀吴佩孚、张作霖和孙传芳。在北伐战争中，中国共产党所领导的军队也起到了十分关键的作用，在全国人民广泛参与的形势下，北伐军队在不到一年的时间内就占领了长江和黄河流域的部分地区，取得了巨大的胜利。

但是在这次大革命之后，党内出现了右倾机会主义的错误思想，没有坚决与战线内部的地主阶级和资产阶级进行斗争，犯了妥协性的错误，以蒋介石为首的国民党内部的右派同帝国主义勾结，于 1927 年 4 月 12 日发动了震惊中外的“四一二”反革命政变。在蒋介石发动政变之后，汪精卫政府也逐渐动摇，蒋介石与冯玉祥在徐州进行会谈，在这种情势下，以陈独秀为首的中共中央认为只要解除武装，国民党反动政府就不会对共产党痛下杀手，企图用示弱、投降来换得和平。然而在 7 月 15 日，汪精卫决定“反共”，随机反动军队对共产党员进行了大规模的屠杀，示弱和投降换来的是反动分子更为嚣张的气焰。国共第一次合作自此结束，国民革命失败，同时国民党变成了代表买办地主阶级的反动政党。

回顾国民革命失败的原因，一方面是因为反革命势力的力量相较于革命力量过于强大，资产阶级的软弱性暴露无遗，蒋介石、汪精卫集团轻易地就被帝国主义势力拉入反革命的阵营当中；另一方面是因为中共中央内部出现了以陈独秀为代表的右倾机会主义，主动放弃了对革命的领导权，由于中国共产党当时还十分幼稚，对中国的革命实际、革命特征特点和革命规律把握不足，对武装斗争、统一战线、党的建设等方面经验较为欠缺，同时共产国际的指导不能基于中国革命的实际情况，对中国共产党的决定产生了一定的消极影响，在一定程度上也影响了国民革命的进程。

国民革命的实施是中国共产党将马克思主义与中国革命相结合的，在这一阶段中国共产党逐渐提出了新民主主义革命的基本思想，总结了国民革命失败的经验教训，也逐渐懂得了掌握革命武装的重要性。在大革命之后，中国人民的思想觉悟与组织程度逐渐提高，也有利于进行下一个阶段——土地革命阶段。另外国民大革命也宣传了党的革命纲领，扩大了自己在人民群众当中的政治影响。

红色文化在这一阶段属于初步形成阶段。首先，在这一阶段大批的先进共产主义战士在上海组成了共产主义小组，为中国共产党的形成打下了坚实的基础，1921 年中国共产党正式成立，自此之后中国的革命面貌焕然一新，这是因为中国革命有了先进的指导思想——马克思主义思想；中国的革命领导力量由资产阶级变为了无产阶级；有了中国共产党这一坚强的领导核心。其次，党的第二次全国代表大会提出了消除内乱打倒军阀的最低纲领和建设共产主义社会的最高纲领，这是中国共产党将马克思主义与中国实际相结合提出的适合中国国情的革命纲领，使中国革命走上了正确的道路，自觉融入世界无产阶级革命之中。最后，领导了后续的工人运动，也为与国民党合作、打倒军阀打下了基础，在这一阶段初步形成了中国共产党领导的、以马克思主义为指导思想的、以打倒列强除军阀为基本任务的一系列革命斗争，在中国大地上掀起了浩浩荡荡的革命风暴，并逐渐产生了红色文化的重要部分——“革命文化”。

在这一阶段的红色文化初步形成，具体表现为以下三点：首先，红色文化的理论形态是以马列主义为基础的，马克思主义首先在俄国取得了成功，并与列宁在俄国的相关实践总结出的经验相结合，形成了马克思列宁主义传入中国，中国的革命以此为指导思想，马列主义在中国的传播真正凸显了无产阶级在革命中的力量，使先进的知识分子正视劳动人民在革命中的历史地位，所以红色文化的初期理论形态就是马列主义。其次，红色文化在物质形态上具体表现为中共一大会址，全国各地的共产主义小组齐聚上海，在共产国际代表和李大钊陈独秀等人的组织下成功举办了中共一大，宣布了中国共产党的成立，中共一大会址见证了中国共产党的诞生和中国共产党人推翻资产阶级的政权、建立无产阶级政权的决心，这座民居在新中国成立之后经历了党和政府的确定、修复等一系列工作，并成功入选了全国重点文物保护单位。最后，红色文化在这一阶段具体表现为红船精神，在中共一大召开期间，受外界的干扰而不得不转移会场，代表们在嘉兴南湖的一艘小船上坚持完成了会议，开天辟地、敢为人先的首创精神，坚定理想、百折不挠的奋斗精神，立党为公、忠诚为民的奉献精神组成了红船精神，党和国家的领导人十分重视红船精神，认为它一直激励着中国共产党奋勇前行。

三、红色文化的发展阶段（1927～1937年）

土地革命是指第二次国内革命战争时期，毛泽东通过经验的总结，制定了土地革命的路线，依靠贫农、雇农，联合中农，限制富农，保护中小工商业者，消灭地主阶级，变封建半封建的土地所有制为农民的土地所有制。大革命失败后，蒋介石国民党在帝国主义、买办资产阶级和封建势力的支持下，建立了新军阀的反动统治，对共产党人和革命者实行极其残酷的镇压。仅1927年到1928年上半年，就屠杀了共产党员和革命群众33.7万多人。面对错综复杂的矛盾和尖锐激烈的斗争，需要中国共产党对形势有清醒的认识并采取果断行动，才能挽救革命。中共五大就是在这种非常状态下召开的。

1927年4月27日，在湖北省武汉市都府提街20号，由陈独秀、蔡和森、瞿秋白、毛泽东、任弼时、刘少奇、张国焘等82人参会的中共五大召开。大会通过了《中国共产党第五次代表大会宣言》《中国共产党第三次修正章程议决案》《政治形势与党的任务议决案》《组织问题决议案》以及党的第一个完整的《土地问题决议案》，选举产生的中央领导机构——中央委员会委员31人，候补委员14人，中央政治局委员有陈独秀、蔡和森、李维汉、瞿秋白、张国焘、谭平山、李立三、周恩来，总书记由陈独秀担任，组织部部长由张国焘担任，宣传部部长由蔡和森担任，军事部部长由周恩来担任，工人部部长由李立三担任，农民部部长由谭平山担任。大会中陈独秀既没有正确总结经验教训，又没有提出挽救时局的方针政策，反而为过去的错误进行辩护，继续提出一些错误主张。虽然会上代表们主张将农民组织武装起来，加强农民斗争，期待着这次大会能对当前中国的革命形式进行清醒地判断，回答人们最焦虑的如何从危机中挽救革命的问题。但是从总体上来看，大会没有能在党的危急时刻为全党指明出路，提供坚强有力的领导，而是徒然丧失时机，坐视整个局势续恶化。中共五大正式提出党内实行民主集中制的组织原则，并选举产生了党的历史上第一个中央纪律监督机构——中央监察委员会，这在党的建设史上具有重要意义。

为了抵抗国民党反动派对中国共产党员的屠杀，同时发动中国人民参与到中国共产党领导的中国革命中来，中国共产党联系国民党中的“左”派进行了二次北伐。1927年，南昌起义打响了武装反抗国民党反动派的第一枪，在起义成功之后，共产党发表了《中央委员宣言》来揭露蒋介石政府的种种罪行，表达了自身愿意继续反对帝国主义和新旧军阀的意愿，会昌战役之后起义军逐渐转战到闽粤赣湘边，又参加了湘南起义。8月7日，中共中央在汉口召开了会议，对大革命的经验教训进行了总结，纠正了大革命当中的错误，清算了陈独秀在党内的右倾机会主义错误，同时确定了土地革命和武装反抗国民党派的方针，决定组织农民发动秋收起义。这次会议指明了日后的革命方向，为挽救党和革命作出了巨大贡献，是中国革命开始由大革命失败到土地革命战争兴起的历史性转变。

八七会议后，毛泽东前往长沙，领导湘赣边界的秋收起义。1927年9月，毛泽东同湖南省委领导了湖南、江西边界的秋收起义，起义部队以夺取长沙为目标，具体部署了各团的行动计划。9月9日，湘赣边界秋收起义按预定计划爆发。在起义过程中，起义部队受到了一定的困难挫折，毛泽东决定保存革命实力，将进攻方向转向农村，伴随着不断战败，部队士气逐渐低落，士兵开始逃亡，由于军队内没有基层党组织，对军队的掌握能力不足，一些士兵的理想信念开始动摇。毛泽东经过系统分析并与其他同志讨论之后，提出了将党建在连上的主张，进行了著名的“三湾改编”。“三湾改编”主要做出了三项决定，一是将队伍进行整编，二是将党组织建在连队上，确立了党指挥枪的原则，三是连队建立士兵委员会的民主制度，实行官兵平等，经济公平，破除旧军雇佣关系。“三湾改编”对实现党对军队的领导，奠定了重要的组织基础，开创了党指挥枪的历史性探索。10 月，部队终于到达了井冈山地区，创建了全国第一个农村革命根据地。自 1927 年大革命失败到 1928 年，中国共产党在全国各地领导武装起义 100 多次，开始进入创建红军和发动土地革命的新时期。1928 年，朱德带领部队来到井冈山，进一步扩大了井冈山革命根据地。到 1933 年，全国红军发展到 33 万人，共产党员也从 1927 年大革命失败后的 1 万人发展到 30 多万人。

1928 年 6 月 18 日，在苏联莫斯科近郊五一村，由 142 名代表参加的中共六大召开，大会选举产生了中央领导机构——中央委员会，委员 23 人，候补委员 13 人，中央政治局主席由向忠发担任，中央政治局常务委员包括向忠发、周恩来、苏兆征、项英、蔡和森，秘书长由周恩来担任。由于国内形势比较危急，所以共产国际帮助中国共产党在莫斯科召开了这次大会。会议对国内革命的经验进行了总结，将“左”倾主义和右倾主义进行了批判，进一步明确了革命的性质，提出了党在民主革命阶段的纲领。同时大会还决定，党的一切军事工作都应集中于中央军事部，各地应设立军事委员会，受地方党部的一般指导，但在军事方面，则受中央军事部统一指挥。中共六大关于发展革命根据地和加强军事建设的决定是有积极意义的。同时大会分析了大革命失败后中国的政治经济状况。中共六大是在特定历史时期和历史条件下召开的，是一次具有重大历史意义的会议。中共六大统一了党内的思想，纠正了党内的错误倾向，加快了相关认识和工作的转变，恢复和发展了中国革命。中共六大以后的两年，全党贯彻执行六大路线，恢复和重建党的组织，领导开展群众斗争，中国革命出现走向恢复和发展的局面。但中共六大没有认识到农村在中国革命中的核心地位，依然将革命的重心放在城市中，仍然把民族资产阶级看作革命的敌人，对中间派的重要作用和反动势力内部的矛盾缺乏正确的估计和应对政策。在这里值得一提的是，在这次代表大会上通过了《中国共产党第六次全国代表大会关于民族问题的决议》（以下简称《决议》），《决议》指出：中国共产党第六次全国代表大会认为中国境内新疆等少数民族地区对于革命有重大意义，特委托中央委员会于第七次全国代表大会之前，准备少数民族问题的材料，以便在第七次全国代表大会上列入议事日程并加入党纲。

毛泽东率领秋收起义部队，进军井冈山，经过一年艰苦卓绝的斗争，创建了以宁冈为中心的湘赣边界工农武装割据，并且“使割据地区一天一天扩大，土地革命一天一天深入，民众政权的组织一天一天推广，红军和赤卫队一天一天壮大”，影响也越来越广。这就首先在实践上解决了在大革命失败后，如何继续革命、如何开展武装斗争的问题。但是，建立工农武装割据，是没有经验可循的开创性事业，认识不尽一致，在其发展过程中，也不是一帆风顺的。在困难和危急的时候，有些同志往往怀疑这样的红色政权能否存在下去，因而产生悲观的情绪。所有这些表明，现实斗争的发展要求党及时总结经验教训，从理论上回答红色政权的存在问题，统一认识，坚定斗争方向。1928 年 10 月 5 日，毛泽东写的《中国的红色政权为什么能够存在?》一文，以及同年 11 月 25 日，他写给中共中央的报告即《井冈山的斗争》，1930 年 1 月写成《星星之火，可以燎原》，对上述问题作出了明确而详细的回答，总结了中国共产党领导武装起义和开辟农村革命根据地的经验，分析了中国社会的特点，建立“工农武装割据”的理论。

在井冈山上红四军多次打破了敌人对红军的围剿，在江西、福建等地开辟了多块根据地。伴随着革命进程的推进，大量农民和小资产阶级加入了红军队伍，但是当时的环境较为困难，战斗较为频繁，导致在队伍中出现了许多诸如军阀主义、不注重根据地建设、极端民主化等不利于队伍建设的思想。虽然毛泽东极力想要纠正这些错误倾向，但是受限于认识上的分歧，纠正的思路与方式没能得到大部分同志的支持。1929 年，红四军在福建古田召开党代会，即古田会议，这次会议的中心议题就是克服在新四军和党内由于长期处于困苦的生活条件和频繁的战斗当中而形成的错误思想，从而加强党对军队的领导。在会议中根据中央指示精神，总结了建立红四军以来的各种经验成果，并且针对错误思想进行了严肃批判，明确规定红军的性质，军队必须服从于无产阶级的领导，服务于武装革命斗争和根据地建设，从服务宗旨上与旧式军队以及资产阶级军队区别开来，在日常生活中进行宣传思想和团结群众的任务，由地方党派与群众政治机关对红军进行监督批评，以扩大红军在群众中的影响，达到军民一致。在日常整治工作中，要坚持党内生活民主化和科学化，减少主观臆断的发生，减少相互猜忌、纠纷等破坏党和军队团结的行为，坚持无产阶级思想建军的原则，必须由党来领导军队，反对任何形式削弱党对军队的领导，将军队建设为无产阶级领导的军队。会议也强调了要进一步加强党的建设，从组织、思想多方面入手，以办报纸、开会议、办培训班、讲话、特种教育等手段，加强对党内农民和小资产阶级出身的党员的思想教育，宣传马克思主义基本理论，学习无产阶级革命理论，能够科学地分析和解决问题，树立为共产主义奋斗的理想。在生活上进行了规定，坚持民主集中制和少数服从多数的原则，反对错误倾向，加强红军内党的建设，增强党员素质建设，将党建设为无产阶级的先锋队。古田会议将中国共产党武装斗争的经验进行了总结，从实际出发根据马克思主义解决了党和红军建设的重要问题，建设了无产阶级领导的革命军队，形成了中国共产党第一代领导班子，在思想建设、军队建设等方面至今具有重要的指导和借鉴意义。

从1930年开始，红军经过三年游击战，开辟了多块根据地，国民党当局下令对苏区进行“围剿”，一直到1933年国民党对苏区进行了五次“围剿”，即使彼时日军已大举入侵华北，中华民族危机日益严重，国民党政府主席却将剿灭共产党和红军作为首要任务，坚持自己的“攘外必先安内”的反动方针，由于党内的“左”倾冒险主义，红军一年内没有能够打破敌人的“围剿”，于是不得不在1934年进行战略转移，开始长征。

1934年，中央红军从湘江突围，但是也付出了极为惨重的代价，部队人数锐减至3万人，遭受如此损失的主要原因是党内“左”倾冒险主义的错误领导，在战略的选择上存在错误的判断。1935年1月，长征途中在遵义召开政治局扩大会议，批评了党在军事指挥上的错误，确定了以毛泽东、周恩来和王稼祥组成的三人军事小组。遵义会议结束了党内“左”倾机会主义路线，明确了毛泽东同志在党内的正确领导，遵义会议在中国革命的危急关头，挽救了党，挽救了红军，挽救了中国革命，是中国共产党历史上一个生死攸关的转折点。遵义会议是中国共产党第一次独立自主地运用马列主义基本原理解决自己的路线、方针和政策的会议，是中国共产党从幼年走上成熟的标志。

在红军长征的过程中，日本帝国主义已经侵占了我国东北地区，并且在华北地区先后发动了塘沽事变、张北事变等一系列企图侵犯我国华北地区的事件。1935年，中国共产党根据共产国际的精神要求，在莫斯科发表了《为抗日救国告全体同胞书》，宣言深刻揭露了日本帝国主义侵略中国的罪行和蒋介石国民党政府卖国内战政策所造成的民族危机，比较完整地阐述了党的抗日民族统一战线的策略战线，号召全体同胞，抛弃党派成见，集中人力物力，建立抗日民族统一战线。《为抗日救国告全体同胞书》是推动第二次国共合作的重要文件，《为抗日救国告全体同胞书》的发表，标志着抗日民族统一战线的策略基本形成，有力地鼓舞了国内抗日救亡的热情，对全国抗日民主运动的进程推进有着十分重要的作用，为后续的“一二·九”运动提供了思想基础。

1935年末的“一二·九”运动推动了全国抗日救亡运动的发展，在中华民族危机日益加深、民族矛盾上升为主要矛盾的形势下，中国共产党于1935年12月17日在瓦窑堡召开政治局扩大会议，会议指出了当前革命的主要敌人是日本帝国主义和蒋介石集团，并且根据统一战线的要求，改变不适应抗日需求的相关政策，批判了党内长期存在的不争取民族资产阶级的关门主义思想，决定建立抗日统一战线。瓦窑堡会议解决了遵义会议中没有解决的政治路线问题，总结了两次国内革命的基本经验，纠正了党内关门主义的错误思想，推动了全国抗日运动的发展。这表示中国共产党在总结革命教训经验的过程中逐渐成熟，能够将马克思主义与中国革命实际相结合。

为了争取国共第二次合作，中共中央将工作的方针由“反蒋抗日”转变为“逼蒋抗日”，但是在两广事变和平解决后，蒋介石依旧调集部队进入陕北进行“剿共”。1936 年 12 月，张学良抵达西安对蒋介石表示了停止内战、一致抗日的要求，遭到了蒋介石的反对，张学良于 12 月 12 日与杨虎城对蒋介石进行了“兵谏”，扣押蒋介石，并通电全国，提出停止内战、一致抗日等八项主张，这就是震惊中外的西安事变。西安事变极大地推动了国共第二次合作，建立全国人民所希望的抗日统一战线。西安事变及其和平解决在中国社会发展中占有重要的历史地位，为中国社会的发展起到了无可替代的作用。它的发生及和平解决，基本结束了长达十年的内战，促成抗日民族统一战线的建立，极大地鼓舞了中国人民的抗日热情，奠定了全民族抗战的基础，成为由国内战争走向抗日民族战争的转折点，成为时局转换的枢纽。同时该事件也是中国社会矛盾变化的转折点，中日民族矛盾成为中国社会主要矛盾，中国与日本进入战争状态。此外该事件也是中国由内战到抗战的转折点，是中国由分裂到统一的转折点，是中国社会政治由专制到逐步民主的转折点。

红色文化在这一阶段属于发展阶段。首先，在这一阶段由于中国共产党和国民党的第一次合作被“四一二”政变所破坏，中国共产党员被大量的清洗、屠杀，中国革命又陷入黑暗之中。虽然大量的工人采取了罢工等手段进行抗议，但依旧遭到国民党反动势力的武装镇压，中国共产党在这次失败中反思自己，正确认识了右倾投降主义的错误性，在南昌整合力量，发动了南昌起义，标志着中国共产党开始独立创建军队领导革命，自此走上了武装夺取政权的道路。其次，1927 年 8 月 7 日，中国共产党在汉口召开紧急会议，对国共两党的关系、接下来的革命路线进行了详尽的讨论，最终决定实行土地革命，并在秋季于湘鄂赣地区进行起义，在会议中毛泽东提出了著名的“枪杆子里出政权”的论断。八七会议是党在紧要关头召开的具有重大历史性意义的会议，它代表着中国共产党人开始第二次国内革命，同时在后续的秋收起义中，中央领导人审时度势，正确地发现了革命过程中占领大城市的决策的失误，进而将进攻重点转向农村地区，提出了“农村包围城市，武装夺取政权”的重要理论。最后，1934 年中共中央在“左”倾主义的错误领导下，没能突破国民党的重重包围，处境艰难，损失惨重，在湖南和贵州经过几番谈论，终于决定北上到川黔边区建立根据地。1935 年在遵义，中共中央召开了政治局扩大会议，结束了王明“左”倾主义的错误路线，在党和红军生死存亡之际挽救了中国革命，也标志着在与共产国际失联的情况下中国共产党人独立运用马克思主义分析中国的实际问题。

在这一阶段的红色文化逐渐发展，具体表现为以下三点：首先，红色文化的物质形态具体表现为八七起义会址、南昌起义指挥部旧址、遵义会议会址及长征途中的战斗遗址、纪念馆，其中南昌起义总指挥部旧址被列为第一批全国重点文物保护单位，遵义会议会址纪念馆分别以红军长征为线索，展现出红军从战略转移、遵义会议、四渡赤水最后胜利会师的全过程，贵州开发出九百余处红军长征遗址，四川、甘肃等地也有诸多红军长征留下来的宝贵财产，被挖掘出来作为红色文化的载体，整体来看在土地革命阶段有着大量的革命遗址。其次，井冈山精神丰富了这一阶段的红色文化，井冈山精神是党和红军在井冈山开辟农村革命根据地的时期形成的，其内涵主要包括：（1）坚定信念，百折不挠。当时党和红军被国民党反动分子背叛，但是仍旧坚定自己的革命信念，即使面临诸多困难也坚持斗争，并建立了自己的军队，坚守革命阵地。（2）审时度势，突破常规。当攻打大城市的武装起义路线遭受挫败之后，党的领导人根据中国实际及时调整战略，打破了以往城市暴动的路线，创造性地提出了农村包围城市的战略设想，是对马克思列宁主义的丰富与补充。（3）联系群众，艰苦奋斗。在井冈山时期，党和红军密切联系群众，取得了群众的信任与支持，同时在恶劣的条件下，通过严明纪律，艰苦奋斗，革命才能实现后续的野火燎原之势。最后，长征精神是这一时期红色文化的集中体现，长征精神是中国共产党反“围剿”失败被迫转移的过程当中形成的，其内涵主要包括：（1）对革命理想的无限忠诚。这是红军长征成功的思想基础，共产党人对自己的革命理想有着必胜的信念，坚信“革命理想高于天”，所以尽管长征途中困难重重，共产党人依旧能保持对党的忠诚。（2）不怕牺牲，勇于牺牲。这是红军长征中面临困难时的力量源泉，两万五千里长征，除了要面对恶劣的自然条件，还要时刻准备与国民党军队作战，一路上党和红军展现出不怕死的精神，只要革命火种得以保存，牺牲小我在所不惜的精神深深烙在每一个共产党员的心中。（3）不畏艰难，自强不息。长征精神保存了革命的火种，虽然经历了国民党军队的围追堵截，虽然在革命的过程中多次失败，但是共产党人依旧能够吸取教训、自我总结，使革命的火苗越烧越旺。

四、红色文化的成熟阶段（1937～1949年）

1937年7月，卢沟桥事变爆发，中共中央通电全国，号召全民族实行抗战，蒋介石也指出“卢沟桥事变已到了退让的最后关头”。中共中央于1937年8月22日在陕北洛川召开了政治局扩大会议，洛川会议通过了《中共中央关于目前形势与党的任务决定》（以下简称《决定》），《决定》指出必须坚持抗日民族统一战线中的独立自主原则，一定要依托人民群众，加强党对抗战的领导，才能实现抗战的最终胜利。《决定》正确地分析了抗战爆发后的政治形势，规定了党的中心任务，即动员一切力量争取抗战的胜利。《决定》指出了全面抗战是争取抗战胜利的关键，强调党对抗日战争的领导责任和坚持党在统一战线中的独立自主原则，对国民党要保持警惕性，在敌人后方进行游击战争，以减租减息的政策来发动群众进行抗日，为人民争取政治经济权利。洛川会议提出了抗日救国十大纲领，是中国共产党全面抗战的具体化，为全国人民抗战指明了胜利的道路。洛川会议是中国共产党在历史转折关头召开的一次重要会议，它明确了中国共产党在抗日战争时期的主要任务。这次会议指出了党内两种不同抗战路线区别，明确了利用游击战的方式来配合正面抗战，建立敌后抗日根据地的战略任务，为实现党对抗日战争的领导权和为争取抗日战争的胜利奠定了政治思想基础，指明了正确道路。确定了中国共产党的基本任务和各项具体政策，为中国共产党的发展和壮大指明了方向。

自 1939 年以来，在华北地区以交通路线为支撑，对抗日根据地进行扫荡，来隔断战略区之间的联系，推行“囚笼政策”。为了打破“囚笼政策”，八路军决定突袭正太铁路，伴随着战争的发展，越来越多的八路军加入战场，实际参战人数达 20 余万人，正太战役就此发展成为百团大战，战斗持续了近 4 个月，击毙了日军 2 万余人，破坏铁路、公路共计 3500 余千米，大大提高了八路军的政治地位。百团大战是抗日战争中八路军在华北地区发动的一次规模最大、持续时间最长的战略性进攻战役。这次战役充分展现了中华民族英勇善战、自强不息的民族精神，给予日军强有力的打击，减缓了日军南进的步伐，鼓舞了全国人民抗战的信心，极大地提升了中国共产党在人民群众中的威望，对于第二次世界大战中国战场局势的改变也起到了一定作用，中国共产党的声望提高，国民党以此改变了对共产党的认识，加强了对共产党的控制。

自 1938 年以来，抗战已经进入了战略相持阶段，中共中央所在的陕北地区相对来说形势稳定，党内经过了长期的发展，毛泽东在将马克思主义与中国革命实际相结合，逐步形成了新民主主义理论体系。在 1942 年初，毛泽东在延安提出了反对主观主义以整顿学风、反对宗派主义以整顿党风、反对党八股以整顿文风的任务，同时阐明了整风的宗旨和方针是“惩前毖后，治病救人”，要将马克思主义与中国革命的具体情况相结合，坚持实事求是的精神才能推动马克思主义思想的传播与发展。1943 年 10 月，中共中央决定进一步研究和讨论党的历史问题，通过学习与讨论，大家普遍提高了马克思主义理论水平，端正了思想方法和政治路线，更好地认识党史上的重大路线是非问题，从而使党在政治上、思想上、组织上达到了空前团结和统一，为夺取抗日战争和中国革命的最终胜利奠定了坚实基础。1945 年 4 月 20 日，中共六届七中全会通过了《关于若干历史问题的决议》，系统总结了党在各个时期的经验教训，对党史上的若干重大问题做出结论，并且高度评价了毛泽东对马克思主义中国化的杰出贡献。延安整风之后，党内的思想开始大规模的解放，出现了大规模学习马克思主义的风潮，共产党员的思想不再禁锢，而是能够将理论与实际相结合，党内自此确立了实事求是的思想路线，对马克思主义不再教条化、神圣化的学习。也就是在这一时期，毛泽东思想在党内的指导地位逐渐确定。

在延安整风运动的同时，中共中央也发动了文艺整风运动，自抗战以来，中共中央十分注意根据地的文化建设，逐渐在根据地形成了良好的文艺氛围，但是也存在着诸如应该先努力表现根据地的新生活还是为“大后方”服务，怎样处理歌颂根据地的光明面和批评其阴暗面的关系，怎样对待文艺的普及与提高的关系，学习政治理论是否妨碍创作情绪等问题。在延安文艺座谈会上，毛泽东发表了《引言》和《结论》，合称《在延安文艺座谈会上的讲话》，此次讲话不是单纯的文艺理论问题，而是马列主义普遍真理的具体化，是每个共产党员对待任何事物应具有的阶级立场，与解决任何问题应具有的辩证唯物主义、历史唯物主义思想的典型示范。延安文艺座谈会的召开及座谈会制定的“文艺为工农兵服务”的方向，推动了根据地文艺事业的发展。自延安文艺座谈会之后，群众的文艺活动更为蓬勃兴旺，专业文艺工作者重视并积极参加，指导群众的文艺活动，在塑造工农兵形象和反映伟大的革命斗争方面获得了新成就，在文学的民族化、群众化上取得了重大突破，大批优秀的红色文化作品在这一时期涌现。

在世界反法西斯战争和抗日战争都即将迎来胜利的前夕，中国的前途面临着两种选择，为了保护全民族抗战的成果，团结党和人民走向光明，打倒帝国主义，建立起富强民主的新中国，中国共产党第七次全国代表大会于 1945 年 4 月 23 日在延安召开。参会代表 775 人，会议选举产生了中央领导机构——中央委员会，委员 44 人，候补委员 3 人，毛泽东任主席，任弼时任秘书长，李富春任副秘书长，产生了由毛泽东、朱德、刘少奇、周恩来、任弼时、陈云、康盛、高岗、彭真、董必武、林伯渠、张闻天、彭德怀组成的中央政治局，毛泽东任主席，毛泽东、朱德、刘少奇、周恩来、任弼时任中央书记处书记。

会议分析了在抗日战争即将取得胜利的背景下中国和国际的形势，总结了新民主主义革命以来的斗争经验，介绍了新民主主义理论，对党建工作、统一战线、武装斗争等多方面工作进行了总结归纳，并且会议认为毛泽东思想是将马克思列宁主义与中国实际相结合的产物，对毛泽东思想的内涵、本质进行了论述与概括，决定将其写入党章，作为中国共产党的指导思想。大会强调目前最重要的是要求立即废止国民党一党专政，建立民主联合政府。大会强调，党的群众路线是党的根本的政治路线和组织路线。中共七大确定了党的政治路线，阐明了打败日本帝国主义、建立新民主主义的中国的目标；总结了新民主主义革命以来的斗争、建设的经验，将党内的错误思想肃清，使党内尤其是高级干部在思想上保持了正确一致，确保了党内的团结，为党领导人民打倒日本帝国主义、获得新民主主义革命胜利在思想、政治、组织等多方面打下了深厚的基础。此外，此次会议中产生了诸多影响深远的政治报告，《论联合政府》即为其中典型，在蒋介石的《中国之命运》一再强调“一个主义”的背景下，有力地粉碎了资产阶级企图窃取胜利果实的阴谋，为中国人民建立前途光明的新中国指明了道路。

抗日战争结束以后，在国内国民党和共产党之间的矛盾冲突开始增多，在缴获物资、管辖城市等方面两党分别受到了苏联和美国的支持，为了尽快使国内环境和平，两党分别派出代表于 1945 年 8 月 28 日在重庆召开会谈，虽然在军队、两党关系之间的诸多问题并没有得到有效解决，但是此次会谈双方仍达成了同意以对话方式解决争端，和平建国、长期合作，实行三民主义以建设独立自由富强的新中国、结束训政实现宪政、召开政治协商会议，制定新宪法、承认蒋介石及南京国民政府的合法领导地位等一系列共识。这些共识说明国民党承认了中国共产党的平等合法地位，同时共产党在全国人民及其他政党面前树立了良好的形象，进一步扩大了影响，并且尽快促使国民党制定和平建国的方针，不管是在国内还是在国际都占据了主动。此次会议历时 43 天，双方签订了《政府与中共代表会谈纪要》（即《双十协定》），双方应长期合作避免内战，建设独立自由富强的新中国，推动了全国和平的进程。

但是在《双十协定》签订后不久，国民党不承认政协关于宪法草案的协议，并造成了校场口惨案和下关惨案，随后蒋介石悍然撕毁协定，进攻中原解放区，并污蔑共产党内乱，全国内战就此开始。随后国民党特务开始大规模对民主人士进行刺杀，加紧了对人民的迫害，但是中共中央对敌我形势进行了详尽的分析，从政治、经济、军事多角度论证了共产党胜利的原因，并做了充足的准备应对内战，毛泽东在接受美国记者采访的时候提出了“一切反动派都是纸老虎”的论断。此时的蒋介石已经在政治上陷入了孤立无援的境地，人民也不再支持国民党，在此期间共产党不断发动人民群众进行抗议斗争，揭露了美蒋反动派的丑恶面孔，为共产党取得人民的支持和国际舆论的同情起到了重大作用。在此期间毛泽东同志将革命理论与革命实践相结合，进一步完善了新民主主义革命理论，提出了“针锋相对，寸土必争”的方针，在军事上提出了著名的十大军事原则，将战略战术讲得透彻，这深刻说明了解放军在战略战术方面的日趋成熟，也是对毛泽东思想的极大丰富。

在解放战争即将获胜前期，中共中央于 1949 年 3 月 5 日在河北省西柏坡召开了中共七届二中全会，有中央委员 34 人、候补委员 19 人出席了本次会议，此次会议针对促进革命完成、迅速夺得胜利确定了一系列方针，讨论了今后解决国民党参与部队的方式，将改编与歼灭相结合，将军事斗争与政治斗争相结合，培养革命干部；讨论了党的工作重心应当由农村转移到城市，分析了当前党在农村地区建立革命根据地积攒的力量已经足够夺取城市，在此基础上将农村与城市兼顾起来，但是重心必须要在城市上；讨论了工作重心转移方式的问题，应当依靠工人阶级，团结人民群众，争取积极分子和民族资产阶级代表，但同时要积极与帝国主义、官僚主义作斗争；讨论了城市管理与建设事业的开展，将恢复与发展城市生产作为中心任务，同时号召党员学习生产和管理的技术方法，明确了生产和稳固政权的关系。另外中共七届二中全会还确定了全国胜利之后的基本政策，在政治方面，会议分析了战争胜利之后的社会基本矛盾、工人阶级和资产阶级之间的矛盾和中国与帝国主义之间的矛盾，一方面要加强巩固无产阶级领导的人民民主专政，另一方面要团结小资产阶级及进步分子，同反动分子作斗争，同时要积极与民主党派合作。在经济方面，会议分析了战争胜利后我国的经济成分，决定没收官僚资本，改造为社会主义国营经济，积极利用私人资本主义经济，将其纳入国家经济政策，引导农业和手工业逐步向现代化发展。在外交方面，会议指出必须要坚持独立自主的原则，不承认一切国民党时期的条约，取消由帝国主义在中国境内开班的宣传机构，建立外交关系要遵循平等的原则，总结下来即为“另起炉灶”和“打扫干净屋子再请客”。在思想建设方面，会议预见性地提出了要防止反动分子的糖衣炮弹侵蚀党的队伍，看到了由于形势不断向好，胜利即将取得，党的内部逐渐滋生出了骄傲自满的情绪，不愿意再艰苦奋斗，这种情况必须要加以制止。加强党的思想建设，坚持“两个务必”，掌握好马克思主义思想，积极展开批评与自我批评。中共七届二中全会是党首次提出了要加强党的建设的一次会议，会议的召开描绘了战争胜利后新中国建设的蓝图，为建设新中国、推动向社会主义转变有着十分重要的指导意义，在政治、经济、思想上都做了充足准备。

在获得了反对帝国主义、封建主义和官僚资本主义的战斗胜利之后，当务之急是建立起一个独立、自由、富强的新中国。中国共产党对当时的社会现状进行分析之后发现，当时大陆没有完全解放，面临着反动势力仍然贼心不死企图破坏革命成果、社会改革未能完全开展、社会秩序没有完全安稳、国民经济破坏严重、人民综合素质水平较低等一系列问题，中共中央决定邀请民主党派和进步人士，组成了中国人民政治协商会议，以代表中国境内各方、各民族的意志，对新中国的建设进行讨论。1949 年 9 月 21 日于北平市，由中国共产党、民主党派、人民团体等多方代表参加的中国人民政治协商会议第一次全体会议召开，会议选举了 56 名中央人民政府委员，毛泽东任主席，朱德、刘少奇、宋庆龄、李济深、张澜、高岗任副主席，会议决定以五星红旗作为中华人民共和国国旗，以《义勇军进行曲》作为中华人民共和国国歌，将北平改名为北京，以北京作为中华人民共和国首都，同时宣布人民政治协商会议在全国人民代表大会召开之前暂时行使其职权。会议在听取了多方汇报之后，通过了具有临时宪法性质的《中国人民政治协商会议共同纲领》，《中国人民政治协商会议共同纲领》宣告了中华人民共和国的成立，肯定了百年以来中国人民在反帝反封建战斗中的功绩，规定了中华人民共和国是由工人阶级领导的、以工农联盟为基础的人民民主专政的社会主义国家，宣布没收官僚资本，进行土地改革，规定了公民的基本权利和义务。《中国人民政治协商会议共同纲领》在团结各族人民群众、巩固新生政权、恢复国家发展方面具有重要的历史意义。

中国革命的胜利是中国共产党人领导中国人民，以马克思主义思想为指导，与中国革命实际相结合的伟大成果，通过理论与实际相结合，中国共产党人不但灵活运用了马克思主义，还进一步发展和丰富了马克思主义。中国共产党领导全国各族人民在全国各个地区艰苦奋斗，最终取得了反对帝国主义、封建主义和官僚资本主义的战斗的胜利，这充分说明了中国共产党是无产阶级的先锋队，是全心全意为人民服务的不谋任何私利的政党，代表着全国各族人民的根本利益。新中国的成立代表着中国共产党建立了一个独立的、各民族平等的全新的中国，全国各族人民在战斗中看到了这一点，并自觉地紧密团结在党的周围，在新中国成立之时达到了全国各民族的大团结。中国革命的胜利代表着自此之后中国结束了少数剥削者统治广大劳动人民群众的历史，结束了帝国主义、殖民主义近百年来在中国肆意妄为的历史，实现了中华民族的独立，中国革命的胜利使得中国的国际地位大大提升，给予了世界上被殖民国家反抗的信心，同时新生无产阶级政权的建立有力地支持了世界无产阶级的发展。

红色文化在这一阶段属于成熟阶段。首先，日本帝国主义从 1931 年入侵我国东北地区，1935 年又制造了华北事变，继续蚕食我国华北地区，国民党的妥协政策并没有让日本帝国主义就此停手，反倒助长了他们的嚣张气焰。中国共产党在瓦窑堡会议中提出建立起抗日民族统一战线，在 1937 年，日军发动了卢沟桥事变，在此危难之际，中国共产党号召全国人民团结一致，共同抗日，并加强与国民党的沟通，最终两党第二次合作。但是在抗战过程中国民党却一直秉行"限共""防共""溶共"的方针，企图打压中国共产党，在此情况下中国共产党顶住压力，加强根据地建设坚持抗战。其次，在抗日战争的过程中，平型关战役是抗日战争以来中国军队第一次大型的胜利，1937 年日本企图进攻山西，八路军在师长林彪的指挥下，决定依托平型关的有利地形，在此歼灭日军，经过八路军的英勇作战，消灭日军一千余人，缴获大量枪支弹药。平型关大捷是八路军英勇作战的成果，它鼓舞了士气，振奋了民心，在全国人民心中提高了共产党和八路军的威望。再次，百团大战是抗日战争中八路军与日军在华北地区的一次大规模战役，自 1939 年以来日军在华北地区疯狂扫荡，并企图利用铁路公路来限制八路军的空间。在此背景下八路军决定对日军实行打击，由彭德怀指挥 100 余团共 20 余万人以破坏敌人交通线路和消灭敌人有生力量为目的，在华北地区对日军进行了助攻进攻，在 3 个月的时间里消灭了大量日伪军，缴获大量军备物资，同时也破坏了敌人大量的铁路公路，迫使日军的“囚笼政策”失败，打击了日军的嚣张气焰。最后，通过中华民族全体人民的共同努力和国际反法西斯联盟的支持，于 1945 年 8 月 15 日日本宣布投降，但是在这之后国民党悍然撕毁《双十协定》，进攻解放区，自此之后中国共产党又领导了为推翻反动统治、解放全中国的解放战争，解放军通过三大战役消灭了国民党军队的主力，在 1949 年获得了渡江战役的胜利，攻占了南京，使国民党残余势力败逃台湾，1949 年 10 月 1 日中华人民共和国成立，在随后的几年里解放军不断消灭国民党在大陆的残余势力，在 1951 年解放了西藏地区，自此大陆地区和近海岛屿全部解放。

在这一阶段的红色文化逐渐成熟，具体表现为以下几点：首先，红色文化的物质形态具体表现为平型关战役遗址、百团大战遗址、西柏坡中共中央旧址等遗址以及相关文物，其中平型关战役遗址被列为第一批全国重点文物保护单位，2005 年被列为“全国爱国主义教育示范基地”，平型关纪念馆利用图文等多种形式生动地再现了当年平型关大捷的过程以及八路军战士的英勇形象。百团大战遗址在 1997 年被列为“全国爱国主义教育示范基地”，百团大战纪念碑两侧分别有徐向前、薄一波同志的题词，其雄伟壮观的形象体现了百团大战时的壮烈景象。西柏坡中共中央旧址被列为第二批全国重点文物保护单位，西柏坡纪念馆用 12 个展厅和沙盘、油画、录像等多种形式，以抗日战争和解放战争为线索，介绍了党的领导人在此进行革命实践的过程，整体来看在抗日战争和解放战争时期物质形态的红色文化资源十分丰富。其次，自延安时期开始涌现出大量歌颂中国共产党的红色艺术作品，其中包括歌曲、文学作品等多种形式。1936 年中国文艺协会成立，与此同时，在陕北出现了大量的既教学又演出的剧团，演出形式也十分多样化，以此来宣传抗日，另外文艺期刊在这一时期也层出不穷，在这一时期深刻地体现出了文艺创作的社会作用，在延安形成了良好的抗日氛围，所以在这一时期红色文化得到了极大的发展。另外中国共产党在延安时期进行了延安整风运动，大生产运动基本实现了自给自足，毛泽东的大部分理论著作在此诞生，在此召开的中共七大将毛泽东思想确立为指导思想，在这里孕育出了延安精神，其内涵主要包括：（1）自己动手，自力更生。在延安时期的自然条件十分恶劣，但是军民合作，大搞生产，使粮食基本可以自给自足，这种自给自足、自力更生的精神在现代依旧十分有现实意义。（2）为人民服务。中国共产党始终为人民谋利益，在陕甘宁边区真正地与当地人民同甘共苦，获得了人民的信任与爱戴。（3）从现实出发，理论与实际相结合。在延安，毛泽东灵活运用马列主义结合中国革命现实情况，完成了一系列经典著作，进一步推动马克思中国化的同时，也丰富了马克思主义学说，另外毛泽东批判了教条主义和本本主义，真正做到了从现实出发考虑问题，所以才能保证革命的成功。再次，西柏坡精神是井冈山精神、延安精神等红色文化的集合与发展，它的形成处于历史上重要的节点，其内涵主要包括：（1）勇于斗争的精神。在抗日战争获得胜利的情况下，国民党撕毁协定，中国共产党敢于与反动势力坚决斗争；在解放战争获得主动的情况下，坚决攻打对方主要城市，促使革命进行到底，彻底消灭反动势力。（2）依靠人民的精神。由于历史情况的转变，党中央在这一时期决定认真践行民主集中制，改革土地制度，调动人民积极性，与此同时，加强党内建设，实行人民代表大会制度，长期与民主人士和人民群众保持联系，倾听人民群众的意见与需求。（3）“两个务必”精神。在即将获得解放战争胜利、“进京赶考”的背景下，党的领导人一直在探索如何守住革命果实，如何更好地带领中国革命，毛泽东提出了“两个务必”，继续发扬艰苦奋斗的精神，戒骄戒躁，继续革命征程。

由于红色文化是由中国共产党领导的、以马克思主义为指导思想的、以中国传统文化为基础的、以无产阶级为实践者的、以实现民族独立和人民解放、建立人民民主专政的新中国为目标、在新民主主义革命时期通过革命实践凝练出的优秀的先进文化。其形成、发展、丰富的过程与马克思主义中国化的过程是相互关联的，与中国共产党的发展是密切联系的，它萌芽于新文化运动和五四运动，发端于中国共产党成立，发展于土地革命时期，成熟于抗日战争和解放战争时期。保护和传承红色文化，是进一步推动马克思主义中国化的重要路径，是进一步巩固党的领导的重要动力，是进一步建设社会主义和谐社会的重要抓手，是推动文化强国建设、构建文化自信的重要内容。

第二节　边疆多民族地区红色文化资源的保护与传承

一、西南边疆多民族地区红色文化资源保护与传承

（一）西南边疆多民族地区红色文化资源保护与传承举措分析

一是坚持用规划引领地区红色旅游的开发建设。对应国家三期规划，西南边

疆多民族地区及时编制、修编了红色旅游发展规划。

二是坚持突出主线，丰富扩展红色旅游的内涵和外延。将红色文化资源按四个时期进行划分整理，第一个时期是 1840～1921 年，即从鸦片战争开始到中国共产党成立，这一段时间集中体现中国人民在西方列强入侵和封建地主阶级的双重压迫下抗争的历程；第二个时期是 1921～1949 年，这一段时间集中体现中国人民在中国共产党的领导下谋求民族独立，人民解放和国家统一的奋斗过程；第三个时期是 1949～1978 年，这一段时间主要反映中国共产党人带领中国人民进行社会主义制度建设的历程；第四个时期是 1978 年至今，这一段时间主要体现了中国共产党自改革开放以来带领中国人民探索和发展中国特色社会主义的奋斗历程。

三是加强红色旅游资源的开发、建设和管理。以云南省为例，目前当地主要红色旅游资源达 600 多处。其中，被列入全国红色旅游经典景区名录的有云南红军长征红色旅游系列景区、昆明西南联合大学旧址、昆明陆军讲武堂旧址、昆明“一二・一”纪念馆及四烈士墓、普洱市民族团结誓词碑、保山市龙陵县滇西抗战松山战役遗址及腾冲县滇西抗战纪念馆、施甸县抗战江防遗址，边疆民族抗英纪念遗址、昭通市罗炳辉将军故居及乌蒙回旋战旧址，南洋华侨机工回国抗日纪念遗址，怒江驼峰航线纪念馆，保山市施甸县杨善洲精神教育基地等。①

四是不断改善和提升红色旅游配套设施。进一步加快了红色旅游景区（点）的旅游公共服务设施建设，不断完善和提升红色旅游公共服务体系。

五是积极开拓红色旅游市场。以红色旅游当作地区旅游重点，政府引导和企业开发相结合，充分利用现代科技，开发多种宣传模式，将当地的民族文化融合到红色旅游当中，推出西南特色的红色旅游线路，不断开发红色旅游新市场，探索红色旅游新模式，构建区域互通新格局。

在教育传承方面主要有三点特色：一是党政领导高度重视。以云南省为例，该省开展“传承红色基因，争做时代新人”主题教育活动，有的党政主要负责人主动参与革命传统教育活动的选址（全省共选了 100 多个），有的主动协调相关部门参与（最多的州市有动员 12 个部门参与），有的结合本地实际编写乡土教材（有 8 个州市组织党史研究室、地方志办、关工委等单位编撰《地方红色历史简明读本》），有的县由财政拨给专项活动经费，为开展活动提供了根本保证。

二是关工委主动作为。以云南省为例，省关工委成立党史国史教育“五老”宣讲团，统一组织学习研究，确定阶段性教育内容，集体讨论、编写讲义或读

---

① 数据由昆明市文化和旅游局提供。

本，分别到各地进行宣讲。大理州关工委编印“传承红色基因，争做时代新人”教育参考材料和《大理州革命遗址通览》《大理州抗日战争时期人口伤亡和财产损失》等资料下发基层，组织大中小学学生到周保中爱国主义教育活动基地参观学习。

三是注重方法和讲求实效。以云南省为例，昆明市以“讲好昆明故事，唱响春城主旋律，争做时代新人”为主题，以落实六个抓手（出版一批红色基因书籍，确定一批读书示范点，带动一批边远学校，写一批优质讲稿，树一批主题教育活动典型，培训一批骨干宣讲员），努力将红色基因融入两史教育之中。丽江市古城区把“两史”教育列入学校教育计划，组织“五老”到学校宣讲丽江解放史、改革开放史，集中开展“你好，新时代”主题教育和多形式地写读书笔记、写心得体会、写个人感想，举办“纳西娃娃合唱节”“纳西娃娃书画展”，组织青少年学生参观革命烈士陵园、石鼓红军纪念碑；开展以“爱国、梦想、文明、担当、行动”为主题的朗读、演讲竞赛活动。

（二）西南边疆多民族地区红色文化保护与传承的案例分析

1. 案例介绍——中共云南地下党建党旧址

中共云南地下党建党旧址陈列室系革命历史类陈列室，现隶属于昆明市文化和旅游局，日常管理由云南陆军讲武堂历史博物馆具体负责。该陈列室为昆明地区常见的四合院建筑，坐东朝西，三间正房两间耳房，正房左右均有暗楼。

由于环境的隐秘性和交通条件的便捷，房主又是地下党成员等缘故，中共云南地下党早期革命活动的不少重大事件均与此有关。其中包括 1926 年 11 月中国共产党云南特别支部成立；1927 月 3 月中国共产党云南特别委员会（简称省特委）改组；1927 年 12 月中共云南省临时委员会组建等。有鉴于此，1961 年被确定为中共云南地下党旧址的这幢小院，成为昆明市文物保护单位，1987 年 12 月 21 日被列为第三批省级文物保护单位，1997 年更名为云南省省级爱国主义教育基地。1991 年 6 月，为纪念中国共产党成立 70 周年，更好发挥文物的宣传教育作用，经云南省委批准，由昆明市党史办与原昆明市文化局合作，在中共云南地下党建党旧址陈列室内开办了“中共云南地下党建党史迹展”并对外展出。2009 年，中共云南省委办公厅、省人民政府办公厅将旧址命名为“云南省爱国主义教育基地”。截至 2019 年 6 月，总计接待中外游客 80 余万人次，取得了良好的社会效益。目前中共云南地下党建党旧址陈列室已成为昆明地区开展党史党建教育和进行爱国主义教育活动的重要场所。

近年来，随着各级党委和政府对党史宣传和红色文化工作的日益重视，对中共云南地下党建党旧址的环境及展厅设施进行改造，完成了天井地面青石板铺装、室内外门窗油漆、卫生间装修、展厅地面铺地胶、翻新展板版面、更换展厅射灯及电路改造。此外，每年云南陆军讲武堂历史博物馆都对旧址瓦屋面进行检漏、维修，对被雨水侵蚀的墙体进行修补维护。2017 年 5 月，对中共云南地下党建党旧址实施了全面的环境内务整治工作，对旧址部分建筑进行了清理粉刷，改善了参观环境。安排专门讲解人员周一到周五负责旧址的免费开放工作，并安排保安人员 24 小时负责旧址的文物安全工作。购置完善办公设施，规范了工作制度及免费开放接待记录，制作了宣传资料。

目前，旧址存在以下几个方面的突出问题：一是旧址四周被居民区包围，存在安全隐患；二是内外环境嘈杂拥挤，条件简陋；三是展示内容简单陈旧，效果不佳。随着党史、革命史宣传的不断加强，中共云南地下党建党旧址已被越来越多的公众所知，成为很多党组织党性教育的首选基地。参观和举行主题党日活动的人数不断增加，但因受内外环境不协调等多种因素的影响，中共云南地下党建党旧址的展陈效果及影响与其在云南革命史上的地位不匹配，对中共云南地下党建党旧址进行修葺改造护建势在必行。

2. 案例介绍——国立西南联合大学博物馆

西南联大博物馆位于昆明市五华区一二・一大街 298 号，属行业性国有博物馆。博物馆始建于 1985 年，初为“一二・一”运动纪念馆，现有建筑面积 5732 平方米，展厅面积 3722 平方米，馆藏实物 200 余件，历史图片 3000 余张，相关书籍及档案资料近万份。博物馆内设西南联大博物馆、“一二・一”运动纪念馆 2 个展馆及 1 个活动展厅，是全国有关西南联大及“一二・一”运动历史图片资料最多、最集中的展馆。

博物馆及其所辖联大旧址作为爱国主义教育基地已与北京大学、清华大学、南开大学、西南林业大学、云南省司法警官职业技术学院、云南交通职业技术学院、昆明冶金专科学院、楚雄师范学院等 10 多家单位签订思想政治教学实践协作协议，定期开展思想政治理论课实践教学活动。

博物馆对当地的思想宣传有着十分重要的贡献，博物馆坚持全年免费对外开放，每年提供义务讲解 4000 多场，免费发放宣传册 5000 多册。近年来博物馆举办了重走联大路、下午茶、文创、话剧、组歌等主题教育活动，作为爱国主义教育的重要场所，西南联大博物馆及其所辖旧址每年在重大时间节点，发挥旧址历史文化和红色教育资源优势，面向社会公众举行盛大纪念活动，以此加强对广大市民、在校师生的爱国主义教育。

在下一步的工作中主要从以下几个方面进行改进：一是按照《关于加强文物

保护利用改革的若干意见》保护文化，加强对长征文化线路的保护；二是结合近现代史、非遗文化、少数民族文化、跨境民族文化，加强云南博物馆群的建设；三是实施精品展览计划，主要以红色文化保护展览为主，宣传云南红色文化和红色历史；四是加强博物馆传承保护工作，主要实施六大工程：党史文物保护工程、革命文物连片保护利用工程、长征文化线路整体保护工程、革命文物主题保护展示工程、革命文物陈列展览精品工程、革命文物宣传传播工程。

二、西北、北部边疆多民族地区红色文化资源保护与传承

（一）西北、北部边疆多民族地区红色文化资源保护与传承举措分析

在红色文化教育方面，西北、北部边疆多民族地区的教育内容较为陈旧，不仅是在高校思想教育中，在基础教育中的红色教育内容也是老调重弹，没能够很好地与时代特征相结合，进行与时俱进的创新，无法与学生的心理活动进行互动。同时教育的手段也相对单一，灌输式的教育方式已经不能符合现代教育要求，只在重大节日活动中进行红色主义活动，在日常中缺乏红色熏陶，导致红色文化教育作用十分有限，也就导致了学生对红色文化的内涵认识不足。

在红色文化资源研究方面，本地的研究人员相对有限，研究水平相对不足，内涵挖掘相对浅显，再加上西北、北部边疆多民族地区由于其特殊的地理位置和国际政治因素，不同思想的碰撞导致了红色文化的内涵与时代精神、民族文化结合困难重重。

在红色文化旅游方面，相关红色旅游行、教育研学行等红色旅游活动相对匮乏，一方面是因为当地的红色文化资源开发整合力度有限，相关开发机制不健全，造成了红色文化资源的发掘、开发与传承水平不足。另一方面则是因为相关配套产业不健全，社会力量整合不足造成的相关产业链十分低端，无法吸引游客前来。

（二）西北、北部边疆多民族地区红色文化资源保护与传承的案例分析

1. 案例介绍——内蒙古自治区赤峰市林西县

林西城南的锅撑子山是我国著名的细石器文化遗址，县南部白音长汗为新石器兴隆洼文化遗址，代表了一个独特类型，被考古界命名为“兴隆洼文化白音长汗类型”；大井古铜矿遗址驰名中外，被史学家誉为“古代北方铜都”。林西镇西门外还有汉代砖瓦窑遗址；唐代在县境西拉沐沦河北岸（今双井店乡西樱桃沟

村）设松漠都督府，辽代又于此建饶州。后金天聪八年（1634 年），林西地区划归巴林部；清顺治元年（1644 年）至光绪三十一年（1905 年）为巴林旗牧地。清光绪三十四年二月十五日（1908 年 3 月 17 日），热河都统廷杰奏请清廷批准，始建林西县，属承德府赤峰直隶州辖；民国元年（1912 年）至民国二十二年（1933 年），林西县隶属热河省；1933 年 3 月 6 日，日本侵略军侵占林西后，林西县属伪满洲国兴安西省，1942 年撤兴安西省建兴安总省，林西县隶属兴安总省兴西地区行署。

1945 年 8 月，苏联红军到达林西县，日寇不战而败，林西人民结束了十几年的悲苦生活。随之，中国共产党从革命圣地延安、抗日根据地河北等地派来了大批干部，帮助林西人民建立红色政权。

1945 年 11 月，林西县人民政府成立。一颗颗红色的种子在热北边陲生根发芽、茁壮成长，塞北林西成了中国共产党创建革命政权、开展土地革命的红色热土。

1946 年 10 月，全面内战爆发，冀热辽中央分局、冀热辽军区及其机关、热河省政府战略转移到林西，林西成了冀热辽稳固的后方根据地和战略指挥中心，被史学家誉为热北“小延安”。

1947 年 4 月 2 日，中共冀察热辽分局第一次党代表会议在林西召开，会议着重讨论了全区形势、土地改革、武装斗争、财政经济、建党建政等问题，并作出了相应决议。会议指出当前的最中心任务是一切为着自卫战争的胜利，并提出了“以运动战为主配合广泛的游击战”的作战方针，发动战略反攻，歼灭敌人收复失地。这次会议，是冀察热辽地区历史上的一次重要会议，它标志着开展战略反攻、解放全承德的胜利时刻已经到来。

在解放战争期间，林西县青壮年踊跃参加中国人民解放军，掀起了一次又一次参军热潮，出现了“妻子送郎去参军，母亲送儿上战场”的动人场景。1946 年 7 月，全县有 600 多名青壮年报名参军；1946 年 11 月 30 日，在朱德总司令 60 寿辰之际，威震敌胆的“朱德骑兵旅”（师）在林西诞生，林西 400 多名热血青年跃马扬鞭奔向了解放全国的战场；1947 年，在“五四”青年节庆祝大会上 130 余名青壮年报名参军，三个月之内，由林西 2900 名新兵参加的林西独立团建成；1949 年，为支援大反攻，打败蒋介石，林西和克族又扩兵组建了一个新兵团，大部分是林西人。当时一个只有九万人口的林西县，就有八千子弟参加了中国人民解放军。

1946 年 10 月至 1947 年 6 月，林西人民承担了冀热辽驻林西部队、机关所需粮草、被褥等军用物资征缴任务。三年的解放战争中，林西未参军的男女老少，毅然走上了生产支前第一线，他们吃糠咽菜，把生产的粮油、鸡蛋送往前线，把家中仅有的布匹缝军衣、做军鞋送给前方的战士。林西作为热北根据地，在支前、拥军、优属工作中，为解放战争的胜利做出了突出贡献。

满怀战斗豪情的林西儿女，在硝烟滚滚的解放战争战场上，经受着生与死的考验，冲锋陷阵，英勇杀敌。他们从热北剿匪到激战辽沈；从天津战役大捷，到北平和平解放；从横扫冀豫，到雄师渡江；从江南剿匪，到战旗插上海南岛，一路由北国到南疆都留下了数不尽林西儿女的战绩。当一路征尘刚刚洗去，他们刚要品吸一下和平气息的时候，熊熊燃烧的朝鲜战火烧到鸭绿江边。以美国为首的数十万“联合国军”压向了中国东北边境，中华民族又一次面临战争烽火的考验。

在解放战争和抗美援朝战争中，林西县在册英烈 400 多名，涌现出一批战斗英雄。纵观历史，林西儿女和林西各族人民，在解放战争和抗美援朝战场上，创造了林西的光荣历史，留下了宝贵丰富的精神财富，形成了与井冈山精神一脉相承的“热北小延安”精神。

目前林西冀察辽分局驻地、冀察热辽军区驻地、热河省驻地旧址早已被拆除建成居民小区，一点遗址痕迹都找不着。当地相关部门对红色文化资源的重视程度较低，保护意识不足，仅对一些革命史实、红色资料进行简要的收集和展示，并未系统调查整理全县红色文化资源；未打造红色文化旅游区，红色文化资源利用率低。目前仅存一处红色文化遗址，即大营子天主教堂（当年为红军的后方医院）。

2. 案例介绍——八路军驻新疆办事处纪念馆

八路军驻新疆办事处纪念馆坐落于乌鲁木齐市胜利路，于 1962 年 10 月 1 日正式对外开馆，占地面积 1100 平方米，文物旧址建筑面积 503.6 平方米，年接待能力为 5 万人次。1974 年董必武同志为八路军纪念馆亲笔题写了馆名。

抗战时期，在新疆工作的同志们坚决贯彻执行党的方针、政策，积极开展抗日救亡运动，支援全国抗战，在维护国际交通线的畅通，培养军事技术人员，发展新疆的政治、经济、文化、教育事业等方面，做出了重大贡献。纪念馆以大量珍贵的史料，再现了这段历史，同时缅怀了邓发、陈潭秋、毛泽民等十一位革命先烈的光辉业绩。

纪念馆是一座中苏合壁、土木结构的两层楼房，现有馆藏文物 4000 件，其中 16 件被列为国家一级文物藏品。固定展览 4 个，展出照片、档案、文献、烈士遗著、武器、手稿、书刊、杂志、画幅、诗词、歌曲等版面 210 块。40 年来，经过几代人的不懈努力，八路军纪念馆已经成为一个馆藏丰富、国内享有较高知名度的革命历史纪念馆。

1994 年 11 月，该馆被乌鲁木齐市委、市政府命名为爱国主义教育基地；

1998 年 6 月，被列入自治区精神文明单位；2000 年，被列入自治区级少年爱国主义教育基地；2005 年，被列入红色旅游基地。

2013 年 5 月，八路军驻新疆办事处纪念馆被列为第七批全国重点文物保护单位。

3. 案例介绍——乌鲁木齐市烈士陵园

乌鲁木齐市烈士陵园位于乌鲁木齐市天山区南郊燕儿窝风景区，是党和政府为纪念抗日战争时期牺牲在新疆的中国共产党革命烈士于 1956 年 7 月 1 日修建的。园区占地 850 余亩，种植有樟子松、圆冠榆、槐树、红皮云杉、石竹、紫丁香等上百种乔木、灌木及花卉，绿化面积达 90% 以上。园内坐落着人民英雄纪念碑、祭台、乌鲁木齐烈士事迹陈列馆等多处纪念设施。

作为全疆唯一一家集“全国爱国主义教育示范基地”“全国百家红色旅游经典景区”“全国社会科学普及教育基地”“国家 AAA 级旅游景区”“国家抗战纪念遗址”“自治区廉政教育基地”“乌鲁木齐市民族团结教育基地”和“乌鲁木齐市国防教育基地”等为一身的公益性单位，自建园以来，乌鲁木齐市烈士陵园始终以“传承红色文化、弘扬爱国精神”为工作使命，倾力打造“传播红色、奉献真情”的文化品牌，力争实现“寓教于游、润物无声、百年树人”的共同愿景。

三、东北边疆多民族地区红色文化资源保护与传承

（一）东北边疆多民族地区红色文化资源保护与传承举措分析

东北边疆多民族地区以黑龙江省尚志市为例，在学生红色教育方面，当地不断挖掘红色文化资源，开发了红色文化的校本教程，利用图、物展览等多种形式对学生进行红色教育引导，在学校的醒目位置设有英雄人物的雕像、衣冠冢对学生进行英雄事迹的教育宣传，在日常学习生活中充分利用了烈士纪念馆等红色文化资源对学生进行教育，定期组织学生进入红色教育基地，聆听革命先烈的事迹，感受革命先烈的伟大精神，深入了解革命先烈投身革命、奋勇战斗、不畏牺牲，以坚定的共产主义信念抛头颅、洒热血、保家卫国。通过招募小小讲解员，让学生们参与红色文化的传承工作中来。学习之后组织学生写感受、谈感想，开展红色教育征文活动、优秀征文展故事会，将抗联英雄事迹编成话剧等，进一步深化对革命英烈的缅怀之情、爱国之情，培养学生爱国情感和对中国共产党的情感。当地团市委策划“清明祭英烈、缅怀英雄魂”中小学生清明实践活动：

“三个一”，即参加一场仪式、瞻仰一群先烈、聆听一段故事——2019 年尚志市“我们的节日·五四”主题活动、“传承·2019”烈士纪念日、“国旗下成长”尚志市青少年升国旗暨爱国宣讲主题活动、12.9 红歌满校园暨中学红歌合唱比赛等主题教育活动。在每个有重大纪念意义的时间节点都设计相应红色主题活动，活动以观看爱国主义电影、征文比赛、唱红歌比赛等为主，以激发同学们的爱国热情和传承红色基因，教育使得广大青少年充分感受党领导人民进行革命斗争和新中国成立、发展的艰辛历程，引导了广大青少年继承和发扬革命传统、弘扬爱国主义精神。关工委由于人数、人员年龄受限，活动多与教育局、团市委合作，编写了一系列教育青少年的“乡土教材”。在赵一曼诞辰 110 周年的时候与四川省宜宾市（赵一曼故乡）进行合作举办了书法联展等手段传播尚志市的红色文化。

在党员干部培训方面，党校秉承“传承红色文化，弘扬抗联精神”的培训理念，按照“课堂教学＋现场教学＋激情教学＋体验式教学＋理论提升”五位一体的党性教育培训模式，开发红色教学精品课程，充分利用烈士纪念馆、烈士陵园等一系列爱国主义教育基地，开发出了特色的一日、两日、三日等不同特色的学习模式。并且伴随着政府的支持和自身水平的不断提升，党校培养人员不断增多，影响力不断增强。

（二）东北边疆多民族地区红色文化资源保护与传承的案例分析

1. 案例介绍——尚志市

在红色文化研究、旅游开发方面，尚志拥有大量的抗联文化元素，尚志是全国 4 个以抗日英雄命名的城市之一。抗联第三军在珠河战斗期间，涌现出赵尚志、冯仲云、李兆麟、赵一曼、韩光等一大批优秀将领。尚志市中赵一曼烈士被捕地等 14 处抗联遗址于全国革命遗址普查中被列入名录。尚志市主要打造出以“三园三馆”（赵一曼纪念园、赵尚志纪念园、廉政文化园；暴风骤雨纪念馆、赵尚志赵一曼烈士纪念馆、赵一曼烈士生平事迹陈列馆）为主的红色旅游经典景区，同时经过黑龙江省委批准，黑龙江省委宣传部、黑龙江省民政厅同意，在尚志成立了黑龙江省东北抗联文化研究会，不断挖掘整理抗联文史，丰富红色文化内涵，搜集整理编写了 10 多种、近 50 万字史料和教育读本。在旅游开发方面尚志市与中青旅海投商业运营管理有限公司合作打造尚志红色旅游文化项目，主要从建立“三园三馆”、改造公园，重新规划，注入抗联色彩、创作以抗联文化为题材的大型灯光秀、水秀等文艺演出以及话剧，带动相关经济产业与红色文化相融合，促进市场化进程。

2. 案例介绍——四平战役纪念馆

为了永远传承红色历史，1958 年，四平战役纪念馆成立。现新馆 2004 年开始建设，2006 年对外开放。占地面积 2700 平方米，建筑面积 5158 平方米。2004 年，被列入全国百个红色旅游经典景区之一，是 30 条旅游精品线路中的第 26 条红色旅游路线中的第一站。2013 年被评为国家二级博物馆，2016 年被评为国家 4A 级旅游景区，2017 年被评为全国文明单位。战役纪念馆红色文化特点鲜明，2001 年、2017 年先后两次被中宣部评为全国爱国主义教育示范基地，同时纪念馆还是吉林省党史教育基地、吉林省廉政教育基地、吉林省未成年人思想道德教育示范基地等。

新馆划分为陈列区、综合服务区、办公区，其中陈列区面积 3100 平方米。陈列区内设有战史陈列厅、半景画馆、电影厅、临时展厅等。四战四平历史陈列共展出文物图片、电文、文献资料、实物等共计 500 余件。四平战役纪念馆坚持利用现代陈展技术，增强游客观赏的冲击力，增强艺术展示的感染力，让游客沉浸在四平战役的震撼历史当中。

四平战役纪念馆将公益效益发挥得十分突出，它以爱国主义教育为核心，坚持对社会输出红色文化，不断与相关学校、党校和企业联合，年平均讲解场次 2000 余场，接待社会各界人士 35 万余人次。四平战役纪念馆是四平市一张不可替代的城市名片，是中共党史和新中国史在四平的重要宣传窗口和品牌，其社会效益的发挥对四平市内外的红色文化氛围构建、红色文化的保护与传承意义重大。

第二章　调查问卷设计与研究数据来源

第一节　测定方法与数据来源

一、调查研究框架构建

（一）边疆多民族地区红色文化资源保护与传承意愿的年龄差异性研究

首先，提出边疆民族地区不同年龄阶段的人民群众的个体差异对其个人保护传承红色文化的意愿有着显著的影响和边疆多民族地区不同年龄阶段的人民群众对红色文化的价值认同度与其对红色文化保护与传承的意愿之间有着明显的推动关系的假设。其次，利用 SPSS 分析软件对调查中的主要变量进行描述性统计分析，将不同年龄段的边疆多民族地区人民针对个体差异、红色文化的价值认同度、红色文化的满意度、红色文化的保护意愿度、红色文化的传承意愿度之间的差异进行分析对比，更好地分析出影响边疆多民族地区红色文化资源保护与传承的影响要素。在此过程中需要利用 Cronbach's α 系数将调研组在边疆多民族地区收集到的具有对红色文化保护与传承的意愿的不同年龄的样本数据进行信度检验，同时也需要利用因子分析法将指标的潜在变量进行效度检验，以确保分析结果准确可靠，具有科学性和适用性。再次，构建了基于年龄差异的边疆多民族地区人民群众保护与传承红色文化意愿的结构方程模型，利用 Amos 软件将边疆多民族地区不同年龄的人民群众保护与传承红色文化意愿做出非标准化参数值估计模型，在此基础上进一步分析边疆多民族地区不同年龄的人民群众红色文化保护与传承意愿结构方程模型中潜在变量和观测变量之间的标准化路径估计结果。最后，利用 Amos 软件对结构方程进行适配度检验，在八项拟合指标数值完全拟合的情况下，对结构方程中测量模型路径的标准化路径系数进行计算，最终分析出影响边疆多民族地区不同年龄的人民群众保护与传承红色文化意愿的有效路径。

（二）边疆多民族地区红色文化资源保护与传承意愿的文化程度差异性研究

在本书中，边疆多民族地区被调查对象的文化程度被分为小学及以下、初中、高中（中专）、本专科以及研究生五类。首先，提出边疆多民族地区不同文化程度的人民群众的个体差异对其个人保护传承红色文化的意愿有着显著的影响和边疆多民族地区不同文化程度阶段的人民群众对红色文化的价值认同度与其对红色文化保护与传承的意愿之间有着明显的推动关系的假设。其次，利用 SPSS 分析软件对调查中的主要变量进行描述性统计分析，将不同文化程度的边疆多民族地区人民针对个体差异、红色文化的价值认同度、红色文化的满意度、红色文化的保护意愿度、红色文化的传承意愿度之间的差异进行分析对比，更好地分析影响边疆多民族地区红色文化资源保护与传承的影响要素。在此过程中需要利用 Cronbach's α 系数将调研组在边疆多民族地区收集到的具有对红色文化保护与传承的意愿的不同文化程度的样本数据进行信度检验，同时也需要利用因子分析法将指标的潜在变量进行效度检验，以确保分析结果准确可靠，具有科学性和适用性。再次，构建了基于文化程度差异的边疆多民族地区人民群众保护与传承红色文化意愿的结构方程模型，利用 Amos 软件将边疆多民族地区不同文化程度的人民群众保护与传承红色文化意愿做出非标准化参数值估计模型，在此基础上进一步分析边疆多民族地区不同文化程度的人民群众保护与传承红色文化意愿结构方程模型中潜在变量和观测变量之间的标准化路径估计结果。最后，利用 Amos 软件对结构方程进行适配度检验，在八项拟合指标数值完全拟合的情况下，对结构方程中测量模型路径的标准化路径系数进行计算，最终分析出影响边疆多民族地区不同文化程度的人民群众保护与传承红色文化意愿的有效路径。

（三）边疆多民族地区红色文化资源保护与传承意愿的政治面貌差异性研究

在本书中，边疆多民族地区被调查者的政治面貌被分为团员、党员、民主党派和群众四类。首先，提出边疆多民族地区不同政治面貌的人民群众的个体差异对其个人保护传承红色文化的意愿有着显著的影响和边疆多民族地区不同政治面貌的人民群众对红色文化的价值认同度与其对红色文化保护与传承的意愿之间有着明显的推动关系的假设。其次，利用 SPSS 分析软件对调查中的主要变量进行描述性统计分析，将不同政治面貌的边疆多民族地区人民针对个体差异、红色文化的价值认同度、红色文化的满意度、红色文化的保护意愿度、红色文化的传承意愿度之间的差异进行分析对比，更好地分析影响边疆多民族地区红色文化资源保护与传承的影响要素。在此过程中需要利用 Cronbach's α 系数将调研组在边疆多民族地区收集到的具有对红色文化保护与传承的意愿的不同政治面貌的样本数据进行信度检验，同时也需要利用因子分析法将指标的潜在变量进行效度检验，以确保分析结果准确可靠，具有科学性和适用性。再次，构建了基于政治面貌差异的边疆多民族地区人民群众保护与传承红色文化意愿的结构方程模型，利用 Amos 软件将边疆多民族地区不同政治面貌的人民群众保护与传承红色文化意愿做出非标准化参数值估计模型，在此基础上进一步分析边疆多民族地区不同政治面貌的人民群众保护与传承红色文化意愿结构方程模型中潜在变量和观测变量之间的标准化路径估计结果。最后，利用 Amos 软件对结构方程进行适配度检验，在八项拟合指标数值完全拟合的情况下，对结构方程中测量模型路径的标准化路径系数进行计算，最终分析出影响边疆多民族地区不同政治面貌的人民群众保护与传承红色文化意愿的有效路径。

（四）边疆多民族地区红色文化资源保护与传承意愿的民族成分差异性研究

在本书中，边疆多民族地区被调查者的民族成分被分为汉族和少数民族两类。首先，提出边疆多民族地区不同民族成分的人民群众的个体差异对其个人保护传承红色文化的意愿有着显著的影响和边疆多民族地区不同民族成分的人民群众对红色文化的价值认同度与其对红色文化保护与传承的意愿之间有着明显的推动关系的假设。其次，利用 SPSS 分析软件对调查中的主要变量进行描述性统计分析，将不同民族成分的边疆多民族地区人民针对个体差异、红色文化的价值认同度、红色文化的满意度、红色文化的保护意愿度、红色文化的传承意愿度之间的差异进行分析对比，更好地分析影响边疆多民族地区红色文化资源保护与传承的影响要素。在此过程中需要利用 Cronbach's α 系数将调研组在边疆多民族地区收集到的具有对红色文化保护与传承的意愿的不同民族成分的样本数据进行信度检验，同时也需要利用因子分析法将指标的潜在变量进行效度检验，以确保分析结果准确可靠，具有科学性和适用性。再次，构建了基于民族成分差异的边疆多民族地区人民群众保护与传承红色文化意愿的结构方程模型，利用 Amos 软件将边疆多民族地区不同民族成分的人民群众保护与传承红色文化意愿做出非标准化参数值估计模型，在此基础上进一步分析边疆多民族地区不同民族成分的人民群众保护与传承红色文化意愿结构方程模型中潜在变量和观测变量之间的标准化路径估计结果。最后，利用 Amos 软件对结构方程进行适配度检验，在八项拟合指标数值完全拟合的情况下，对结构方程中测量模型路径的标准化路径系数进行计算，最终分析出影响边疆多民族地区不同民族成分的人民群众保护与传承红色文化意愿的有效路径。

（五）边疆多民族地区红色文化资源保护与传承意愿的工作单位差异性研究

在本书中，边疆多民族地区被调查者的工作单位分为政府机关、事业单位、公有制企业、非公有制企业和其他五类。首先，提出边疆多民族地区不同工作单位的人民群众的个体差异对其个人保护传承红色文化的意愿有着显著的影响和边疆多民族地区不同工作单位的人民群众对红色文化的价值认同度与其对红色文化保护与传承的意愿之间有着明显的推动关系的假设。其次，利用 SPSS 分析软件对调查中的主要变量进行描述性统计分析，将不同工作单位的边疆多民族地区人民针对个体差异、红色文化的价值认同度、红色文化的满意度、红色文化的保护意愿度、红色文化的传承意愿度之间的差异进行分析对比，更好地分析影响边疆多民族地区红色文化资源保护与传承的影响要素。在此过程中需要利用 Cronbach's α 系数将调研组在边疆多民族地区收集到的具有对红色文化保护与传承的意愿的不同工作单位的样本数据进行信度检验，同时也需要利用因子分析法将指标的潜在变量进行效度检验，以确保分析结果准确可靠，具有科学性和适用性。再次，构建了基于工作单位差异的边疆多民族地区人民群众保护与传承红色文化意愿的结构方程模型，利用 Amos 软件将边疆多民族地区不同工作单位的人民群众保护与传承红色文化意愿做出非标准化参数值估计模型，在此基础上进一步分析边疆多民族地区不同工作单位的人民群众保护与传承红色文化意愿结构方程模型中潜在变量和观测变量之间的标准化路径估计结果。最后，利用 Amos 软件对结构方程进行适配度检验，在八项拟合指标数值完全拟合的情况下，对结构方程中的测量模型路径的标准化路径系数进行计算，最终分析出影响边疆多民族地区不同工作单位的人民群众保护与传承红色文化意愿的有效路径。

（六）边疆多民族地区红色文化资源保护与传承意愿的人员类别差异性研究

在本书中，边疆多民族地区被调查者的人员类别被分为本地居民、游客和外地学生三类。首先，提出边疆多民族地区不同人员类别的人民群众的个体差异，对其个人保护传承红色文化的意愿有着显著的影响和边疆多民族地区不同人员类别的人民群众对红色文化的价值认同度与其对红色文化保护与传承的意愿之间有着明显的推动关系的假设。其次，利用 SPSS 分析软件对调查中的主要变量进行描述性统计分析，将不同人员类别的边疆多民族地区人民针对个体差异、红色文化的价值认同度、红色文化的满意度、红色文化的保护意愿度、红色文化的传承意愿度之间的差异进行分析对比，更好地分析影响边疆多民族地区红色文化资源保护与传承的影响要素。在此过程中需要利用 Cronbach's α 系数将调研组在边疆多民族地区收集到的具有对红色文化保护与传承的意愿的不同人员类别的样本数据进行信度检验，同时也需要利用因子分析法将指标的潜在变量进行效度检验，以确保分析结果准确可靠，具有科学性和适用性。再次，构建了基于人员类别差异的边疆多民族地区人民群众保护与传承红色文化意愿的结构方程模型，利用 Amos 软件将边疆多民族地区不同人员类别的人民群众保护与传承红色文化意愿做出非标准化参数值估计模型，在此基础上进一步分析边疆多民族地区不同人员类别的人民群众保护与传承红色文化意愿结构方程模型中潜在变量和观测变量之间的标准化路径估计结果。最后，利用 Amos 软件对结构方程进行适配度检验，在八项拟合指标数值完全拟合的情况下，对结构方程中测量模型路径的标准化路径系数进行计算，最终分析出影响边疆多民族地区不同人员类别的人民群众保护与传承红色文化意愿的有效路径。

二、调查研究形式及研究对象

本书的数据来源方式主要为问卷调查，调研组深入边疆多民族地区，针对不同区域的人员进行了调查问卷的发放，调查问卷的核心主要分为被调查者的个人信息、红色文化的政治认同度、红色文化的经济认同度、红色文化的文化认同度、红色文化的生态认同度、红色文化的教育认同度、红色文化的社会认同度、红色文化的满意度、红色文化的保护意愿、红色文化的传承意愿十个部分。影响红色文化的保护与传承意愿的要素十分多样，从个体来看，年龄、文化程度、工作单位、政治面貌、民族成分等方面的差异都会导致对红色文化的保护与传承程度的差异；从社会来看，教育内容、教育方式、文化宣传、政府引导、资源开发等方面也会导致当地人民对红色文化的了解和认同程度的差异，进而影响对红色文化的保护与传承的意愿。本书以对红色文化的价值认同为研究视角，针对红色文化的保护与传承意愿进行分析研究，主要从红色文化的政治认同度、红色文化的经济认同度、红色文化的文化认同度、红色文化的生态认同度、红色文化的教育认同度、红色文化的社会认同度、红色文化的满意度、红色文化的保护意愿、红色文化的传承意愿九个方面对边疆多民族地区的红色文化保护与传承意愿进行分析。在此之中，红色文化的政治认同度、红色文化的经济认同度、红色文化的文化认同度、红色文化的生态认同度、红色文化的教育认同度、红色文化的社会认同度综合反映了被调查者对红色文化的价值认同度，红色文化的满意度、红色文化的保护意愿、红色文化的传承意愿是综合反映被调查者在红色文化保护与传承意愿方面的衡量指标。

在设计调查问卷的同时需要对调查问卷中的观测变量进行筛选整理并进行预测试，预测试于 2019 年 3 月进行，在边疆多民族地区选取了 150 名志愿者进行问卷填写，经过问卷的预测试，调研组分析出了问卷当中的不足，主要体现在以下几个方面：（1）问卷问题设计有歧义，造成了被调查者的回答困难；（2）问卷问题设计过于直白，导致了被调查者在回答时刻意回避；（3）问卷设计不够规范，界面稍显凌乱，整体不够清晰。经过对问卷的二次修改之后，最终确定了调查问卷的观测变量。在设计观测变量的过程中，主要依据以下理论进行设计：第一，关于红色文化的价值认同。红色文化资源本身带有政治性，其形成的过程蕴含着中国共产党人在马克思主义思想的指导下带领中国人民反抗官僚资本主义、封建主义和帝国主义的精神结晶，在内容和形成原因上都有着深刻的政治意义，凝结了党的推翻资本主义、实现无产阶级专政、最终实现共产主义的理想信念，体现了为人民谋幸福、为民族谋复兴的奋斗使命，在“对他而自觉为我”的过程中唤醒了民族记忆与国家认同。红色文化资源具有经济价值，我国现有的红色文化资源非常丰富，在开发利用、保护传承的过程中推动了文化及相关产业的进一步发展，为我国的经济发展结构优化做出了一定的贡献，具体在人民生活中可以有效地提升居民收入水平、增加居民就业机会。红色文化资源具有文化价值，作为先进文化的红色文化，其文化内核与社会主义先进文化、社会主义核心价值体系以及中华优秀传统文化有着一定的相似性，其先进性可以构筑社会主义先进文化的强大生命力，进一步推动社会主义核心价值体系的构建与发展，另外红色文化在形成的过程中蕴含了大量的中华优秀传统文化，推动红色文化的发展有利于实现中华优秀传统文化的创新发展。红色文化资源具有生态价值，当为人民服务的宗旨深深烙印在红色文化中时，在当今中国不断提升人民的居住生活水平和生态环境质量是社会发展的重要任务，红色文化资源的开发和利用必定会促进当地基础设施建设水平的完善，进一步保护当地的生态环境。红色文化具有教育价值，红色文化由于其受马克思主义指导，具有科学性、开放性、先进性等特征，同时蕴含了大量的优秀传统文化，革命精神与传统文化结合之后形成的优秀文化对当代青少年有着十分重要的教育意义，在塑造人生观、价值观、世界观方面有着不可替代的作用，同时红色文化中蕴含的爱国主义精神对全体中国人民影响巨大。红色文化具有社会价值，红色文化形成的过程中，无数人民群众投身革命事业中，其蕴含的奉献精神深深鼓舞着每一位中华儿女，在当今社会，红色文化依旧可以推动人民群众参与社会建设中，不断加强社会责任感，提升社会认知力，做时代的主人翁。第二，关于红色文化的保护和传承意愿。红色文化资源现阶段的表现形式主要分为两种，即遗迹遗址和纪念场馆，人民群众对遗迹遗址和纪念场馆的期望值一定程度上可以反映其对红色文化资源开发与利用的满意程度，另外在红色文化资源的保护和传承方面，首先需要人民群众对红色文化资源保护与传承的态度进行明晰，其次在其愿意对红色文化资源进行保护与传承的基础充分发挥主观能动性，最后利用多种方式对红色文化的保护与传承进行参与。表 2－1 为边疆多民族地区红色文化资源价值认同与保护传承意愿调查问卷设计。

表 2－1　边疆多民族地区红色文化资源价值认同与保护传承意愿调查问卷设计

<table>
<tr><th colspan="3">变量</th><th rowspan="2">原始代码</th><th rowspan="2">赋值</th></tr>
<tr><th colspan="2">潜在变量</th><th>观测变量</th></tr>
<tr><td rowspan="10">价值认同</td><td rowspan="3">政治认同</td><td>党的理想信念</td><td>最高（最多、最满意）、较高（较多、较为满意）、中等（一般、没所谓高也没所谓低）、较低（较少、比较不满意）、最低（最少、最不满意）</td><td>5、4、3、2、1</td></tr>
<tr><td>党的奋斗使命</td><td>最高（最多、最满意）、较高（较多、较为满意）、中等（一般、没所谓高也没所谓低）、较低（较少、比较不满意）、最低（最少、最不满意）</td><td>5、4、3、2、1</td></tr>
<tr><td>民族记忆与国家认同</td><td>最高（最多、最满意）、较高（较多、较为满意）、中等（一般、没所谓高也没所谓低）、较低（较少、比较不满意）、最低（最少、最不满意）</td><td>5、4、3、2、1</td></tr>
<tr><td rowspan="3">经济认同</td><td>经济发展</td><td>最高（最多、最满意）、较高（较多、较为满意）、中等（一般、没所谓高也没所谓低）、较低（较少、比较不满意）、最低（最少、最不满意）</td><td>5、4、3、2、1</td></tr>
<tr><td>居民收入水平</td><td>最高（最多、最满意）、较高（较多、较为满意）、中等（一般、没所谓高也没所谓低）、较低（较少、比较不满意）、最低（最少、最不满意）</td><td>5、4、3、2、1</td></tr>
<tr><td>居民就业机会</td><td>最高（最多、最满意）、较高（较多、较为满意）、中等（一般、没所谓高也没所谓低）、较低（较少、比较不满意）、最低（最少、最不满意）</td><td>5、4、3、2、1</td></tr>
<tr><td rowspan="3">文化认同</td><td>社会主义先进文化</td><td>最高（最多、最满意）、较高（较多、较为满意）、中等（一般、没所谓高也没所谓低）、较低（较少、比较不满意）、最低（最少、最不满意）</td><td>5、4、3、2、1</td></tr>
<tr><td>社会主义核心价值体系</td><td>最高（最多、最满意）、较高（较多、较为满意）、中等（一般、没所谓高也没所谓低）、较低（较少、比较不满意）、最低（最少、最不满意）</td><td>5、4、3、2、1</td></tr>
<tr><td>中华优秀传统文化</td><td>最高（最多、最满意）、较高（较多、较为满意）、中等（一般、没所谓高也没所谓低）、较低（较少、比较不满意）、最低（最少、最不满意）</td><td>5、4、3、2、1</td></tr>
<tr><td>生态认同</td><td>生态环境保护</td><td>最高（最多、最满意）、较高（较多、较为满意）、中等（一般、没所谓高也没所谓低）、较低（较少、比较不满意）、最低（最少、最不满意）</td><td>5、4、3、2、1</td></tr>
</table>

续表

变量			原始代码	赋值
潜在变量		观测变量		
价值认同	生态认同	基础设施水平	最高（最多、最满意）、较高（较多、较为满意）、中等（一般、没所谓高也没所谓低）、较低（较少、比较不满意）、最低（最少、最不满意）	5、4、3、2、1
	教育认同	爱国主义和革命传统教育	最高（最多、最满意）、较高（较多、较为满意）、中等（一般、没所谓高也没所谓低）、较低（较少、比较不满意）、最低（最少、最不满意）	5、4、3、2、1
		学生思想政治教育	最高（最多、最满意）、较高（较多、较为满意）、中等（一般、没所谓高也没所谓低）、较低（较少、比较不满意）、最低（最少、最不满意）	5、4、3、2、1
		教育发展环境	最高（最多、最满意）、较高（较多、较为满意）、中等（一般、没所谓高也没所谓低）、较低（较少、比较不满意）、最低（最少、最不满意）	5、4、3、2、1
	社会认同	社区居民社会参与度	最高（最多、最满意）、较高（较多、较为满意）、中等（一般、没所谓高也没所谓低）、较低（较少、比较不满意）、最低（最少、最不满意）	5、4、3、2、1
		社区居民社会责任感	最高（最多、最满意）、较高（较多、较为满意）、中等（一般、没所谓高也没所谓低）、较低（较少、比较不满意）、最低（最少、最不满意）	5、4、3、2、1
		社区居民的社会认知能力	最高（最多、最满意）、较高（较多、较为满意）、中等（一般、没所谓高也没所谓低）、较低（较少、比较不满意）、最低（最少、最不满意）	5、4、3、2、1
保护传承意愿	满意度	遗迹遗址期望值	最高（最多、最满意）、较高（较多、较为满意）、中等（一般、没所谓高也没所谓低）、较低（较少、比较不满意）、最低（最少、最不满意）	5、4、3、2、1
		纪念场馆期望值	最高（最多、最满意）、较高（较多、较为满意）、中等（一般、没所谓高也没所谓低）、较低（较少、比较不满意）、最低（最少、最不满意）	5、4、3、2、1
	保护意愿	保护态度	最高（最多、最满意）、较高（较多、较为满意）、中等（一般、没所谓高也没所谓低）、较低（较少、比较不满意）、最低（最少、最不满意）	5、4、3、2、1
		保护参与	最高（最多、最满意）、较高（较多、较为满意）、中等（一般、没所谓高也没所谓低）、较低（较少、比较不满意）、最低（最少、最不满意）	5、4、3、2、1
		保护方式	最高（最多、最满意）、较高（较多、较为满意）、中等（一般、没所谓高也没所谓低）、较低（较少、比较不满意）、最低（最少、最不满意）	5、4、3、2、1

续表

<table>
<tr><th colspan="3">变量</th><th rowspan="2">原始代码</th><th rowspan="2">赋值</th></tr>
<tr><th colspan="2">潜在变量</th><th>观测变量</th></tr>
<tr><td rowspan="4">保护传承意愿</td><td>保护意愿</td><td>保护程度</td><td>最高（最多、最满意）、较高（较多、较为满意）、中等（一般、没所谓高也没所谓低）、较低（较少、比较不满意）、最低（最少、最不满意）</td><td>5、4、3、2、1</td></tr>
<tr><td rowspan="3">传承意愿</td><td>传承态度</td><td>最高（最多、最满意）、较高（较多、较为满意）、中等（一般、没所谓高也没所谓低）、较低（较少、比较不满意）、最低（最少、最不满意）</td><td>5、4、3、2、1</td></tr>
<tr><td>传承参与</td><td>最高（最多、最满意）、较高（较多、较为满意）、中等（一般、没所谓高也没所谓低）、较低（较少、比较不满意）、最低（最少、最不满意）</td><td>5、4、3、2、1</td></tr>
<tr><td>传承方式</td><td>最高（最多、最满意）、较高（较多、较为满意）、中等（一般、没所谓高也没所谓低）、较低（较少、比较不满意）、最低（最少、最不满意）</td><td>5、4、3、2、1</td></tr>
</table>

第二节 数据来源

本书正式的调研在 2019 年 7～8 月，对我国西南边疆多民族地区的广西壮族自治区、西藏自治区、云南省的人民群众中进行了问卷调查，共计 1500 份，收回问卷 1362 份，其中有效问卷 1278 份，有效问卷率达到 93.83%；对西北、北部边疆多民族地区的内蒙古自治区、新疆维吾尔自治区的人民群众进行了问卷调查，共计 1200 份，收回问卷 1162 份，其中有效问卷 1093 份，有效问卷率达到 94.06%；对东北边疆多民族地区的黑龙江省、吉林省、辽宁省的人民群众进行了问卷调查，共计 1800 份，收回问卷 1701 份，其中有效问卷 1600 份，有效问卷率达到 94.06%。问卷发放的基本情况如表 2－2 所示。

表 2－2　　问卷发放基本情况

地区	问卷发放量（份）	问卷回收量（份）	问卷回收率（%）	有效问卷量（份）	有效问卷率（%）
西南边疆多民族地区	1500	1362	90.8	1278	93.83
西北、北部边疆多民族地区	1200	1162	96.83	1093	94.06
东北边疆多民族地区	1800	1701	94.5	1600	94.06

第三章　西南边疆多民族地区红色文化资源保护与传承意愿研究

第一节　基于年龄差异的西南边疆多民族地区红色文化资源保护与传承意愿研究

一、研究假设

假设1：西南边疆多民族地区不同年龄阶段的被调查人员的个体差异对其个人保护传承红色文化的意愿有着显著的影响。

个体差异主要从年龄、文化程度、政治面貌、民族成分、工作单位、人员类别等方面体现。改革开放以来我国与世界交流逐渐增多，多种文化涌入我国，年青一代在成长的过程中受到了多元思想的冲击。按照学界的通常分类方法，本书将1980年后出生的被调查人员定义为新生代人群，将1980年前出生的被调查人员定义为老一代人群。一般而言，文化程度更高的人群红色文化的认同感更为强烈，对当地红色文化的保护与传承意愿更为强烈。

假设2：西南边疆多民族地区不同年龄阶段的被调查人员的红色文化价值认同度对其个人保护传承红色文化的意愿有着显著的影响。

红色文化价值认同度对西南边疆多民族地区的被调查人员保护与传承红色文化意愿的影响程度十分显著，对红色文化价值认同度越高，保护与传承红色文化的意愿越强。一般来看，不同年龄段的被调查人员之间存在着一定的差异性，西南边疆多民族地区的老一代人群受到价值认同的影响更为明显。

二、数据来源与变量描述统计

本节的研究重点是西南边疆多民族地区不同年龄阶段被调查人员的保护传承

红色文化的意愿及其影响因素，在1278份有效的调查问卷中进行分类，其中新生代人群有642人，占总样本数的50.23%；老一代人群有636人，占总样本数的49.77%。

经过对调查数据的分类汇总，得到以下描述性统计结果（见表3-1），可以发现不同年龄阶段的受访者在个人特征、红色文化的价值认同以及红色文化保护传承意愿方面均有所差异。其中，在个人特征的文化程度方面，新生代人群中高中（中专）学历占比最多，达到34.42%，其次是本专科学历，占比达到32.09%；而老一代人群中初中学历占比最多，达到了40.57%，其次是高中（中专）学历，占比达到35.38%，整体来看新生代人群的文化程度高于老一代人群。在个人特征的政治面貌方面，不管是新生代人群还是老一代人群的主体构成是群众，老一代人群中群众占比达到了72.80%，由于新生代人群中包括了团员，所以新生代人群的群众占比较少，只达到51.56%；在新生代人群中党员占比为29.44%，在老一代人群中党员占比为25.16%；新生代人群中民主党派占比大于老一代人群，但是民主党派在政治面貌中整体占比较小，在新生代人群中占比为2.96%，在老一代人群中占比为2.04%。在个人特征的民族成分方面，不管是新生代人群还是老一代人群均以汉族人口较多，受年龄影响不大。在个人特征的工作单位方面，新生代人群大部分在非公有制企业工作，占比为29.44%，占比排第二的工作类型是学生，占比为27.10%，而在老一代人群当中占比最大的工作单位是其他行业，占比为37.58%，占比排第二的工作单位是非公有制企业，占比为27.52%。在个人特征的人员类别方面，本地居民是被调查的新生代人群和老一代人群的主要构成人员，占新生代人群的84.74%，占老一代人群的97.96%，另外在新生代人群中有10.75%是外地学生。

表3-1　　调查数据统计性描述

类别	变量名称	西南边疆多民族地区（N=1278）		新生代人群（N=642）		老一代人群（N=636）	
		频数	百分比	频数	百分比	频数	百分比
文化程度	小学及以下	108	8.45	39	6.07	69	10.85
	初中	425	33.26	167	26.01	258	40.57
	高中（中专）	446	34.90	221	34.42	225	35.38
	本专科	271	21.21	206	32.09	65	10.22
	研究生	28	2.19	20	3.12	8	1.26

续表

类别	变量名称	西南边疆多民族地区（N=1278）		新生代人群（N=642）		老一代人群（N=636）	
		频数	百分比	频数	百分比	频数	百分比
政治面貌	团员	103	8.06	103	16.04	0	0
	党员	349	27.31	189	29.44	160	25.16
	民主党派	32	2.50	19	2.96	13	2.04
	群众	794	62.13	331	51.56	463	72.80
民族成分	汉族	954	74.65	493	76.79	461	72.48
	少数民族	324	25.35	149	23.21	175	27.52
工作单位	政府机关	91	7.12	49	7.63	42	6.60
	事业单位	104	8.14	58	9.03	46	7.23
	公有制企业	269	21.05	137	21.34	132	20.75
	非公有制企业	366	28.64	189	29.44	177	27.83
	其他	274	21.44	35	5.45	239	37.58
	学生	174	13.62	174	27.10	0	0
人员类别	本地居民	1167	91.31	544	84.74	623	97.96
	游客	42	3.29	29	4.52	13	2.04
	外地学生	69	5.40	69	10.75	0	0
观测变量	潜在变量	西南边疆多民族地区（N=1278）		新生代人群（N=642）		老一代人群（N=636）	
		频数	百分比	频数	百分比	频数	百分比
政治认同	党的理想信念	均值3.99（0.648）		均值3.98（0.634）		均值4.00（0.649）	
	党的奋斗使命	均值3.99（0.652）		均值3.99（0.639）		均值3.99（0.648）	
	民族记忆与国家认同	均值4.06（0.649）		均值4.06（0.638）		均值4.06（0.629）	
经济认同	经济发展	均值3.59（0.682）		均值3.62（0.649）		均值3.56（0.691）	
	居民收入水平	均值3.58（0.681）		均值3.60（0.671）		均值3.56（0.705）	
	居民就业机会	均值3.57（0.672）		均值3.58（0.669）		均值3.56（0.682）	
文化认同	社会主义先进文化	均值3.69（0.659）		均值3.70（0.679）		均值3.68（0.681）	
	社会主义核心价值体系	均值3.72（0.651）		均值3.73（0.677）		均值3.71（0.687）	
	中华优秀传统文化	均值3.76（0.697）		均值3.74（0.708）		均值3.78（0.691）	
生态认同	生态环境保护	均值3.32（0.699）		均值3.33（0.709）		均值3.31（0.684）	
	基础设施水平	均值3.41（0.706）		均值3.42（0.707）		均值3.40（0.701）	

续表

观测变量	潜在变量	西南边疆多民族地区（N=1278）		新生代人群（N=642）		老一代人群（N=636）	
		频数	百分比	频数	百分比	频数	百分比
教育认同	爱国主义和革命传统教育	均值3.88（0.671）		均值3.86（0.672）		均值3.90（0.655）	
	学生思想政治教育	均值3.91（0.652）		均值3.89（0.642）		均值3.93（0.666）	
	教育发展环境	均值3.87（0.669）		均值3.89（0.677）		均值3.85（0.683）	
社会认同	社区居民社会参与度	均值3.18（0.705）		均值3.19（0.701）		均值3.17（0.702）	
	社区居民社会责任感	均值3.37（0.657）		均值3.38（0.692）		均值3.36（0.645）	
	社区居民社会认知力	均值3.19（0.708）		均值3.19（0.696）		均值3.19（0.672）	
满意度	遗迹遗址期望值	均值3.55（0.672）		均值3.57（0.668）		均值3.53（0.672）	
	纪念场馆期望值	均值3.56（0.669）		均值3.57（0.662）		均值3.55（0.649）	
保护意愿	保护态度	均值3.57（0.678）		均值3.56（0.667）		均值3.58（0.669）	
	保护参与	均值3.56（0.672）		均值3.56（0.692）		均值3.56（0.680）	
	保护方式	均值3.56（0.681）		均值3.57（0.661）		均值3.55（0.658）	
	保护程度	均值3.54（0.669）		均值3.53（0.674）		均值3.55（0.682）	
传承意愿	传承态度	均值3.58（0.688）		均值3.57（0.694）		均值3.59（0.677）	
	传承参与	均值3.57（0.659）		均值3.57（0.686）		均值3.57（0.659）	
	传承方式	均值3.56（0.671）		均值3.57（0.688）		均值3.55（0.696）	

注：括号中为标准差。

在红色文化的价值认同方面，新生代人群和老一代人群对红色文化的政治认同程度都很高，并且评分基本相近，这说明当地的红色文化教育工作十分到位。新生代人群对红色文化的经济认同程度比老一代人群稍高，这是因为新生代人群的文化程度较高，并且新生代人群中包括了一定数量的学生，他们对文化推动经济的作用机理更为了解。新生代人群与老一代人群对红色文化的文化认同程度存在一定差异，老一代人群更加能够理解红色文化对中华优秀传统文化创新发展的作用，而新生代人群则更看重红色文化在推进社会主义先进文化和核心价值体系建设方面的作用。新生代人群对红色文化的生态认同程度比老一代人群更高，老一代人群对保护和传承红色文化对当地生态环境保护的作用评价不高，新生代人群对红色文化推动当地基础设施建设的评价更高。新生代人群与老一代人群对红色文化的教育认同程度存在一定差异，老一代人群对爱国主义和革命传统教育以及加强学生思想政治教育比新生代人群的评价更高，证明新生代人群证明红色文化的传承与发展的教育价值仍需进一步挖掘。新生代人群对红色文化的社会认同程度比老一代人群更高，新生代人群认为红色文化能够有效推动居民的社会参与度与社会责任感以及社会认知力。新生代人群和老一代人群对当地遗迹遗址和纪念场馆的满意度相差不大。在红色文化的保护意愿和传承意愿方面，新生代人群和老一代人群的意愿都比较强烈。

三、实证分析

本书在西南边疆多民族地区调查过程中构建了包括1278个调查样本在内的数据库，利用AMOS软件进行分析，构建了西南边疆多民族地区红色文化资源保护与传承意愿的结构方程模型（见图3-1），在构建结构方程模型之后需要对其进行信度和效度检验。

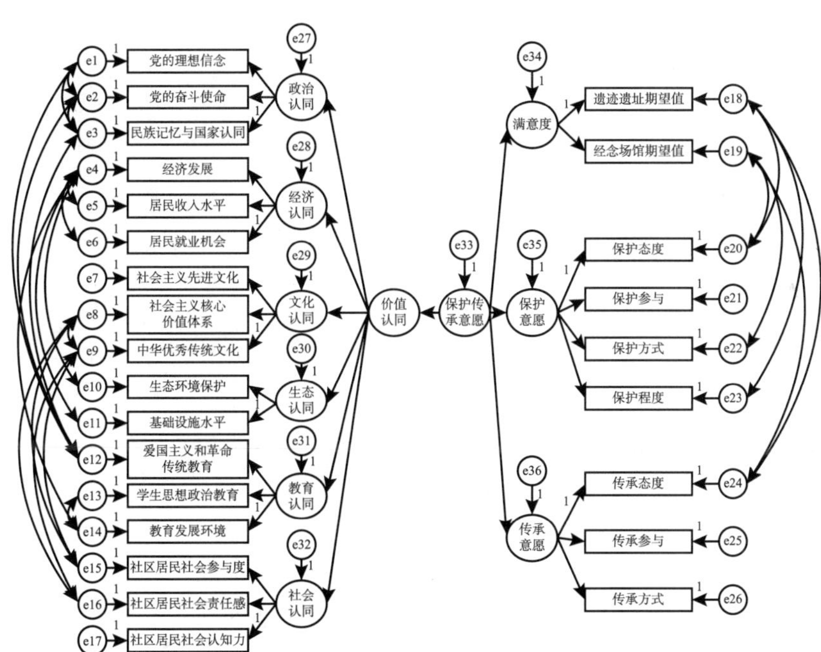

图3-1　西南边疆多民族地区红色文化资源保护与传承意愿的结构方程模型

首先，利用Cronbach's α系数对调查问卷进行信度检验，新生代人群和老一代人群的调查问卷信度分别为0.931和0.966，样本的可信度较高。其次，再利用因子分析法对指标的潜在变量进行效度分析，新生代人群和老一代人群的KMO检验结果分别为0.929和0.937，从Bartlett球形检验结果中卡方值的显著性概率低于显著性水平，利用极大方差法进行因子旋转，以特征值大于1的标准进行主因子的提取，最终显示指标项因子负载量大于0.50，西南边疆多民族地区调查问卷的信度和效度通过了检验。最后，要对结构方程模型拟合指标参数进行检验，将八项拟合指标的显示值与标准值进行对比，利用AMOS软件对结构方程模型进行检验，得到了八项拟合指标参数（见表3－2）。通过八项拟合指标数值的对比发现，拟合情况均为理想，证明其结果可以接受。在此基础上对西南边疆多民族地区不同年龄阶段人群的红色文化保护与传承意愿的结构方程模型路径系数进行测算，得到西南边疆多民族地区不同年龄人群的红色文化保护与传承意愿的结构方程模型路径估计结果（见表3－3），红色文化价值认同对西南边疆多民族地区新生代人群和老一代人群的红色文化保护与传承意愿的标准化路径系数分别为0.751和0.758，通过了显著性检验。这就说明了红色文化价值认同与红色文化保护与传承意愿之间有显著的正向关系，并且这种正向关系在老一代人群中更为明显，这就验证了前文的假设，即该结构方程模型无须优化调整。

表3－2　八项拟合指标参数

拟合指标	χ^2/df	*AGFI*	*IFI*	*CFI*	*TLI*	*PNFI*	*RMR*	*RMSEA*
显示值	2.933	0.846	0.929	0.981	0.938	0.574	0.028	0.073
参考值	<5.00	>0.80	>0.90	>0.90	>0.90	>0.50	<0.05	<0.08
拟合情况	理想	理想	理想	理想	理想	理想	理想	理想

表3－3　结构方程模型路径估计结果

年龄	结构方程模型路径	标准化路径系数	*P*
新生代人群	红色文化价值认同→红色文化保护与传承意愿	0.751	***
老一代人群	红色文化价值认同→红色文化保护与传承意愿	0.758	***

注：*** 表示 $P<0.001$。

根据前述构建的西南边疆多民族地区红色文化资源保护与传承意愿结构方程模型，利用AMOS软件对西南边疆多民族地区的1278份调查问卷中的样本数据进行分析计算，分别得到西南边疆多民族地区不同年龄阶段人群的红色文化保护与传承意愿的非标准化参数值估计模型。由前文对不同年龄阶段人群的红色文化价值认同与红色文化保护与传承意愿的标准化路径系数可知，红色文化价值认同对红色文化保护与传承意愿之间的作用十分明显，红色文化的价值认同主要通过红色文化的政治认同、红色文化的经济认同、红色文化的文化认同、红色文化的生态认同、红色文化的教育认同和红色文化的社会认同6个观测变量进行测算判定。

从图 3－1 可知，e1↔e2 路径是新生代人群和老一代人群都通过了显著性检验，并且其协方差均为正值，反映了新生代人群和老一代人群认为党的理想信念和党的奋斗使命之间有着正向的共变关系，这说明西南边疆多民族地区的不同年龄被调查人员对党的理想信念理解得越深刻，越能够感受到党的奋斗使命。从 e1↔e3 路径来看，新生代人群和老一代人群都通过了显著性检验，并且其协方差均为正值，反映了新生代人群和老一代人群认为党的理想信念和民族记忆与国家认同之间有着正向的共变关系，这说明对党的理想信念理解得越深刻，越能够唤醒对中华民族的民族记忆与国家认同。从 e1↔e12 路径来看，新生代人群和老一代人群都通过了显著性检验，并且其协方差均为正值，反映了新生代人群和老一代人群认为党的理想信念和爱国主义和革命传统教育之间有着正向的共变关系，这说明西南边疆多民族地区的不同年龄被调查人员对党的理想信念理解得越深刻，越能够加强爱国主义情感，增进革命传统教育。在这些路径当中，老一代人群所受到的影响更为明显。从 e2↔e3 路径来看，新生代人群和老一代人群都通过了显著性检验，并且其协方差均为正值，反映了新生代人群和老一代人群认为党的奋斗使命和民族记忆与国家认同之间有着正向的共变关系，这说明西南边疆多民族地区的不同年龄被调查人员对党的奋斗使命理解得越深刻，越能够唤醒起对中华民族的民族记忆与国家认同。从 e2↔e12 路径来看，新生代人群和老一代人群都通过了显著性检验，反映了新生代人群和老一代人群认为党的奋斗使命和爱国主义和革命传统教育之间有着正向的共变关系，这说明西南边疆多民族地区的不同年龄被调查人员对党的奋斗使命理解得越深刻，越能够加强爱国主义情感，增进革命传统教育。在这些路径当中，老一代人群所受到的影响更为明显。从 e3↔e12 路径来看，新生代人群和老一代人群都通过了显著性检验，并且其协方差均为正值，反映了新生代人群和老一代人群认为民族记忆与国家认同和爱国主义和革命传统教育之间有着正向的共变关系，这说明西南边疆多民族地区的不同年龄被调查人员对红色文化中的民族记忆与国家认同越深刻，越能够加强爱国主义情感，增进革命传统教育。在此路径当中，老一代人群所受到的影响更为明显。

从 e4↔e5 路径来看，新生代人群和老一代人群都通过了显著性检验，并且其协方差均为正值，反映了新生代人群和老一代人群认为红色文化带动经济发展和居民收入水平之间有着正向的共变关系，这说明西南边疆多民族地区的不同年龄被调查人员认为当地红色文化能够推动经济发展，带动当地的居民收入水平。从 e4↔e6 路径来看，新生代人群和老一代人群都通过了显著性检验，并且其协方差均为正值，反映了新生代人群和老一代人群认为红色文化带动经济发展和居民就业机会之间有着正向的共变关系，这说明西南边疆多民族地区的不同年龄被调查人员认为当地红色文化能够推动经济发展，增多当地的居民就业机会。从 e4↔e10 路径来看，新生代人群和老一代人群都通过了显著性检验，并且其协方差均为正值，反映了新生代人群和老一代人群认为红色文化带动经济发展和生态环境保护之间有着正向的共变关系，这说明西南边疆多民族地区的不同年龄被调查人员认为当地红色文化能够推动经济发展，对当地的生态环境保护有利。从 e4↔e11 路径来看，新生代人群和老一代人群都通过了显著性检验，并且其协方差均为正值，反映了新生代人群和老一代人群认为红色文化带动经济发展和基础设施建设之间有着正向的共变关系，这说明西南边疆多民族地区的不同年龄被调查人员认为当地红色文化能够推动经济发展，有利于促进当地的基础设施建设与完善。从 e4↔e14 路径来看，新生代人群和老一代人群都通过了显著性检验，并且其协方差均为正值，反映了新生代人群和老一代人群认为红色文化带动经济发展和改善教育发展环境之间有着正向的共变关系，这说明西南边疆多民族地区的不同年龄被调查人员认为当地红色文化能够推动经济发展，改善当地的教育发展环境。在这些路径当中，新生代人群所受到的影响更为明显，这是因为新生代人群文化程度普遍较高，能够理解文化资源利用经济发展之间的作用关系，同时由于其自身就是学生或其子女正处在小学、初中等基础教育阶段，对教育事业更为关注。

从 e8↔e9 路径来看，新生代人群和老一代人群都通过了显著性检验，并且其协方差均为正值，反映了新生代人群和老一代人群认为社会主义核心价值体系和中华优秀传统文化之间有着正向的共变关系，这说明红色文化推动发展社会主义核心价值体系满意度越高，越能够带动中华优秀传统文化创新发展。从 e8↔e15 路径来看，新生代人群和老一代人群都通过了显著性检验，并且其协方差均为正值，反映了新生代人群和老一代人群认为社会主义核心价值体系和社区居民社会参与度之间有着正向的共变关系，这说明西南边疆多民族地区的不同年龄被调查人员认为不断坚持发展社会主义核心价值体系，可以有效地提升社区居民对社会建设的参与度。从 e8↔e16 路径来看，新生代人群和老一代人群都通过了显著性检验，并且其协方差均为正值，反映了新生代人群和老一代人群认为社会主义核心价值体系和社区居民社会责任感之间有着正向的共变关系，这说明西南边疆多民族地区的不同年龄被调查人员认为不断发扬社会主义核心价值体系，可以有效地提升社区居民的社会责任感。从 e9↔e15 路径来看，新生代人群和老一代人群都通过了显著性检验，并且其协方差均为正值，反映了新生代人群和老一代人群认为中华优秀传统文化和社区居民社会参与度之间有着正向的共变关系，这说明西南边疆多民族区的不同年龄被调查人员认为坚持传承和发展中华优秀传统文化，可以有效地提升社区居民对社会建设的参与度。从 e9↔e16 路径来看，新生代人群和老一代人群都通过了显著性检验，并且其协方差均为正值，反映了新生代人群和老一代人群认为中华优秀传统文化和社区居民社会责任感之间有着正向的共变关系，这说明西南边疆多民族地区的不同年龄被调查人员认为坚持传承和发展中华优秀传统文化，可以有效提升社区居民的社会责任感。

从 e13↔e14 路径来看，新生代人群和老一代人群都通过了显著性检验，并且其协方差均为正值，反映了新生代人群和老一代人群认为学生思想政治教育和教育发展环境之间有着正向的共变关系，这说明西南边疆多民族地区的不同年龄被调查人员认为教育发展环境越好，越有利于推动学生思想政治教育。

西南边疆多民族地区不同年龄阶段的被调查人员对红色文化保护与传承意愿与其对红色文化的满意度、红色文化的保护意愿和红色文化的传承意愿关系十分明显，需要从这三方面入手综合探索提升其意愿。从 e18↔e20 路径来看，新生代人群和老一代人群都通过了显著性检验，反映了新生代人群和老一代人群认为当地遗迹遗址的满意度和保护红色文化的态度之间有着正向的共变关系，这说明西南边疆多民族地区的不同年龄被调查人员对当地遗迹遗址的满意度越高越能够激发其对当地红色文化的保护意愿。从 e18↔e23 路径来看，新生代人群和老一代人群都通过了显著性检验，反映了新生代人群和老一代人群认为当地遗迹遗址的满意度和当地红色文化遗迹遗址的保护利用现状之间有着正向的共变关系，这说明西南边疆多民族地区的不同年龄的被调查人员对当地遗迹遗址的满意度越高，对当地红色文化遗迹遗址的保护利用现状评价就越有利。从 e18↔e24 路径来看，新生代人群和老一代人群都通过了显著性检验，反映了新生代人群和老一代人群认为当地遗迹遗址的满意度和宣传推介和保护传承本地红色文化资源的意愿之间有着正向的共变关系，这说明西南边疆多民族地区的不同年龄被调查人员对当地遗迹遗址的满意度越高，就越愿意宣传推介当地的红色文化。从 e19↔e20 路径来看，新生代人群和老一代人群都通过了显著性检验，反映了新生代人群和老一代人群认为当地纪念场馆的满意度和保护红色文化的态度之间有着正向的共变关系，这说明西南边疆多民族地区的不同年龄被调查人员对当地纪念场馆的满意度越高越能够激发对当地红色文化的保护意愿。从 e19↔e22 路径来看，新生代人群和老一代人群都通过了显著性检验，反映了新生代人群和老一代人群认为当地纪念场馆的满意度和当地红色文化纪念场馆的保护利用现状之间有着正向的共变关系，这说明西南边疆多民族地区的不同年龄被调查人员对当地纪念场馆的满意度越高，对当地红色文化纪念场馆的保护利用现状评价越有利。从 e19↔e24 路径来看，新生代人群和老一代人群都通过了显著性检验，反映了新生代人群和老一代人群认为当地纪念场馆的满意度和宣传推介本地红色文化资源的意愿之间有着正向的共变关系，这说明西南边疆多民族地区的不同年龄被调查人员对当地纪念场馆的满意度越高就越愿意宣传推介当地的红色文化。

根据结构方程模型的输出结果来看，可以得到西南边疆多民族地区不同年龄的被调查人员保护与传承红色文化资源意愿测量模型中潜在变量与观测变量之间的标准化路径估计结果（见表3－4）。可见，在测量模型中，新生代人群和老一代人群的被调查人员的潜在变量对观察变量的显著性检验 P 值都在0.001水平，说明该模型中的观测变量能够解释潜在变量。

表3－4　潜在变量与观测变量之间的标准化路径估计结果

测量模型路径	新生代人群	老一代人群
	标准化路径系数	标准化路径系数
政治认同→党的理想信念	0.879***	0.892***
政治认同→党的奋斗使命	0.883***	0.921***
政治认同→民族记忆与国家认同	0.897***	0.901***
经济认同→经济发展	0.836***	0.802***
经济认同→居民收入水平	0.858***	0.838***
经济认同→居民就业机会	0.844***	0.819***
文化认同→社会主义先进文化	0.855***	0.812***
文化认同→社会主义核心价值体系	0.839***	0.803***
文化认同→中华优秀传统文化	0.852***	0.838***
生态认同→生态环境保护	0.631***	0.654***
生态认同→基础设施水平	0.688***	0.626***
教育认同→爱国主义和革命传统教育	0.849***	0.876***
教育认同→学生思想政治教育	0.858***	0.821***
教育认同→教育发展环境	0.809***	0.794***
社会认同→社区居民社会参与度	0.681***	0.675***
社会认同→社区居民社会责任感	0.693***	0.708***
社会认同→社区居民社会认知力	0.654***	0.621***
红色文化满意度→遗迹遗址期望值	0.889***	0.908***
红色文化满意度→纪念场馆期望值	0.920***	0.879***
红色文化保护意愿→保护态度	0.855***	0.866***
红色文化保护意愿→保护参与	0.877***	0.846***
红色文化保护意愿→保护方式	0.842***	0.821***
红色文化保护意愿→保护程度	0.823***	0.848***
红色文化传承意愿→传承态度	0.870***	0.890***
红色文化传承意愿→传承参与	0.882***	0.887***
红色文化传承意愿→传承方式	0.849***	0.864***

注：*** 表示 $P<0.001$。

在红色文化资源的价值认同方面，不同年龄被调查人员的标准化路径系数都通过了显著性检验，并且数值在0.621~0.921。在政治认同上，老一代人群相较于新生代人群而言认为红色文化资源在体现党的理想信念、理解党的奋斗使命和唤醒民族记忆与国家认同方面的作用能够增强其对红色文化资源的政治认同。新生代人群认为红色文化资源在唤醒民族记忆与国家认同方面的作用最能够使其对红色文化资源产生政治认同，而老一代人群则认为红色文化资源在印证党的奋斗使命方面的作用最能够使其对红色文化资源的政治认同产生影响。

在经济认同上，新生代人群相较于老一代人群而言认为红色文化资源在推动经济发展、提升居民收入水平和增加居民就业机会方面的作用能够增强其对红色文化资源的经济认同。新生代人群认为红色文化资源在增加居民就业机会方面的作用最能够使其对红色文化资源产生经济认同，而老一代人群则认为红色文化资源在提升居民收入水平方面的作用最能够使其对红色文化资源的经济认同产生影响。

在文化认同上，新生代人群相较于老一代人群而言认为红色文化资源在构筑社会主义先进文化生命力、推进社会主义核心价值体系建设和创新发展中华优秀传统文化方面的作用能够增强其对红色文化资源的文化认同。新生代人群认为红色文化资源在构筑社会主义先进文化生命力方面的作用最能够使其对红色文化资源产生文化认同，而老一代人群认为红色文化资源在创新发展中华优秀传统文化方面的作用最能够使其对红色文化资源的文化认同产生影响。

在生态认同上，新生代人群相较于老一代人群而言认为红色文化资源在改善基础设施水平保护方面的作用能够增强被调查人员对红色文化资源的生态认同，老一代则认为红色文化资源在促进生态环境保护方面的作用能够增强被调查人员对红色文化资源的生态认同。其中新生代人群认为红色文化资源在改善基础设施水平方面的作用最能够使其对红色文化资源产生生态认同，老一代人群认为红色文化资源在促进生态环境保护方面的作用最能够使其对红色文化资源产生生态认同。

在教育认同上，老一代人群相较于新生代人群而言认为红色文化资源在提升爱国主义和革命传统教育效果方面的作用能够增强其对红色文化资源的教育认同，新生代人群相较于老一代人群而言认为红色文化资源在加强学生思想政治教育科学化水平和改善教育发展环境方面的作用能够增强其对红色文化资源的教育认同，其中新生代人群认为红色文化资源在加强学生思想政治教育科学化水平方面的作用最能够使其对红色文化资源产生教育认同，而老一代人群则认为红色文化资源对提升爱国主义和革命传统教育效果方面的作用最能够使其对红色文化资源产生教育认同。

在社会认同上，新生代人群相较于老一代人群而言认为红色文化资源在增强社区居民社会参与度和提升社区居民社会认知力方面的作用能够增强其对红色文化资源的社会认同，老一代人群相较于新生代人群而言认为红色文化资源在增强社区居民社会责任感方面的作用能够增强其对红色文化资源的社会认同。其中新生代人群和老一代人群都认为红色文化资源在增强社区居民社会责任感的作用最能够使其对红色文化资源产生社会认同。

在红色文化资源满意度方面，西南边疆多民族地区不同年龄的被调查人员对当地的遗迹遗址和纪念场馆的期望值的标准化路径系数都较高，说明遗迹遗址和纪念场馆的期望值对其对红色文化资源满意度影响作用较为明显。老一代人群相较于新生代人群而言认为遗迹遗址期望值能够增强其对红色文化资源的满意度，新生代人群则认为纪念场馆期望值能够增强其对红色文化资源的满意度。其中老一代人群认为遗迹遗址期望值最能够影响其对红色文化资源的满意度，新生代人群认为纪念场馆期望值最能够影响其对红色文化资源的满意度。

在红色文化资源的保护意愿方面，老一代人群相较于新生代人群而言认为红色文化资源的保护态度和保护程度能够增强其对红色文化资源的保护意愿，而新生代人群则认为红色文化资源的保护参与和保护方式更能够增强其对红色文化资源的保护意愿。其中，新生代人群认为红色文化资源的保护参与最能够影响其对红色文化资源的保护意愿，老一代人群认为红色文化资源的保护态度最能够影响其对红色文化资源的保护意愿。

在红色文化资源的传承意愿方面，老一代人群相较于新生代人群而言认为红色文化资源的传承态度、传承参与和传承方式更能够增强其对红色文化资源的传承意愿。其中，新生代人群认为红色文化资源的保护参与最能够影响其对红色文化资源的保护意愿，老一代人群认为红色文化资源的保护态度最能够影响其对红色文化资源的保护意愿。

第二节　基于民族差异的西南边疆多民族地区红色文化资源保护与传承意愿研究

一、研究假设

假设1：西南边疆多民族地区不同民族成分的被调查人员的个体差异对其个人保护传承红色文化的意愿有着显著的影响。

个体差异主要从年龄、文化程度、政治面貌、民族成分、工作单位、人员类别等方面体现。一般而言，文化程度更高的人群对红色文化的认同感更为强烈，对当地红色文化的保护与传承意愿更为强烈。

假设2：西南边疆多民族地区不同民族成分的被调查人员的红色文化价值认同度对其个人保护传承红色文化的意愿有着显著的影响。

红色文化价值认同度对西南边疆多民族地区的被调查人员保护与传承红色文化意愿的影响程度十分显著，对红色文化价值认同度越高，保护与传承红色文化的意愿越强。不同民族有着不同的文化差异和逻辑思维，在生活方式、风俗习惯、宗教信仰等方面均有所差别，由于调研地点位于西南边疆多民族地区，当地红色文化的形成不可避免地受到当地少数民族文化的影响，其文化内核具有相似性，相较而言当地的少数民族会对当地红色文化的感情更为深厚，对当地红色文化的保护与传承意愿更为强烈。

二、数据来源与变量描述统计

本节的研究重点是西南边疆多民族地区不同民族成分被调查人员的保护传承红色文化的意愿及其影响因素，在1278份有效调查问卷中进行分类，其中汉族人群有954人，占总样本数的74.65%，少数民族人群有324人，占总样本数的25.35%。

经过对调查数据的分类汇总，得到以下描述性统计结果（见表3－5），可以发现不同民族成分的被调查人员在个人特征、红色文化的价值认同以及红色文化保护传承意愿方面均有所差异。其中，在个人特征的文化程度方面，可以看到汉族被调查人群中高中（中专）学历占比最多，达到37.21%，占比排第二的是初中学历，达到32.60%；少数民族被调查人群的文化程度稍低于汉族，初中学历的人占比最多，达到35.19%，占比排第二的是高中（中专）学历，达到28.09%，同时汉族的本专科以及研究生占比相较于少数民族来说更多，整体来看汉族被调查人群的文化水平与少数民族被调查人群相比稍占优势。在个人特征的政治面貌方面，不管是汉族被调查人群还是少数民族被调查人群的主体构成是群众，汉族的群众人数占汉族整体被调查人群的60.48%，同时汉族的团员人数占汉族整体被调查人群的7.97%，汉族的党员人数占汉族整体被调查人群的29.35%，汉族民主党派人数占汉族整体被调查人群的2.20%；少数民族的群众人数占少数民族整体被调查人群的66.98%，同时少数民族的团员人数占少数民族整体被调查人群的8.33%，少数民族的党员人数占少数民族整体被调查人群的21.30%，少数民族民主党派人数占少数民族整体被调查人群的3.40%。在个人特征的年龄构成方面，被调查人员的整体年龄构成较为年轻化，少数民族被调查人群的年龄构成与汉族被调查人员相比更显年龄偏大，新生代人群占汉族整体被调查人群的51.68%，老一代人群占汉族整体被调查人群的48.32%；少数民族被调查人群的新生代人群占少数民族整体被调查人群的45.99%，老一代人群占少数民族整体被调查人群的54.01%。在个人特征的工作单位方面，汉族的被调查人群在非公有制企业工作的人员最多，占总数的28.93%，占比排第二的是其他行业，占总数的23.48%；少数民族的被调查人群在非公有制企业工作的人员最多，占比为27.78%，占比排第二的是公有制企业，占比为20.68%。在个人特征的人员类别方面，本地居民是被调查的汉族和少数民族的主要人员构成，占汉族被调查人员的91.72%和少数民族被调查人员的90.12%。

表3-5　调查数据统计性描述

类别	变量名称	西南边疆多民族地区（N=1278）		汉族（N=954）		少数民族（N=324）	
		频数	百分比（%）	频数	百分比（%）	频数	百分比（%）
文化程度	小学及以下	108	8.45	59	6.18	49	15.12
	初中	425	33.26	311	32.60	114	35.19
	高中（中专）	446	34.90	355	37.21	91	28.09
	本专科	271	21.21	207	21.70	64	19.75
	研究生	28	2.19	22	2.31	6	1.85
政治面貌	团员	103	8.06	76	7.97	27	8.33
	党员	349	27.31	280	29.35	69	21.30
	民主党派	32	2.50	21	2.20	11	3.40
	群众	794	62.13	577	60.48	217	66.98
年龄	新生代	642	50.23	493	51.68	149	45.99
	老一代	636	49.77	461	48.32	175	54.01
工作单位	政府机关	91	7.12	59	6.18	32	9.88
	事业单位	104	8.14	67	7.02	37	11.42
	公有制企业	269	21.05	202	21.17	67	20.68
	非公有制企业	366	28.64	276	28.93	90	27.78
	其他	274	21.44	224	23.48	50	15.43
	学生	174	13.62	126	13.21	48	14.81

续表

类别	变量名称	西南边疆多民族地区（N＝1278）		汉族（N＝954）		少数民族（N＝324）	
		频数	百分比（%）	频数	百分比（%）	频数	百分比（%）
人员类别	本地居民	1167	91.31	875	91.72	292	90.12
	游客	42	3.29	31	3.25	11	3.40
	外地学生	69	5.40	48	5.03	21	6.48

观测变量	潜在变量	西南边疆多民族地区（N＝1278）		汉族（N＝954）		少数民族（N＝324）	
		频数	百分比（%）	频数	百分比（%）	频数	百分比（%）
政治认同	党的理想信念	均值3.99（0.648）		均值3.99（0.651）		均值3.99（0.661）	
	党的奋斗使命	均值3.99（0.652）		均值3.98（0.648）		均值4.00（0.669）	
	民族记忆与国家认同	均值4.06（0.649）		均值4.07（0.667）		均值4.05（0.659）	
经济认同	经济发展	均值3.59（0.682）		均值3.60（0.679）		均值3.58（0.674）	
	居民收入水平	均值3.58（0.681）		均值3.59（0.681）		均值3.57（0.691）	
	居民就业机会	均值3.57（0.672）		均值3.58（0.677）		均值3.56（0.679）	
文化认同	社会主义先进文化	均值3.69（0.659）		均值3.70（0.657）		均值3.68（0.666）	
	社会主义核心价值体系	均值3.72（0.651）		均值3.71（0.675）		均值3.73（0.659）	
	中华优秀传统文化	均值3.76（0.697）		均值3.75（0.682）		均值3.77（0.671）	
生态认同	生态环境保护	均值3.32（0.699）		均值3.33（0.685）		均值3.31（0.694）	
	基础设施水平	均值3.41（0.706）		均值3.42（0.701）		均值3.40（0.708）	
教育认同	爱国主义和革命传统教育	均值3.88（0.671）		均值3.90（0.679）		均值3.86（0.659）	
	学生思想政治教育	均值3.91（0.652）		均值3.91（0.668）		均值3.91（0.679）	
	教育发展环境	均值3.87（0.669）		均值3.86（0.675）		均值3.88（0.681）	
社会认同	社区居民社会参与度	均值3.18（0.705）		均值3.17（0.699）		均值3.19（0.684）	
	社区居民社会责任感	均值3.37（0.657）		均值3.37（0.697）		均值3.37（0.684）	
	社区居民社会认知力	均值3.19（0.708）		均值3.20（0.699）		均值3.18（0.679）	
满意度	遗迹遗址期望值	均值3.55（0.672）		均值3.54（0.672）		均值3.56（0.668）	
	纪念场馆期望值	均值3.56（0.669）		均值3.54（0.666）		均值3.58（0.676）	

续表

观测变量	潜在变量	西南边疆多民族地区（N＝1278）		汉族（N＝954）		少数民族（N＝324）	
		频数	百分比（%）	频数	百分比（%）	频数	百分比（%）
保护意愿	保护态度	均值3.57（0.678）		均值3.56（0.679）		均值3.58（0.681）	
	保护参与	均值3.56（0.672）		均值3.56（0.691）		均值3.56（0.688）	
	保护方式	均值3.56（0.681）		均值3.55（0.659）		均值3.57（0.662）	
	保护程度	均值3.54（0.669）		均值3.53（0.693）		均值3.55（0.678）	
传承意愿	传承态度	均值3.58（0.688）		均值3.57（0.683）		均值3.59（0.679）	
	传承参与	均值3.57（0.659）		均值3.57（0.683）		均值3.57（0.676）	
	传承方式	均值3.56（0.671）		均值3.56（0.669）		均值3.56（0.664）	

在红色文化的价值认同方面，汉族被调查人员和少数民族被调查人员对红色文化的政治认同程度都很高，在西南边疆多民族地区的红色文化形成过程中，少数民族同胞同汉族人民一道参与了新民主主义革命，为红色文化的产生作出了巨大贡献。汉族被调查人群对红色文化的经济认同程度比少数民族被调查人群更高，汉族被调查人群认为红色文化在经济发展增加居民收入和提供就业机会等方面有着更为强力的作用，这是因为汉族被调查人员的文化素质相对较高，更容易理解开发红色文化资源对经济产生的作用。汉族被调查人群与少数民族被调查人群对红色文化的文化认同程度差异较小，都认为红色文化对推动社会主义先进文化发展、完善创新社会主义核心价值体系和激发中华优秀传统文化内核发展有着重要的作用，整体来看少数民族的被调查人员认为红色文化在推进社会主义核心价值体系建设和创新发展中华优秀传统文化等方面有着积极作用。红色文化的生态认同程度中对当地生态环境保护作用少数民族和汉族的被调查人群的认同度基本相同，但整体来看汉族被调查人员的评价更高。在红色文化的教育认同程度中，汉族被调查人员认为当地的红色文化更有利于推动爱国主义和革命传统教育，由于基础设施建设水平不断提升，汉族被调查人群的文化程度相对更高，所以更能理解红色文化在教育方面的积极作用，少数民族被调查人员更能体会到自身教育发展环境的不断改善。汉族被调查人员和少数民族被调查人员对红色文化的社会认同程度基本相近，汉族被调查人员对社区居民社会认知力方面评价更高。在红色文化的保护与传承意愿中，少数民族被调查人员对遗迹遗址和纪念场馆的满意度都更高；在保护和传承意愿的方面，少数民族被调查人员更为强烈。

三、实证分析

本书在西南边疆多民族地区调查过程中构建了包括1278个调查样本在内的数据库，利用AMOS软件进行分析，构建了西南边疆多民族地区红色文化资源保护与传承意愿的结构方程模型（见图3-2），在构建结构方程模型之后需要对其进行信度和效度检验。

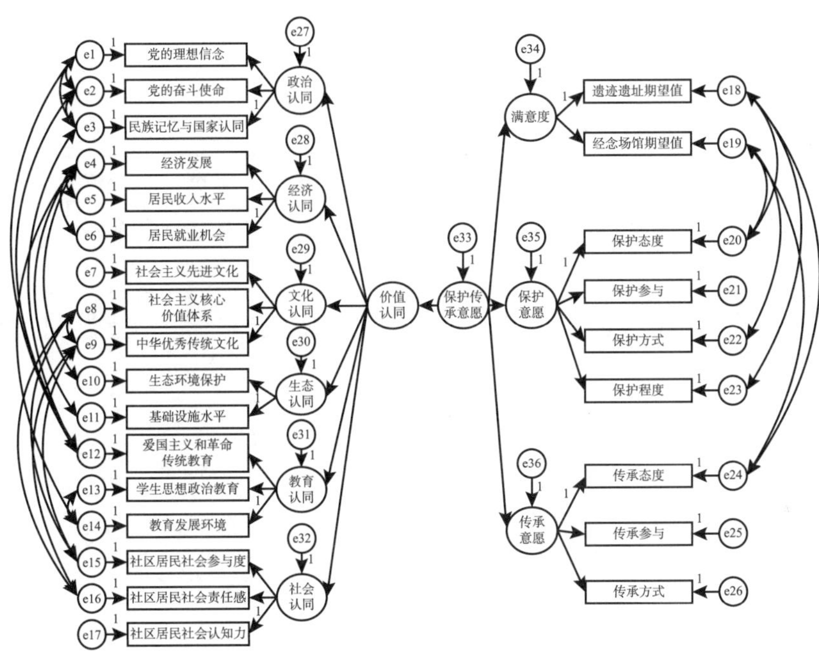

图3-2　西南边疆多民族红色文化资源保护与传承意愿的结构方程模型

首先，利用Cronbach's α系数对调查问卷进行信度检验，汉族被调查人员和少数民族被调查人员的调查问卷信度分别为0.958和0.961，样本的可信度较高。其次，再利用因子分析法对指标的潜在变量进行效度分析，汉族被调查人员和少数民族被调查人员的KMO检验结果分别为0.909和0.917，从Bartlett球形检验结果中卡方值的显著性概率低于显著性水平，利用极大方差法进行因子旋转，以特征值大于1的标准进行主因子的提取，最终显示指标项因子负载量大于0.50，累计解释方差多余50%，综合解释了变量的效度通过了检验。整体来看，采集到的信息信度和效度通过了检验。最后，要对构建的结构方程模型拟合指标参数进行检验，将八项拟合指标的显示值与标准值进行对比，观察是否能够通过。利用AMOS软件对构建的结构方程模型进行检验，得到八项拟合指标参数（见表3-6）。通过八项拟合指标数值的对比发现，拟合情况均为理想，证明其结果可以接受。在此基础上对西南边疆多民族地区不同民族成分人群的红色文化保护与传承意愿的结构方程模型路径系数进行测算，得到西南边疆多民族地区不同民族成分人群的红色文化保护与传承意愿的结构方程模型路径估计结果（见表3－7），红色文化价值认同对西南边疆多民族地区汉族被调查人员和少数民族被调查人员的红色文化保护与传承意愿的标准化路径系数分别为0.752和0.760，通过了显著性检验。这说明红色文化价值认同与红色文化保护与传承意愿之间有着显著的正向关系，并且这种正向关系在少数民族被调查人员中更为明显，这就验证了前文的假设，即该结构方程模型无须优化调整。

表3－6　八项拟合指标参数

拟合指标	χ^2/df	*AGFI*	*IFI*	*CFI*	*TLI*	*PNFI*	*RMR*	*RMSEA*
显示值	2.795	0.903	0.982	0.963	0.928	0.776	0.048	0.039
参考值	<5.00	>0.80	>0.90	>0.90	>0.90	>0.50	<0.05	<0.08
拟合情况	理想	理想	理想	理想	理想	理想	理想	理想

表3－7　结构方程模型路径估计结果

民族成分	结构方程模型路径	标准化路径系数	*P*
汉族	红色文化价值认同→红色文化保护与传承意愿	0.752	***
少数民族	红色文化价值认同→红色文化保护与传承意愿	0.760	***

注：*** 表示 $P<0.001$。

根据前文构建的西南边疆多民族地区红色文化资源保护与传承意愿结构方程模型，利用AMOS软件对西南边疆多民族地区的1278份调查问卷中的样本数据进行分析计算，分别得到西南边疆多民族地区不同民族成分人群的红色文化保护与传承意愿的非标准化参数值估计模型。由前文对不同民族成分人群的红色文化价值认同与红色文化保护与传承意愿的标准化路径系数可知，红色文化价值认同对红色文化保护与传承意愿之间的作用十分明显，红色文化的价值认同主要通过红色文化的政治认同、红色文化的经济认同、红色文化的文化认同、红色文化的生态认同、红色文化的教育认同和红色文化的社会认同6个观测变量进行测算判定。

从图3－2可知，e1↔e2路径是汉族被调查人员和少数民族被调查人员都通过了显著性检验，并且其协方差均为正值，反映了汉族被调查人员和少数民族被调查人员认为党的理想信念和党的奋斗使命之间有着正向的共变关系，这说明西南边疆多民族地区的不同民族被调查人员对党的理想信念理解得越深刻，越能够感受到党的奋斗使命。从 e1↔e3 路径来看，汉族被调查人员和少数民族被调查人员都通过了显著性检验，并且其协方差均为正值，反映了汉族被调查人员和少数民族被调查人员认为党的理想信念和民族记忆与国家认同之间有着正向的共变关系，这说明对党的理想信念理解得越深刻，越能够唤醒其对中华民族的民族记忆与国家认同。从 e1↔e12 路径来看，汉族被调查人员和少数民族被调查人员都通过了显著性检验，并且其协方差均为正值，反映了汉族被调查人员和少数民族被调查人员认为党的理想信念和爱国主义与革命传统教育之间有着正向的共变关系，这说明西南边疆多民族地区的不同民族被调查人员对党的理想信念理解得越深刻，越能够加强其爱国主义情感，增进革命传统教育。在这些路径中，汉族被调查人员所受到的影响更为明显。从 e2↔e3 路径来看，汉族被调查人员和少数民族被调查人员都通过了显著性检验，并且其协方差均为正值，反映了汉族被调查人员和少数民族被调查人员认为党的奋斗使命和民族记忆与国家认同之间有着正向的共变关系，这说明西南边疆多民族地区的不同民族被调查人员对党的奋斗使命了解得越深刻，越能够唤醒其对中华民族的民族记忆与国家认同。从 e2↔e12 路径来看，汉族被调查人员和少数民族被调查人员都通过了显著性检验，反映了汉族被调查人员和少数民族被调查人员认为党的奋斗使命和爱国主义和革命传统教育之间有着正向的共变关系，这说明西南边疆多民族地区的不同民族被调查人员对党的奋斗使命了解得越深刻，越能够加强爱国主义情感，增进革命传统教育。在这些路径当中，汉族被调查人员所受到的影响更为明显。从 e3↔e12 路径来看，汉族被调查人员和少数民族被调查人员都通过了显著性检验，并且其协方差均为正值，反映了汉族和少数民族被调查人员认为民族记忆和国家认同以及爱国主义和革命传统教育之间有着正向的共变关系，这说明西南边疆多民族地区的不同民族被调查人员对红色文化中的民族记忆和国家认同了解得越深刻，越能够加强其爱国主义情感，增进革命传统教育。在此路径当中，汉族被调查人员所受到的影响更为明显。

从 e4↔e5 路径来看，汉族被调查人员和少数民族被调查人员都通过了显著性检验，并且其协方差均为正值，其中汉族被调查人员的协方差为负值，反映了少数民族被调查人员认为红色文化带动经济发展和居民收入水平之间有着正向的共变关系，而汉族被调查人员认为红色文化带动经济发展和居民收入水平之间有着负向的共变关系，这说明西南边疆多民族地区的汉族被调查人员认为红色文化在开发的过程中，并没有有效地增加居民收入。从 e4↔e6 路径来看，汉族被调查人员和少数民族被调查人员都通过了显著性检验，并且其协方差均为正值，反映了汉族被调查人员和少数民族被调查人员认为红色文化带动经济发展和居民就业机会之间有着正向的共变关系，这说明西南边疆多民族地区的不同民族被调查人员认为当地红色文化越能够推动经济发展，就越能增加当地的居民就业机会。从 e4↔e10 路径来看，汉族被调查人员和少数民族被调查人员都通过了显著性检验，其中少数民族被调查人员的协方差为负值，反映了汉族被调查人员认为红色文化带动经济发展和生态环境保护之间有着正向的共变关系，而少数民族被调查人员认为红色文化带动经济发展和生态环境保护之间有着负向的共变关系，这是因为少数民族被调查人员更注重其当地的生态环境，同时其文化水平较低，红色文化资源的开发利用致使当地原始风貌发生了变化，少数民族被调查人员就简单地认为对生态环境保护有害。从 e4↔e11 路径来看，汉族被调查人员和少数民族被调查人员都通过了显著性检验，并且其协方差均为正值，反映了汉族被调查人员和少数民族被调查人员认为红色文化带动经济发展和基础设施建设之间有着正向的共变关系，这说明西南边疆多民族地区的不同民族被调查人员认为当地红色文化越能够推动经济发展，越有利于推动当地的基础设施建设与完善。从 e4↔e14 路径来看，汉族被调查人员和少数民族被调查人员都通过了显著性检验，并且其协方差均为正值，反映了汉族被调查人员和少数民族被调查人员认为红色文化带动经济发展和改善教育发展环境之间有着正向的共变关系，这说明西南边疆多民族地区的不同民族被调查人员认为当地红色文化越能够推动经济发展，就越能改善当地的教育发展环境。

从 e8↔e9 路径来看，汉族被调查人员和少数民族被调查人员都通过了显著性检验，并且其协方差均为正值，反映了汉族被调查人员和少数民族被调查人员认为社会主义核心价值体系和中华优秀传统文化之间有着正向的共变关系，这说明红色文化推动社会主义核心价值体系发展能够带动中华优秀传统文化创新发展。从 e8↔e15 路径来看，汉族被调查人员和少数民族被调查人员都通过了显著性检验，并且其协方差均为正值，反映了汉族被调查人员和少数民族被调查人员认为社会主义核心价值体系和社区居民社会参与度之间有着正向的共变关系，这说明西南边疆多民族地区的不同民族被调查人员认为不断坚持发展社会主义核心价值体系，可以有效地提升社区居民对社会建设的参与度。从 e8↔e16 路径来看，汉族被调查人员和少数民族被调查人员都通过了显著性检验，并且其协方差均为正值，反映了汉族被调查人员和少数民族被调查人员认为社会主义核心价值体系和社区居民社会责任感之间有着正向的共变关系，这说明西南边疆多民族地区的不同民族被调查人员认为不断发扬社会主义核心价值体系，可以有效提升社区居民的社会责任感。从 e9↔e15 路径来看，汉族被调查人员和少数民族被调查人员都通过了显著性检验，并且其协方差均为正值，反映了汉族被调查人员和少数民族被调查人员认为中华优秀传统文化和社区居民社会参与度之间有着正向的共变关系，这说明西南边疆多民族地区的不同民族被调查人员认为坚持传承和发展中华优秀传统文化，可以有效地提升社区居民对社会建设的参与度。从 e9↔e16 路径来看，汉族被调查人员和少数民族被调查人员都通过了显著性检验，并且其协方差均为正值，反映了汉族被调查人员和少数民族被调查人员认为中华优秀传统文化和社区居民社会责任感之间有着正向的共变关系，这说明西南边疆多民族地区的不同民族被调查人员认为坚持传承和发展中华优秀传统文化，可以有效地提升社区居民的社会责任感。

从 e13↔e14 路径来看，汉族被调查人员和少数民族被调查人员都通过了显著性检验，并且其协方差均为正值，反映了汉族被调查人员和少数民族被调查人员认为学生思想政治教育和教育发展环境之间有着正向的共变关系，这说明西南边疆多民族地区的不同民族被调查人员认为教育发展环境越好，越有利于推动学生思想政治教育。

西南边疆多民族地区不同年龄阶段的被调查人员对红色文化保护与传承意愿与其对红色文化的满意度、红色文化的保护意愿和红色文化的传承意愿关系十分明显，需要从这三方面入手综合探索提升其意愿。从 e18↔e20 路径来看，汉族被调查人员和少数民族被调查人员都通过了显著性检验，反映了汉族被调查人员和少数民族被调查人员认为当地遗迹遗址的满意度和保护红色文化的态度之间有着正向的共变关系，这说明西南边疆多民族地区的不同民族被调查人员对当地遗迹遗址的满意度越高，越能够激发其对当地红色文化的保护意愿。从 e18↔e23 路径来看，汉族被调查人员和少数民族被调查人员都通过了显著性检验，反映了汉族被调查人员和少数民族被调查人员认为当地遗迹遗址的满意度和当地红色文化遗迹遗址的保护利用现状之间有着正向的共变关系，这说明西南边疆多民族地区的不同民族被调查人员对当地遗迹遗址的满意度越高，对当地红色文化遗迹遗址的保护利用现状评价越有利。从 e18↔e24 路径来看，汉族被调查人员和少数民族被调查人员都通过了显著性检验，反映了汉族被调查人员和少数民族被调查人员认为当地遗迹遗址的满意度和宣传推介本地红色文化资源的意愿之间有着正向的共变关系，这说明西南边疆多民族地区的不同民族被调查人员对当地遗迹遗址的满意度越高，越愿意宣传推介当地的红色文化。从 e19↔e20 路径来看，汉族被调查人员和少数民族被调查人员都通过了显著性检验，反映了汉族被调查人员和少数民族被调查人员认为当地纪念场馆的满意度和保护红色文化的态度之间有着正向的共变关系，这说明西南边疆多民族地区的不同民族被调查人员对当地纪念场馆的满意度越高，越能够激发其对当地红色文化的保护意愿。从 e19↔e22 路径来看，汉族被调查人员和少数民族被调查人员都通过了显著性检验，反映了汉族被调查人员和少数民族被调查人员认为当地纪念场馆的满意度和当地红色文化纪念场馆的保护利用现状之间有着正向的共变关系，这说明西南边疆多民族地区的不同民族被调查人员对当地纪念场馆的满意度越高，对当地红色文化纪念场馆的保护利用现状评价越有利。从 e19↔e24 路径来看，汉族被调查人员和少数民族被调查人员都通过了显著性检验，反映了汉族被调查人员和少数民族被调查人员认为当地纪念场馆的满意度和宣传推介本地红色文化资源的意愿之间有着正向的共变关系，这说明西南边疆多民族地区的不同民族被调查人员对当地纪念场馆的满意度越高，越愿意宣传推介当地的红色文化。

根据结构方程模型的输出结果来看，可以得到西南边疆多民族地区不同民族成分的被调查人员保护与传承红色文化资源意愿测量模型中潜在变量与观测变量之间的标准化路径估计结果（见表 3-8）。可见，在测量模型中，汉族被调查人员和少数民族被调查人员的潜在变量对观察变量的显著性检验 P 值都在 0.001 水平，说明了该模型中的观测变量能够解释潜在变量。

表 3-8　　潜在变量关于观测变量之间的标准化路径估计结果

测量模型路径	汉族	少数民族
	标准化路径系数	标准化路径系数
政治认同→党的理想信念	0.869***	0.893***
政治认同→党的奋斗使命	0.879***	0.912***
政治认同→民族记忆与国家认同	0.922***	0.909***
经济认同→经济发展	0.866***	0.848***
经济认同→居民收入水平	0.879***	0.863***
经济认同→居民就业机会	0.888***	0.855***
文化认同→社会主义先进文化	0.883***	0.860***
文化认同→社会主义核心价值体系	0.890***	0.857***
文化认同→中华优秀传统文化	0.874***	0.902***
生态认同→生态环境保护	0.672***	0.688***
生态认同→基础设施水平	0.711***	0.674***
教育认同→爱国主义和革命传统教育	0.872***	0.887***
教育认同→学生思想政治教育	0.879***	0.874***
教育认同→教育发展环境	0.860***	0.848***
社会认同→社区居民社会参与度	0.758***	0.744***
社会认同→社区居民社会责任感	0.763***	0.770***

续表

测量模型路径	汉族	少数民族
	标准化路径系数	标准化路径系数
社会认同→社区居民社会认知力	0.633***	0.620***
红色文化满意度→遗迹遗址期望值	0.874***	0.920***
红色文化满意度→纪念场馆期望值	0.882***	0.899***
红色文化保护意愿→保护态度	0.858***	0.884***
红色文化保护意愿→保护参与	0.874***	0.868***
红色文化保护意愿→保护方式	0.872***	0.849***
红色文化保护意愿→保护程度	0.827***	0.866***
红色文化传承意愿→传承态度	0.847***	0.891***
红色文化传承意愿→传承参与	0.869***	0.874***
红色文化传承意愿→传承方式	0.858***	0.866***

注：*** 表示 $P<0.001$。

在红色文化资源的价值认同方面，不同民族成分被调查人员的标准化路径系数都通过了显著性检验，并且数值分布在0.620～0.922。在政治认同上，少数民族被调查人员相较于汉族被调查人员而言，更认为红色文化资源在理解党的理想信念和印证党的奋斗使命方面的作用能够增强其对红色文化资源的政治认同，汉族被调查人员相较于少数民族被调查人员而言更认为红色文化资源在唤醒民族记忆与国家认同方面的作用能够增强其对红色文化资源的政治认同。其中，汉族被调查人员认为红色文化资源在唤醒民族记忆与国家认同方面的作用最能够使其对红色文化资源的政治认同产生影响，少数民族被调查人员认为红色文化资源在印证党的奋斗使命方面的作用最能够使其对红色文化资源的政治认同产生影响。

在经济认同上，汉族被调查人员相较于少数民族被调查人员而言更认为红色文化资源在推动经济发展、增加居民就业机会和提高居民收入水平方面的作用能够增强其对红色文化资源的经济认同。其中，汉族被调查人员认为红色文化资源在增加居民就业机会方面的作用最能够使其对红色文化资源产生经济认同，而少数民族被调查人员则认为红色文化资源在提高居民收入方面的作用最能够使其对红色文化资源的经济认同产生影响。

在文化认同上，汉族被调查人员相较于少数民族被调查人员而言更认为红色文化资源在构筑社会主义先进文化生命力和建设社会主义核心价值体系方面的作用能够增强其对红色文化资源的文化认同，而少数民族被调查人员则更认为红色文化资源在中华优秀传统文化创新发展方面的作用能够增强其对红色文化资源的文化认同。其中，汉族被调查人员认为红色文化资源在建设社会主义核心价值体系方面的作用更能够使其对红色文化资源产生文化认同，而少数民族被调查人员则认为红色文化资源在中华优秀传统文化创新发展方面的作用最能够使其对红色文化资源的文化认同产生影响。

在生态认同上，汉族被调查人员相较于少数民族被调查人员而言更认为红色文化资源在改善基础设施水平方面的作用能够增强被调查人员对红色文化资源的生态认同，少数民族被调查人员则更认为红色文化资源在生态环境保护方面的作用能够增强被调查人员对红色文化资源的生态认同。其中，汉族被调查人员认为红色文化资源在改善基础设施水平方面的作用最能够使其对红色文化资源产生生态认同，少数民族被调查人员认为红色文化资源在促进生态环境保护方面的作用最能够使其对红色文化资源产生生态认同。

在教育认同上，少数民族被调查人员相较于汉族被调查人员而言更认为红色文化资源在提升爱国主义和革命传统教育效果以及加强学生思想政治教育科学化水平方面的作用能够增强其对红色文化资源的教育认同，汉族被调查人员则更认为红色文化资源在改善教育发展环境方面的作用能够增强其对红色文化资源的教育认同。其中，汉族被调查人员认为红色文化资源在加强学生思想政治教育方面的作用最能够使其对红色文化资源产生教育认同，而少数民族被调查人员则认为红色文化资源在提升爱国主义和革命传统教育效果方面的作用最能够使其对红色文化资源的教育认同产生影响。

在社会认同上，汉族被调查人员相较于少数民族被调查人员而言，更认为红色文化资源在提升社区居民社会参与度和社区居民社会认知力方面的作用能够增强其对红色文化资源的社会认同，而少数民族被调查人员则更认为红色文化资源在增强社区居民社会责任感方面的作用能够增强其对红色文化资源的社会认同。其中，不同民族成分的被调查人员都认为红色文化资源在提升社区居民社会责任感方面的作用最能够使其对红色文化资源产生社会认同。

在红色文化资源满意度方面，西南边疆多民族地区的不同民族成分的被调查人员对当地的遗迹遗址和纪念场馆的期望值的标准化路径系数都较高，说明了遗迹遗址和纪念场馆的期望值对其红色文化资源满意度的影响作用较为明显。少数民族被调查人员相较于汉族被调查人员而言更认为遗迹遗址期望值和纪念场馆期望值能够增强其对红色文化资源的满意度，其中，少数民族被调查人员认为遗迹遗址期望值最能够影响其对红色文化资源的满意度，汉族被调查人员认为纪念场馆期望值最能够影响其对红色文化资源的满意度。

在红色文化资源的保护意愿方面，少数民族被调查人员相较于汉族被调查人员而言更认为红色文化资源的保护程度和保护态度能够增强其对红色文化资源的保护意愿，而汉族被调查人员则更认为红色文化资源的保护参与和保护方式能够增强其对红色文化资源的保护意愿。其中，汉族被调查人员认为红色文化资源的保护参与最能够影响其对红色文化资源的保护意愿，少数民族被调查人员认为红色文化资源的保护态度最能够影响其对红色文化资源的保护意愿。

在红色文化资源的传承意愿方面，少数民族被调查人员相较于汉族被调查人员而言更认为红色文化资源的传承态度、传承参与和传承方式能够增强其对红色文化资源的传承意愿。其中，汉族被调查人员认为红色文化资源的传承参与最能够影响其对红色文化资源的传承意愿，少数民族被调查人员认为红色文化资源的传承态度最能够影响其对红色文化资源的传承意愿。

第三节　基于政治面貌差异的西南边疆多民族地区红色文化资源保护与传承意愿研究

一、研究假设

假设1：西南边疆多民族地区不同政治面貌的被调查人员的个体差异对其个人保护传承红色文化的意愿有着显著的影响。

个体差异主要从年龄、文化程度、政治面貌、民族成分、工作单位、人员类别等方面体现。一般而言，文化程度越高的人群红色文化的认同感越强烈，对当地红色文化的保护与传承意愿也越强烈。

假设2：西南边疆多民族地区不同政治面貌的被调查人员的红色文化价值认同度对其个人保护传承红色文化的意愿有着显著的影响。

红色文化价值认同度对西南边疆多民族地区的被调查人员保护与传承红色文化意愿的影响十分显著，不同政治面貌的被调查人员有着不同的政见，自然对红色文化的态度有所不同，对红色文化价值认同度越高，保护与传承红色文化的意愿越强。一般来看，不同政治面貌的被调查人员之间存在着一定的差异性，党员受到价值认同的影响更为明显。

二、数据来源与变量描述统计

本节的研究重点是西南边疆多民族地区不同政治面貌被调查人员的保护传承红色文化的意愿及其影响因素，在1278份有效的调查问卷中进行分类，被调查人员中团员有103人，占总样本数的8.06%；党员有349人，占总样本数的27.31%；民主党派人士有 32 人，占总样本数的 2. 50%；群众有 794 人，占总样本数的 62. 13%。

经过对调查数据的分类汇总，得到以下描述性统计结果（见表 3 –9），可以发现不同政治面貌的被调查人员在个人特征、红色文化的价值认同以及红色文化保护传承意愿方面均有所差异。其中，在个人特征的文化程度方面，可以看到团员中高中（中专）学历的人占比最多，达到了 46. 60%，占比排第二的是初中学历，达到了 28. 16%；党员中高中（中专）学历的人占比最多，达到了 54. 73%，占比排第二的是本专科学历，达到了 35. 53%；民主党派人士中本专科学历的人占比最多，达到了 56. 25%，占比排第二的是研究生学历，达到了 43. 75%；群众中初中学历的人占比最多，达到了 47. 48%，占比排第二的是高中（中专）学历，达到了 26. 07%。在个人特征的民族成分方面，每种政治面貌的被调查人员中都是汉族居多。在个人特征的年龄构成方面，团员的年龄结构最年轻，新生代人群达到了 100%，群众的中老一代人群的占比最多，达到了 58. 31%。在个人特征中的工作单位方面，被调查人员中团员学生最多，占总数的 89. 32%，占比排第二的是其他行业，占总数的 3. 88%；被调查人员中的党员在非公有制企业工作的人员最多，占总数的 21. 49%，占比排第二的是政府机关，占总数的 18. 62%；被调查人员中民主党派人士在政府机关工作的人员最多，占总数的 56. 25%，占比排第二的是公有制企业，占总数的 18. 75%；被调查人员中的群众在非公有制企业工作的人员最多，占总数的 36. 02%，占比排第二的是其他行业，占总数的 33. 38%。在个人特征中的人员类别方面，本地居民是不同政治面貌人群的主体，占被调查人员中团员的 55. 34%，占被调查人员中党员的 87. 39%，占被调查人员中民主党派人士的 90. 63%，占被调查人员中群众的 97. 73%。

表 3 –9　　调查数据描述性统计

类别	变量名称	西南边疆多民族地区（N =1278）		团员（N =103）		党员（N =349）		民主党派（N =32）		群众（N =794）	
		频数	百分比	频数	百分比	频数	百分比	频数	百分比	频数	百分比
文化程度	小学及以下	108	8. 45	0	0	7	2. 01	0	0	101	12. 72
	初中	425	33. 26	29	28. 16	19	5. 44	0	0	377	47. 48
	高中（中专）	446	34. 90	48	46. 60	191	54. 73	0	0	207	26. 07
	本专科	271	21. 21	23	22. 33	124	35. 53	18	56. 25	106	13. 35
	研究生	28	2. 19	3	2. 91	8	2. 29	14	43. 75	3	0. 38
民族成分	汉族	954	59. 63	76	73. 79	280	80. 23	21	65. 63	577	72. 67
	少数民族	324	20. 25	27	26. 21	69	19. 77	11	34. 38	217	27. 33

续表

类别	变量名称	西南边疆多民族地区（N＝1278）		团员（N＝103）		党员（N＝349）		民主党派（N＝32）		群众（N＝794）	
		频数	百分比	频数	百分比	频数	百分比	频数	百分比	频数	百分比
年龄	新生代	642	40.13	103	100.00	189	54.15	19	59.38	331	41.69
	老一代	636	39.75	0	0	160	45.85	13	40.63	463	58.31
工作单位	政府机关	91	7.12	1	0.97	65	18.62	18	56.25	7	0.88
	事业单位	104	8.14	2	1.94	59	16.91	4	12.50	39	4.91
	公有制企业	269	21.05	2	1.94	64	18.34	6	18.75	197	24.81
	非公有制企业	366	28.64	2	1.94	75	21.49	3	9.38	286	36.02
	其他	274	21.44	4	3.88	4	1.15	1	3.13	265	33.38
	学生	174	13.62	92	89.32	82	23.50	0	0	0	0
人员类别	本地居民	1167	91.31	57	55.34	305	87.39	29	90.63	776	97.73
	游客	42	3.29	9	8.74	12	3.44	3	9.38	18	2.27
	外地学生	69	5.40	37	35.92	32	9.17	0	0	0	0

观测变量	潜在变量	西南边疆多民族地区（N＝1278）		团员（N＝103）		党员（N＝349）		民主党派（N＝32）		群众（N＝794）	
		频数	百分比	频数	百分比	频数	百分比	频数	百分比	频数	百分比
政治认同	党的理想信念	均值3.99（0.648）		均值4.00（0.647）		均值4.04（0.652）		均值3.97（0.662）		均值3.95（0.688）	
	党的奋斗使命	均值3.99（0.652）		均值4.00（0.658）		均值4.03（0.667）		均值3.99（0.681）		均值3.94（0.669）	
	民族记忆与国家认同	均值4.06（0.649）		均值4.06（0.665）		均值4.08（0.641）		均值4.06（0.647）		均值4.04（0.701）	
经济认同	经济发展	均值3.59（0.682）		均值3.57（0.705）		均值3.62（0.682）		均值3.61（0.671）		均值3.56（0.699）	
	居民收入水平	均值3.58（0.681）		均值3.57（0.711）		均值3.61（0.691）		均值3.60（0.688）		均值3.54（0.672）	
	居民就业机会	均值3.57（0.672）		均值3.55（0.691）		均值3.59（0.680）		均值3.57（0.671）		均值3.57（0.672）	
文化认同	社会主义先进文化	均值3.69（0.659）		均值3.69（0.671）		均值3.71（0.666）		均值3.69（0.684）		均值3.67（0.699）	
	社会主义核心价值体系	均值3.72（0.651）		均值3.72（0.662）		均值3.74（0.659）		均值3.72（0.667）		均值3.70（0.705）	
	中华优秀传统文化	均值3.76（0.697）		均值3.76（0.679）		均值3.78（0.691）		均值3.76（0.681）		均值3.74（0.701）	

续表

观测变量	潜在变量	西南边疆多民族地区（N＝1278）		团员（N＝103）		党员（N＝349）		民主党派（N＝32）		群众（N＝794）	
		频数	百分比	频数	百分比	频数	百分比	频数	百分比	频数	百分比
生态认同	生态环境保护	均值 3.32（0.699）		均值 3.29（0.706）		均值 3.35（0.682）		均值 3.32（0.711）		均值 3.32（0.724）	
	基础设施水平	均值 3.41（0.706）		均值 3.40（0.695）		均值 3.43（0.689）		均值 3.41（0.654）		均值 3.40（0.711）	
教育认同	爱国主义和革命传统教育	均值 3.88（0.671）		均值 3.90（0.648）		均值 3.89（0.676）		均值 3.88（0.687）		均值 3.85（0.702）	
	学生思想政治教育	均值 3.91（0.652）		均值 3.93（0.649）		均值 3.92（0.679）		均值 3.90（0.691）		均值 3.89（0.679）	
	教育发展环境	均值 3.87（0.669）		均值 3.89（0.679）		均值 3.88（0.672）		均值 3.87（0.699）		均值 3.84（0.681）	
社会认同	社区居民社会参与度	均值 3.18（0.705）		均值 3.10（0.712）		均值 3.23（0.708）		均值 3.20（0.685）		均值 3.19（0.731）	
	社区居民社会责任感	均值 3.37（0.657）		均值 3.34（0.689）		均值 3.40（0.673）		均值 3.40（0.675）		均值 3.34（0.657）	
	社区居民社会认知力	均值 3.19（0.708）		均值 3.12（0.716）		均值 3.24（0.708）		均值 3.20（0.704）		均值 3.20（0.711）	
满意度	遗迹遗址期望值	均值 3.55（0.672）		均值 3.54（0.681）		均值 3.60（0.679）		均值 3.52（0.694）		均值 3.54（0.698）	
	纪念场馆期望值	均值 3.56（0.669）		均值 3.54（0.677）		均值 3.60（0.681）		均值 3.58（0.688）		均值 3.56（0.672）	
保护意愿	保护态度	均值 3.57（0.678）		均值 3.58（0.682）		均值 3.60（0.653）		均值 3.56（0.674）		均值 3.54（0.706）	
	保护参与	均值 3.56（0.672）		均值 3.57（0.677）		均值 3.58（0.679）		均值 3.56（0.684）		均值 3.53（0.715）	
	保护方式	均值 3.56（0.681）		均值 3.56（0.676）		均值 3.58（0.677）		均值 3.56（0.668）		均值 3.54（0.712）	
	保护程度	均值 3.54（0.669）		均值 3.54（0.678）		均值 3.56（0.686）		均值 3.53（0.677）		均值 3.53（0.724）	

续表

观测变量	潜在变量	西南边疆多民族地区（N = 1278）		团员（N = 103）		党员（N = 349）		民主党派（N = 32）		群众（N = 794）	
		频数	百分比	频数	百分比	频数	百分比	频数	百分比	频数	百分比
传承意愿	传承态度	均值 3.58（0.688）		均值 3.59（0.679）		均值 3.59（0.688）		均值 3.57（0.676）		均值 3.57（0.711）	
	传承参与	均值 3.57（0.659）		均值 3.57（0.666）		均值 3.59（0.659）		均值 3.58（0.688）		均值 3.54（0.711）	
	传承方式	均值 3.56（0.671）		均值 3.57（0.659）		均值 3.57（0.682）		均值 3.55（0.674）		均值 3.55（0.702）	

注：括号中为标准差。

在红色文化的价值认同方面，被调查人员中群众对党的理想信念和党的奋斗使命认同感较弱，说明当地群众对红色文化的内核了解程度不足，然而党员和团员都能够深切了解到党的理想信念和奋斗使命，民主党派人士的评分也很高，说明民主党派人士紧紧团结在中国共产党的领导下，另外，在唤醒民族记忆和国家认同方面，各个政治面貌的被调查人员评分都很高，说明红色文化能够真切地让每一位中国人都感受到中华民族奋斗的历史。党员对红色文化的经济认同程度更高，这是因为党员中大部分在政府机关和事业单位工作，能够正确认识到红色文化在推动经济社会发展中的作用。在红色文化的文化认同程度方面，党员的评价更高，这是因为社会主义先进文化和社会主义核心价值体系的构建和完善需要在中国共产党的领导下进行，而群众对红色文化的文化认同程度稍低，但是与党员之间的差距并不十分明显。在红色文化的生态认同程度方面，党员和民主党派人士在红色文化对生态环境保护和基础设施建设水平方面的评价较高。在红色文化的教育认同程度方面，团员和党员的评价最高，因为团员基本都是学生，学生在学校中学习红色文化，可以直观地感受到红色文化对教育方面的重要作用。党员大多在政府机关单位工作，作为决策者更能够体会到红色文化的教育意义。在红色文化的社会认同程度方面，被调查人员中的党员更认为红色文化能够带动居民的社会参与度、社会责任感和社会认知力，这是因为党员在这方面能够充分发挥敢为人先的先锋队作用，勇于承担社会责任，参与社会建设。团员在社会认同中评价较低，这是因为团员大多是学生，自己并没有过多地参与到社会当中，对社会的认知有所欠缺，所以导致认识有所偏差。在红色文化的保护与传承意愿方面，被调查人员中的群众对当地遗迹遗址和纪念场馆的满意度与团员和党员之间的差距不大，民主党派人士则认为在这方面仍有很大的进步空间，另外，在保护与传承意愿方面，群众的意愿相较其他政治面貌的被调查人员而言不够强烈。

三、实证分析

本书在西南边疆多民族地区调查过程中构建了包括 1278 个调查样本在内的数据库，利用 AMOS 软件进行分析，构建起了西南边疆多民族地区红色文化资源保护与传承意愿的结构方程模型（见图 3 -3）。在构建结构方程模型之后，需要对其信度和效度进行检验。

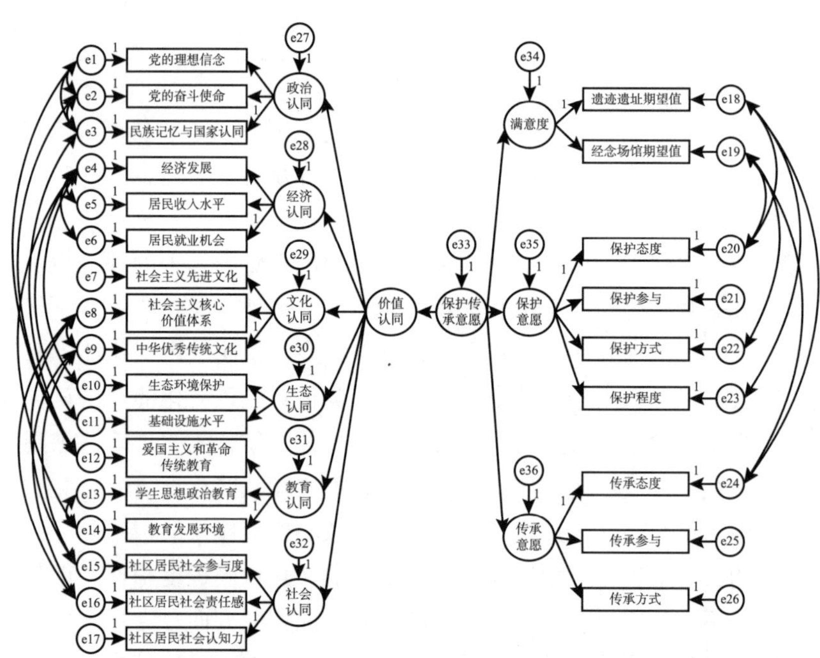

图 3 -3　西南边疆多民族地区红色文化资源保护与传承意愿的结构方程模型

首先，利用 Cronbach's α 系数对采集回来的调查问卷进行信度检验，被调查人员中的团员、党员、民主党派人士和群众的调查问卷信度分别为 0.955、0.951、0.937 和 0.909，样本的可信度较高。其次，利用因子分析法对指标的潜在变量效度进行分析被调查人员中的团员、党员、民主党派人士和群众的 KMO 检验结果分别显示为 0.919、0.944、0.951 和 0.917，从 Bartlett 球形检验结果中卡方值的显著性概率是低于显著性水平的，利用极大方差法进行因子旋转，以特征值大于 1 的标准进行主因子的提取，最终显示指标项因子负载量大于 0.50，累计解释方差多余 50%，综合解释了变量的效度通过了检验。整体来看，采集到的信息信度和效度通过了检验。最后，对构建的结构方程模型拟合指标参数进行检验，将八项拟合指标的显示值与标准值进行对比，观察是否能够通过。利用 AMOS 软件对构建起的结构方程模型进行检验，得到了八项拟合指标参数（见表 3 - 10)。通过八项拟合指标数值的对比发现，拟合情况均为理想，证明其结果可以接受。在此基础上对西南边疆多民族地区不同政治面貌被调查人员的红色文化保护与传承意愿的结构方程模型路径系数进行测算，得到西南边疆多民族地区不同政治面貌被调查人员的红色文化保护与传承意愿的结构方程模型路径估计结果（见表 3 - 11)，由表 3 - 11 可知，红色文化价值认同对西南边疆多民族地区被调查人员中的团员、党员、民主党派人士和群众的红色文化保护与传承意愿的标准化路径系数分别为 0.774、0.821、0.788 和 0.751，通过了显著性检验。这说明红色文化价值认同与红色文化保护与传承意愿之间有着显著的正向关系，并且这种正向关系在被调查人员中的党员中更为明显，这就验证了前述的假设，即该结构方程模型无须优化调整。

表 3 - 10　　八项拟合指标参数

拟合指标	χ^2/df	*AGFI*	*IFI*	*CFI*	*TLI*	*PNFI*	*RMR*	*RMSEA*
显示值	2.189	0.844	0.950	0.923	0.986	0.520	0.022	0.072
参考值	<5.00	>0.80	>0.90	>0.90	>0.90	>0.50	<0.05	<0.08
拟合情况	理想	理想	理想	理想	理想	理想	理想	理想

表 3 - 11　　结构方程路径估计结果

政治面貌	结构方程模型路径	标准化路径系数	*P*
团员	红色文化价值认同→红色文化保护与传承意愿	0.774	***
党员	红色文化价值认同→红色文化保护与传承意愿	0.821	***
民主党派	红色文化价值认同→红色文化保护与传承意愿	0.788	***
群众	红色文化价值认同→红色文化保护与传承意愿	0.751	***

注：*** 表示 $P<0.001$。

根据前文构建的西南边疆多民族地区红色文化资源保护与传承意愿结构方程模型，利用 AMOS 软件对西南边疆多民族地区的 1278 份调查问卷中的样本数据进行分析计算，分别得到了西南边疆多民族地区不同政治面貌被调查人员的红色文化保护与传承意愿的非标准化参数值估计模型。由前文对不同政治面貌被调查人员的红色文化价值认同以及红色文化保护与传承意愿的标准化路径系数可知，红色文化价值认同对红色文化保护与传承意愿之间的作用十分明显，红色文化的价值认同主要是通过红色文化的政治认同、红色文化的经济认同、红色文化的文化认同、红色文化的生态认同、红色文化的教育认同和红色文化的社会认同等6个观测变量进行测算判定。

从e1↔e2路径来看，被调查人员中的团员、党员、民主党派人士和群众都通过了显著性检验，并且其协方差均为正值，反映了被调查人员中的团员、党员、民主党派人士和群众认为党的理想信念和党的奋斗使命之间有着正向的共变关系，这说明西南边疆多民族地区的不同政治面貌被调查人员对党的理想信念了解得越深刻，越能够感受到党的奋斗使命。从e1↔e3路径来看，被调查人员中的团员、党员、民主党派人士和群众都通过了显著性检验，并且其协方差均为正值，反映了被调查人员中的团员、党员、民主党派人士和群众认为党的理想信念和民族记忆与国家认同之间有着正向的共变关系，这说明对党的理想信念了解得越深刻的西南边疆多民族地区的不同政治面貌被调查人员，越能够唤醒其对中华民族的民族记忆与国家认同。从e1↔e12路径来看，被调查人员中的团员、党员、民主党派人士和群众都通过了显著性检验，并且其协方差均为正值，反映了被调查人员中的团员、党员、民主党派人士和群众认为党的理想信念和爱国主义和革命传统教育之间有着正向的共变关系，这说明西南边疆多民族地区的不同政治面貌被调查人员对党的理想信念了解得越深刻，越能够加强其爱国主义情感，增进革命传统教育。在这些路径当中，被调查人员当中的党员所受到的影响更为明显。从e2↔e3路径来看，被调查人员中的团员、党员、民主党派人士和群众都通过了显著性检验，并且其协方差均为正值，反映了被调查人员中的团员、党员、民主党派人士和群众认为党的奋斗使命和民族记忆与国家认同之间有着正向的共变关系，这说明西南边疆多民族地区的不同政治面貌被调查人员对党的奋斗使命了解得越深刻，越能够唤醒其对中华民族的民族记忆与国家认同。从e2↔e12路径来看，被调查人员中的团员、党员、民主党派人士和群众都通过了显著性检验，反映了被调查人员中的团员、党员、民主党派人士和群众认为党的奋斗使命和爱国主义、革命传统教育之间有着正向的共变关系，这说明西南边疆多民族地区的不同政治面貌被调查人员对党的奋斗使命了解得越深刻，越能够加强爱国主义情感，增进革命传统教育。在这些路径当中，被调查人员当中的党员所受到的影响更为明显。从e3↔e12路径来看，被调查人员中的团员、党员、民主党派人士和群众都通过了显著性检验，并且其协方差均为正值，反映了被调查人员中的团员、党员、民主党派人士和群众认为民族记忆与国家认同和爱国主义和革命传统教育之间有着正向的共变关系，这说明西南边疆多民族地区的不同政治面貌被调查人员对红色文化中的民族记忆与国家认同了解得越深刻，越能够加强其爱国主义情感，增进革命传统教育。在此路径当中，被调查人员当中的党员所受到的影响更为明显。

从 e4↔e5 路径来看，被调查人员中的团员、党员、民主党派人士和群众都通过了显著性检验，并且其协方差均为正值，反映了被调查人员中的团员、党员、民主党派人士和群众认为红色文化带动经济发展和居民收入水平之间有着正向的共变关系，这说明西南边疆多民族地区的不同政治面貌被调查人员认为当地红色文化越能够推动经济发展，就越能提高当地的居民收入水平。从 e4↔e6 路径来看，被调查人员中的团员、党员、民主党派人士和群众都通过了显著性检验，并且其协方差均为正值，反映了被调查人员中的团员、党员、民主党派人士和群众认为红色文化带动经济发展和居民就业机会之间有着正向的共变关系，这说明西南边疆多民族地区的不同政治面貌被调查人员认为当地红色文化越能够推动经济发展，就越能增加当地的居民就业机会。从 e4↔e10 路径来看，被调查人员中的团员、党员、民主党派人士和群众都通过了显著性检验，并且其协方差均为正值，反映了被调查人员中的团员、党员、民主党派人士和群众认为红色文化带动经济发展和生态环境保护之间有着正向的共变关系，这说明西南边疆多民族地区的不同政治面貌被调查人员认为当地红色文化越能够推动经济发展，越有利于当地生态环境的保护。从 e4↔e11 路径来看，被调查人员中的团员、党员、民主党派人士和群众都通过了显著性检验，并且其协方差均为正值，反映了被调查人员中的团员、党员、民主党派人士和群众认为红色文化带动经济发展和基础设施建设之间有着正向的共变关系，这说明西南边疆多民族地区的不同政治面貌被调查人员认为当地红色文化越能够推动经济发展，越有利于推动当地的基础设施建设与完善。从 e4↔e14 路径来看，被调查人员中的团员、党员、民主党派人士和群众都通过了显著性检验，并且其协方差均为正值，反映了被调查人员中的团员、党员、民主党派人士和群众认为红色文化带动经济发展和改善教育发展环境之间有着正向的共变关系，这说明西南边疆多民族地区的不同政治面貌被调查人员认为当地红色文化越能够推动经济发展，就越能改善当地的教育发展环境。

从 e8↔e9 路径来看，被调查人员中的团员、党员、民主党派人士和群众都通过了显著性检验，并且其协方差均为正值，反映了被调查人员中的团员、党员、民主党派人士和群众认为社会主义核心价值体系和中华优秀传统文化之间有着正向的共变关系，这说明西南边疆多民族地区不同政治面貌的被调查人员认为红色文化推动发展社会主义核心价值体系满意度越高，越能够带动中华优秀传统文化创新发展。从 e8↔e15 路径来看，被调查人员中的团员、党员、民主党派人士和群众都通过了显著性检验，并且其协方差均为正值，反映了被调查人员中的团员、党员、民主党派人士和群众认为社会主义核心价值体系和社区居民社会参与度之间有着正向的共变关系，这说明西南边疆多民族地区的不同政治面貌被调查人员认为不断坚持发展社会主义核心价值体系，可以有效提升社区居民对社会建设的参与度。从 e8↔e16 路径来看，被调查人员中的团员、党员、民主党派人士和群众都通过了显著性检验，并且其协方差均为正值，反映了被调查人员中的团员、党员、民主党派人士和群众认为社会主义核心价值体系和社区居民社会责任感之间有着正向的共变关系，这说明西南边疆多民族地区的不同政治面貌被调查人员认为不断发扬社会主义核心价值体系，可以有效地提升社区居民的社会责任感。从 e9↔e15 路径来看，被调查人员中的团员、党员、民主党派人士和群众都通过了显著性检验，并且其协方差均为正值，反映了被调查人员中的团员、党员、民主党派人士和群众认为中华优秀传统文化和社区居民社会参与度之间有着正向的共变关系，这说明西南边疆多民族地区的不同政治面貌被调查人员认为坚持传承和发展中华优秀传统文化，可以有效提升社区居民对社会建设的参与度。从 e9↔e16 路径来看，被调查人员中的团员、党员、民主党派人士和群众都通过了显著性检验，并且其协方差均为正值，反映了被调查人员中的团员、党员、民主党派人士和群众认为中华优秀传统文化和社区居民社会责任感之间有着正向的共变关系，这说明西南边疆多民族地区的不同政治面貌被调查人员认为坚持传承和发展中华优秀传统文化，可以有效地提升社区居民的社会责任感。

从 e13↔e14 路径来看，被调查人员中的团员、党员、民主党派人士和群众都通过了显著性检验，并且其协方差均为正值，反映了被调查人员中的团员、党员、民主党派人士和群众认为学生思想政治教育和教育发展环境之间有着正向的共变关系，这说明西南边疆多民族地区的不同政治面貌被调查人员认为教育发展环境越好，越有利于推动学生的思想政治教育。

西南边疆多民族地区不同年龄阶段的被调查人员对红色文化保护与传承意愿与其对红色文化的满意度、红色文化的保护意愿和红色文化的传承意愿关系十分明显，需要从这三方面入手综合探索提升其意愿。从 e18↔e20 路径来看，被调查人员中的团员、党员、民主党派人士和群众都通过了显著性检验，反映了被调查人员中的团员、党员、民主党派人士和群众认为当地遗迹遗址的满意度和保护红色文化的态度之间有着正向的共变关系，这说明西南边疆多民族地区的不同政治面貌被调查人员对当地遗迹遗址的满意度越高，越能够激发其对当地红色文化的保护意愿。从 e18↔e23 路径来看，被调查人员中的团员、党员、民主党派人士和群众都通过了显著性检验，反映了被调查人员中的团员、党员、民主党派人士和群众认为当地遗迹遗址的满意度和当地红色文化遗迹遗址的保护利用现状之间有着正向的共变关系，这说明西南边疆多民族地区的不同政治面貌被调查人员对当地遗迹遗址的满意度越高，对当地红色文化遗迹遗址的保护利用现状评价越有利。从 e18↔e24 路径来看，被调查人员中的团员、党员、民主党派人士和群众都通过了显著性检验，反映了被调查人员中的团员、党员、民主党派人士和群众认为当地遗迹遗址的满意度和宣传推介本地红色文化资源的意愿之间有着正向的共变关系，这说明西南边疆多民族地区的不同政治面貌被调查人员对当地遗迹遗址的满意度越高，越愿意宣传推介当地的红色文化。从 e19↔e20 路径来看，被调查人员中的团员、党员、民主党派人士和群众都通过了显著性检验，反映了被调查人员中的团员、党员、民主党派人士和群众认为当地纪念场馆的满意度和保护红色文化的态度之间有着正向的共变关系，这说明西南边疆多民族地区的不同政治面貌被调查人员对当地纪念场馆的满意度越高，越能够激发其对当地红色文化的保护意愿。从 e19↔e22 路径来看，被调查人员中的团员、党员、民主党派人士和群众都通过了显著性检验，反映了被调查人员中的团员、党员、民主党派人士和群众认为当地纪念场馆的满意度和当地红色文化纪念场馆的保护利用现状之间有着正向的共变关系，这说明西南边疆多民族地区的不同政治面貌被调查人员对当地纪念场馆的满意度越高，对当地红色文化纪念场馆的保护利用现状评价越有利。从 e19↔e24 路径来看，被调查人员中的团员、党员、民主党派人士和群众都通过了显著性检验，反映了被调查人员中的团员、党员、民主党派人士和群众认为当地纪念场馆的满意度和宣传推介本地红色文化资源的意愿之间有着正向的共变关系，这说明西南边疆多民族地区的不同政治面貌被调查人员对当地纪念场馆的满意度越高，越愿意宣传推介当地的红色文化。

根据结构方程模型的输出结果来看，可以得到西南边疆多民族地区不同政治面貌的被调查人员保护与传承红色文化资源意愿测量模型中潜在变量与观测变量之间的标准化路径估计结果（见表 3－12）。可见，在测量模型中，被调查的团员、党员、民主党派人士和群众的潜在变量对观察变量的显著性检验 *P* 值都在 0.001 水平，说明了该模型中的观测变量能够解释潜在变量。

表 3－12　　潜在变量与观测变量之间的标准化路径估计结果

测量模型路径	团员	党员	民主党派	群众
	标准化路径系数	标准化路径系数	标准化路径系数	标准化路径系数
政治认同→党的理想信念	0.870***	0.896***	0.833***	0.830***
政治认同→党的奋斗使命	0.886***	0.907***	0.840***	0.845***
政治认同→民族记忆与国家认同	0.876***	0.877***	0.856***	0.851***

续表

测量模型路径	团员	党员	民主党派	群众
	标准化路径系数	标准化路径系数	标准化路径系数	标准化路径系数
经济认同→经济发展	0.833***	0.849***	0.858***	0.802***
经济认同→居民收入水平	0.858***	0.877***	0.840***	0.876***
经济认同→居民就业机会	0.872***	0.882***	0.861***	0.871***
文化认同→社会主义先进文化	0.822***	0.847***	0.803***	0.790***
文化认同→社会主义核心价值体系	0.839***	0.858***	0.811***	0.784***
文化认同→中华优秀传统文化	0.820***	0.832***	0.818***	0.803***
生态认同→生态环境保护	0.649***	0.674***	0.726***	0.642***
生态认同→基础设施水平	0.663***	0.677***	0.660***	0.703***
教育认同→爱国主义和革命传统教育	0.882***	0.879***	0.855***	0.846***
教育认同→学生思想政治教育	0.890***	0.882***	0.849***	0.829***
教育认同→教育发展环境	0.747***	0.823***	0.838***	0.768***
社会认同→社区居民社会参与度	0.705***	0.722***	0.693***	0.651***
社会认同→社区居民社会责任感	0.719***	0.737***	0.702***	0.674***
社会认同→社区居民社会认知力	0.641***	0.670***	0.695***	0.638***
红色文化满意度→遗迹遗址期望值	0.879***	0.909***	0.895***	0.892***
红色文化满意度→纪念场馆期望值	0.891***	0.902***	0.883***	0.899***
红色文化保护意愿→保护态度	0.803***	0.828***	0.816***	0.783***
红色文化保护意愿→保护参与	0.819***	0.834***	0.822***	0.759***
红色文化保护意愿→保护方式	0.779***	0.784***	0.786***	0.799***
红色文化保护意愿→保护程度	0.760***	0.748***	0.755***	0.770***
红色文化传承意愿→传承态度	0.796***	0.833***	0.819***	0.779***
红色文化传承意愿→传承参与	0.821***	0.849***	0.831***	0.764***
红色文化传承意愿→传承方式	0.782***	0.818***	0.809***	0.803***

注：*** 表示 $P<0.001$。

在红色文化资源的价值认同的价值认同方面，不同工作单位被调查人员的标准化路径系数都通过了显著性检验，并且数值在0.638～0.909。在政治认同上，被调查的党员相较于其他政治面貌的被调查人员而言认为红色文化资源在体现党的理想信念、印证党的奋斗使命以及唤醒民族记忆与国家认同方面的作用能够增强其对红色文化资源的政治认同。其中，被调查的群众和民主党派人士认为红色文化资源在唤醒民族记忆与国家认同方面的作用最能够影响其对红色文化资源的政治认同，被调查的党员和团员认为红色文化资源在印证党的奋斗使命方面的作用最能够影响其对红色文化资源的政治认同。

在经济认同上，被调查的民主党派人士相较于其他政治面貌的被调查人员而言更认为红色文化资源在推动经济发展方面的作用能够增强其对红色文化资源的经济认同，而被调查的党员相较于其他政治面貌的被调查人员而言则认为红色文化资源在增加居民就业机会和提升居民收入水平方面的作用能够增强其对红色文化资源的经济认同。其中，被调查的群众认为红色文化资源在提升居民收入水平方面的作用最能够影响其对红色文化资源的经济认同，被调查的民主党派人士、团员和党员认为红色文化资源在增加居民就业机会方面的作用最能够影响其对红色文化资源的经济认同。

在文化认同上，被调查的党员相较于其他政治面貌的被调查人员而言更认为红色文化资源在构筑社会主义先进文化生命力、推进社会主义核心价值体系建设和创新发展中华优秀传统文化方面的作用能够增强其对红色文化资源的文化认同。其中，被调查的党员和团员认为红色文化资源在推进社会主义核心价值体系建设方面的作用最能够影响其对红色文化资源的文化认同，被调查的民主党派人士和群众则认为红色文化资源在推动中华优秀传统文化创新发展方面的作用最能够影响其对红色文化资源的文化认同。

在生态认同上，被调查的群众相较于其他政治面貌的被调查人员而言认为红色文化资源在改善基础设施水平方面的作用能够增强被调查人员对红色文化资源的生态认同，而被调查的民主党派人士相较于其他政治面貌的被调查人员而言更认为红色文化资源在生态环境保护方面的作用最能够影响其对红色文化资源的生态认同。其中，被调查的团员、党员和群众认为红色文化资源在改善基础设施建设方面的作用最能够影响其对红色文化资源的生态认同，被调查的民主党派人士认为红色文化资源在生态环境保护方面的作用最能够影响其对红色文化资源的生态认同。

在教育认同上，被调查的团员相较于其他政治面貌的被调查人员而言认为红色文化资源在提升爱国主义和革命传统教育效果以及加强学生思想政治教育科学化水平方面的作用能够增强其对红色文化资源的教育认同，被调查的民主党派人士相较于其他政治面貌的被调查人员而言认为红色文化资源在改善教育发展环境方面的作用能够增强其对红色文化资源的教育认同。其中，被调查的团员和党员认为红色文化资源在加强学生思想政治教育方面的作用最能够使其对红色文化资源产生教育认同，被调查的民主党派和群众认为红色文化资源在提升爱国主义和革命传统教育效果方面的作用最能够使其对红色文化资源的教育认同产生影响。

在社会认同上，被调查的党员相较于其他政治面貌的被调查人员而言认为红色文化资源对增强社区居民社会参与度和社区居民社会责任感方面的作用能够增强其对红色文化资源的社会认同，而被调查的民主党派人士相较于其他政治面貌的被调查人员而言认为红色文化资源在提升社区居民社会认知力方面的作用能够增强其对红色文化资源的社会认同。其中，不同政治面貌的被调查人员都认为红色文化资源在提升社区居民社会责任感方面的作用最能够使其对红色文化资源产生社会认同。

在红色文化资源满意度方面，西南边疆多民族地区不同政治面貌的被调查人员对当地的遗迹遗址和纪念场馆的期望值的标准化路径系数都较高，说明了遗迹遗址和纪念场馆的期望值对其对红色文化资源满意度的影响作用较为明显。被调查的党员相较于其他政治面貌的被调查人员而言认为遗迹遗址期望值和纪念场馆期望值能够增强其对红色文化资源的满意度。其中，被调查的党员和民主党派人士认为遗迹遗址期望值最能够影响其对红色文化资源的满意度，被调查的群众和团员认为纪念场馆期望值最能够影响其对红色文化资源的满意度。

在红色文化资源的保护意愿方面，被调查的党员相较于其他政治面貌的被调查人员而言认为红色文化资源的保护参与和保护态度能够增强其对红色文化资源的保护意愿，被调查的群众相较于其他政治面貌的被调查人员而言认为红色文化资源的保护方式和保护程度能够增强其对红色文化资源的保护意愿。其中，被调查的党员、团员和民主党派人士认为红色文化资源的保护参与最能够影响其对红色文化资源的保护意愿，被调查的群众认为红色文化资源的保护方式最能够影响其对红色文化资源的保护意愿。

在红色文化资源的传承意愿方面，被调查的党员相较于其他政治面貌的被调查人员而言认为红色文化资源的传承态度、传承参与和传承方式能够增强其对红色文化资源的传承意愿。其中，被调查的党员、团员和民主党派人士认为红色文化资源的传承参与最能够影响其对红色文化资源的传承意愿，被调查的群众认为红色文化资源的传承方式最能够影响其对红色文化资源的传承意愿。

第四节　基于工作单位差异的西南边疆多民族地区红色文化资源保护与传承意愿研究

一、研究假设

假设1：西南边疆多民族地区不同工作单位的被调查人员的个体差异对其个

人保护传承红色文化的意愿有着显著的影响。

个体差异主要从年龄、文化程度、政治面貌、民族成分、工作单位、人员类别等方面体现。不同工作单位导致被调查人员对红色文化的看法和认知角度不同，一般而言，文化程度越高的人群红色文化的认同感越强烈，对当地红色文化的保护与传承意愿也越强烈。

假设2：西南边疆多民族地区不同工作单位的被调查人员的红色文化价值认同度对其个人保护传承红色文化的意愿有着显著的影响。

红色文化价值认同度对西南边疆多民族地区的人民群众保护与传承红色文化意愿的影响程度十分显著，对红色文化价值认同度越高，保护与传承红色文化的意愿越强烈。一般来看，政府机关的工作人员对红色文化的认知更为全面，另外，在民族地区，少数民族干部的任用为少数民族地方和国家之间构建起了沟通的桥梁，因而任用的大多是本地的本民族人员，他们对当地红色文化的保护与传承意愿更为强烈。

二、数据来源与变量描述统计

在本节中，研究的重点是西南边疆多民族地区不同民族成分被调查人员的保护传承红色文化的意愿及其影响因素，在1278份有效的调查问卷中进行分类，其中，在政府机关工作的被调查人员有91人，占总样本数的7.12%；在事业单位工作的被调查人员有104人，占总样本数的8.14%；在公有制企业工作的被调查人员有269人，占总样本数的21.05%；在非公有制企业工作的被调查人员有366人，占总样本数的28.64%；其他行业的被调查人员有274人，占总样本数的21.44%；学生有174人，占总样本数的13.62%。

经过对调查数据的分类汇总，得到以下描述性统计结果（见表3－13），可以发现不同工作类型的受访者在个人特征、红色文化的价值认同以及红色文化保护传承意愿方面均有所差异。其中，在个人特征的文化程度方面，可以看到政府机关的被调查人员中本专科学历的人占比最多，达到了62.64%，占比排第二的是高中（中专）学历，达到了15.38%；事业单位的被调查人员中，高中（中专）学历的人占比最多，达到了50.00%，占比排第二的是本专科学历，达到了28.85%；公有制企业的被调查人员中，高中（中专）学历的人占比最多，达到了51.67%，占比排第二的是初中学历，达到了37.92%；非公有制企业的被调查人员中，初中学历的人占比最多，达到了46.17%，占比排第二的是高中（中专）学历，达到了41.53%；其他行业的被调查人员中，初中学历的人占比最多，达到了42.70%，占比排第二的是小学及以下学历，达到了25.18%；被调查

表 3－13 调查数据描述性统计

类别	变量名称	西南边疆多民族地区（N＝1278）		政府机关（N＝91）		事业单位（N＝104）		公有制企业（N＝269）		非公有制企业（N＝366）		其他（N＝274）		学生（N＝174）	
		频数	百分比	频数	百分比	频数	百分比	频数	百分比	频数	百分比	频数	百分比	频数	百分比
文化程度	小学及以下	108	8.45	0	0	0	0	0	0	39	10.66	69	25.18	0	0
	初中	425	33.26	0	0	19	18.27	102	37.92	169	46.17	117	42.70	18	10.34
	高中（中专）	446	34.90	14	15.38	52	50.00	139	51.67	152	41.53	35	12.77	54	31.03
	本专科	271	21.21	57	62.64	30	28.85	51	18.96	58	15.85	3	1.09	72	41.38
	研究生	28	2.19	12	13.19	5	4.81	2	0.74	4	1.09	2	0.73	3	1.72
民族成分	汉族	954	74.65	59	64.84	67	64.42	202	75.09	276	75.41	224	81.75	126	72.41
	少数民族	324	25.35	32	35.16	37	35.58	67	24.91	90	24.59	50	18.25	48	27.59
年龄	新生代	642	50.23	49	53.85	58	55.77	137	50.93	189	51.64	35	12.77	174	100.00
	老一代	636	49.77	42	46.15	46	44.23	132	49.07	177	48.36	239	87.23	0	0
政治面貌	团员	103	8.06	1	1.10	2	1.92	2	0.74	2	0.55	4	1.46	92	52.87
	党员	349	27.31	65	71.43	59	56.73	64	23.79	75	20.49	4	1.46	82	47.13
	民主党派	32	2.50	18	19.78	4	3.85	6	2.23	3	0.82	1	0.36	0	0
	群众	794	62.13	7	7.69	39	37.50	197	73.23	286	78.14	265	96.72	0	0
人员类别	本地居民	1167	91.31	88	96.70	102	98.08	268	99.63	361	98.63	262	95.62	86	49.43
	游客	42	3.29	3	3.30	2	1.92	1	0.37	5	1.37	12	4.38	19	10.92
	外地学生	69	5.40	0	0	0	0	0	0	0	0	0	0	69	39.66

续表

观测变量	潜在变量	西南边疆多民族地区（N＝1278）		政府机关（N＝91）		事业单位（N＝104）		公有制企业（N＝269）		非公有制企业（N＝366）		其他（N＝274）		学生（N＝174）	
		频数	百分比	频数	百分比	频数	百分比	频数	百分比	频数	百分比	频数	百分比	频数	百分比
政治认同	党的理想信念	均值 3.99（0.648）		均值 4.06（0.624）		均值 4.00（0.679）		均值 3.99（0.694）		均值 3.95（0.702）		均值 3.93（0.721）		均值 4.01（0.677）	
	党的奋斗使命	均值 3.99（0.652）		均值 4.06（0.633）		均值 4.01（0.688）		均值 3.98（0.679）		均值 3.94（0.706）		均值 3.96（0.711）		均值 4.00（0.674）	
	民族记忆与国家认同	均值 4.06（0.649）		均值 4.08（0.648）		均值 4.06（0.693）		均值 4.05（0.677）		均值 4.05（0.682）		均值 4.04（0.702）		均值 4.08（0.644）	
经济认同	经济发展	均值 3.59（0.682）		均值 3.65（0.677）		均值 3.64（0.683）		均值 3.62（0.692）		均值 3.50（0.688）		均值 3.55（0.679）		均值 3.59（0.695）	
	居民收入水平	均值 3.58（0.681）		均值 3.64（0.659）		均值 3.65（0.682）		均值 3.62（0.684）		均值 3.53（0.705）		均值 3.48（0.709）		均值 3.56（0.723）	
	居民就业机会	均值 3.57（0.672）		均值 3.65（0.684）		均值 3.64（0.672）		均值 3.59（0.664）		均值 3.49（0.669）		均值 3.47（0.722）		均值 3.58（0.682）	
文化认同	社会主义先进文化	均值 3.69（0.659）		均值 3.71（0.637）		均值 3.71（0.659）		均值 3.70（0.661）		均值 3.66（0.692）		均值 3.65（0.688）		均值 3.71（0.679）	
	社会主义核心价值体系	均值 3.72（0.651）		均值 3.72（0.647）		均值 3.75（0.659）		均值 3.71（0.688）		均值 3.69（0.699）		均值 3.70（0.691）		均值 3.75（0.684）	
	中华优秀传统文化	均值 3.76（0.697）		均值 3.80（0.666）		均值 3.82（0.674）		均值 3.76（0.679）		均值 3.72（0.695）		均值 3.70（0.693）		均值 3.76（0.688）	
生态认同	生态环境保护	均值 3.32（0.699）		均值 3.40（0.647）		均值 3.35（0.693）		均值 3.27（0.691）		均值 3.28（0.722）		均值 3.26（0.725）		均值 3.36（0.702）	
	基础设施水平	均值 3.41（0.706）		均值 3.50（0.664）		均值 3.47（0.669）		均值 3.36（0.679）		均值 3.35（0.702）		均值 3.35（0.707）		均值 3.42（0.688）	
教育认同	爱国主义和革命传统教育	均值 3.88（0.671）		均值 3.92（0.672）		均值 3.90（0.689）		均值 3.86（0.695）		均值 3.86（0.701）		均值 3.85（0.688）		均值 3.89（0.672）	
	学生思想政治教育	均值 3.91（0.652）		均值 3.93（0.655）		均值 3.91（0.671）		均值 3.90（0.669）		均值 3.87（0.654）		均值 3.86（0.716）		均值 3.99（0.676）	
	教育发展环境	均值 3.87（0.669）		均值 3.90（0.642）		均值 3.86（0.679）		均值 3.85（0.691）		均值 3.85（0.692）		均值 3.83（0.695）		均值 3.93（0.677）	

续表

观测变量	潜在变量	西南边疆多民族地区（N＝1278）		政府机关（N＝91）		事业单位（N＝104）		公有制企业（N＝269）		非公有制企业（N＝366）		其他（N＝274）		学生（N＝174）	
		频数	百分比	频数	百分比	频数	百分比	频数	百分比	频数	百分比	频数	百分比	频数	百分比
社会认同	社区居民社会参与度	均值 3.18	（0.705）	均值 3.18	（0.672）	均值 3.16	（0.688）	均值 3.20	（0.684）	均值 3.17	（0.709）	均值 3.15	（0.706）	均值 3.22	（0.689）
	社区居民社会责任感	均值 3.37	（0.657）	均值 3.39	（0.671）	均值 3.38	（0.662）	均值 3.36	（0.673）	均值 3.36	（0.674）	均值 3.36	（0.698）	均值 3.37	（0.679）
	社区居民社会认知力	均值 3.19	（0.708）	均值 3.20	（0.677）	均值 3.19	（0.683）	均值 3.19	（0.694）	均值 3.17	（0.704）	均值 3.18	（0.709）	均值 3.21	（0.663）
满意度	遗迹遗址期望值	均值 3.55	（0.672）	均值 3.56	（0.694）	均值 3.59	（0.664）	均值 3.53	（0.647）	均值 3.54	（0.699）	均值 3.52	（0.677）	均值 3.56	（0.693）
	纪念场馆期望值	均值 3.56	（0.669）	均值 3.55	（0.674）	均值 3.60	（0.654）	均值 3.55	（0.688）	均值 3.55	（0.674）	均值 3.53	（0.694）	均值 3.58	（0.685）
保护意愿	保护态度	均值 3.57	（0.678）	均值 3.60	（0.667）	均值 3.62	（0.659）	均值 3.55	（0.694）	均值 3.54	（0.672）	均值 3.53	（0.679）	均值 3.58	（0.671）
	保护参与	均值 3.56	（0.672）	均值 3.58	（0.647）	均值 3.59	（0.639）	均值 3.54	（0.684）	均值 3.55	（0.677）	均值 3.53	（0.679）	均值 3.56	（0.688）
	保护方式	均值 3.56	（0.681）	均值 3.58	（0.668）	均值 3.60	（0.655）	均值 3.55	（0.683）	均值 3.54	（0.682）	均值 3.52	（0.701）	均值 3.57	（0.682）
	保护程度	均值 3.54	（0.669）	均值 3.58	（0.655）	均值 3.60	（0.661）	均值 3.52	（0.699）	均值 3.49	（0.683）	均值 3.49	（0.689）	均值 3.56	（0.682）
传承意愿	传承态度	均值 3.58	（0.688）	均值 3.61	（0.658）	均值 3.62	（0.649）	均值 3.54	（0.692）	均值 3.55	（0.679）	均值 3.52	（0.699）	均值 3.64	（0.677）
	传承参与	均值 3.57	（0.659）	均值 3.58	（0.658）	均值 3.61	（0.642）	均值 3.54	（0.682）	均值 3.54	（0.684）	均值 3.55	（0.685）	均值 3.60	（0.684）
	传承方式	均值 3.56	（0.671）	均值 3.59	（0.671）	均值 3.62	（0.654）	均值 3.54	（0.692）	均值 3.52	（0.688）	均值 3.51	（0.694）	均值 3.58	（0.691）

注：括号中为标准差。

的学生中，本专科人数最多，达到了41.38%，占比排第二的是高中（中专）学历，达到了31.03%。在个人特征的民族成分方面，各个工作种类中汉族居多。在个人特征的年龄构成方面，其他行业的工作人员中老一代人群较多，而在政府机关、事业单位、公有制企业和非公有制企业中工作的被调查人员中新生代人群较多，在学生中并没有老一代人群出现。在个人特征的政治面貌方面，政府机关中的团员占政府整体被调查人员的1.10%，党员占政府整体被调查人员的71.43%，民主党派人员占政府整体被调查人员的19.78%，群众占政府整体被调查人员的7.69%；事业单位中的团员占事业单位整体被调查人员的1.92%，党员占比为56.73%，民主党派人员占比为3.85%，群众占比为37.50%；公有制企业中的团员占公有制企业整体被调查人员的0.74%，党员占比为23.79%，民主党派人士占比为2.23%，群众占比为73.23%；非公有制企业中，团员占非公有制企业整体被调查人员的0.55%，党员占比为20.49%，民主党派人士占比为0.82%，群众占比为78.14%；其他行业人员中团员占其他行业整体被调查人员的1.46%，党员占比为1.46%，民主党派人士占比为0.36%，群众占比为96.72%；学生中的团员占学生整体被调查人员的52.87%，党员占比为47.13%，群众占比为0。在个人特征的人员类别方面，本地居民占到了所有工作单位的人员的大多数，分别是政府机关被调查人员的96.70%，事业单位被调查人员的98.08%，公有制企业被调查人员的99.63%，非公有制企业被调查人员的98.63%，其他行业被调查人员的95.62%以及被调查学生的49.43%。值得一提的是，在被调查学生中有39.66%是外地学生。

在红色文化的价值认同方面，红色文化的政治认同程度中不同工作单位之间有着比较大的差异，其中，政府机关和事业单位的被调查人员都能够有较高的认同度，学生对红色文化的政治认同度也非常高，而非公有制企业和其他行业的被调查者相对来说认同度较低，这是因为政府机关和事业单位在工作过程中能够有效地对红色文化内核进行理解，学生在学习的过程中能够知晓红色文化的形成过程，进而容易产生共鸣。在红色文化的经济认同程度中，政府机关、事业单位、公有制企业的被调查人员对红色文化推动当地经济发展、增加居民收入、增加就业机会的评价更高，非公有制企业和其他行业的被调查人员以及学生评价稍低，但整体差距不大。在红色文化的文化认同程度中，在政府机关和事业单位工作的被调查人员以及学生是评价最高的，他们认为红色文化能够有效地推进社会主义先进文化的发展，同时也能够带动中华优秀传统文化的创新。在红色文化的生态认同程度中，在政府机关工作的被调查人员和学生的认同度较高，但是整体来看评价偏低，证明当地被调查者普遍认为当地的红色文化在生态环境保护和基础设施建设中仍有发展空间。在红色文化的教育认同程度中，政府机关的被调查人员对红色文化推动当地爱国主义和革命传统教育的评价较高，这是因为政府机关的工作人员能够从宏观上制订并推进红色文化在教育中的计划，学生对红色文化改善当地教育发展环境、加强学生思想政治教育的评价较高，这是因为学生作为教育活动的参与者，能够亲身体会到红色文化在教育当中的重要作用和教育环境的改变。在红色文化的社会认同程度中，不同行业之间差距不大，这说明被调查人员对红色文化在推进居民参与社会发展、构建社会责任、增强社会认知方面都比较认可。在红色文化的保护与传承意愿中，在政府机关、事业单位工作的被调查人员和学生普遍对当地的遗迹遗址和纪念场馆较为满意，在红色文化的保护与传承意愿中，整体来看，被调查人员中的其他行业和非公有制企业的工作人员对红色文化保护与传承意愿不强。

三、实证分析

本书在西南边疆多民族地区调查过程中构建了包括 1278 个调查样本在内的数据库，利用 AMOS 软件进行分析，构建起了西南边疆多民族地区红色文化资源保护与传承意愿的结构方程模型（见图 3 –4）。在构建结构方程模型之后，需要对其信度和效度进行检验。

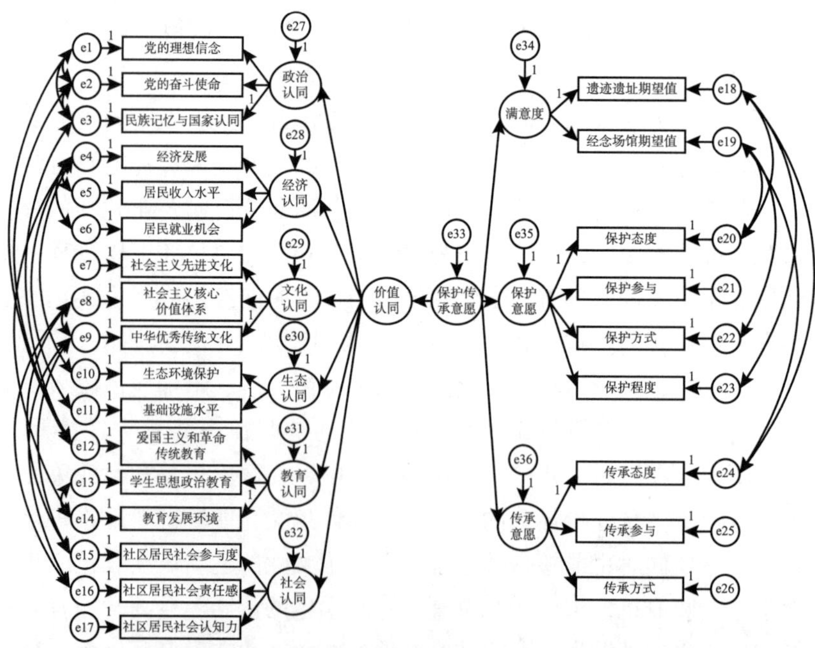

图 3 –4　西南边疆多民族地区红色文化资源保护与传承意愿的结构方程模型

首先，利用 Cronbach's α 系数对采集回来的调查问卷进行信度检验，政府机关被调查人员、事业单位被调查人员、公有制企业被调查人员、非公有制企业被调查人员、其他行业被调查人员和学生的调查问卷信度分别为 0.947、0.954、0.946、0.938、0.927 和 0.945，样本的可信度较高。其次，利用因子分析法对指标的潜在变量效度进行分析，政府机关被调查人员、事业单位被调查人员、公有制企业被调查人员、非公有制企业被调查人员、其他行业被调查人员和学生的 KMO 检验结果分别显示为 0.942、0.933、0.915、0.918、0.935 和 0.941，在 Bartlett 球形检验结果中，卡方值的显著性概率是低于显著性水平的，利用极大方差法进行因子旋转，以特征值大于 1 的标准进行主因子的提取，最终显示指标项因子负载量大于 0.50，累计解释方差多余 50%，综合解释了变量的效度通过了检验。整体来看，采集到的信息信度和效度通过了检验。最后，对构建的结构方程模型拟合指标参数进行检验，将八项拟合指标的显示值与标准值进行对比，观察是否能够通过。利用 AMOS 软件对构建起的结构方程模型进行检验，得到了八项拟合指标参数（见表 3－14）。通过八项拟合指标数值的对比发现，拟合情况均为理想，证明其结果可以接受。在此基础上对西南边疆多民族地区不同工作单位被调查人员的红色文化保护与传承意愿的结构方程模型路径系数进行测算，得到西南边疆多民族地区不同工作单位被调查人员的红色文化保护与传承意愿的结构方程模型路径估计结果（见表 3－15），红色文化价值认同对西南边疆多民族地区政府机关

表 3－14　八项拟合指标参数

拟合指标	χ^2/df	*AGFI*	*IFI*	*CFI*	*TLI*	*PNFI*	*RMR*	*RMSEA*
显示值	2.116	0.837	0.909	0.982	0.949	0.770	0.031	0.066
参考值	<5.00	>0.80	>0.90	>0.90	>0.90	>0.50	<0.05	<0.08
拟合情况	理想	理想	理想	理想	理想	理想	理想	理想

表 3－15　结构方程模型路径估计结果

工作单位	结构方程模型路径	标准化路径系数	*P*
政府机关	红色文化价值认同→红色文化保护与传承意愿	0.816	***
事业单位	红色文化价值认同→红色文化保护与传承意愿	0.802	***
公有制企业	红色文化价值认同→红色文化保护与传承意愿	0.770	***
非公有制企业	红色文化价值认同→红色文化保护与传承意愿	0.754	***
其他行业	红色文化价值认同→红色文化保护与传承意愿	0.733	***
学生	红色文化价值认同→红色文化保护与传承意愿	0.809	***

注：*** 表示 $P<0.001$。

被调查人员、事业单位被调查人员、公有制企业被调查人员、非公有制企业被调查人员、其他行业被调查人员和学生的红色文化保护与传承意愿的标准化路径系数分别为 0.816、0.802、0.770、0.754、0.733 和 0.809，通过了显著性检验。这说明红色文化价值认同与红色文化保护与传承意愿之间有着显著的正向关系，并且这种正向关系在政府机关工作被调查人员中更为明显，这就验证了前文的假设，即该结构方程模型无须优化调整。

根据前文构建的西南边疆多民族地区红色文化资源保护与传承意愿结构方程模型，利用 AMOS 软件对西南边疆多民族地区的 1278 份调查问卷中的样本数据进行分析计算，分别得到了西南边疆多民族地区不同工作单位被调查人员的红色文化保护与传承意愿的非标准化参数值估计模型。由前文对不同工作单位被调查人员的红色文化价值认同以及红色文化保护与传承意愿的标准化路径系数可知，红色文化价值认同对红色文化保护与传承意愿的作用十分明显，红色文化的价值认同主要是通过红色文化的政治认同、红色文化的经济认同、红色文化的文化认同、红色文化的生态认同、红色文化的教育认同和红色文化的社会认同等 6 个观测变量进行测算判定。

从 e1↔e2 路径来看，在政府机关、事业单位、公有制企业、非公有制企业和其他行业工作的被调查人员以及被调查的学生都通过了显著性检验，并且其协方差均为正值，反映了在政府机关、事业单位、公有制企业、非公有制企业和其他行业工作的被调查人员以及被调查的学生认为党的理想信念和党的奋斗使命之间有着正向的共变关系，这说明西南边疆多民族地区的不同工作单位被调查人员对党的理想信念了解得越深刻，越能够感受到党的奋斗使命。从 e1↔e3 路径来看，在政府机关、事业单位、公有制企业、非公有制企业和其他行业工作的被调查人员以及被调查的学生都通过了显著性检验，并且其协方差均为正值，反映了在政府机关、事业单位、公有制企业、非公有制企业和其他行业工作的被调查人员以及被调查的学生认为党的理想信念和民族记忆与国家认同之间有着正向的共变关系，这说明对党的理想信念了解得越深刻，越能够唤醒其对中华民族的民族记忆与国家认同。从 e1↔e12 路径来看，在政府机关、事业单位、公有制企业、非公有制企业和其他行业工作的被调查人员以及被调查的学生都通过了显著性检验，并且其协方差均为正值，反映了在政府机关、事业单位、公有制企业、非公有制企业和其他行业工作的被调查人员以及被调查的学生认为党的理想信念和爱国主义和革命传统教育之间有着正向的共变关系，这说明西南边疆多民族地区的不同工作单位被调查人员对党的理想信念了解得越深刻，越能够加强其爱国主义情感，增进革命传统教育。从 e2↔e3 路径来看，在政府机关、事业单位、公有制企业、非公有制企业和其他行业工作的被调查人员以及被调查的学生都通过了显著性检验，并且其协方差均为正值，反映了在政府机关、事业单位、公有制企业、非公有制企业和其他行业工作的被调查人员以及被调查的学生认为党的奋斗使命和民族记忆与国家认同之间有着正向的共变关系，这说明西南边疆多民族地区的不同工作单位被调查人员对党的奋斗使命了解得越深刻，越能够唤醒其对中华民族的民族记忆与国家认同。从 e2↔e12 路径来看，在政府机关、事业单位、公有制企业、非公有制企业和其他行业工作的被调查人员以及被调查的学生都通过了显著性检验，反映了在政府机关、事业单位、公有制企业、非公有制企业和其他行业工作的被调查人员以及被调查的学生认为党的奋斗使命和爱国主义和革命传统教育之间有着正向的共变关系，这说明西南边疆多民族地区的不同工作单位被调查人员对党的奋斗使命了解得越深刻，越能够加强爱国主义情感，增进革命传统教育。从 e3↔e12 路径来看，在政府机关、事业单位、公有制企业、非公有制企业和其他行业工作的被调查人员以及被调查的学生都通过了显著性检验，并且其协方差均为正值，反映了在政府机关、事业单位、公有制企业、非公有制企业和其他行业工作的被调查人员以及被调查的学生认为民族记忆与国家认同和爱国主义和革命传统教育之间有着正向的共变关系，这说明西南边疆多民族地区的不同工作单位被调查人员对红色文化中的民族记忆与国家认同了解得越深刻，越能够加强其爱国主义情感，增进革命传统教育。从 e4↔e5 路径来看，在政府机关、事业单位、公有制企业、非公有制企业和其他行业工作的被调查人员以及被调查的学生都通过了显著性检验，并且其协方差均为正值，反映了在政府机关、事业单位、公有制企业、非公有制企业和其他行业工作的被调查人员以及被调查的学生认为红色文化带动经济发展和居民收入水平之间有着正向的共变关系，这说明西南边疆多民族地区的不同工作单位被调查人员认为当地红色文化越能够推动经济发展，就越能提高当地的居民收入水平。从 e4↔e6 路径来看，在政府机关、事业单位、公有制企业、非公有制企业和其他行业工作的被调查人员以及被调查的学生都通过了显著性检验，并且其协方差均为正值，反映了在政府机关、事业单位、公有制企业、非公有制企业和其他行业工作的被调查人员以及被调查的学生认为红色文化带动经济发展和居民就业机会之间有着正向的共变关系，这说明西南边疆多民族地区的不同工作单位被调查人员认为当地红色文化越能够推动经济发展，就越能增加当地的居民就业机会。从 e4↔e10 路径来看，在政府机关、事业单位、公有制企业、非公有制企业和其他行业工作的被调查人员以及被调查的学生都通过了显著性检验，并且其协方差均为正值，反映了在政府机关、事业单位、公有制企业、非公有制企业和其他行业工作的被调查人员以及被调查的学生认为红色文化带动经济发展和生态环境保护之间有着正向的共变关系，这说明西南边疆多民族地区的不同工作单位被调查人员认为当地红色文化越能够推动经济发展，越有利于当地生态环境的保护。从 e4↔e11 路径来看，在政府机关、事业单位、公有制企业、非公有制企业和其他行业工作的被调查人员以及被调查的学生都通过了显著性检验，并且其协方差均为正值，反映了在政府机关、事业单位、公有制企业、非公有制企业和其他行业工作的被调查人员以及被调查的学生认为红色文化带动经济发展和基础设施建设之间有着正向的共变关系，这说明西南边疆多民族地区的不同工作单位被调查人员认为当地红色文化越能够推动经济发展，越有利于推动当地的基础设施建设与完善。从 e4↔e14 路径来看，在政府机关、事业单位、公有制企业、非公有制企业和其他行业工作的被调查人员以及被调查的学生都通过了显著性检验，并且其协方差均为正值，反映了在政府机关、事业单位、公有制企业、非公有制企业和其他行业工作的被调查人员以及被调查的学生认为红色文化带动经济发展和改善教育发展环境之间有着正向的共变关系，这说明西南边疆多民族地区的不同工作单位被调查人员认为当地红色文化越能够推动经济发展，就越能改善当地的教育发展环境。

从 e8↔e9 路径来看，在政府机关、事业单位、公有制企业、非公有制企业和其他行业工作的被调查人员以及被调查的学生都通过了显著性检验，并且其协方差均为正值，反映了在政府机关、事业单位、公有制企业、非公有制企业和其他行业工作的被调查人员以及被调查的学生认为社会主义核心价值体系和中华优秀传统文化之间有着正向的共变关系，这说明红色文化推动发展社会主义核心价值体系满意度越高，西南边疆多民族地区的不同工作单位被调查人员认为其能够带动中华优秀传统文化创新发展。从 e8↔e15 路径来看，在政府机关、事业单位、公有制企业、非公有制企业和其他行业工作的被调查人员以及被调查的学生都通过了显著性检验，并且其协方差均为正值，反映了在政府机关、事业单位、公有制企业、非公有制企业和其他行业工作的被调查人员以及被调查的学生认为社会主义核心价值体系和社区居民社会参与度之间有着正向的共变关系，这说明西南边疆多民族地区的不同工作单位被调查人员认为不断坚持发展社会主义核心价值体系，可以有效提升社区居民对社会建设的参与度。从 e8↔e16 路径来看，在政府机关、事业单位、公有制企业、非公有制企业和其他行业工作的被调查人员以及被调查的学生都通过了显著性检验，并且其协方差均为正值，反映了在政府机关、事业单位、公有制企业、非公有制企业和其他行业工作的被调查人员以及被调查的学生认为社会主义核心价值体系和社区居民社会责任感之间有着正向的共变关系，这说明西南边疆多民族地区的不同工作单位被调查人员认为不断发扬社会主义核心价值体系，可以有效地提升社区居民的社会责任感。从 e9↔e15 路径来看，在政府机关、事业单位、公有制企业、非公有制企业和其他行业工作的被调查人员以及被调查的学生都通过了显著性检验，并且其协方差均为正值，反映了在政府机关、事业单位、公有制企业、非公有制企业和其他行业工作的被调查人员以及被调查的学生认为中华优秀传统文化和社区居民社会参与度之间有着正向的共变关系，这说明西南边疆多民族地区的不同工作单位被调查人员认为坚持传承和发展中华优秀传统文化，可以有效提升社区居民对社会建设的参与度。从 e9↔e16 路径来看，在政府机关、事业单位、公有制企业、非公有制企业和其他行业工作的被调查人员以及被调查的学生都通过了显著性检验，并且其协方差均为正值，反映了在政府机关、事业单位、公有制企业、非公有制企业和其他行业工作的被调查人员以及被调查的学生认为中华优秀传统文化和社区居民社会责任感之间有着正向的共变关系，这说明西南边疆多民族地区的不同工作单位被调查人员认为坚持传承和发展中华优秀传统文化，可以有效地提升社区居民的社会责任感。

从 e13↔e14 路径来看，在政府机关、事业单位、公有制企业、非公有制企业和其他行业工作的被调查人员以及被调查的学生都通过了显著性检验，并且其协方差均为正值，反映了在政府机关、事业单位、公有制企业、非公有制企业和其他行业工作的被调查人员以及被调查的学生认为学生思想政治教育和教育发展环境之间有着正向的共变关系，这说明西南边疆多民族地区的不同工作单位被调查人员认为教育发展环境越好，越有利于推动学生的思想政治教育。

西南边疆多民族地区不同年龄阶段的被调查人员对红色文化保护与传承意愿与其对红色文化的满意度、红色文化的保护意愿和红色文化的传承意愿关系十分明显，需要从这三方面入手综合探索提升其意愿。从 e18↔e20 路径来看，在政府机关、事业单位、公有制企业、非公有制企业和其他行业工作的被调查人员以及被调查的学生都通过了显著性检验，反映了在政府机关、事业单位、公有制企业、非公有制企业和其他行业工作的被调查人员以及被调查的学生认为当地遗迹遗址的满意度和保护红色文化的态度之间有着正向的共变关系，这说明西南边疆多民族地区的不同工作单位被调查人员对当地遗迹遗址的满意度越高，越能够激发其对当地红色文化的保护意愿。从 e18↔e23 路径来看，在政府机关、事业单位、公有制企业、非公有制企业和其他行业工作的被调查人员以及被调查的学生都通过了显著性检验，反映了在政府机关、事业单位、公有制企业、非公有制企业和其他行业工作的被调查人员以及被调查的学生认为当地遗迹遗址的满意度和当地红色文化遗迹遗址的保护利用现状之间有着正向的共变关系，这说明西南边疆多民族地区的不同工作单位被调查人员对当地遗迹遗址的满意度越高，对当地红色文化遗迹遗址的保护利用现状评价越有利。从 e18↔e24 路径来看，在政府机关、事业单位、公有制企业、非公有制企业和其他行业工作的被调查人员以及被调查的学生都通过了显著性检验，反映了在政府机关、事业单位、公有制企业、非公有制企业和其他行业工作的被调查人员以及被调查的学生认为当地遗迹遗址的满意度和宣传推介本地红色文化资源的意愿之间有着正向的共变关系，这说明西南边疆多民族地区的不同工作单位被调查人员对当地遗迹遗址的满意度越高就越愿意宣传推介当地的红色文化。从 e19↔e20 路径来看，在政府机关、事业单位、公有制企业、非公有制企业和其他行业工作的被调查人员以及被调查的学生都通过了显著性检验，反映了在政府机关、事业单位、公有制企业、非公有制企业和其他行业工作的被调查人员以及被调查的学生认为当地纪念场馆的满意度和保护红色文化的态度之间有着正向的共变关系，这说明西南边疆多民族地区的不同工作单位被调查人员对当地纪念场馆的满意度越高，越能够激发其对当地红色文化的保护意愿。从 e19↔e22 路径来看，在政府机关、事业单位、公有制企业、非公有制企业和其他行业工作的被调查人员以及被调查的学生都通过了显著性检验，反映了在政府机关、事业单位、公有制企业、非公有制企业和其他行业工作的被调查人员以及被调查的学生认为当地纪念场馆的满意度和当地红色文化纪念场馆的保护利用现状之间有着正向的共变关系，这说明西南边疆多民族地区的不同工作单位被调查人员对当地纪念场馆的满意度越高，对当地红色文化纪念场馆的保护利用现状评价越有利。从 e19↔e24 路径来看，在政府机关、事业单位、公有制企业、非公有制企业和其他行业工作的被调查人员以及被调查的学生都通过了显著性检验，反映了在政府机关、事业单位、公有制企业、非公有制企业和其他行业工作的被调查人员以及被调查的学生认为当地纪念场馆的满意度和宣传推介本地红色文化资源的意愿之间有着正向的共变关系，这说明西南边疆多民族地区的不同工作单位被调查人员对当地纪念场馆的满意度越高就越愿意宣传推介当地的红色文化。

根据结构方程模型的输出结果来看，可以得到西南边疆多民族地区不同工作单位的被调查人员保护与传承红色文化资源意愿测量模型中潜在变量与观测变量之间的标准化路径估计结果（见表 3－16）。可见，在测量模型中，在政府机关、事业单位、公有制企业、非公有制企业和其他行业工作的被调查人员以及被调查学生的潜在变量对观察变量的显著性检验 P 值都在 0.001 水平，说明了该模型中的观测变量能够解释潜在变量。

在红色文化资源的价值认同方面，不同工作单位被调查人员的标准化路径系数都通过了显著性检验，并且数值分布在 0.607～0.922。在政治认同上，在政府机关工作的被调查人员相较于其他工作单位的被调查人员而言认为红色文化资源在体现党的理想信念和印证党的奋斗使命方面的作用能够增强其对红色文化资源的政治认同，被调查的学生相较于其他工作单位的被调查人员而言认为红色文化资源在唤醒民族记忆与国家认同方面的作用能够增强其对红色文化资源的政治认

表 3－16　　　　潜在变量与观测变量之间的标准化路径估计结果

测量模型路径	政府机关	事业单位	公有制企业	非公有制企业	其他	学生
	标准化路径系数	标准化路径系数	标准化路径系数	标准化路径系数	标准化路径系数	标准化路径系数
政治认同→党的理想信念	0.911***	0.884***	0.877***	0.843***	0.828***	0.869***
政治认同→党的奋斗使命	0.901***	0.870***	0.866***	0.839***	0.840***	0.877***
政治认同→民族记忆与国家认同	0.890***	0.881***	0.859***	0.850***	0.869***	0.899***
经济认同→经济发展	0.866***	0.848***	0.853***	0.821***	0.798***	0.834***
经济认同→居民收入水平	0.848***	0.871***	0.881***	0.857***	0.888***	0.860***
经济认同→居民就业机会	0.839***	0.833***	0.821***	0.872***	0.890***	0.882***
文化认同→社会主义先进文化	0.905***	0.888***	0.883***	0.850***	0.841***	0.886***
文化认同→社会主义核心价值体系	0.892***	0.870***	0.872***	0.827***	0.819***	0.857***
文化认同→中华优秀传统文化	0.899***	0.860***	0.838***	0.862***	0.859***	0.871***
生态认同→生态环境保护	0.669***	0.633***	0.607***	0.577***	0.582***	0.674***
生态认同→基础设施水平	0.658***	0.640***	0.632***	0.625***	0.630***	0.602***
教育认同→爱国主义和革命传统教育	0.883***	0.844***	0.853***	0.855***	0.849***	0.874***
教育认同→学生思想政治教育	0.878***	0.870***	0.872***	0.865***	0.861***	0.851***
教育认同→教育发展环境	0.862***	0.858***	0.863***	0.847***	0.855***	0.866***
社会认同→社区居民社会参与度	0.744***	0.731***	0.711***	0.720***	0.698***	0.677***
社会认同→社区居民社会责任感	0.768***	0.742***	0.736***	0.748***	0.751***	0.758***
社会认同→社区居民社会认知力	0.692***	0.669***	0.677***	0.638***	0.622***	0.705***
红色文化满意度→遗迹遗址期望值	0.921***	0.910***	0.894***	0.858***	0.874***	0.851***
红色文化满意度→纪念场馆期望值	0.902***	0.896***	0.888***	0.879***	0.882***	0.908***
红色文化保护意愿→保护态度	0.860***	0.844***	0.858***	0.874***	0.883***	0.869***
红色文化保护意愿→保护参与	0.877***	0.854***	0.868***	0.888***	0.892***	0.840***
红色文化保护意愿→保护方式	0.866***	0.837***	0.860***	0.844***	0.825***	0.877***
红色文化保护意愿→保护程度	0.850***	0.839***	0.841***	0.828***	0.814***	0.864***
红色文化传承意愿→传承态度	0.922***	0.904***	0.892***	0.853***	0.860***	0.887***
红色文化传承意愿→传承参与	0.882***	0.864***	0.877***	0.872***	0.881***	0.858***
红色文化传承意愿→传承方式	0.887***	0.864***	0.852***	0.827***	0.810***	0.855***

注：*** 表示 $P<0.001$。

同。其中，在非公有制企业和其他行业工作的被调查人员以及被调查的学生认为红色文化资源在唤醒民族记忆与国家认同方面的作用最能够影响其对红色文化资源的政治认同，在政府机关、事业单位和公有制企业工作的被调查人员认为红色文化资源在理解党的理想信念方面的作用最能够影响其对红色文化资源的政治认同。

在经济认同上，在政府机关工作的被调查人员相较于其他工作单位的被调查人员而言认为红色文化资源在推动经济发展水平方面的作用能够增强其对红色文化资源的经济认同，而其他行业的被调查人员相较于其他工作单位的被调查人员认为红色文化资源在增加居民就业机会和提高居民收入方面的作用能够增强其对红色文化资源的经济认同。其中，在事业单位、公有制企业工作的被调查人员认为红色文化资源在提高居民收入方面的作用最能够影响其对红色文化资源的经济认同，在非公有制企业和其他行业工作的被调查人员以及被调查的学生认为红色文化资源在增加居民工作机会方面的作用最能够影响其对红色文化资源的经济认同，在政府机关工作的被调查人员认为红色文化资源在推动经济发展方面的作用最能够影响其对红色文化资源的经济认同。

在文化认同上，在政府机关工作的被调查人员相较于其他工作单位的被调查人员而言认为红色文化资源在构筑社会主义先进文化生命力、推进社会主义核心价值体系建设和创新发展中华优秀传统文化方面的作用能够增强其对红色文化资源的文化认同。其中，在政府机关、事业单位工作的被调查人员以及被调查的学生认为红色文化资源在构筑社会主义先进文化的生命力方面的作用最能够影响其对红色文化资源的文化认同，在公有制企业工作的被调查人员则认为红色文化资源在推动社会主义核心价值体系建设方面的作用最能够影响其对红色文化资源的文化认同，在非公有制企业和其他行业工作的被调查人员则认为红色文化资源在推动中华优秀传统文化创新发展方面的作用最能够影响其对红色文化资源的文化认同。

在生态认同上，在政府机关工作的被调查人员相较于其他工作单位的被调查人员而言认为红色文化资源在改善基础设施水平方面的作用能够增强被调查人员对红色文化资源的生态认同，被调查的学生相较于其他工作单位的被调查人员而言认为红色文化资源在促进生态环境保护方面的作用能够增强被调查人员对红色文化资源的生态认同。其中，在事业单位、公有制企业和非公有制企业工作的被调查人员都认为红色文化资源在改善基础设施水平方面的作用最能够影响其对红色文化资源的生态认同，而在政府机关和其他行业工作的被调查人员以及被调查的学生则认为红色文化资源在生态环境保护方面的作用最能够影响其对红色文化资源的生态认同。

在教育认同上，被调查的学生相较于其他工作单位的被调查人员而言认为红色文化资源在改善教育发展环境方面的作用能够增强其对红色文化资源的教育认同，在政府机关工作的被调查人员相较于其他工作单位的被调查人员而言认为红色文化资源在提升爱国主义和革命传统教育效果以及加强学生思想政治教育科学化水平方面的作用能够增强其对红色文化资源的教育认同。其中，在政府机关工作的被调查人员和被调查的学生认为红色文化资源对爱国主义和革命传统教育方面的作用最能够使其对红色文化资源产生教育认同，在事业单位、公有制企业、非公有制企业和其他行业工作的被调查人员认为红色文化资源在加强学生思想政治教育科学化水平方面的作用最能够使其对红色文化资源产生教育认同。

在社会认同上，被调查的学生相较于其他工作单位的被调查人员而言认为红色文化资源在增强社区居民社会认知力方面的作用能够增强其对红色文化资源的社会认同，在政府机关工作的调查人员相较于其他工作单位的被调查人员而言认为红色文化资源在增强社区居民社会责任感和提升社区居民社会参与度方面的作用能够增强其对红色文化资源的社会认同。其中，不同工作单位的被调查人员都认为红色文化资源在增强社区居民社会责任感方面的作用最能够使其对红色文化资源产生社会认同。

在红色文化资源满意度方面，西南边疆多民族地区的不同工作单位的被调查人员对当地的遗迹遗址和纪念场馆的期望值的标准化路径系数较高，说明了遗迹遗址和纪念场馆的期望值对其对红色文化资源满意度的影响作用较为明显。在政府机关工作的被调查人员相较于其他工作单位的被调查人员而言认为遗迹遗址期望值能够增强其对红色文化资源的满意度，被调查的学生相较于其他工作单位的被调查人员而言认为纪念场馆期望值能够影响其对红色文化资源的满意度。其中，在政府机关、事业单位和公有制企业工作的被调查人员认为遗迹遗址期望值最能够影响其对红色文化资源的满意度，在非公有制企业和其他行业工作的被调查人员以及被调查的学生认为纪念场馆期望值最能够影响其对红色文化资源的满意度。

在红色文化资源的保护意愿方面，在政府机关工作的被调查人员相较于其他工作单位的被调查人员而言认为红色文化资源的保护态度和保护参与能够增强其对红色文化资源的保护意愿，被调查的学生相较于其他工作单位的被调查人员而言认为红色文化资源的保护方式和保护程度能够增强其对红色文化资源的保护意愿。其中，在政府机关、事业单位、公有制企业、非公有制企业和其他行业工作的被调查人员认为红色文化资源的保护参与最能够影响其对红色文化资源的保护意愿，被调查的学生认为红色文化资源的保护方式最能够影响其对红色文化资源的保护意愿。

在红色文化资源的传承意愿方面，在政府机关工作的被调查人员相较于其他工作单位的被调查人员而言认为红色文化资源的传承态度、传承参与和传承方式更能够增强其对红色文化资源的传承意愿。其中，在政府机关、事业单位和公有制企业工作的被调查人员以及被调查的学生认为红色文化资源的传承参与最能够影响其对红色文化资源的传承意愿，在其他行业和非公有制企业工作的被调查人员认为红色文化资源的传承态度最能够影响其对红色文化资源的传承意愿。

第五节 基于文化程度差异的西南边疆多民族地区红色文化资源保护与传承意愿研究

一、研究假设

假设1：西南边疆多民族地区不同文化程度的被调查人员的个体差异对其个人保护传承红色文化的意愿有着显著的影响。

个体差异主要从年龄、文化程度、政治面貌、民族成分、工作单位、人员类别等方面体现。一般而言，文化程度越高的人群红色文化的认同感越强烈，对当地红色文化的保护与传承意愿也越强烈。

假设2：西南边疆多民族地区不同文化程度的被调查人员的红色文化价值认同度对其个人保护传承红色文化的意愿有着显著的影响。

红色文化价值认同度对西南边疆多民族地区的被调查人员保护与传承红色文化意愿的影响程度十分显著，对红色文化价值认同度越高，保护与传承红色文化的意愿越强烈。一般来看，不同文化程度的被调查人员之间存在着一定的差异性，文化程度越高的被调查人员越能知道红色文化的重要性及保护与传承的必要性。

二、数据来源与变量描述统计

在本节中，研究的重点是西南边疆多民族地区不同文化程度被调查人员保护传承红色文化的意愿及其影响因素，对1278份有效的调查问卷中进行分类，其中，小学及以下学历的被调查人员有108人，占总样本数的8.45%；初中学历的被调查人员有425人，占总样本数的33.26%；高中（中专）学历的被调查人员有446人，占总样本数的34.90%；本专科学历的被调查人员有271人，占总样本数的21.20%；研究生学历的被调查人员有28人，占总样本数的2.19%。

经过对调查数据的分类汇总，得到以下描述性统计结果（见表3-17），可以

表 3 – 17　　调查数据描述性统计

类别	变量名称	西南边疆多民族地区（N = 1278）		小学及以下（N = 108）		初中（N = 425）		高中（中专）（N = 446）		本专科（N = 271）		研究生（N = 28）	
		频数	百分比	频数	百分比	频数	百分比	频数	百分比	频数	百分比	频数	百分比
民族成分	汉族	954	74. 65	59	54. 63	311	73. 18	355	79. 60	207	76. 38	22	78. 57
	少数民族	324	25. 35	49	45. 37	114	26. 82	91	20. 40	64	23. 62	6	21. 43
年龄	新生代	715	55. 95	39	36. 11	167	39. 29	221	49. 55	206	76. 01	20	71. 43
	老一代	885	69. 25	69	63. 89	258	60. 71	225	50. 45	65	23. 99	8	28. 57
政治面貌	团员	103	8. 06	0	0	29	6. 82	48	10. 76	23	8. 49	3	10. 71
	党员	349	27. 31	7	6. 48	19	4. 47	191	42. 83	124	45. 76	8	28. 57
	民主党派	32	2. 50	0	0	0	0	0	0	18	6. 64	14	50. 00
	群众	794	62. 13	101	93. 52	377	88. 71	207	46. 41	106	39. 11	3	10. 71
工作单位	政府机关	91	7. 12	0	0	0	0	14	3. 14	57	21. 03	12	42. 86
	事业单位	104	8. 14	0	0	19	4. 47	52	11. 66	30	11. 07	5	17. 86
	公有制企业	269	21. 05	0	0	102	24. 00	139	31. 17	51	18. 82	2	7. 14
	非公有制企业	366	28. 64	39	36. 11	169	39. 76	152	34. 08	58	21. 40	4	14. 29
	其他	274	21. 44	69	63. 89	117	27. 53	35	7. 85	3	1. 11	2	7. 14
	学生	174	13. 62	0	0	18	4. 24	54	12. 11	72	26. 57	3	10. 71
人员类别	本地居民	1167	91. 31	103	95. 37	398	93. 65	423	94. 84	228	84. 13	15	53. 57
	游客	42	3. 29	5	4. 63	19	4. 47	12	2. 69	5	1. 85	1	3. 57
	外地学生	69	5. 40	0	0	8	1. 88	11	2. 47	38	14. 02	12	42. 86

续表

观测变量	潜在变量	西南边疆多民族地区（N=1278）		小学及以下（N=108）		初中（N=425）		高中（中专）（N=446）		本专科（N=271）		研究生（N=28）	
		频数	百分比	频数	百分比	频数	百分比	频数	百分比	频数	百分比	频数	百分比
政治认同	党的理想信念	均值3.99	（0.648）	均值4.00	（0.633）	均值3.97	（0.652）	均值3.99	（0.664）	均值3.99	（0.653）	均值4.00	（0.661）
	党的奋斗使命	均值3.99	（0.652）	均值3.99	（0.642）	均值3.96	（0.677）	均值4.00	（0.683）	均值4.00	（0.662）	均值4.00	（0.670）
	民族记忆与国家认同	均值4.06	（0.649）	均值4.07	（0.647）	均值4.04	（0.688）	均值4.04	（0.674）	均值4.07	（0.692）	均值4.08	（0.688）
经济认同	经济发展	均值3.59	（0.682）	均值3.55	（0.664）	均值3.56	（0.661）	均值3.56	（0.702）	均值3.63	（0.669）	均值3.65	（0.654）
	居民收入水平	均值3.58	（0.681）	均值3.54	（0.711）	均值3.56	（0.699）	均值3.57	（0.702）	均值3.60	（0.688）	均值3.63	（0.668）
	居民就业机会	均值3.57	（0.672）	均值3.52	（0.658）	均值3.54	（0.678）	均值3.57	（0.697）	均值3.59	（0.682）	均值3.62	（0.679）
文化认同	社会主义先进文化	均值3.69	（0.659）	均值3.67	（0.682）	均值3.67	（0.674）	均值3.68	（0.681）	均值3.71	（0.686）	均值3.72	（0.665）
	社会主义核心价值体系	均值3.72	（0.651）	均值3.70	（0.669）	均值3.70	（0.674）	均值3.72	（0.715）	均值3.73	（0.688）	均值3.75	（0.668）
	中华优秀传统文化	均值3.76	（0.697）	均值3.69	（0.706）	均值3.72	（0.695）	均值3.75	（0.678）	均值3.80	（0.674）	均值3.84	（0.691）
生态认同	生态环境保护	均值3.32	（0.699）	均值3.34	（0.661）	均值3.31	（0.672）	均值3.33	（0.712）	均值3.31	（0.679）	均值3.31	（0.695）
	基础设施水平	均值3.41	（0.706）	均值3.41	（0.711）	均值3.40	（0.723）	均值3.40	（0.719）	均值3.42	（0.688）	均值3.42	（0.691）
教育认同	爱国主义和革命传统教育	均值3.88	（0.671）	均值3.89	（0.651）	均值3.88	（0.659）	均值3.88	（0.674）	均值3.87	（0.671）	均值3.88	（0.674）
	学生思想政治教育	均值3.91	（0.652）	均值3.89	（0.677）	均值3.89	（0.688）	均值3.91	（0.705）	均值3.92	（0.669）	均值3.94	（0.688）
	教育发展环境	均值3.87	（0.669）	均值3.84	（0.672）	均值3.85	（0.681）	均值3.86	（0.677）	均值3.91	（0.688）	均值3.89	（0.679）

续表

观测变量	潜在变量	西南边疆多民族地区（N=1278）		小学及以下（N=108）		初中（N=425）		高中（中专）（N=446）		本专科（N=271）		研究生（N=28）	
		频数	百分比	频数	百分比	频数	百分比	频数	百分比	频数	百分比	频数	百分比
社会认同	社区居民社会参与度	均值3.18	（0.705）	均值3.14	（0.676）	均值3.14	（0.683）	均值3.17	（0.694）	均值3.22	（0.719）	均值3.23	（0.727）
	社区居民社会责任感	均值3.37	（0.657）	均值3.34	（0.677）	均值3.35	（0.691）	均值3.37	（0.662）	均值3.39	（0.674）	均值3.40	（0.669）
	社区居民社会认知力	均值3.19	（0.708）	均值3.11	（0.729）	均值3.14	（0.731）	均值3.18	（0.715）	均值3.25	（0.722）	均值3.27	（0.711）
满意度	遗迹遗址期望值	均值3.55	（0.672）	均值3.55	（0.647）	均值3.53	（0.674）	均值3.59	（0.677）	均值3.57	（0.681）	均值3.51	（0.738）
	纪念场馆期望值	均值3.56	（0.669）	均值3.55	（0.652）	均值3.54	（0.671）	均值3.60	（0.674）	均值3.58	（0.688）	均值3.53	（0.702）
保护意愿	保护态度	均值3.57	（0.678）	均值3.58	（0.639）	均值3.57	（0.655）	均值3.58	（0.677）	均值3.56	（0.696）	均值3.56	（0.711）
	保护参与	均值3.56	（0.672）	均值3.58	（0.661）	均值3.56	（0.669）	均值3.57	（0.679）	均值3.54	（0.705）	均值3.55	（0.698）
	保护方式	均值3.56	（0.681）	均值3.58	（0.677）	均值3.58	（0.669）	均值3.56	（0.681）	均值3.53	（0.699）	均值3.55	（0.701）
	保护程度	均值3.54	（0.669）	均值3.55	（0.659）	均值3.54	（0.677）	均值3.55	（0.675）	均值3.52	（0.699）	均值3.54	（0.691）
传承意愿	传承态度	均值3.58	（0.688）	均值3.58	（0.660）	均值3.58	（0.674）	均值3.56	（0.681）	均值3.59	（0.683）	均值3.59	（0.691）
	传承参与	均值3.57	（0.659）	均值3.58	（0.691）	均值3.57	（0.683）	均值3.56	（0.668）	均值3.57	（0.691）	均值3.57	（0.682）
	传承方式	均值3.56	（0.671）	均值3.57	（0.658）	均值3.56	（0.671）	均值3.56	（0.683）	均值3.55	（0.694）	均值3.56	（0.668）

注：括号中为标准差。

发现不同文化程度的被调查人员在个人特征、红色文化的价值认同以及红色文化保护传承意愿方面均有所差异。其中，在个人特征的民族成分方面，可以看到不同学历的被调查人员中都是汉族人占比较多。在个人特征的年龄构成方面，小学及以下学历的被调查人员有 63.89% 是老一代人群，初中学历的被调查人员有 60.71% 是老一代人群，高中（中专）学历的被调查人员有 50.45% 是老一代人群，在本专科和研究生的被调查人员当中新生代人群占了多数，分别占总人数的 76.01% 和 71.43%。在个人特征的政治面貌方面，群众在小学及以下、初中、高中（中专）学历的被调查人员中都是占比最多的；小学及以下学历的被调查人员占比排第二的是党员，达到了 6.48%；初中学历的被调查人员占比排第二的是团员，达到了 6.82%；高中（中专）学历的被调查人员占比排第二的是党员，达到了 42.83%；本专科学历的被调查人员当中最多的是党员，达到了 45.76%，占比排第二的是群众，达到了 39.11%；研究生学历的被调查人员当中最多的是民主党派人士，达到了 50.00%，占比排第二的是党员，达到了 28.57%。在个人特征的工作单位方面，小学及以下学历的被调查人员大多为其他行业，达到了 63.89%，占比排第二的是非公有制企业，达到了 36.11%；初中学历的被调查人员大多工作在非公有制企业，达到了 39.76%，占比排第二的是其他行业，达到了 27.53%；高中（中专）学历的被调查人员大多工作在非公有制企业，达到了 34.08%，占比排第二的是公有制企业，达到了 31.17%；本专科学历的被调查人员大多是学生，达到了 26.57%，占比排第二的是非公有制企业，达到了 21.40%；研究生学历的被调查人员大多在政府机关，达到了 42.86%，占比排第二的是事业单位，达到了 17.86%。在个人特征的人员类别方面，本地居民是不同文化程度被调查人员的主体，占小学及以下学历被调查人员的 95.37%、初中学历被调查人员的 93.65%、高中学历被调查人员的 94.84%、本专科学历被调查人员的 84.13%、研究生学历被调查人员的 53.57%。

在红色文化的价值认同方面，红色文化的政治认同程度中，小学及以下学历的被调查人员以及本专科和研究生学历的被调查人员对党的理想信念以及奋斗使命评价较高，这一方面是因为本专科和研究生学历的被调查人员的文化程度较高，经历过系统的教育，明白红色文化形成和发展过程中共产党人的付出，另一方面是因为小学及以下学历的被调查人员有一大部分是老一代人群，他们亲身经历了红色文化的形成与发展，对党的理想信念和奋斗使命更能理解。在红色文化的经济认同程度中本专科和研究生学历的被调查人员给出的评价较高，这是因为在学习和研究当中更能理解文化发展对经济社会发展的重要作用，整体来看，不同文化程度的被调查人群对经济认同的差异性较大，整体呈现出文化程度越高的被调查人员对红色文化的经济作用认识越深刻的态势。在红色文化的文化认同程度中本专科和研究生学历的被调查人员对红色文化推动社会主义文化事业的发展认识较为到位，初中学历及以下的被调查人员不能充分理解红色文化推动中华优秀传统文化创新发展的作用机制。在红色文化的生态认同程度中，小学及以下学历的被调查人员评价最高，这是因为该人群多为老一代人群，见证了红色文化给该区域生态环境和基础设施建设带来的重大改变。在红色文化的教育认同程度中，针对推动爱国主义教育和革命传统，研究生学历的被调查人员评价较高，整体呈现随文化程度增长评价逐步提升的态势。红色文化的社会认同程度中在红色文化推动居民社会参与度和责任感方面，各个学历的被调查者之间的差距较大，文化程度最高的研究生学历的被调查人员最能够理解红色文化在社会发展中的作用。在红色文化的保护与传承意愿方面，高中（中专）学历的被调查人员对当地遗迹遗址和纪念场馆的满意度较高，另外，在保护与传承意愿方面，各种文化程度的被调查人员意愿差距不大。

三、实证分析

本研究在西南边疆多民族地区调查过程中构建了包括 1278 个调查样本在内的数据库，利用 AMOS 软件进行分析，构建了西南边疆多民族地区红色文化资源保护与传承意愿的结构方程模型（见图 3 -5）。在构建结构方程模型之后，需要对其信度和效度进行检验。

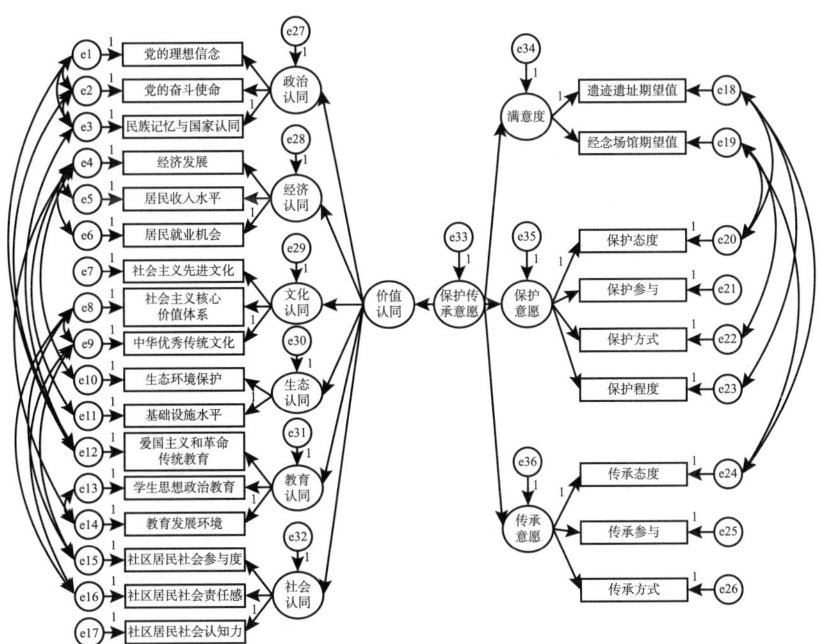

图 3 -5　西南边疆多民族地区红色文化资源保护与传承意愿的结构方程模型

首先，利用 Cronbach's α 系数对采集回来的调查问卷进行信度检验，小学及以下学历、初中学历、高中（中专）学历、本专科学历和研究生学历的被调查人员的调查问卷信度分别为0.902、0.909、0.915、0.933 和0.937，样本的可信度较高。其次，利用因子分析法对指标的潜在变量效度进行分析。小学及以下学历、初中学历、高中（中专）学历、本专科学历和研究生学历的被调查人员的KMO 检验结果分别显示为0.905、0.932、0.927、0.948 和0.939，在 Bartlett 球形检验结果中，卡方值的显著性概率是低于显著性水平的，利用极大方差法进行因子旋转，以特征值大于1 的标准进行主因子的提取，最终显示指标项因子负载量大于0.50，累计解释方差多余50%，综合解释了变量的效度通过了检验。整体来看，采集到的信息信度和效度通过了检验。最后，对构建的结构方程模型拟合指标参数进行检验，将八项拟合指标的显示值与标准值进行对比，观察是否能够通过。利用 AMOS 软件对构建起的结构方程模型进行检验，得到了八项拟合指标参数（见表3－18）。通过八项拟合指标数值的对比发现，拟合情况均为理想，证明其结果可以接受。在此基础上对西南边疆多民族地区不同文化程度被调查人员的红色文化保护与传承意愿的结构方程模型路径系数进行测算，得到西南边疆多民族地区不同文化程度被调查人员的红色文化保护与传承意愿的结构方程模型路径估计结果（见表3－19），由表3－19 可知，红色文化价值认同对西南边疆多民族地区小学及以下学历、初中学历、高中（中专）学历、本专科学历和研究生学历的被调查

表3－18　　八项拟合指标参数

拟合指标	χ^2/df	*AGFI*	*IFI*	*CFI*	*TLI*	*PNFI*	*RMR*	*RMSEA*
显示值	2.333	0.866	0.921	0.937	0.977	0.546	0.048	0.073
参考值	<5.00	>0.80	>0.90	>0.90	>0.90	>0.50	<0.05	<0.08
拟合情况	理想	理想	理想	理想	理想	理想	理想	理想

表3－19　　结构方程模型路径估计结果

文化程度	结构方程模型路径	标准化路径系数	*P*
小学及以下	红色文化价值认同→红色文化保护与传承意愿	0.755	***
初中	红色文化价值认同→红色文化保护与传承意愿	0.724	***
高中（中专）	红色文化价值认同→红色文化保护与传承意愿	0.728	***
本专科	红色文化价值认同→红色文化保护与传承意愿	0.736	***
研究生	红色文化价值认同→红色文化保护与传承意愿	0.781	***

注：*** 表示 $P<0.001$。

人员的红色文化保护与传承意愿的标准化路径系数分别为0.755、0.724、0.728、0.736和0.781，通过了显著性检验。这说明红色文化价值认同与红色文化保护与传承意愿之间有着显著的正向关系，并且这种正向关系在小学及以下和研究生学历的被调查人员中更为明显，这就验证了前文的假设，即该结构方程模型无须优化调整。

根据前文构建的西南边疆多民族地区红色文化资源保护与传承意愿结构方程模型，利用AMOS软件对西南边疆多民族地区的1278份调查问卷中的样本数据进行分析计算，分别得到了西南边疆多民族地区不同文化程度被调查人员的红色文化保护与传承意愿的非标准化参数值估计模型。由前文对不同文化程度被调查人员的红色文化价值认同以及红色文化保护与传承意愿的标准化路径系数可知，红色文化价值认同对红色文化保护与传承意愿的作用十分明显，红色文化的价值认同主要是通过红色文化的政治认同、红色文化的经济认同、红色文化的文化认同、红色文化的生态认同、红色文化的教育认同和红色文化的社会认同等6个观测变量进行测算判定。

从e1↔e2路径来看，小学及以下学历的被调查人员、初中学历的被调查人员、高中（中专）学历的被调查人员、本专科学历的被调查人员和研究生学历的被调查人员都通过了显著性检验，并且其协方差均为正值，反映了小学及以下学历的被调查人员、初中学历的被调查人员、高中（中专）学历的被调查人员、本专科学历的被调查人员和研究生学历的被调查人员认为党的理想信念和党的奋斗使命之间有着正向的共变关系，这说明西南边疆多民族地区的不同文化程度被调查人员对党的理想信念了解得越深刻，越能够感受到党的奋斗使命。从e1↔e3路径来看，小学及以下学历的被调查人员、初中学历的被调查人员、高中（中专）学历的被调查人员、本专科学历的被调查人员和研究生学历的被调查人员都通过了显著性检验，并且其协方差均为正值，反映了小学及以下学历的被调查人员、初中学历的被调查人员、高中（中专）学历的被调查人员、本专科学历的被调查人员和研究生学历的被调查人员认为党的理想信念和民族记忆与国家认同之间有着正向的共变关系，这说明西南边疆多民族地区不同文化程度的被调查人员对党的理想信念了解得越深刻，越能够唤醒其对中华民族的民族记忆与国家认同。从e1↔e12路径来看，小学及以下学历的被调查人员、初中学历的被调查人员、高中（中专）学历的被调查人员、本专科学历的被调查人员和研究生学历的被调查人员都通过了显著性检验，并且其协方差均为正值，反映了小学及以下学历的被调查人员、初中学历的被调查人员、高中（中专）学历的被调查人员、本专科学历的被调查人员和研究生学历的被调查人员认为党的理想信念和爱国主义与革命传统教育之间有着正向的共变关系，这说明西南边疆多民族地区的不同文化程度被调查人员对党的理想信念了解得越深刻，越能够增强其爱国主义情感，增进革命传统教育。从 e2↔e3 路径来看，小学及以下学历的被调查人员、初中学历的被调查人员、高中（中专）学历的被调查人员、本专科学历的被调查人员和研究生学历的被调查人员都通过了显著性检验，并且其协方差均为正值，反映了小学及以下学历的被调查人员、初中学历的被调查人员、高中（中专）学历的被调查人员、本专科学历的被调查人员和研究生学历的被调查人员认为党的奋斗使命和民族记忆与国家认同之间有着正向的共变关系，这说明西南边疆多民族地区的不同文化程度被调查人员对党的奋斗使命了解得越深刻，越能够唤醒其对中华民族的民族记忆与国家认同。从 e2↔e12 路径来看，小学及以下学历的被调查人员、初中学历的被调查人员、高中（中专）学历的被调查人员、本专科学历的被调查人员和研究生学历的被调查人员都通过了显著性检验，反映了小学及以下学历的被调查人员、初中学历的被调查人员、高中（中专）学历的被调查人员、本专科学历的被调查人员和研究生学历的被调查人员认为党的奋斗使命和爱国主义和革命传统教育之间有着正向的共变关系，这说明西南边疆多民族地区的不同文化程度被调查人员对党的奋斗使命了解得越深刻，越能够加强爱国主义情感，增进革命传统教育。从 e3↔e12 路径来看，小学及以下学历的被调查人员、初中学历的被调查人员、高中（中专）学历的被调查人员、本专科学历的被调查人员和研究生学历的被调查人员都通过了显著性检验，并且其协方差均为正值，反映了小学及以下学历的被调查人员、初中学历的被调查人员、高中（中专）学历的被调查人员、本专科学历的被调查人员和研究生学历的被调查人员认为民族记忆与国家认同和爱国主义与革命传统教育之间有着正向的共变关系，这说明西南边疆多民族地区的不同文化程度被调查人员对红色文化中的民族记忆与国家认同了解得越深刻，越能够增强其爱国主义情感，增进革命传统教育。

从 e4↔e5 路径来看，小学及以下学历的被调查人员、初中学历的被调查人员、高中（中专）学历的被调查人员、本专科学历的被调查人员和研究生学历的被调查人员都通过了显著性检验，并且其协方差均为正值，反映了小学及以下学历的被调查人员、初中学历的被调查人员、高中（中专）学历的被调查人员、本专科学历的被调查人员和研究生学历的被调查人员认为红色文化带动经济发展和居民收入水平之间有着正向的共变关系，这说明西南边疆多民族地区的不同文化程度被调查人员认为当地红色文化越能够推动经济发展，就越能提高当地的居民收入水平。从 e4↔e6 路径来看，小学及以下学历的被调查人员、初中学历的被调查人员、高中（中专）学历的被调查人员、本专科学历的被调查人员和研究生学历的被调查人员都通过了显著性检验，并且其协方差均为正值，反映了小学及以下学历的被调查人员、初中学历的被调查人员、高中（中专）学历的被调查人员员、本专科学历的被调查人员和研究生学历的被调查人员认为红色文化带动经济发展和居民就业机会之间有着正向的共变关系，这说明西南边疆多民族地区的不同文化程度被调查人员认为当地红色文化越能够推动经济发展，就越能增加当地的居民就业机会。从 e4↔e10 路径来看，小学及以下学历的被调查人员、初中学历的被调查人员、高中（中专）学历的被调查人员、本专科学历的被调查人员和研究生学历的被调查人员都通过了显著性检验，并且其协方差均为正值，反映了小学及以下学历的被调查人员、初中学历的被调查人员、高中（中专）学历的被调查人员、本专科学历的被调查人员和研究生学历的被调查人员认为红色文化带动经济发展和生态环境保护之间有着正向的共变关系，这说明西南边疆多民族地区的不同文化程度被调查人员认为当地红色文化越能够推动经济发展，越有利于当地生态环境的保护。从 e4↔e11 路径来看，小学及以下学历的被调查人员、初中学历的被调查人员、高中（中专）学历的被调查人员、本专科学历的被调查人员和研究生学历的被调查人员都通过了显著性检验，并且其协方差均为正值，反映了小学及以下学历的被调查人员、初中学历的被调查人员、高中（中专）学历的被调查人员、本专科学历的被调查人员和研究生学历的被调查人员认为红色文化带动经济发展和基础设施建设之间有着正向的共变关系，这说明西南边疆多民族地区的不同文化程度被调查人员认为当地红色文化越能够推动经济发展，越有利于推动当地的基础设施建设与完善。从 e4↔e14 路径来看，小学及以下学历的被调查人员、初中学历的被调查人员、高中（中专）学历的被调查人员、本专科学历的被调查人员和研究生学历的被调查人员都通过了显著性检验，并且其协方差均为正值，反映了小学及以下学历的被调查人员、初中学历的被调查人员、高中（中专）学历的被调查人员、本专科学历的被调查人员和研究生学历的被调查人员认为红色文化带动经济发展和改善教育发展环境之间有着正向的共变关系，这说明西南边疆多民族地区的不同文化程度被调查人员认为当地红色文化越能够推动经济发展，就越能改善当地的教育发展环境。

从 e8↔e9 路径来看，小学及以下学历的被调查人员、初中学历的被调查人员、高中（中专）学历的被调查人员、本专科学历的被调查人员和研究生学历的被调查人员都通过了显著性检验，并且其协方差均为正值，反映了小学及以下学历的被调查人员、初中学历的被调查人员、高中（中专）学历的被调查人员、本专科学历的被调查人员和研究生学历的被调查人员认为社会主义核心价值体系和中华优秀传统文化之间有着正向的共变关系，这说明红色文化推动发展社会主义核心价值体系满意度越高的西南边疆多民族地区的不同文化程度被调查人员，越认为其能够带动中华优秀传统文化创新发展。从 e8↔e15 路径来看，小学及以下学历的被调查人员、初中学历的被调查人员、高中（中专）学历的被调查人员、本专科学历的被调查人员和研究生学历的被调查人员都通过了显著性检验，并且其协方差均为正值，反映了小学及以下学历的被调查人员、初中学历的被调查人员、高中（中专）学历的被调查人员、本专科学历的被调查人员和研究生学历的被调查人员认为社会主义核心价值体系和社区居民社会参与度之间有着正向的共变关系，这说明西南边疆多民族地区的不同文化程度被调查人员认为不断坚持发展社会主义核心价值体系，可以有效提升社区居民对社会建设的参与度。从 e8↔e16 路径来看，小学及以下学历的被调查人员、初中学历的被调查人员、高中（中专）学历的被调查人员、本专科学历的被调查人员和研究生学历的被调查人员都通过了显著性检验，并且其协方差均为正值，反映了小学及以下学历的被调查人员、初中学历的被调查人员、高中（中专）学历的被调查人员、本专科学历的被调查人员和研究生学历的被调查人员认为社会主义核心价值体系和社区居民社会责任感之间有着正向的共变关系，这说明西南边疆多民族地区的不同文化程度被调查人员认为不断发扬社会主义核心价值体系，可以有效地提升社区居民的社会责任感。从 e9↔e15 路径来看，小学及以下学历的被调查人员、初中学历的被调查人员、高中（中专）学历的被调查人员、本专科学历的被调查人员和研究生学历的被调查人员都通过了显著性检验，并且其协方差均为正值，反映了小学及以下学历的被调查人员、初中学历的被调查人员、高中（中专）学历的被调查人员、本专科学历的被调查人员和研究生学历的被调查人员认为中华优秀传统文化和社区居民社会参与度之间有着正向的共变关系，这说明西南边疆多民族地区的不同文化程度被调查人员认为坚持传承和发展中华优秀传统文化，可以有效提升社区居民对社会建设的参与度。从 e9↔e16 路径来看，小学及以下学历的被调查人员、初中学历的被调查人员、高中（中专）学历的被调查人员、本专科学历的被调查人员和研究生学历的被调查人员都通过了显著性检验，并且其协方差均为正值，反映了小学及以下学历的被调查人员、初中学历的被调查人员、高中（中专）学历的被调查人员、本专科学历的被调查人员和研究生学历的被调查人员认为中华优秀传统文化和社区居民社会责任感之间有着正向的共变关系，这说明西南边疆多民族地区的不同文化程度被调查人员认为坚持传承和发展中华优秀传统文化，可以有效地提升社区居民的社会责任感。

从 e13↔e14 路径来看，小学及以下学历的被调查人员、初中学历的被调查人员、高中（中专）学历的被调查人员、本专科学历的被调查人员和研究生学历的被调查人员都通过了显著性检验，并且其协方差均为正值，反映了小学及以下学历的被调查人员、初中学历的被调查人员、高中（中专）学历的被调查人员、本专科学历的被调查人员和研究生学历的被调查人员认为学生思想政治教育和教育发展环境之间有着正向的共变关系，这说明西南边疆多民族地区的不同文化程度被调查人员认为教育发展环境越好，越有利于推动学生的思想政治教育。

西南边疆多民族地区不同年龄阶段的被调查人员对红色文化保护与传承意愿与其对红色文化的满意度、红色文化的保护意愿和红色文化的传承意愿关系十分明显，需要从这三方面入手综合探索提升其意愿。从 e18↔e20 路径来看，小学及以下学历的被调查人员、初中学历的被调查人员、高中（中专）学历的被调查人员、本专科学历的被调查人员和研究生学历的被调查人员都通过了显著性检验，反映了小学及以下学历的被调查人员、初中学历的被调查人员、高中（中专）学历的被调查人员、本专科学历的被调查人员和研究生学历的被调查人员认为当地遗迹遗址的满意度和保护红色文化的态度之间有着正向的共变关系，这说明西南边疆多民族地区的不同文化程度被调查人员对当地遗迹遗址的满意度越高，越能够激发其对当地红色文化的保护意愿。从 e18↔e23 路径来看，小学及以下学历的被调查人员、初中学历的被调查人员、高中（中专）学历的被调查人员、本专科学历的被调查人员和研究生学历的被调查人员都通过了显著性检验，反映了小学及以下学历的被调查人员、初中学历的被调查人员、高中（中专）学历的被调查人员、本专科学历的被调查人员和研究生学历的被调查人员认为当地遗迹遗址的满意度和当地红色文化遗迹遗址的保护利用现状之间有着正向的共变关系，这说明西南边疆多民族地区的不同文化程度被调查人员对当地遗迹遗址的满意度越高，对当地红色文化遗迹遗址的保护利用现状评价越有利。从 e18↔e24 路径来看，小学及以下学历的被调查人员、初中学历的被调查人员、高中（中专）学历的被调查人员、本专科学历的被调查人员和研究生学历的被调查人员都通过了显著性检验，反映了小学及以下学历的被调查人员、初中学历的被调查人员、高中（中专）学历的被调查人员、本专科学历的被调查人员和研究生学历的被调查人员认为当地遗迹遗址的满意度和宣传推介本地红色文化资源的意愿之间有着正向的共变关系，这说明西南边疆多民族地区的不同文化程度被调查人员对当地遗迹遗址的满意度越高，越愿意宣传推介当地的红色文化。从 e19↔e20 路径来看，小学及以下学历的被调查人员、初中学历的被调查人员、高中（中专）学历的被调查人员、本专科学历的被调查人员和研究生学历的被调查人员都通过了显著性检验，反映了小学及以下学历的被调查人员、初中学历的被调查人员、高中（中专）学历的被调查人员、本专科学历的被调查人员和研究生学历的被调查人员认为当地纪念场馆的满意度和保护红色文化的态度之间有着正向的共变关系，这说明西南边疆多民族地区的不同文化程度被调查人员对当地纪念场馆的满意度越高，越能够激发其对当地红色文化的保护意愿。从 e19↔e22 路径来看，小学及以下学历的被调查人员、初中学历的被调查人员、高中（中专）学历的被调查人员、本专科学历的被调查人员和研究生学历的被调查人员都通过了显著性检验，反映了小学及以下学历的被调查人员、初中学历的被调查人员、高中（中专）学历的被调查人员、本专科学历的被调查人员和研究生学历的被调查人员认为当地纪念场馆的满意度和当地红色文化纪念场馆的保护利用现状之间有着正向的共变关系，这说明西南边疆多民族地区的不同文化程度被调查人员对当地纪念场馆的满意度越高，对当地红色文化纪念场馆的保护利用现状评价越有利。从 e19↔e24 路径来看，小学及以下学历的被调查人员、初中学历的被调查人员、高中（中专）学历的被调查人员、本专科学历的被调查人员和研究生学历的被调查人员都通过了显著性检验，反映了小学及以下学历的被调查人员、初中学历的被调查人员、高中（中专）学历的被调查人员、本专科学历的被调查人员和研究生学历的被调查人员认为当地纪念场馆的满意度和宣传推介本地红色文化资源的意愿之间有着正向的共变关系，这说明西南边疆多民族地区的不同文化程度被调查人员对当地纪念场馆的满意度越高，越愿意宣传推介当地的红色文化。

根据结构方程模型的输出结果来看，可以得到西南边疆多民族地区不同文化程度的被调查人员保护与传承红色文化资源意愿测量模型中潜在变量与观测变量之间的标准化路径估计结果（见表 3－20）。可见，在测量模型中，小学及以下、初中、高中（中专）、本专科和研究生学历的被调查人员的潜在变量对观察变量的显著性检验 P 值都在 0.001 水平，说明了该模型中的观测变量能够解释潜在变量。

表 3－20　潜在变量与观测变量之间的标准化路径估计结果

测量模型路径	小学及以下	初中	高中（中专）	本专科	研究生
	标准化路径系数	标准化路径系数	标准化路径系数	标准化路径系数	标准化路径系数
政治认同→党的理想信念	0.833***	0.845***	0.839***	0.908***	0.895***
政治认同→党的奋斗使命	0.846***	0.851***	0.866***	0.892***	0.877***
政治认同→民族记忆与国家认同	0.858***	0.862***	0.874***	0.886***	0.870***
经济认同→经济发展	0.783***	0.810***	0.822***	0.839***	0.866***
经济认同→居民收入水平	0.832***	0.862***	0.848***	0.852***	0.854***
经济认同→居民就业机会	0.810***	0.845***	0.860***	0.844***	0.879***
文化认同→社会主义先进文化	0.753***	0.749***	0.817***	0.833***	0.865***
文化认同→社会主义核心价值体系	0.776***	0.781***	0.838***	0.862***	0.877***

续表

测量模型路径	小学及以下	初中	高中（中专）	本专科	研究生
	标准化路径系数	标准化路径系数	标准化路径系数	标准化路径系数	标准化路径系数
文化认同→中华优秀传统文化	0.821***	0.818***	0.820***	0.829***	0.834***
生态认同→生态环境保护	0.550***	0.577***	0.583***	0.621***	0.658***
生态认同→基础设施水平	0.611***	0.604***	0.625***	0.640***	0.633***
教育认同→爱国主义和革命传统教育	0.810***	0.842***	0.877***	0.869***	0.853***
教育认同→学生思想政治教育	0.792***	0.811***	0.832***	0.860***	0.865***
教育认同→教育发展环境	0.755***	0.788***	0.799***	0.829***	0.831***
社会认同→社区居民社会参与度	0.672***	0.687***	0.705***	0.722***	0.710***
社会认同→社区居民社会责任感	0.701***	0.706***	0.722***	0.740***	0.733***
社会认同→社区居民社会认知力	0.645***	0.658***	0.677***	0.699***	0.712***
红色文化满意度→遗迹遗址期望值	0.855***	0.841***	0.834***	0.893***	0.902***
红色文化满意度→纪念场馆期望值	0.890***	0.862***	0.888***	0.866***	0.874***
红色文化保护意愿→保护态度	0.849***	0.823***	0.847***	0.840***	0.835***
红色文化保护意愿→保护参与	0.833***	0.859***	0.875***	0.882***	0.869***
红色文化保护意愿→保护方式	0.818***	0.842***	0.864***	0.877***	0.873***
红色文化保护意愿→保护程度	0.856***	0.847***	0.818***	0.829***	0.844***
红色文化传承意愿→传承态度	0.833***	0.816***	0.830***	0.840***	0.848***
红色文化传承意愿→传承参与	0.799***	0.847***	0.839***	0.853***	0.869***
红色文化传承意愿→传承方式	0.821***	0.820***	0.831***	0.846***	0.852***

注：*** 表示 $P<0.001$。

在红色文化资源的价值认同方面，不同文化程度被调查人员的标准化路径系数都通过了显著性检验，并且数值分布在0.550～0.908。在政治认同上，文化程度为本专科的被调查人员相较于其他文化程度的被调查人员而言认为红色文化资源在体现党的理想信念、印证党的奋斗使命以及唤醒民族记忆与国家认同方面的作用更能够增强其对红色文化资源的政治认同，其中，文化程度为小学及以下、初中和高中（中专）的被调查人员认为红色文化资源在唤醒民族记忆与国家认同方面的作用最能够影响其对红色文化资源的政治认同，文化程度为本专科和研究生的被调查人员认为红色文化资源在理解党的理想信念方面的作用最能够影响其对红色文化资源的政治认同。

在经济认同上，文化程度为研究生的被调查人员相较于其他文化程度的被调查人员而言认为红色文化资源在推动经济发展和增加居民就业机会方面的作用更能够增强其对红色文化资源的经济认同，而文化程度为初中的被调查人员相较于其他文化程度的被调查人员认为红色文化资源在提高居民收入水平方面的作用能够增强其对红色文化资源的经济认同。其中，文化程度为小学及以下、初中和本专科的被调查人员都认为红色文化资源对提高居民收入水平方面的作用最能够影响其对红色文化资源的经济认同，文化程度为高中（中专）和研究生的被调查人员认为红色文化资源对增加居民就业机会方面的作用最能够影响其对红色文化资源的经济认同。

在文化认同上，文化程度为研究生的被调查人员相较于其他文化程度的被调查人员而言认为红色文化资源在构筑社会主义先进文化生命力、推进社会主义核心价值体系建设和创新发展中华优秀传统文化方面的作用更能够增强其对红色文化资源的文化认同。其中，文化程度为高中（中专）、本专科和研究生的被调查人员则认为红色文化资源在推动社会主义核心价值体系建设方面的作用最能够影响其对红色文化资源的文化认同，文化程度为小学及以下和初中的被调查人员则认为红色文化资源在推动中华优秀传统文化创新发展方面的作用最能够影响其对红色文化资源的文化认同。

在生态认同上，文化程度为本专科的被调查人员相较于其他文化程度的被调查人员而言认为红色文化资源在改善基础设施水平方面的作用更能够增强被调查人员对红色文化资源的生态认同，文化程度为研究生的被调查人员相较于其他文化程度的被调查人员而言认为红色文化资源在促进生态环境保护方面的作用更能够增强被调查人员对红色文化资源的生态认同。其中，文化程度为小学及以下、初中、高中（中专）和本专科被调查人员都认为红色文化资源在改善基础设施水平方面的作用最能够影响其对红色文化资源的生态认同，而文化程度为研究生的被调查人员则认为红色文化资源在生态环境保护方面的作用最能够影响其对红色文化资源的生态认同。

在教育认同上，文化程度为高中（中专）的被调查人员相较于其他文化程度的被调查人员而言认为红色文化资源在提升爱国主义和革命传统教育效果方面的作用更能够增强其对红色文化资源的教育认同，文化程度为研究生的被调查人员相较于其他文化程度的被调查人员而言认为红色文化资源在加强学生思想政治教育科学化水平和改善教育发展环境方面的作用更能够增强其对红色文化资源的教育认同。其中，文化程度为小学及以下、初中、高中（中专）和本专科的被调查人员都认为红色文化资源对爱国主义和革命传统教育方面的作用最能够使其对红色文化资源产生教育认同，文化程度为研究生的被调查人员认为红色文化资源在加强学生思想政治教育科学化水平方面的作用最能够使其对红色文化资源产生教育认同。

在社会认同上，文化程度为研究生的被调查人员相较于其他文化程度的被调查人员而言认为红色文化资源在提升社区居民社会认知力方面的作用更能够增强其对红色文化资源的社会认同，文化程度为本专科的被调查人员相较于其他文化程度的被调查人员而言认为红色文化资源在增强社区居民社会责任感和增强社区居民社会参与度方面的作用更能够增强其对红色文化资源的社会认同。其中，不同文化程度的被调查人员都认为，红色文化资源在增强社区居民社会责任感方面的作用最能够使其对红色文化资源产生社会认同。

在红色文化资源满意度方面，西南边疆多民族地区的不同文化程度的被调查人员对当地的遗迹遗址和纪念场馆的期望值的标准化路径系数较高，说明了西南多民族地区被调查人员的遗迹遗址和纪念场馆期望值对红色文化资源满意度的影响作用较强。文化程度为研究生的被调查人员相较于其他文化程度的被调查人员而言认为遗迹遗址期望值更能够增强其对红色文化资源的满意度，文化程度为小学及以下的被调查人员相较于其他文化程度的被调查人员而言认为纪念场馆期望值更能够影响其对红色文化资源的满意度。其中，文化程度为小学及以下、初中和高中（中专）的被调查人员认为纪念场馆期望值最能够影响其对红色文化资源的满意度，文化程度为本专科和研究生的被调查人员认为遗迹遗址期望值最能够影响其对红色文化资源的满意度。

在红色文化资源的保护意愿方面，文化程度为小学及以下的被调查人员相较于其他文化程度的被调查人员而言认为红色文化资源的保护态度和保护程度更能够增强其对红色文化资源的保护意愿，文化程度为本专科的被调查人员相较于其他文化程度的被调查人员而言认为红色文化资源的保护方式和保护参与更能够增强其对红色文化资源的保护意愿。其中，文化程度为高中（中专）、本专科和研究生的被调查人员都认为红色文化资源的保护参与最能够影响其对红色文化资源的保护意愿，文化程度为小学及以下和初中的被调查人员都认为红色文化资源的保护程度最能够影响其对红色文化资源的保护意愿。

在红色文化资源的传承意愿方面，文化程度为研究生的被调查人员相较于其他文化程度的被调查人员而言认为红色文化资源的传承态度、传承参与和传承方式更能够增强其对红色文化资源的传承意愿。其中，文化程度为小学及以下的被调查人员以及被调查的学生认为红色文化资源的传承态度最能够影响其对红色文化资源的传承意愿，文化程度为初中、高中（中专）、本专科和研究生的被调查人员认为红色文化资源的传承参与最能够影响其对红色文化资源的传承意愿。

第六节　基于人员类别差异的西南边疆多民族地区红色文化资源保护与传承意愿研究

一、研究假设

假设1：西南边疆多民族地区不同人员类别的被调查人员的个体差异对其个人保护传承红色文化的意愿有着显著的影响。

个体差异主要从年龄、文化程度、政治面貌、民族成分、工作单位、人员类别等方面体现。一般而言，文化程度越高的人群红色文化的认同感越强烈，对当地红色文化的保护与传承意愿也越强烈。

假设2：西南边疆多民族地区不同人员类别的被调查人员的红色文化价值认同度对其个人保护传承红色文化的意愿有着显著的影响。

红色文化价值认同度对西南边疆多民族地区的被调查人员保护与传承红色文化意愿的影响程度十分显著，对红色文化价值认同度越高，保护与传承红色文化的意愿越强烈。一般来看，不同人员类别的被调查人员之间存在着一定的差异性，本地居民对当地的红色文化更为了解，当地的红色文化在当地发展过程中与当地文化逐渐融合，深刻地影响了当地居民的价值观，因而本地居民受到价值认同的影响更为明显。

二、数据来源与变量描述统计

在本节中，研究的重点是西南边疆多民族地区不同人员类别被调查人员的保护传承红色文化的意愿及其影响因素，对1278份有效的调查问卷中进行分类，其中，本地居民有1167人，占总样本数的91.31%；游客有42人，占总样本数的3.29%；外地学生有69人，占总样本数的5.40%。

经过对调查数据的分类汇总，得到以下描述性统计结果（见表3-21），可以发现不同人员类别的被调查人员在个人特征、红色文化的价值认同以及红色文化保护传承意愿方面均有所差异。其中，在个人特征的文化程度方面，可以看到被调查人员中的本地居民中高中（中专）学历的人占比最多，达到了36.25%，占比排第二的是初中学历，达到了34.10%；被调查人员中游客初中学历的人占比最多，达到了45.24%，占比排第二的是高中（中专）学历，达到了28.57%；

被调查人员中外地学生本专科学历的人占比最多，达到了55.07%，占比排第二的是研究生学历，达到了17.39%。在个人特征中的民族成分方面，被调查人员中的本地居民、游客和外地学生中都是汉族占比较多。在个人特征的年龄构成方面，外地学生的年龄结构最年轻，新生代人群占到了100%，本地居民老一代人群的占比最多，达到了53.38%。在个人特征的政治面貌方面，被调查人员中的本地居民中群众占66.50%，占比排第二的是党员，达到了26.14%；游客中占比最多的是群众，达到了42.86%，占比排第二的是党员，达到了28.57%；外地学生中占比最多的是团员，达到了53.62%，占比排第二的是党员，达到了46.38%。在个人特征的工作单位方面，被调查人员当中的本地居民大多在非公有制企业工作，达到了本地居民的30.93%，占比排第二的是公有制企业，达到了本地居民的22.96%；被调查人员中的游客大部分是学生，达到了游客的45.24%，占比排第二的是其他行业，达到了游客的28.57%。

表3-21　调查数据统计性描述

类别	变量名称	西南边疆多民族地区（N=1278）		本地居民（N=1167）		游客（N=42）		外地学生（N=69）	
		频数	百分比	频数	百分比	频数	百分比	频数	百分比
文化程度	小学及以下	108	8.45	103	8.83	5	11.90	0	0.00
	初中	425	33.26	398	34.10	19	45.24	8	11.59
	高中（中专）	446	34.90	423	36.25	12	28.57	11	15.94
	本专科	271	21.21	228	19.54	5	11.90	38	55.07
	研究生	28	2.19	15	1.29	1	2.38	12	17.39
民族成分	汉族	954	74.65	875	74.98	31	73.81	48	69.57
	少数民族	324	25.35	292	25.02	11	26.19	21	30.43
年龄	新生代	642	50.23	544	46.62	29	69.05	69	100.00
	老一代	636	49.77	623	53.38	13	30.95	0	0.00
政治面貌	团员	103	8.06	57	4.88	9	21.43	37	53.62
	党员	349	27.31	305	26.14	12	28.57	32	46.38
	民主党派	32	2.50	29	2.49	3	7.14	0	0.00
	群众	794	62.13	776	66.50	18	42.86	0	0.00

续表

类别	变量名称	西南边疆多民族地区（N=1278）		本地居民（N=1167）		游客（N=42）		外地学生（N=69）	
		频数	百分比	频数	百分比	频数	百分比	频数	百分比
工作单位	政府机关	91	7.12	88	7.54	3	7.14	0	0.00
	事业单位	104	8.14	102	8.74	2	4.76	0	0.00
	公有制企业	269	21.05	268	22.96	1	2.38	0	0.00
	非公有制企业	366	28.64	361	30.93	5	11.90	0	0.00
	其他	274	21.44	262	22.45	12	28.57	0	0.00
	学生	174	13.62	86	7.37	19	45.24	69	100.00

观测变量	潜在变量	西南边疆多民族地区（N=1278）		本地居民（N=1167）		游客（N=42）		外地学生（N=69）	
		频数	百分比	频数	百分比	频数	百分比	频数	百分比
政治认同	党的理想信念	均值3.99（0.648）		均值4.06（0.667）		均值3.95（0.735）		均值3.96（0.712）	
	党的奋斗使命	均值3.99（0.652）		均值4.04（0.676）		均值3.96（0.724）		均值3.97（0.708）	
	民族记忆与国家认同	均值4.06（0.649）		均值4.11（0.669）		均值4.03（0.709）		均值4.04（0.702）	
经济认同	经济发展	均值3.59（0.682）		均值3.62（0.676）		均值3.60（0.697）		均值3.55（0.705）	
	居民收入水平	均值3.58（0.681）		均值3.62（0.681）		均值3.57（0.689）		均值3.55（0.683）	
	居民就业机会	均值3.57（0.672）		均值3.60（0.677）		均值3.55（0.708）		均值3.56（0.701）	
文化认同	社会主义先进文化	均值3.69（0.659）		均值3.70（0.677）		均值3.68（0.698）		均值3.69（0.696）	
	社会主义核心价值体系	均值3.72（0.651）		均值3.74（0.668）		均值3.72（0.695）		均值3.70（0.692）	
	中华优秀传统文化	均值3.76（0.697）		均值3.76（0.659）		均值3.75（0.679）		均值3.77（0.688）	
生态认同	生态环境保护	均值3.32（0.699）		均值3.34（0.722）		均值3.29（0.731）		均值3.33（0.697）	
	基础设施水平	均值3.41（0.706）		均值3.45（0.711）		均值3.38（0.688）		均值3.39（0.679）	
教育认同	爱国主义和革命传统教育	均值3.88（0.671）		均值3.91（0.692）		均值3.87（0.669）		均值3.86（0.695）	
	学生思想政治教育	均值3.91（0.652）		均值3.92（0.649）		均值3.88（0.679）		均值3.93（0.657）	
	教育发展环境	均值3.87（0.669）		均值3.87（0.681）		均值3.84（0.679）		均值3.90（0.659）	
社会认同	社区居民社会参与度	均值3.18（0.705）		均值3.22（0.684）		均值3.16（0.711）		均值3.16（0.721）	
	社区居民社会责任感	均值3.37（0.657）		均值3.40（0.687）		均值3.35（0.711）		均值3.36（0.709）	
	社区居民社会认知力	均值3.19（0.708）		均值3.21（0.677）		均值3.17（0.704）		均值3.19（0.708）	
满意度	遗迹遗址期望值	均值3.55（0.672）		均值3.58（0.681）		均值3.51（0.722）		均值3.56（0.706）	
	纪念场馆期望值	均值3.56（0.669）		均值3.58（0.692）		均值3.51（0.731）		均值3.59（0.687）	

续表

观测变量	潜在变量	西南边疆多民族地区（N=1278）		本地居民（N=1167）		游客（N=42）		外地学生（N=69）	
		频数	百分比	频数	百分比	频数	百分比	频数	百分比
保护意愿	保护态度	均值3.57（0.678）		均值3.61（0.688）		均值3.52（0.694）		均值3.58（0.707）	
	保护参与	均值3.56（0.672）		均值3.60（0.669）		均值3.50（0.692）		均值3.58（0.702）	
	保护方式	均值3.56（0.681）		均值3.60（0.676）		均值3.49（0.698）		均值3.59（0.688）	
	保护程度	均值3.54（0.669）		均值3.62（0.678）		均值3.46（0.692）		均值3.54（0.712）	
传承意愿	传承态度	均值3.58（0.688）		均值3.65（0.661）		均值3.49（0.696）		均值3.60（0.709）	
	传承参与	均值3.57（0.659）		均值3.66（0.649）		均值3.47（0.682）		均值3.58（0.698）	
	传承方式	均值3.56（0.671）		均值3.62（0.683）		均值3.53（0.692）		均值3.53（0.721）	

注：括号中为标准差。

在红色文化的价值认同方面，红色文化的政治认同程度中被调查人员中的本地居民明显更能够对本地区的红色文化产生政治认同，更能够理解并体会到共产党人在这片土地上的奋斗使命，相较而言，游客和外地学生对本地区的红色文化了解较为粗浅，导致评价稍低。在红色文化的经济认同程度中，被调查人员中的本地居民能够从日常生活中体会到当地红色文化资源开发为经济社会发展带来的有益影响，而外地学生在短暂居住在该地区之后对红色文化的经济作用评分较低。在红色文化的文化认同程度中，本地居民对当地红色文化在推动社会主义先进文化发展和完善创新社会主义核心价值体系方面认同度更高，这是因为他们本身就正在参与这一过程，在创新发展中华优秀传统文化方面，不同人员类别的评分差距不大。在红色文化的生态认同程度中，本地居民由于在本地生活时间较长，能够体会到在生态环境保护中红色文化所产生的作用，因此在这方面的评分稍高。在红色文化的教育认同程度中，被调查人员中外地学生更具有发言权，他们更能体会到红色文化与教育结合的成果，而外来游客无法对当地红色文化的保护与传承对教育的作用有深刻的认识。在红色文化的社会认同程度中，由于本地居民是当地社会的主要组成部分，游客和外地学生并不能很好地理解红色文化在当地社会中的重要作用，因此本地居民的评价比游客和外地学生要高。

在红色文化的保护与传承意愿中，被调查人员中本地居民对当地的纪念场馆满意值更高，证明其对当地的现有红色文化资源整合较为满意。另外，不管是从保护来看还是从传承来看，被调查人员中的本地居民都更愿意保护和传承当地的红色文化。

三、实证分析

本书在西南边疆多民族地区调查过程中构建了包括1093个调查样本在内的数据库，利用AMOS软件进行分析，构建起了西南边疆多民族地区红色文化资源保护与传承意愿的结构方程模型（见图3-6）。在构建结构方程模型之后，需要对其信度和效度进行检验。

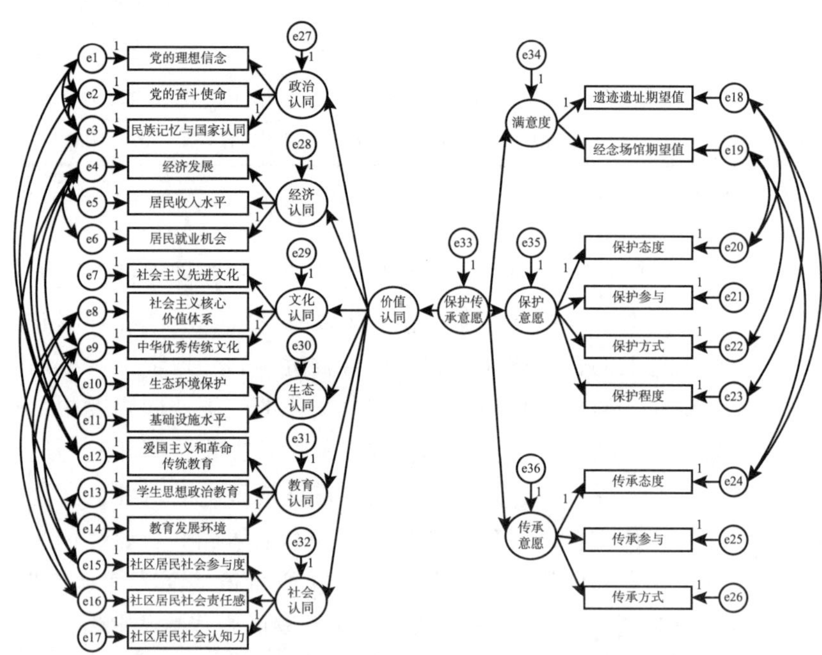

图3-6 西南边疆多民族地区红色文化资源保护与传承意愿的结构方程模型

首先，利用Cronbach's α系数对采集回来的调查问卷进行信度检验，被调查人员中的本地居民、游客和外地学生的调查问卷信度分别为0.941、0.933和0.946，样本的可信度较高。其次，利用因子分析法对指标的潜在变量效度进行分析。被调查人员中的本地居民、游客和外地学生的KMO检验结果分别显示为0.919、0.927和0.923，在Bartlett球形检验结果中，卡方值的显著性概率是低于显著性水平的，利用极大方差法进行因子旋转，以特征值大于1的标准进行主因子的提取，最终显示指标项因子负载量大于0.50，累计解释方差多余50%，综合解释了变量的效度通过了检验。整体来看，采集到的信息信度和效度通过了检验。最后，对构建的结构方程模型拟合指标参数进行检验，将八项拟合指标的显示值与标准值进行对比，观察是否能够通过。利用AMOS软件对构建起的结构方程模型进行检验，得到了八项拟合指标参数（见表3-22）。通过八项拟合指标数值的对比发现，拟合情况均为理想，证明其结果可以接受。在此基础上对西南边疆多民族地区不同人员类别被调查人员的红色文化保护与传承意愿的结构方程模型路径系数进行测算，得到西南边疆多民族地区不同人员类别被调查人员的红色文化保护与传承意愿的结构方程模型路径估计结果（见表3-23），由表3-23可知，红色文化价值认同对西南边疆多民族地区被调查人员中的本地居民、游客和外地学生的红色文化保护与传承意愿的标准化路径系数分别为0.790、0.755和0.771，通过了显著性检验。这说明红色文化价值认同与红色文化保护与传承意愿之间有着显著的正向关系，并且这种正向关系在被调查人员中的本地居民中更为明显，这就验证了前文的假设，即该结构方程模型无须优化调整。

表3-22　　八项拟合指标参数

拟合指标	χ^2/df	*AGFI*	*IFI*	*CFI*	*TLI*	*PNFI*	*RMR*	*RMSEA*
显示值	2.333	0.866	0.941	0.930	0.972	0.533	0.045	0.039
参考值	<5.00	>0.80	>0.90	>0.90	>0.90	>0.50	<0.05	<0.08
拟合情况	理想	理想	理想	理想	理想	理想	理想	理想

表3-23　　结构方程模型路径估计结果

人员类别	结构方程模型路径	标准化路径系数	*P*
本地居民	红色文化价值认同→红色文化保护与传承意愿	0.790	***
游客	红色文化价值认同→红色文化保护与传承意愿	0.755	***
外地学生	红色文化价值认同→红色文化保护与传承意愿	0.771	***

注：*** 表示 $P<0.001$。

根据前文构建的西南边疆多民族地区红色文化资源保护与传承意愿结构方程模型，利用AMOS软件对西南边疆多民族地区的1093份调查问卷中的样本数据进行分析计算，分别得到了西南边疆多民族地区不同人员类别被调查人员的红色文化保护与传承意愿的非标准化参数值估计模型。由前文对不同人员类别被调查人员的红色文化价值认同以及红色文化保护与传承意愿的标准化路径系数可知，红色文化价值认同对红色文化保护与传承意愿的作用十分明显，红色文化的价值认同主要是通过红色文化的政治认同、红色文化的经济认同、红色文化的文化认同、红色文化的生态认同、红色文化的教育认同和红色文化的社会认同等6个观测变量进行测算判定。

从 e1↔e2 路径来看，被调查人员当中的本地居民、游客和外地学生都通过了显著性检验，并且其协方差均为正值，反映了被调查人员当中的本地居民、游客和外地学生认为党的理想信念和党的奋斗使命之间有着正向的共变关系，这说明西南边疆多民族地区的不同人员类别被调查人员对党的理想信念了解得越深刻，越能够感受到党的奋斗使命。从 e1↔e3 路径来看，被调查人员当中的本地居民、游客和外地学生都通过了显著性检验，并且其协方差均为正值，反映了被调查人员当中的本地居民、游客和外地学生认为党的理想信念和民族记忆与国家认同之间有着正向的共变关系，这说明对党的理想信念了解得越深刻的西南边疆多民族地区的不同人员类别被调查人员，越能够唤醒其对中华民族的民族记忆与国家认同。从 e1↔e12 路径来看，被调查人员当中的本地居民、游客和外地学生都通过了显著性检验，并且其协方差均为正值，反映了被调查人员当中的本地居民、游客和外地学生认为党的理想信念和爱国主义与革命传统教育之间有着正向的共变关系，这说明西南边疆多民族地区的不同人员类别被调查人员对党的理想信念了解得越深刻，越能够增强其爱国主义情感，增进革命传统教育。在这些路径当中，被调查人员当中的本地居民所受到的影响更为明显。从 e2↔e3 路径来看，被调查人员当中的本地居民、游客和外地学生都通过了显著性检验，并且其协方差均为正值，反映了被调查人员当中的本地居民、游客和外地学生认为党的奋斗使命和民族记忆与国家认同之间有着正向的共变关系，这说明西南边疆多民族地区的不同人员类别被调查人员对党的奋斗使命了解得越深刻，越能够唤醒其对中华民族的民族记忆与国家认同。从 e2↔e12 路径来看，被调查人员当中的本地居民、游客和外地学生都通过了显著性检验，反映了被调查人员当中的本地居民、游客和外地学生认为党的奋斗使命和爱国主义与革命传统教育之间有着正向的共变关系，这说明西南边疆多民族地区的不同人员类别被调查人员对党的奋斗使命了解得越深刻，越能够增强爱国主义情感，增进革命传统教育。在这些路径当中，被调查人员当中的本地居民所受到的影响更为明显。从 e3↔e12 路径来看，被调查人员当中的本地居民、游客和外地学生都通过了显著性检验，并且其协方差均为正值，反映了被调查人员当中的本地居民、游客和外地学生认为民族记忆与国家认同和爱国主义与革命传统教育之间有着正向的共变关系，这说明西南边疆多民族地区的不同人员类别被调查人员对红色文化中的民族记忆与国家认同了解得越深刻，越能够加强其爱国主义情感，增进革命传统教育。在此路径当中，被调查人员当中的本地居民所受到的影响更为明显。

从 e4↔e5 路径来看，被调查人员当中的本地居民、游客和外地学生都通过了显著性检验，并且其协方差均为正值，反映了被调查人员当中的本地居民、游客和外地学生认为红色文化带动经济发展和居民收入水平之间有着正向的共变关系，这说明西南边疆多民族地区的不同人员类别被调查人员认为当地红色文化越能够推动经济发展，就越能提高当地的居民收入水平。从 e4↔e6 路径来看，被调查人员当中的本地居民、游客和外地学生都通过了显著性检验，并且其协方差均为正值，反映了被调查人员当中的本地居民、游客和外地学生认为红色文化带动经济发展和居民就业机会之间有着正向的共变关系，这说明西南边疆多民族地区的不同人员类别被调查人员认为当地红色文化越能够推动经济发展，就越能增加当地的居民就业机会。从 e4↔e10 路径来看，被调查人员当中的本地居民、游客和外地学生都通过了显著性检验，并且其协方差均为正值，反映了被调查人员中的本地居民、游客和外地学生认为红色文化带动经济发展和生态环境保护之间有着正向的共变关系，这说明西南边疆多民族地区的不同人员类别被调查人员认为当地红色文化越能够推动经济发展，越有利于当地生态环境的保护。从 e4↔e11 路径来看，被调查人员当中的本地居民、游客和外地学生都通过了显著性检验，并且其协方差均为正值，反映了被调查人员当中的本地居民、游客和外地学生认为红色文化带动经济发展和基础设施建设之间有着正向的共变关系，这说明西南边疆多民族地区的不同人员类别被调查人员认为当地红色文化越能够推动经济发展，越有利于推动当地的基础设施建设与完善。从 e4↔e14 路径来看，被调查人员当中的本地居民、游客和外地学生都通过了显著性检验，并且其协方差均为正值，反映了被调查人员当中的本地居民、游客和外地学生认为红色文化带动经济发展和改善教育发展环境之间有着正向的共变关系，这说明西南边疆多民族地区的不同人员类别被调查人员认为当地红色文化越能够推动经济发展，就越能改善当地的教育发展环境。

从 e8↔e9 路径来看，被调查人员当中的本地居民、游客和外地学生都通过了显著性检验，并且其协方差均为正值，反映了被调查人员当中的本地居民、游客和外地学生认为社会主义核心价值体系和中华优秀传统文化之间有着正向的共变关系，这说明红色文化推动发展社会主义核心价值体系满意度越高的西南边疆多民族地区的不同人员类别被调查人员，越认为其能够带动中华优秀传统文化创新发展。从 e8↔e15 路径来看，被调查人员当中的本地居民、游客和外地学生都通过了显著性检验，并且其协方差均为正值，反映了被调查人员当中的本地居民、游客和外地学生认为社会主义核心价值体系和社区居民社会参与度之间有着正向的共变关系，这说明西南边疆多民族地区的不同人员类别被调查人员认为不断坚持发展社会主义核心价值体系，可以有效提升社区居民对社会建设的参与度。从 e8↔e16 路径来看，被调查人员当中的本地居民、游客和外地学生都通过了显著性检验，并且其协方差均为正值，反映了被调查人员当中的本地居民、游客和外地学生认为社会主义核心价值体系和社区居民社会责任感之间有着正向的共变关系，这说明西南边疆多民族地区的不同人员类别被调查人员认为不断发扬社会主义核心价值体系，可以有效地提升社区居民的社会责任感。从 e9↔e15 路径来看，被调查人员当中的本地居民、游客和外地学生都通过了显著性检验，并且其协方差均为正值，反映了被调查人员当中的本地居民、游客和外地学生认为中华优秀传统文化和社区居民社会参与度之间有着正向的共变关系，这说明西南边疆多民族地区的不同人员类别被调查人员认为坚持传承和发展中华优秀传统文化，可以有效提升社区居民对社会建设的参与度。从 e9↔e16 路径来看，被调查人员当中的本地居民、游客和外地学生都通过了显著性检验，并且其协方差均为正值，反映了被调查人员当中的本地居民、游客和外地学生认为中华优秀传统文化和社区居民社会责任感之间有着正向的共变关系，这说明西南边疆多民族地区的不同人员类别被调查人员认为坚持传承和发展中华优秀传统文化，可以有效地提升社区居民的社会责任感。

从 e13↔e14 路径来看，被调查人员当中的本地居民、游客和外地学生都通过了显著性检验，并且其协方差均为正值，反映了被调查人员当中的本地居民、游客和外地学生认为学生思想政治教育和教育发展环境之间有着正向的共变关系，这说明西南边疆多民族地区的不同人员类别被调查人员认为教育发展环境越好，越有利于推动学生的思想政治教育。

西南边疆多民族地区不同年龄阶段的被调查人员对红色文化保护和传承意愿与其对红色文化的满意度、红色文化的保护意愿和红色文化的传承意愿关系十分明显，需要从这三方面入手综合探索提升其意愿。从 e18↔e20 路径来看，被调查人员当中的本地居民、游客和外地学生都通过了显著性检验，反映了被调查人员当中的本地居民、游客和外地学生认为当地遗迹遗址的满意度和保护红色文化的态度之间有着正向的共变关系，这说明西南边疆多民族地区的不同人员类别被调查人员对当地遗迹遗址的满意度越高，越能够激发其对当地红色文化的保护意愿。从 e18↔e23 路径来看，被调查人员当中的本地居民、游客和外地学生都通过了显著性检验，反映了被调查人员当中的本地居民、游客和外地学生认为当地遗迹遗址的满意度和当地红色文化遗迹遗址的保护利用现状之间有着正向的共变关系，这说明西南边疆多民族地区的不同人员类别被调查人员对当地遗迹遗址的满意度越高，对当地红色文化遗迹遗址的保护利用现状评价越有利。从 e18↔e24 路径来看，被调查人员当中的本地居民、游客和外地学生都通过了显著性检验，反映了被调查人员当中的本地居民、游客和外地学生认为当地遗迹遗址的满意度和宣传推介本地红色文化资源的意愿之间有着正向的共变关系，这说明西南边疆多民族地区的不同人员类别被调查人员对当地遗迹遗址的满意度越高，越愿意宣传推介当地的红色文化。从 e19↔e20 路径来看，被调查人员当中的本地居民、游客和外地学生都通过了显著性检验，反映了被调查人员当中的本地居民、游客和外地学生认为当地纪念场馆的满意度和保护红色文化的态度之间有着正向的共变关系，这说明西南边疆多民族地区的不同人员类别被调查人员对当地纪念场馆的满意度越高，越能够激发其对当地红色文化的保护意愿。从 e19↔e22 路径来看，被调查人员当中的本地居民、游客和外地学生都通过了显著性检验，反映了被调查人员当中的本地居民、游客和外地学生认为当地纪念场馆的满意度和当地红色文化纪念场馆的保护利用现状之间有着正向的共变关系，这说明西南边疆多民族地区的不同人员类别被调查人员对当地纪念场馆的满意度越高，对当地红色文化纪念场馆的保护利用现状评价越有利。从 e19↔e24 路径来看，被调查人员当中的本地居民、游客和外地学生都通过了显著性检验，反映了被调查人员当中的本地居民、游客和外地学生认为当地纪念场馆的满意度和宣传推介本地红色文化资源的意愿之间有着正向的共变关系，这说明西南边疆多民族地区的不同人员类别被调查人员对当地纪念场馆的满意度越高，越愿意宣传推介当地的红色文化。

根据结构方程模型的输出结果来看，可以得到西南边疆多民族地区不同人员类别的被调查人员保护与传承红色文化资源意愿测量模型中潜在变量与观测变量之间的标准化路径估计结果（见表 3－24）。可见，在测量模型中，被调查的当地居民、游客和外地学生的潜在变量对观察变量的显著性检验 P 值都在 0.001 水平，说明了该模型中的观测变量能够解释潜在变量。

表 3－24 潜在变量与观测变量之间的标准化路径估计结果

测量模型路径	本地居民	游客	外地学生
	标准化路径系数	标准化路径系数	标准化路径系数
政治认同→党的理想信念	0.892***	0.888***	0.876***
政治认同→党的奋斗使命	0.878***	0.863***	0.869***
政治认同→民族记忆与国家认同	0.925***	0.874***	0.903***
经济认同→经济发展	0.850***	0.823***	0.819***
经济认同→居民收入水平	0.880***	0.866***	0.878***
经济认同→居民就业机会	0.855***	0.840***	0.882***
文化认同→社会主义先进文化	0.853***	0.829***	0.838***
文化认同→社会主义核心价值体系	0.868***	0.855***	0.862***
文化认同→中华优秀传统文化	0.870***	0.864***	0.855***
生态认同→生态环境保护	0.633***	0.669***	0.648***

续表

测量模型路径	本地居民	游客	外地学生
	标准化路径系数	标准化路径系数	标准化路径系数
生态认同→基础设施水平	0.678***	0.634***	0.692***
教育认同→爱国主义和革命传统教育	0.860***	0.821***	0.846***
教育认同→学生思想政治教育	0.868***	0.846***	0.822***
教育认同→教育发展环境	0.833***	0.819***	0.870***
社会认同→社区居民社会参与度	0.793***	0.749***	0.762***
社会认同→社区居民社会责任感	0.812***	0.756***	0.770***
社会认同→社区居民社会认知力	0.718***	0.720***	0.766***
红色文化满意度→遗迹遗址期望值	0.918***	0.874***	0.892***
红色文化满意度→纪念场馆期望值	0.916***	0.880***	0.911***
红色文化保护意愿→保护态度	0.858***	0.866***	0.854***
红色文化保护意愿→保护参与	0.879***	0.853***	0.849***
红色文化保护意愿→保护方式	0.866***	0.844***	0.833***
红色文化保护意愿→保护程度	0.842***	0.870***	0.861***
红色文化传承意愿→传承态度	0.862***	0.835***	0.822***
红色文化传承意愿→传承参与	0.877***	0.820***	0.819***
红色文化传承意愿→传承方式	0.848***	0.839***	0.828***

注：*** 表示 $P<0.001$。

在红色文化资源的价值认同方面，不同人员类别被调查人员的标准化路径系数都通过了显著性检验，并且数值分布在0.633~0.925。在政治认同上，被调查的本地居民相较于被调查的游客和外地学生而言认为红色文化资源在体现党的理想信念、印证党的奋斗使命以及唤醒民族记忆与国家认同方面的作用更能够增强其对红色文化资源的政治认同。其中，被调查的本地居民和外地学生认为红色文化资源在唤醒民族记忆与国家认同方面的作用最能够影响其对红色文化资源的政治认同，被调查的游客认为红色文化资源在理解党的理想信念方面的作用最能够影响其对红色文化资源的政治认同。

在经济认同上，被调查的本地居民相较于被调查的外地学生和游客而言认为红色文化资源在推动经济发展和提高居民收入水平方面的作用更能够增强其对红色文化资源的经济认同，而被调查的外地学生相较于被调查的本地居民和游客而言认为红色文化资源在增加居民就业机会方面的作用更能够增强其对红色文化资源的经济认同。其中，被调查的本地居民和游客认为红色文化资源对提高居民收入水平方面的作用最能够影响其对红色文化资源的经济认同，被调查的外地学生认为红色文化资源在增加居民就业机会方面的作用最能够影响其对红色文化资源的经济认同。

在文化认同上，被调查的本地居民相较于被调查的外地学生和游客而言认为红色文化资源在构筑社会主义先进文化生命力、推进社会主义核心价值体系建设和创新发展中华优秀传统文化方面的作用更能够增强其对红色文化资源的文化认同。其中，被调查的本地居民和游客认为红色文化资源在推动中华优秀传统文化创新发展方面的作用最能够影响其对红色文化资源的文化认同，被调查的外地学生认为红色文化资源在推动社会主义核心价值体系建设方面的作用最能够影响其对红色文化资源的文化认同。

在生态认同上，被调查的外地学生相较于被调查的本地居民和游客而言认为红色文化资源在改善基础设施水平方面的作用更能够增强被调查人员对红色文化资源的生态认同，而被调查的游客相较于被调查的本地居民和外地学生而言认为红色文化资源在生态环境保护方面的作用最能够影响其对红色文化资源的生态认同。其中，被调查的本地居民和外地学生认为红色文化资源在改善基础设施建设方面的作用最能够影响其对红色文化资源的生态认同，被调查的外地游客认为红色文化资源在生态环境保护方面的作用最能够影响其对红色文化资源的生态认同。

在教育认同上，被调查的外地学生相较于被调查的本地居民和游客而言认为红色文化资源在改善教育发展环境方面的作用更能够增强其对红色文化资源的教育认同，被调查的本地居民相较于被调查的游客和外地学生而言认为红色文化资源在提升爱国主义和革命传统教育效果以及提高学生思想政治教育科学化水平方面的作用更能够增强其对红色文化资源的教育认同。其中，被调查的外地学生认为红色文化资源在改善教育发展环境方面的作用最能够使其对红色文化资源产生教育认同，而被调查的本地居民和游客则认为红色文化资源在提高学生思想政治教育科学化水平方面的作用最能够使其对红色文化资源的教育认同产生影响。

在社会认同上，被调查的本地居民相较于被调查的游客和外地学生而言认为红色文化资源对增强社区居民社会参与度和社区居民社会责任感方面的作用更能够增强其对红色文化资源的社会认同，而被调查的外地学生相较于被调查的本地居民和游客而言认为，红色文化资源在提升社区居民社会认知力方面的作用更能够增强其对红色文化资源的社会认同，其中，不同人员类别的被调查人员都认为红色文化资源在提升社区居民社会责任感方面的作用最能够使其对红色文化资源产生社会认同。

在红色文化资源满意度方面，西南边疆多民族地区被调查的本地居民对当地的遗迹遗址和纪念场馆的期望值的标准化路径系数都较高，说明了遗迹遗址和纪念场馆的期望值对其红色文化资源满意度的影响作用较为明显。被调查的本地居民相较于被调查的游客和外地学生而言认为遗迹遗址期望值和纪念场馆期望值更能够增强其对红色文化资源的满意度。其中，被调查的本地居民认为遗迹遗址期望值最能够影响其对红色文化资源的满意度，被调查的外地学生和游客认为纪念场馆期望值最能够影响其对红色文化资源的满意度。

在红色文化资源的保护意愿方面，被调查的本地居民相较于被调查的游客和外地学生而言认为红色文化资源的保护参与和保护方式更能够增强其对红色文化资源的保护意愿，被调查的游客相较于被调查的本地居民和外地学生而言则认为红色文化资源的保护程度和保护态度更能够增强其对红色文化资源的保护意愿。其中，被调查的本地居民认为红色文化资源的保护参与最能够影响其对红色文化资源的保护意愿，被调查的游客和外地学生认为红色文化资源的保护程度最能够影响其对红色文化资源的保护意愿。

在红色文化资源的传承意愿方面，被调查的本地居民相较于被调查的游客和外地学生而言认为红色文化资源的传承态度、传承参与和传承方式更能够增强其对红色文化资源的传承意愿。其中，被调查的本地居民认为红色文化资源的传承参与最能够影响其对红色文化资源的传承意愿，被调查的游客和外地学生认为红色文化资源的传承方式最能够影响其对红色文化资源的保护意愿。

第四章　西北、北部边疆多民族地区红色文化资源保护与传承意愿研究

第一节　基于年龄差异的西北、北部边疆多民族地区红色文化保护与传承意愿研究

一、研究假设

假设1：西北、北部边疆多民族地区不同年龄阶段的被调查人员的个体差异对其个人保护传承红色文化的意愿有着显著的影响。

个体差异主要从年龄、文化程度、政治面貌、民族成分、工作单位、人员类别等方面体现。改革开放以来，我国与世界交流逐渐增多，多种文化涌入我国，年青一代在成长的过程中受到了多元思想的冲击。按照学界的通常分类方法，本研究将1980年后出生的被调查人员定义为新生代人群，将1980年前出生的被调查人员定义为老一代人群。一般而言，文化程度越高的人群红色文化的认同感越强烈，对当地红色文化的保护与传承意愿越强烈。

假设2：西北、北部边疆多民族地区不同年龄阶段的被调查人员的红色文化价值认同度对其个人保护传承红色文化的意愿有着显著的影响。

红色文化价值认同度对西北、北部边疆多民族地区的被调查人员保护与传承红色文化意愿的影响程度十分显著，对红色文化价值认同度越高，保护与传承红色文化的意愿越强。一般来看，不同年龄段的被调查人员之间存在着一定的差异性，受爱国主义思想教育工作不断深入的影响，西北、北部边疆多民族地区的新生代人群受到价值认同的影响更明显。

二、数据来源与变量描述统计

本节的研究重点是西北、北部边疆多民族地区不同年龄阶段被调查人员的保护传承红色文化的意愿及其影响因素，对1093份有效的调查问卷进行分类，其中新生代人群有584人，占总样本数的53.43%，老一代人群有509人，占总样本数的46.57%。

经过对调查数据的分类汇总，得到以下描述性统计结果（见表4-1），可以

表4-1 调查数据描述性统计

类别	变量名称	西北、北部边疆多民族地区（N=1093）		新生代人群（N=584）		老一代人群（N=509）	
		频数	百分比	频数	百分比	频数	百分比
文化程度	小学及以下	42	3.84	11	1.88	31	6.09
	初中	359	32.85	148	25.34	211	41.45
	高中（中专）	418	38.24	189	32.36	229	44.99
	本专科	253	23.15	182	31.16	71	13.95
	研究生	21	1.92	18	3.08	3	0.59
政治面貌	团员	128	11.71	128	21.92	0	0.00
	党员	229	20.95	118	20.21	111	21.81
	民主党派	19	1.74	11	1.88	8	1.57
	群众	717	65.60	327	55.99	390	76.62
民族成分	汉族	792	72.46	414	70.89	378	74.26
	少数民族	301	27.54	170	29.11	131	25.74
工作单位	政府机关	96	8.78	52	8.90	44	8.64
	事业单位	101	9.24	49	8.39	52	10.22
	公有制企业	218	19.95	98	16.78	120	23.58
	非公有制企业	359	32.85	217	37.16	142	27.90
	其他	135	12.35	59	10.10	76	14.93
	学生	184	16.83	184	31.51	0	0.00
人员类别	本地居民	993	90.85	488	83.56	505	99.21
	游客	21	1.92	17	2.91	4	0.79
	外地学生	79	7.23	79	13.53	0	0.00

续表

观测变量	潜在变量	西北、北部边疆多民族地区（N＝1093）		新生代人群（N＝584）		老一代人群（N＝509）	
		频数	百分比	频数	百分比	频数	百分比
政治认同	党的理想信念	均值3.98（0.679）		均值4.02（0.642）		均值3.96（0.689）	
	党的奋斗使命	均值3.97（0.672）		均值3.99（0.644）		均值3.95（0.688）	
	民族记忆与国家认同	均值4.08（0.669）		均值4.09（0.649）		均值4.07（0.656）	
经济认同	经济发展	均值3.52（0.714）		均值3.59（0.692）		均值3.45（0.721）	
	居民收入水平	均值3.51（0.704）		均值3.53（0.687）		均值3.49（0.712）	
	居民就业机会	均值3.51（0.702）		均值3.53（0.691）		均值3.49（0.710）	
文化认同	社会主义先进文化	均值3.77（0.663）		均值3.78（0.685）		均值3.76（0.693）	
	社会主义核心价值体系	均值3.79（0.671）		均值3.80（0.678）		均值3.82（0.697）	
	中华优秀传统文化	均值3.62（0.721）		均值3.62（0.691）		均值3.62（0.697）	
生态认同	生态环境保护	均值3.22（0.711）		均值3.24（0.707）		均值3.20（0.711）	
	基础设施水平	均值3.39（0.709）		均值3.40（0.706）		均值3.38（0.712）	
教育认同	爱国主义和革命传统教育	均值3.86（0.667）		均值3.89（0.651）		均值3.83（0.669）	
	学生思想政治教育	均值3.85（0.645）		均值3.88（0.647）		均值3.82（0.681）	
	教育发展环境	均值3.83（0.687）		均值3.85（0.672）		均值3.82（0.676）	
社会认同	社区居民社会参与度	均值3.11（0.724）		均值3.12（0.714）		均值3.10（0.722）	
	社区居民社会责任感	均值3.39（0.651）		均值3.41（0.722）		均值3.37（0.711）	
	社区居民社会认知力	均值3.10（0.723）		均值3.10（0.719）		均值3.10（0.709）	
满意度	遗迹遗址期望值	均值3.50（0.649）		均值3.51（0.651）		均值3.49（0.669）	
	纪念场馆期望值	均值3.52（0.669）		均值3.52（0.672）		均值3.52（0.686）	
保护意愿	保护态度	均值3.52（0.681）		均值3.53（0.672）		均值3.51（0.692）	
	保护参与	均值3.54（0.688）		均值3.54（0.683）		均值3.54（0.694）	
	保护方式	均值3.54（0.672）		均值3.54（0.674）		均值3.54（0.688）	
	保护程度	均值3.55（0.682）		均值3.55（0.683）		均值3.55（0.689）	
传承意愿	传承态度	均值3.54（0.673）		均值3.54（0.689）		均值3.54（0.692）	
	传承参与	均值3.53（0.678）		均值3.54（0.692）		均值3.52（0.701）	
	传承方式	均值3.54（0.673）		均值3.56（0.683）		均值3.52（0.679）	

注：括号中为标准差。

发现，不同年龄阶段的受访者在个人特征、红色文化的价值认同以及红色文化保护传承意愿方面均有所差异。其中，在个人特征的文化程度方面，可以看到新生代人群中高中（中专）学历的人占比最多，达到了32.36%，占比排第二的是本专科学历，达到了31.16%；老一代人群中高中（中专）学历的人群占比最多，占比达到了44.99%，占比排第二的是初中学历，达到了41.45%，整体来看可以发现，新生代人群的文化程度高于老一代人群。在个人特征的政治面貌方面，可以看到不管是新生代人群还是老一代人群的主体构成都是群众，由于新生代人群中包括了团员，与老一代人群中群众占比达到了76.62%相比，新生代人群的群众占比较少，占比只达到了55.99%；党员在不同人群中的占比基本相近，在新生代人群中占到了20.21%，在老一代人群中占到了21.81%；民主党派中新生代人群的占比大于老一代人群，但是民主党派在政治面貌中整体占比较小。在个人特征的民族成分方面，可以看到受年龄影响不大，不管是新生代人群还是老一代人群都是汉族人口较多。在个人特征的工作单位方面，新生代人群和老一代人群中的大部分在非公有制企业工作，分别占本人群中的37.16%和27.90%，新生代人群中人数占比排第二的工作类型是学生，占到了总人群的31.51%，而在老一代人群当中人数占比排第二的工作单位是公有制企业，占比达到了23.58%。在个人特征的人员类别方面，本地居民是被调查的新生代人群和老一代人群的主要构成人员，分别占新生代人群的83.56%和老一代人群的99.21%，另外，在新生代人群中，有13.53%是外地学生。

在红色文化的价值认同方面，新生代人群和老一代人群红色文化的政治认同程度都很高，但是相比之下新生代人群的认同度更高，这是因为被调查的新生代人群相较而言文化水平更高，更能够理解红色文化的内涵与特征，感知到中国共产党的初心与使命。在红色文化的经济认同程度中，新生代人群与老一代人群在推动经济发展，增加居民收入和提供就业机会等方面有着一定的认知差距，新生代对红色文化在经济方面的作用评价比老一代人群稍高，这是因为新生代人群的文化程度较高，并且新生代人群中包括了一定数量的学生，他们对文化推动经济的作用机理更为了解。在红色文化的文化认同程度方面，新生代人群与老一代人群的认同程度有一定的差距，虽然两类人群在就保护和传承红色文化对构筑社会主义先进文化和中华优秀传统文化的作用之间认知差异不大，但是从红色文化的保护与传承对加强社会主义核心价值体系方面的认知来看，老一代人群认为其作用更强。在红色文化的生态认同程度中，老一代人群对保护和传承红色文化对当地生态保护的作用评价不高，新生代人群对红色文化推动当地基础设施建设的评价更高。在红色文化的教育认同程度中，老一代人群在保护和传承红色文化对爱国主义和革命传统教育、思想政治教育和教育发展环境的作用上比新生代人群的评价更低，证明对于老一代人群在红色文化的传承与发展方面的教育价值仍需进一步挖掘。在红色文化的社会认同程度中，老一代人群相较于新生代人群来说，认为红色文化能够有效推动居民的社会参与度与社会责任感以及社会认知力，在这方面，新生代人群的评价与老一代人群的评价差异性较大。在红色文化的保护与传承意愿中，新生代人群和老一代人群对当地遗迹遗址和纪念场馆的满意度相差不大。在红色文化的保护和传承意愿中，老一代人群不管是从保护来看还是从传承来看，都比新生代人群的意愿更强烈，不过二者之间的差距并不很大。

三、实证分析

本书在西北、北部边疆多民族地区调查过程中构建了包括1093个调查样本在内的数据库，利用AMOS软件进行分析，构建起了西北、北部边疆多民族地区红色文化资源保护与传承意愿的结构方程模型（见图4－1），在构建结构方程模型之后，需要对其信度和效度进行检验。

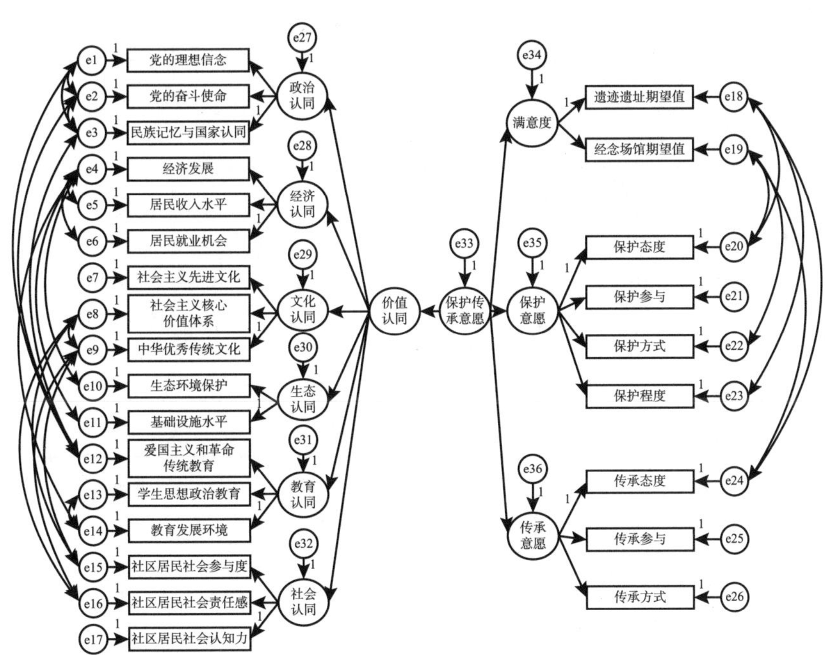

图4－1　西北、北部边疆多民族地区红色文化资源保护与传承意愿的结构方程模型

首先，利用Cronbach's α系数对采集回来的调查问卷进行信度检验，新生代人群和老一代人群的调查问卷信度分别为0.961和0.939，样本的可信度较高。其次，利用因子分析法对指标的潜在变量效度进行分析，新生代人群和老一代人群的KMO检验结果分别显示为0.941和0.928，在Bartlett球形检验结果中，卡方值的显著性概率是低于显著性水平的，利用极大方差法进行因子旋转，以特征值大于1的标准进行主因子的提取，最终显示指标项因子负载量大于0.50，累计解释方差多余50%，综合解释了变量的效度通过了检验。整体来看，西北、北部边疆多民族地区的调查问卷的信度和效度通过了检验。最后，要对构建的结构方程模型拟合指标参数进行检验，将八项拟合指标的显示值与标准值进行对比，观察是否能够通过。利用AMOS软件对构建起的结构方程模型进行检验，得到了八项拟合指标参数（见表4-2）。通过八项拟合指标数值的对比发现，拟合情况均为理想，证明其结果可以接受。在此基础上对西北、北部边疆多民族地区不同年龄阶段人群的红色文化保护与传承意愿的结构方程模型路径系数进行测算，得到西北、北部边疆多民族地区不同年龄阶段人群的红色文化保护与传承意愿的结构方程模型路径估计结果（见表4-3），由表可知，红色文化价值认同对西北、北部边疆多民族地区新生代人群和老一代人群的红色文化保护与传承意愿的标准化路径系数分别为0.789和0.777，通过了显著性检验。这说明红色文化价值认同与红色文化保护与传承意愿之间有着显著的正向关系，并且这种正向关系在新生代人群中更为明显，这就验证了前文的假设，即该结构方程模型无须优化调整。

表4-2　八项拟合指标参数

拟合指标	χ^2/df	*AGFI*	*IFI*	*CFI*	*TLI*	*PNFI*	*RMR*	*RMSEA*
显示值	2.091	0.925	0.910	0.947	0.988	0.606	0.042	0.055
参考值	<5.00	>0.80	>0.90	>0.90	>0.90	>0.50	<0.05	<0.08
拟合情况	理想	理想	理想	理想	理想	理想	理想	理想

表4-3　结构方程模型路径估计结果

年龄	结构方程模型路径	标准化路径系数	*P*
新生代人群	红色文化价值认同→红色文化保护与传承意愿	0.789	***
老一代人群	红色文化价值认同→红色文化保护与传承意愿	0.777	***

注：*** 表示 $P<0.001$。

根据前文构建的西北、北部边疆多民族地区红色文化资源保护与传承意愿结构方程模型，利用AMOS软件对西北、北部边疆多民族地区的1093份调查问卷中的样本数据进行分析计算，分别得到了西北、北部边疆多民族地区不同年龄阶段人群的红色文化保护与传承意愿的非标准化参数值估计模型。由前文对不同年龄阶段人群的红色文化价值认同以及红色文化保护与传承意愿的标准化路径系数可知，红色文化价值认同对红色文化保护与传承意愿的作用十分明显，红色文化的价值认同主要是通过红色文化的政治认同、红色文化的经济认同、红色文化的文化认同、红色文化的生态认同、红色文化的教育认同和红色文化的社会认同6个观测变量进行测算判定的。

从e1↔e2路径来看，新生代人群和老一代人群都通过了显著性检验，并且其协方差均为正值，反映了新生代人群和老一代人群认为党的理想信念和党的奋斗使命有着正向的共变关系，这说明西北、北部边疆多民族地区的不同年龄被调查人员对党的理想信念了解得越深刻，越能够感受到党的奋斗使命。从e1↔e3路径来看，新生代人群和老一代人群都通过了显著性检验，并且其协方差均为正值，反映了新生代人群和老一代人群认为党的理想信念和民族记忆与国家认同有着正向的共变关系，这说明对党的理想信念了解得越深刻的西北、北部边疆多民族地区的不同年龄被调查人员，越能够唤醒其对中华民族的民族记忆与国家认同。从e1↔e12路径来看，新生代人群和老一代人群都通过了显著性检验，并且其协方差均为正值，反映了新生代人群和老一代人群认为党的理想信念和爱国主义和革命传统教育有着正向的共变关系，这说明西北、北部边疆多民族地区的不同年龄被调查人员对党的理想信念了解得越深刻，越能够增强爱国主义情感，增进革命传统教育。在这些路径当中，老一代人群所受到的影响更明显。从e2↔e3路径来看，新生代人群和老一代人群都通过了显著性检验，并且其协方差均为正值，反映了新生代人群和老一代人群认为党的奋斗使命和民族记忆与国家认同有着正向的共变关系，这说明西北、北部边疆多民族地区的不同年龄被调查人员对党的奋斗使命了解得越深刻，越能够唤醒起中华民族的民族记忆与国家认同。从e2↔e12路径来看，新生代人群和老一代人群都通过了显著性检验，反映了新生代人群和老一代人群认为党的奋斗使命和爱国主义与革命传统教育有着正向的共变关系，这说明西北、北部边疆多民族地区的不同年龄被调查人员对党的奋斗使命了解得越深刻，越能够加强爱国主义情感，增进革命传统教育。在这些路径当中，老一代人群所受到的影响更明显。从e3↔e12路径来看，新生代人群和老一代人群都通过了显著性检验，并且其协方差均为正值，反映了新生代人群和老一代人群认为民族记忆与国家认同和爱国主义和革命传统教育有着正向的共变关系，这说明西北、北部边疆多民族地区的不同年龄被调查人员对红色文化中的民族记忆与国家认同了解得越深刻，越能够加强爱国主义情感，增进革命传统教育。在此路径当中，老一代人群所受到的影响更明显。

从e4↔e5路径来看，新生代人群和老一代人群都通过了显著性检验，并且其协方差均为正值，反映了新生代人群和老一代人群认为红色文化带动经济发展和居民收入水平有着正向的共变关系，这说明西北、北部边疆多民族地区的不同年龄被调查人员认为当地红色文化越能够推动经济发展，就越能带动当地的居民收入水平。从 e4↔e6 路径来看，新生代人群和老一代人群都通过了显著性检验，并且其协方差均为正值，反映了新生代人群和老一代人群认为红色文化带动经济发展和居民就业机会有着正向的共变关系，这说明西北、北部边疆多民族地区的不同年龄被调查人员认为当地红色文化越能够推动经济发展，就越能增加当地的居民就业机会。从 e4↔e10 路径来看，新生代人群和老一代人群都通过了显著性检验，并且其协方差均为正值，反映了新生代人群和老一代人群认为红色文化带动经济发展和生态环境保护有着正向的共变关系，这说明西北、北部边疆多民族地区的不同年龄被调查人员认为当地红色文化越能够推动经济发展，对当地的生态环境保护越有利。从 e4↔e11 路径来看，新生代人群和老一代人群都通过了显著性检验，并且其协方差均为正值，反映了新生代人群和老一代人群认为红色文化带动经济发展和基础设施建设有着正向的共变关系，这说明西北、北部边疆多民族地区的不同年龄被调查人员认为当地红色文化越能够推动经济发展，越有利于推动当地的基础设施建设与完善。从 e4↔e14 路径来看，新生代人群和老一代人群都通过了显著性检验，并且其协方差均为正值，反映了新生代人群和老一代人群认为红色文化带动经济发展和改善教育发展环境有着正向的共变关系，这说明西北、北部边疆多民族地区的不同年龄被调查人员认为当地红色文化越能够推动经济发展，就越能改善当地的教育发展环境。在这些路径当中，新生代人群所受到的影响更明显，这是因为新生代人群文化程度普遍较高，能够理解文化资源利用经济发展的作用关系，同时，由于其自身就是学生或其子女正处在小学、初中等基础教育阶段，对教育事业更关注。

从 e8↔e9 路径来看，新生代人群和老一代人群都通过了显著性检验，并且其协方差均为正值，反映了新生代人群和老一代人群认为社会主义核心价值体系和中华优秀传统文化有着正向的共变关系，这说明红色文化推动发展社会主义核心价值体系满意度越高的西北、北部边疆多民族地区的不同年龄被调查人员越认为其能够带动中华优秀传统文化创新发展。从 e8↔e15 路径来看，新生代人群和老一代人群都通过了显著性检验，并且其协方差均为正值，反映了新生代人群和老一代人群认为社会主义核心价值体系和社区居民社会参与度有着正向的共变关系，这说明西北、北部边疆多民族地区的不同年龄被调查人员认为不断坚持发展社会主义核心价值体系，可以有效地提升社区居民对社会建设的参与度。从 e8↔e16 路径来看，新生代人群和老一代人群都通过了显著性检验，并且其协方差均为正值，反映了新生代人群和老一代人群认为社会主义核心价值体系和社区居民社会责任感有着正向的共变关系，这说明西北、北部边疆多民族地区的不同年龄被调查人员认为不断巩固社会主义核心价值体系，可以有效地提升社区居民的社会责任感。从 e9↔e15 路径来看，新生代人群和老一代人群都通过了显著性检验，并且其协方差均为正值，反映了新生代人群和老一代人群认为中华优秀传统文化和社区居民社会参与度有着正向的共变关系，这说明西北、北部边疆多民族地区的不同年龄被调查人员认为坚持传承和发展中华优秀传统文化，可以有效地提升社区居民对社会建设的参与度。从 e9↔e16 路径来看，新生代人群和老一代人群都通过了显著性检验，并且其协方差均为正值，反映了新生代人群和老一代人群认为中华优秀传统文化和社区居民社会责任感有着正向的共变关系，这说明西北、北部边疆多民族地区的不同年龄被调查人员认为坚持传承和发展中华优秀传统文化，可以有效地提升社区居民的社会责任感。

从 e13↔e14 路径来看，新生代人群和老一代人群都通过了显著性检验，并且其协方差均为正值，反映了新生代人群和老一代人群认为学生思想政治教育和教育发展环境有着正向的共变关系，这说明西北、北部边疆多民族地区的不同年龄被调查人员认为教育发展环境越好，越有利于推动学生思想政治教育。

西北、北部边疆多民族地区不同年龄阶段的被调查人员对红色文化保护与传承意愿与其对红色文化的满意度、红色文化的保护意愿和红色文化的传承意愿关系十分明显，需要从这三方面入手综合探索提升其意愿。从 e18↔e20 路径来看，新生代人群和老一代人群都通过了显著性检验，反映了新生代人群和老一代人群认为当地遗迹遗址的满意度和保护红色文化的态度有着正向的共变关系，这说明西北、北部边疆多民族地区的不同年龄被调查人员对当地遗迹遗址的满意度越高，越能够激发其对当地红色文化的保护意愿。从 e18↔e23 路径来看，新生代人群和老一代人群都通过了显著性检验，反映了新生代人群和老一代人群认为当地遗迹遗址的满意度和当地红色文化遗迹遗址的保护利用现状有着正向的共变关系，这说明西北、北部边疆多民族地区的不同年龄被调查人员对当地遗迹遗址的满意度越高，对当地红色文化遗迹遗址的保护利用现状评价越有利。从 e18↔e24 路径来看，新生代人群和老一代人群都通过了显著性检验，反映了新生代人群和老一代人群认为当地遗迹遗址的满意度和宣传推介本地红色文化资源的意愿有着正向的共变关系，这说明西北、北部边疆多民族地区的不同年龄被调查人员对当地遗迹遗址的满意度越高，越愿意宣传推介当地的红色文化。从 e19↔e20 路径来看，新生代人群和老一代人群都通过了显著性检验，反映了新生代人群和老一代人群认为当地纪念场馆的满意度和保护红色文化的态度有着正向的共变关系，这说明西北、北部边疆多民族地区的不同年龄被调查人员对当地纪念场馆的满意度越高，越能够激发对当地红色文化的保护意愿。从 e19↔e22 路径来看，新生代人群和老一代人群都通过了显著性检验，反映了新生代人群和老一代人群认为当地纪念场馆的满意度和当地红色文化纪念场馆的保护利用现状有着正向的共变关系，这说明西北、北部边疆多民族地区的不同年龄被调查人员对当地纪念场馆的满意度越高，对当地红色文化纪念场馆的保护利用现状评价越有利。从 e19↔e24 路径来看，新生代人群和老一代人群都通过了显著性检验，反映了新生代人群和老一代人群认为当地纪念场馆的满意度和宣传推介本地红色文化资源的意愿有着正向的共变关系，这说明西北、北部边疆多民族地区的不同年龄被调查人员对当地纪念场馆的满意度越高，越愿意宣传推介当地的红色文化。

根据结构方程模型的输出结果来看，可以得到西北、北部边疆多民族地区不同年龄阶段的被调查人员保护与传承红色文化资源意愿测量模型中潜在变量与观测变量之间的标准化路径估计结果（见表 4 -4）。可见在测量模型中，新生代人群和老一代人群的被调查人员的潜在变量对观察变量的显著性检验 *P* 值都在 0. 001 水平，说明了该模型中的观测变量能够解释潜在变量。

表 4 -4　　潜在变量与观测变量之间的标准化路径估计结果

测量模型路径	新生代人群	老一代人群
	标准化路径系数	标准化路径系数
政治认同→党的理想信念	0. 905 ***	0. 877 ***
政治认同→党的奋斗使命	0. 892 ***	0. 880 ***
政治认同→民族记忆与国家认同	0. 897 ***	0. 892 ***
经济认同→经济发展	0. 883 ***	0. 840 ***
经济认同→居民收入水平	0. 863 ***	0. 859 ***
经济认同→居民就业机会	0. 858 ***	0. 824 ***
文化认同→社会主义先进文化	0. 833 ***	0. 840 ***
文化认同→社会主义核心价值体系	0. 821 ***	0. 852 ***
文化认同→中华优秀传统文化	0. 811 ***	0. 884 ***
生态认同→生态环境保护	0. 608 ***	0. 644 ***
生态认同→基础设施水平	0. 691 ***	0. 670 ***
教育认同→爱国主义和革命传统教育	0. 864 ***	0. 890 ***
教育认同→学生思想政治教育	0. 872 ***	0. 853 ***
教育认同→教育发展环境	0. 855 ***	0. 808 ***
社会认同→社区居民社会参与度	0. 758 ***	0. 691 ***
社会认同→社区居民社会责任感	0. 723 ***	0. 663 ***
社会认同→社区居民社会认知力	0. 677 ***	0. 650 ***
红色文化满意度→遗迹遗址期望值	0. 876 ***	0. 920 ***

续表

测量模型路径	新生代人群	老一代人群
	标准化路径系数	标准化路径系数
红色文化满意度→纪念场馆期望值	0.911***	0.883***
红色文化保护意愿→保护态度	0.859***	0.870***
红色文化保护意愿→保护参与	0.893***	0.880***
红色文化保护意愿→保护方式	0.864***	0.839***
红色文化保护意愿→保护程度	0.833***	0.852***
红色文化传承意愿→传承态度	0.851***	0.863***
红色文化传承意愿→传承参与	0.877***	0.890***
红色文化传承意愿→传承方式	0.822***	0.845***

注：*** 表示 $P<0.001$。

在红色文化资源的价值认同方面，不同年龄阶段被调查人员的标准化路径系数都通过了显著性检验，并且数值分布在0.608~0.920。在政治认同上，新生代人群相较于老一代人群而言认为红色文化资源在体现党的理想信念、理解党的奋斗使命和“唤醒民族记忆与国家认同”方面的作用能够增强其对红色文化资源的政治认同，其中，新生代人群认为红色文化资源在体现党的理想信念方面的作用最能够使其对红色文化资源产生政治认同，而老一代人群则认为红色文化资源在唤醒民族记忆与国家认同方面的作用最能够使其对红色文化资源的政治认同产生影响。

在经济认同上，新生代人群相较于老一代人群而言认为红色文化资源在推动经济发展、提升居民收入水平和增加居民就业机会方面的作用能够增强其对红色文化资源的经济认同，其中，新生代人群认为红色文化资源在推动经济发展方面的作用最能够使其对红色文化资源产生经济认同，而老一代人群则认为红色文化资源在提升居民收入水平方面的作用最能够使其对红色文化资源的经济认同产生影响。

在文化认同上，老一代人群相较于新生代人群而言认为红色文化资源在构筑社会主义先进文化生命力、推进社会主义核心价值体系建设和创新发展中华优秀传统文化方面的作用能够增强其对红色文化资源的文化认同，其中，新生代人群认为红色文化资源在构筑社会主义先进文化生命力方面的作用最能够使其对红色文化资源产生文化认同，而老一代人群则认为红色文化资源在创新发展中华优秀传统文化方面的作用最能够使其对红色文化资源的文化认同产生影响。

在生态认同上，新生代人群相较于老一代人群而言认为红色文化资源在改善基础设施水平保护方面的作用能够增强被调查人员对红色文化资源的生态认同，老一代则更认为红色文化资源在促进生态环境保护方面的作用能够增强被调查人员对红色文化资源的生态认同。其中，新生代人群和老一代人群都认为红色文化资源在改善基础设施水平方面的作用最能够使其对红色文化资源产生生态认同。

在教育认同上，老一代人群相较于新生代人群而言认为红色文化资源在提升爱国主义和革命传统教育效果方面的作用能够增强其对红色文化资源的教育认同，新生代人群相较于老一代人群而言认为红色文化资源在加强学生思想政治教育科学化水平和改善教育发展环境方面的作用能够增强其对红色文化资源的教育认同，其中，新生代人群认为红色文化资源在加强学生思想政治教育科学化水平方面的作用最能够使其对红色文化资源产生教育认同，而老一代人群则认为红色文化资源对提升爱国主义和革命传统教育效果方面的作用最能够使其对红色文化资源的教育认同产生影响。

在社会认同上，新生代人群相较于老一代人群而言认为红色文化资源在增强社区居民社会参与度、增强社区居民社会责任感和提升社区居民社会认知力方面的作用能够增强其对红色文化资源的社会认同，其中，新生代人群和老一代人群都认为红色文化资源对增强社区居民社会参与度的作用最能够使其对红色文化资源产生社会认同。

在红色文化资源满意度方面，西北、北部边疆多民族地区的不同年龄的被调查人员对当地的遗迹遗址和纪念场馆的期望值的标准化路径系数都较高，说明了遗迹遗址和纪念场馆的期望值对其对红色文化资源满意度的影响作用较为明显。老一代人群相较于新生代人群而言认为遗迹遗址期望值能够增强其对红色文化资源的满意度，新生代人群则认为纪念场馆期望值能够增强其对红色文化资源的满意度。其中，老一代人群认为遗迹遗址期望值最能够影响其对红色文化资源的满意度，新生代人群认为纪念场馆期望值最能够影响其对红色文化资源的满意度。

在红色文化资源的保护意愿方面，老一代人群相较于新生代人群而言认为红色文化资源的保护态度和保护程度能够增强其对红色文化资源的保护意愿，而新生代人群则认为红色文化资源的保护参与和保护方式能够增强其对红色文化资源的保护意愿。其中，老一代人群和新生代人群都认为红色文化资源的保护参与最能够影响其对红色文化资源的保护意愿。

在红色文化资源的传承意愿方面，老一代人群相较于新生代人群而言认为红色文化资源的传承态度、传承参与和传承方式能够增强其对红色文化资源的传承意愿。其中，老一代人群和新生代人群都认为红色文化资源的传承参与最能够影响其对红色文化资源的传承意愿。

第二节　基于民族差异的西北、北方边疆多民族地区红色文化保护与传承意愿研究

一、研究假设

假设1：西北、北部边疆多民族地区不同民族成分的被调查人员的个体差异对其个人保护传承红色文化的意愿有着显著的影响。

个体差异主要从年龄、文化程度、政治面貌、民族成分、工作单位、人员类别等方面体现。一般而言，文化程度越高的人群，红色文化的认同感越强烈，对当地红色文化的保护与传承意愿越强烈。

假设2：西北、北部边疆多民族地区不同民族成分的被调查人员的红色文化价值认同度对其个人保护传承红色文化的意愿有着显著的影响。

红色文化价值认同度对西北、北部边疆多民族地区的被调查人员保护与传承红色文化意愿的影响程度十分显著，对红色文化价值认同度越高，保护与传承红色文化的意愿越强。不同民族有着不同的文化差异和逻辑思维，在生活方式、风俗习惯、宗教信仰等方面均有所差别，由于调研地点位于西北、北部边疆多民族地区，当地的红色文化形成不可避免地受到当地少数民族文化的影响，其文化内核具有相似性，相较而言当地的少数民族会对当地红色文化的感情更为深厚，对当地红色文化的保护与传承意愿更强烈。

二、数据来源与变量描述统计

本节的研究重点是西北、北部边疆多民族地区不同民族成分被调查人员的保护传承红色文化的意愿及其影响因素，对1093份有效的调查问卷中进行分类，其中汉族人群有792人，占总样本数的72.46%，少数民族人群有301人，占总样本数的27.54%。

经过对调查数据的分类汇总，得到以下描述性统计结果（见表4－5），可以发现，不同民族成分的被调查人员在个人特征、红色文化的价值认同以及红色文化保护传承意愿方面均有所差异。其中，在个人特征的文化程度方面，可以看到汉族被调查人群中高中（中专）学历的人占比最多，达到了37.42%，占比排第二的是初中学历，达到了31.48%；少数民族被调查人群的文化程度结构与汉族

相似，高中（中专）学历的人占比最多，达到了40.53%，占比排第二的是初中学历，达到了36.54%，但是汉族的本专科以及研究生占比相较于少数民族来说更多，整体来看汉族被调查人群的文化水平与少数民族被调查人群相比稍占优势。在个人特征的政治面貌方面，可以看到不管是汉族被调查人群还是少数民族被调查人群的主体构成都是群众，汉族的群众人数占汉族整体被调查人群的65.74%，同时，汉族的团员人数占汉族整体被调查人群的11.63%，汉族的党员人数占汉族整体被调查人群的21.24%，汉族民主党派人数占汉族整体被调查人群的1.52%；少数民族的群众人数占少数民族整体被调查人群的65.45%，同时，少数民族的团员人数占少数民族整体被调查人群的11.96%，少数民族的党员人数占少数民族整体被调查人群的20.27%，少数民族民主党派人数占少数民族整体被调查人群的2.33%。在个人特征的年龄构成方面，被调查人员的整体年龄构成较为年轻化，汉族被调查人群的年龄构成与少数民族被调查人员相比更显老龄化，新生代人群占汉族整体被调查人群的52.34%，老一代人群占汉族整体被调查人群的47.79%；少数民族被调查人群的新生代人群占少数民族整体被调查人群的56.48%，老一代人群占少数民族整体被调查人群的43.52%。在个人特征的工作单位方面，汉族的被调查人群在非公有制企业工作的人员最多，占总数的35.65%，占比排第二的是公有制企业，占总数的23.26%；少数民族的被调查人群职业为学生的人员最多，占总数的25.91%，占比排第二的是非公有制企业，占总数的25.58%。在个人特征的人员类别方面，本地居民是被调查的汉族和少数民族的主要人员构成，分别占汉族被调查人员的92.16%和少数民族被调查人员的87.71%。

表4-5　调查数据描述性统计

类别	变量名称	西北、北部边疆多民族地区（N=1093）		汉族（N=792）		少数民族（N=301）	
		频数	百分比	频数	百分比	频数	百分比
文化程度	小学及以下	42	3.84	29	3.67	13	4.32
	初中	359	32.85	249	31.48	110	36.54
	高中（中专）	418	38.24	296	37.42	122	40.53
	本专科	253	23.15	201	25.41	52	17.28
	研究生	21	1.92	17	2.15	4	1.33

续表

类别	变量名称	西北、北部边疆多民族地区（N＝1093）		汉族（N＝792）		少数民族（N＝301）	
		频数	百分比	频数	百分比	频数	百分比
政治面貌	团员	128	11.71	92	11.63	36	11.96
	党员	229	20.95	168	21.24	61	20.27
	民主党派	19	1.74	12	1.52	7	2.33
	群众	717	65.60	520	65.74	197	65.45
年龄	新生代	584	53.43	414	52.34	170	56.48
	老一代	509	46.57	378	47.79	131	43.52
工作单位	政府机关	96	8.78	67	8.47	29	9.63
	事业单位	101	9.24	71	8.98	30	9.97
	公有制企业	218	19.95	184	23.26	34	11.30
	非公有制企业	359	32.85	282	35.65	77	25.58
	其他	135	12.35	82	10.37	53	17.61
	学生	184	16.83	106	13.40	78	25.91
人员类别	本地居民	993	90.85	729	92.16	264	87.71
	游客	21	1.92	15	1.90	6	1.99
	外地学生	79	7.23	52	6.57	27	8.97

观测变量	潜在变量	西北、北部边疆多民族地区（N＝1093）		汉族（N＝792）		少数民族（N＝301）	
		频数	百分比	频数	百分比	频数	百分比
政治认同	党的理想信念	均值3.98（0.679）		均值3.99（0.679）		均值3.97（0.682）	
	党的奋斗使命	均值3.97（0.672）		均值3.97（0.649）		均值3.97（0.656）	
	民族记忆与国家认同	均值4.08（0.669）		均值4.07（0.674）		均值4.09（0.668）	
经济认同	经济发展	均值3.52（0.714）		均值3.54（0.701）		均值3.50（0.698）	
	居民收入水平	均值3.51（0.704）		均值3.52（0.697）		均值3.50（0.705）	
	居民就业机会	均值3.51（0.702）		均值3.51（0.692）		均值3.51（0.699）	
文化认同	社会主义先进文化	均值3.77（0.663）		均值3.78（0.670）		均值3.76（0.663）	
	社会主义核心价值体系	均值3.79（0.671）		均值3.80（0.692）		均值3.78（0.684）	
	中华优秀传统文化	均值3.62（0.721）		均值3.62（0.719）		均值3.62（0.699）	

续表

观测变量	潜在变量	西北、北部边疆多民族地区（N=1093）		汉族（N=792）		少数民族（N=301）	
		频数	百分比	频数	百分比	频数	百分比
生态认同	生态环境保护	均值3.22（0.711）		均值3.22（0.702）		均值3.22（0.710）	
	基础设施水平	均值3.39（0.709）		均值3.38（0.706）		均值3.40（0.711）	
教育认同	爱国主义和革命传统教育	均值3.86（0.667）		均值3.87（0.678）		均值3.85（0.672）	
	学生思想政治教育	均值3.85（0.645）		均值3.85（0.649）		均值3.85（0.667）	
	教育发展环境	均值3.83（0.687）		均值3.84（0.691）		均值3.82（0.681）	
社会认同	社区居民社会参与度	均值3.11（0.724）		均值3.11（0.720）		均值3.11（0.709）	
	社区居民社会责任感	均值3.39（0.651）		均值3.40（0.682）		均值3.39（0.679）	
	社区居民社会认知力	均值3.10（0.723）		均值3.09（0.719）		均值3.11（0.721）	
满意度	遗迹遗址期望值	均值3.50（0.649）		均值3.51（0.661）		均值3.49（0.672）	
	纪念场馆期望值	均值3.52（0.669）		均值3.51（0.672）		均值3.53（0.681）	
保护意愿	保护态度	均值3.52（0.681）		均值3.53（0.675）		均值3.51（0.701）	
	保护参与	均值3.54（0.688）		均值3.54（0.692）		均值3.54（0.689）	
	保护方式	均值3.54（0.672）		均值3.55（0.686）		均值3.53（0.697）	
	保护程度	均值3.55（0.682）		均值3.54（0.692）		均值3.56（0.679）	
传承意愿	传承态度	均值3.54（0.673）		均值3.54（0.689）		均值3.54（0.692）	
	传承参与	均值3.53（0.678）		均值3.53（0.694）		均值3.53（0.676）	
	传承方式	均值3.54（0.673）		均值3.54（0.696）		均值3.54（0.686）	

注：括号中为标准差。

在红色文化的价值认同方面，汉族被调查人员和少数民族被调查人员红色文化的政治认同程度都很高，在西北、北部边疆多民族地区的红色文化形成过程中，少数民族同汉族同胞一道参与到革命的过程中，为红色文化作出了巨大贡献。在红色文化的经济认同程度中，汉族被调查人群更为认同，认为红色文化在经济发展增加居民收入和提供就业机会等方面有着更为强力的作用，这是因为汉族被调查人员的文化素质较高，更能够理解到开发红色文化资源对经济产生的作用。在红色文化的文化认同程度中，汉族被调查人群与少数民族被调查人群之间的差距较小，都认为红色文化对推动社会主义先进文化发展、完善创新社会主义核心价值体系和激发中华优秀传统文化内核发展有着重要的作用。在红色文化的生态认同程度中，对当地生态环境的保护作用少数民族和汉族的被调查人员的认同度基本相同，但少数民族被调查人员认为红色文化能够推动当地的基础设施建设水平。在红色文化的教育认同程度中，汉族被调查人员认为当地的红色文化有利于推动爱国主义和革命传统教育，这是基础设施建设水平不断提升导致的，汉族被调查人员的文化程度更高，更能理解红色文化在教育方面的积极作用。在红色文化的社会认同程度中，汉族被调查人员和少数民族被调查人员的意见基本相近，少数民族被调查人员在社区居民社会认知力方面的评价更好。在红色文化的保护与传承意愿中，汉族被调查人员对遗迹遗址满意度较高，而少数民族被调查人员对纪念场馆的满意度更高，不管是从保护还是从传承来看，汉族和少数民族被调查人员的意愿都基本相似。

三、实证分析

本书在西北、北部边疆多民族地区调查过程中构建了包括 1093 个调查样本在内的数据库，利用 AMOS 软件进行分析，构建起了西北、北部边疆多民族地区红色文化资源保护与传承意愿的结构方程模型（见图 4－2），在构建结构方程模型之后，需要对其信度和效度进行检验。

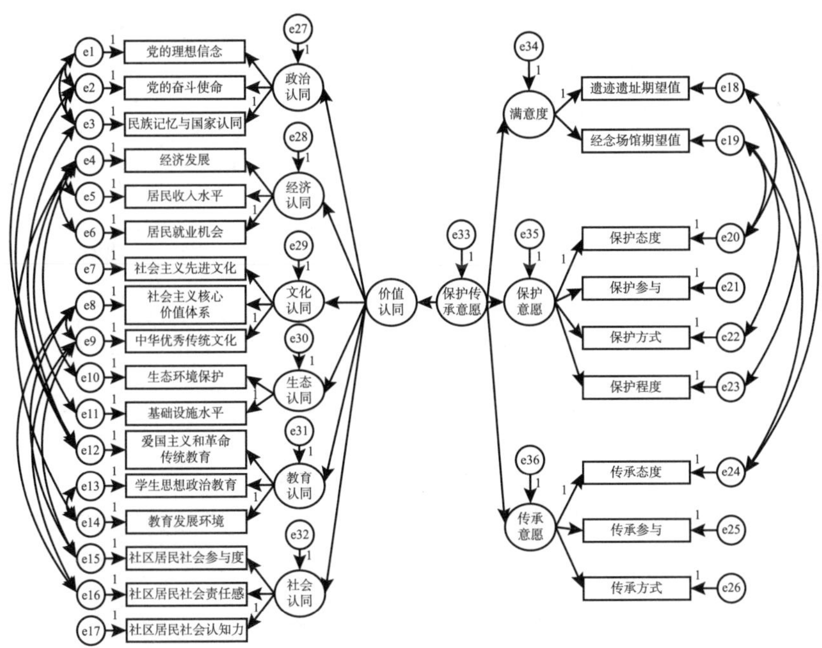

图 4－2　西北、北部边疆多民族地区红色文化资源保护与传承意愿的结构方程模型

首先，利用 Cronbach's α 系数对采集回来的调查问卷进行信度检验，汉族被调查人员和少数民族被调查人员的调查问卷信度分别为 0.944 和 0.937，样本的可信度较高。其次，利用因子分析法对指标的潜在变量效度进行分析，汉族被调查人员和少数民族被调查人员的 KMO 检验结果分别显示为 0.939 和 0.928，在 Bartlett 球形检验结果中，卡方值的显著性概率是低于显著性水平的，利用极大方差法进行因子旋转，以特征值大于 1 的标准进行主因子的提取，最终显示指标项因子负载量大于 0.50，累计解释方差多余 50%，综合解释了变量的效度通过了检验。整体来看，采集到的信息信度和效度通过了检验。最后，要对构建的结构方程模型拟合指标参数进行检验，将八项拟合指标的显示值与标准值进行对比，观察是否能够通过。利用 AMOS 软件对构建起的结构方程模型进行检验，得到了八项拟合指标参数（见表 4－6）。通过八项拟合指标数值的对比发现，拟合情况均为理想，证明其结果可以接受。在此基础上对西北、北部边疆多民族地区不同民族成分人群的红色文化保护与传承意愿的结构方程模型路径系数进行测算，得到西北、北部边疆多民族地区不同民族成分人群的红色文化保护与传承意愿的结构方程模型路径估计结果（见表 4－7），由表 4－7 可知，红色文化价值认同对西北、北部边疆多民族地区汉族被调查人员和少数民族被调查人员的红色文化保护与传承意愿的标准化路径系数分别为 0.781 和 0.785，通过了显著性检验。这说明“红色文化价值认同”与“红色文化保护与传承意愿”之间有着显著的正向关系，并且这种正向关系在少数民族被调查人员中更明显，这就验证了前文的假设，即该结构方程模型无须优化调整。

表 4－6　八项拟合指标参数

拟合指标	χ^2/df	*AGFI*	*IFI*	*CFI*	*TLI*	*PNFI*	*RMR*	*RMSEA*
显示值	2.643	0.887	0.929	0.954	0.906	0.638	0.029	0.052
参考值	<5.00	>0.80	>0.90	>0.90	>0.90	>0.50	<0.05	<0.08
拟合情况	理想	理想	理想	理想	理想	理想	理想	理想

表 4－7　结构方程模型路径估计结果

民族成分	结构方程模型路径	标准化路径系数	*P*
汉族	红色文化价值认同→红色文化保护与传承意愿	0.781	***
少数民族	红色文化价值认同→红色文化保护与传承意愿	0.785	***

注：*** 表示 $P<0.001$。

根据前文构建的西北、北部边疆多民族地区红色文化资源保护与传承意愿结构方程模型，利用AMOS软件对西北、北部边疆多民族地区的1093份调查问卷中的样本数据进行分析计算，分别得到了西北、北部边疆多民族地区不同民族成分人群的红色文化保护与传承意愿的非标准化参数值估计模型图。由前文对不同民族成分人群的红色文化价值认同以及红色文化保护与传承意愿的标准化路径系数可知，红色文化价值认同对红色文化保护与传承意愿之间的作用十分明显，红色文化的价值认同主要是通过红色文化的政治认同、红色文化的经济认同、红色文化的文化认同、红色文化的生态认同、红色文化的教育认同和红色文化的社会认同6个观测变量进行测算判定。

从e1↔e2路径来看，汉族被调查人员和少数民族被调查人员都通过了显著性检验，并且其协方差均为正值，反映了汉族被调查人员和少数民族被调查人员认为党的理想信念和党的奋斗使命之间有着正向的共变关系，这说明西北、北部边疆多民族地区的不同民族被调查人员对党的理想信念了解得越深刻，越能够感受到党的奋斗使命。从e1↔e3路径来看，汉族被调查人员和少数民族被调查人员都通过了显著性检验，并且其协方差均为正值，反映了汉族被调查人员和少数民族被调查人员认为党的理想信念和民族记忆与国家认同之间有着正向的共变关系，这说明西北、北部边疆多民族地区的不同民族被调查人员对党的理想信念了解得越深刻，越能够唤醒其对中华民族的民族记忆与国家认同。从e1↔e12路径来看，汉族被调查人员和少数民族被调查人员都通过了显著性检验，并且其协方差均为正值，反映了汉族被调查人员和少数民族被调查人员认为党的理想信念和爱国主义和革命传统教育之间有着正向的共变关系，这说明西北、北部边疆多民族地区的不同民族被调查人员对党的理想信念了解得越深刻，越能够增强其爱国主义情感，增进革命传统教育。在这些路径当中，少数民族被调查人员所受到的影响更为明显。从e2↔e3路径来看，汉族被调查人员和少数民族被调查人员都通过了显著性检验，并且其协方差均为正值，反映了汉族被调查人员和少数民族被调查人员认为党的奋斗使命和民族记忆与国家认同之间有着正向的共变关系，这说明西北、北部边疆多民族地区的不同民族被调查人员对党的奋斗使命了解得越深刻，越能够唤醒其对中华民族的民族记忆与国家认同。从e2↔e12路径来看，汉族被调查人员和少数民族被调查人员都通过了显著性检验，反映了汉族被调查人员和少数民族被调查人员认为党的奋斗使命和爱国主义与革命传统教育之间有着正向的共变关系，这说明西北、北部边疆多民族地区的不同民族被调查人员对党的奋斗使命了解得越深刻，越能够增强爱国主义情感，增进革命传统教育。在这些路径中，少数民族被调查人员所受到的影响更为明显。从e3↔e12路径来看，汉族被调查人员和少数民族被调查人员都通过了显著性检验，并且其协方差均为正值，反映了汉族被调查人员和少数民族被调查人员认为民族记忆与国家认同和爱国主义与革命传统教育之间有着正向的共变关系，这说明西北、北部边疆多民族地区的不同民族被调查人员对红色文化中的民族记忆与国家认同了解得越深刻，越能够增强其爱国主义情感，增进革命传统教育。在此路径当中，少数民族被调查人员所受到的影响更明显。

从 e4↔e5 路径来看，汉族被调查人员和少数民族被调查人员都通过了显著性检验，并且其协方差均为正值，反映了汉族被调查人员和少数民族被调查人员认为红色文化带动经济发展和居民收入水平之间有着正向的共变关系，这说明西北、北部边疆多民族地区的不同民族被调查人员认为当地红色文化越能够推动经济发展，就越能带动当地的居民收入水平。从 e4↔e6 路径来看，汉族被调查人员和少数民族被调查人员都通过了显著性检验，并且其协方差均为正值，反映了汉族被调查人员和少数民族被调查人员认为红色文化带动经济发展和居民就业机会之间有着正向的共变关系，这说明西北、北部边疆多民族地区的不同民族被调查人员认为当地红色文化越能够推动经济发展，就越能增加当地的居民就业机会。从 e4↔e10 路径来看，汉族被调查人员和少数民族被调查人员都通过了显著性检验，其中，少数民族被调查人员的协方差为负值，反映了汉族被调查人员认为红色文化带动经济发展和生态环境保护之间有着正向的共变关系，而少数民族被调查人员认为红色文化带动经济发展和生态环境保护之间有着负向的共变关系，这是因为少数民族被调查人员更注重其当地的生态环境，同时其文化水平较低，红色文化资源的开发利用致使当地原始风貌发生了变化，少数民族被调查人员就简单地认为对生态环境保护有害。从 e4↔e11 路径来看，汉族被调查人员和少数民族被调查人员都通过了显著性检验，并且其协方差均为正值，反映了汉族被调查人员和少数民族被调查人员认为红色文化带动经济发展和基础设施建设之间有着正向的共变关系，这说明西北、北部边疆多民族地区的不同民族被调查人员认为当地红色文化越能够推动经济发展，越有利于推动当地的基础设施建设与完善。从 e4↔e14 路径来看，汉族被调查人员和少数民族被调查人员都通过了显著性检验，并且其协方差均为正值，反映了汉族被调查人员和少数民族被调查人员认为红色文化带动经济发展和改善教育发展环境之间有着正向的共变关系，这说明西北、北部边疆多民族地区的不同民族被调查人员认为当地红色文化越能够推动经济发展，就越能改善当地的教育发展环境。

从 e8↔e9 路径来看，汉族被调查人员和少数民族被调查人员都通过了显著性检验，并且其协方差均为正值，反映了汉族被调查人员和少数民族被调查人员认为社会主义核心价值体系和中华优秀传统文化之间有着正向的共变关系，这说明红色文化推动发展社会主义核心价值体系满意度越高的西北、北部边疆多民族地区的不同民族被调查人员越认为其能够带动中华优秀传统文化创新发展。从 e8↔e15 路径来看，汉族被调查人员和少数民族被调查人员都通过了显著性检验，并且其协方差均为正值，反映了汉族被调查人员和少数民族被调查人员认为社会主义核心价值体系和社区居民社会参与度之间有着正向的共变关系，这说明西北、北部边疆多民族地区的不同民族被调查人员认为不断坚持发展社会主义核心价值体系，可以有效地提升社区居民对社会建设的参与度。从 e8↔e16 路径来看，汉族被调查人员和少数民族被调查人员都通过了显著性检验，并且其协方差均为正值，反映了汉族被调查人员和少数民族被调查人员认为社会主义核心价值体系和社区居民社会责任感之间有着正向的共变关系，这说明西北、北部边疆多民族地区的不同民族被调查人员认为不断巩固社会主义核心价值体系，可以有效地提升社区居民的社会责任感。从 e9↔e15 路径来看，汉族被调查人员和少数民族被调查人员都通过了显著性检验，并且其协方差均为正值，反映了汉族被调查人员和少数民族被调查人员认为中华优秀传统文化和社区居民社会参与度之间有着正向的共变关系，这说明西北、北部边疆多民族地区的不同民族被调查人员认为坚持传承和发展中华优秀传统文化，可以有效地提升社区居民对社会建设的参与度。从 e9↔e16 路径来看，汉族被调查人员和少数民族被调查人员都通过了显著性检验，并且其协方差均为正值，反映了汉族被调查人员和少数民族被调查人员认为中华优秀传统文化和社区居民社会责任感之间有着正向的共变关系，这说明西北、北部边疆多民族地区的不同民族被调查人员认为坚持传承和发展中华优秀传统文化，可以有效地提升社区居民的社会责任感。

从 e13↔e14 路径来看，汉族被调查人员和少数民族被调查人员都通过了显著性检验，并且其协方差均为正值，反映了汉族被调查人员和少数民族被调查人员认为学生思想政治教育和教育发展环境之间有着正向的共变关系，这说明西北、北部边疆多民族地区的不同民族被调查人员认为教育发展环境越好，越有利于推动学生思想政治教育。

西北、北部边疆多民族地区不同年龄阶段的被调查人员对红色文化保护与传承意愿与其对红色文化的满意度、红色文化的保护意愿和红色文化的传承意愿关系十分明显，需要从这三方面入手综合探索提升其意愿。从 e18↔e20 路径来看，汉族被调查人员和少数民族被调查人员都通过了显著性检验，反映了汉族被调查人员和少数民族被调查人员认为当地遗迹遗址的满意度和保护红色文化的态度之间有着正向的共变关系，这说明西北、北部边疆多民族地区的不同民族被调查人员对当地遗迹遗址的满意度越高，越能够激发其对当地红色文化的保护意愿。从 e18↔e23 路径来看，汉族被调查人员和少数民族被调查人员都通过了显著性检验，反映了汉族被调查人员和少数民族被调查人员认为当地遗迹遗址的满意度和当地红色文化遗迹遗址的保护利用现状之间有着正向的共变关系，这说明西北、北部边疆多民族地区的不同民族被调查人员对当地遗迹遗址的满意度越高，对当地红色文化遗迹遗址的保护利用现状评价越有利。从 e18↔e24 路径来看，汉族被调查人员和少数民族被调查人员都通过了显著性检验，反映了汉族被调查人员和少数民族被调查人员认为当地遗迹遗址的满意度和宣传推介本地红色文化资源的意愿之间有着正向的共变关系，这说明西北、北部边疆多民族地区的不同民族被调查人员对当地遗迹遗址的满意度越高，越愿意宣传推介当地的红色文化。从 e19↔e20 路径来看，汉族被调查人员和少数民族被调查人员都通过了显著性检验，反映了汉族被调查人员和少数民族被调查人员认为当地纪念场馆的满意度和保护红色文化的态度之间有着正向的共变关系，这说明西北、北部边疆多民族地区的不同民族被调查人员对当地纪念场馆的满意度越高，越能够激发其对当地红色文化的保护意愿。从 e19↔e22 路径来看，汉族被调查人员和少数民族被调查人员都通过了显著性检验，反映了汉族被调查人员和少数民族被调查人员认为当地纪念场馆的满意度和当地红色文化纪念场馆的保护利用现状之间有着正向的共变关系，这说明西北、北部边疆多民族地区的不同民族被调查人员对当地纪念场馆的满意度越高，对当地红色文化纪念场馆的保护利用现状评价越有利。从 e19↔e24 路径来看，汉族被调查人员和少数民族被调查人员都通过了显著性检验，反映了汉族被调查人员和少数民族被调查人员认为当地纪念场馆的满意度和宣传推介本地红色文化资源的意愿之间有着正向的共变关系，这说明西北、北部边疆多民族地区的不同民族被调查人员对当地纪念场馆的满意度越高，越愿意宣传推介当地的红色文化。

根据结构方程模型的输出结果来看，可以得到西北、北部边疆多民族地区不同民族成分的被调查人员保护与传承红色文化资源意愿测量模型中潜在变量与观测变量之间的标准化路径估计结果（见表 4－8）。可见在测量模型中，汉族被调查人员和少数民族被调查人员的潜在变量对观察变量的显著性检验 *P* 值都在 0.001 水平，说明了该模型中的观测变量能够解释潜在变量。

表 4－8　　潜在变量与观测变量之间的标准化路径估计结果

测量模型路径	汉族	少数民族
	标准化路径系数	标准化路径系数
政治认同→党的理想信念	0.869***	0.887***
政治认同→党的奋斗使命	0.879***	0.903***
政治认同→民族记忆与国家认同	0.895***	0.897***

续表

测量模型路径	汉族	少数民族
	标准化路径系数	标准化路径系数
经济认同→经济发展	0.874***	0.852***
经济认同→居民收入水平	0.882***	0.859***
经济认同→居民就业机会	0.861***	0.870***
文化认同→社会主义先进文化	0.910***	0.872***
文化认同→社会主义核心价值体系	0.877***	0.863***
文化认同→中华优秀传统文化	0.892***	0.922***
生态认同→生态环境保护	0.650***	0.697***
生态认同→基础设施水平	0.702***	0.683***
教育认同→爱国主义和革命传统教育	0.863***	0.877***
教育认同→学生思想政治教育	0.870***	0.864***
教育认同→教育发展环境	0.847***	0.832***
社会认同→社区居民社会参与度	0.837***	0.844***
社会认同→社区居民社会责任感	0.776***	0.748***
社会认同→社区居民社会认知力	0.674***	0.655***
红色文化满意度→遗迹遗址期望值	0.882***	0.933***
红色文化满意度→纪念场馆期望值	0.893***	0.902***
红色文化保护意愿→保护态度	0.863***	0.872***
红色文化保护意愿→保护参与	0.892***	0.881***
红色文化保护意愿→保护方式	0.870***	0.853***
红色文化保护意愿→保护程度	0.834***	0.852***
红色文化传承意愿→传承态度	0.883***	0.879***
红色文化传承意愿→传承参与	0.891***	0.902***
红色文化传承意愿→传承方式	0.852***	0.847***

注：*** 表示 $P<0.001$。

在红色文化资源的价值认同方面，不同民族成分被调查人员的标准化路径系数都通过了显著性检验，并且数值分布在0.650~0.933。在政治认同上，少数民族被调查人员相较于汉族被调查人员而言更认为红色文化资源在理解党的理想信念、印证党的奋斗使命和唤醒民族记忆与国家认同方面的作用能够增强其对红色文化资源的政治认同，其中，汉族被调查人员认为红色文化资源在唤醒民族记忆与国家认同方面的作用最能够使其对红色文化资源的政治认同产生影响，少数民族被调查人员认为红色文化资源在印证党的奋斗使命方面的作用最能够使其对红色文化资源的政治认同产生影响。

在经济认同上，汉族被调查人员相较于少数民族被调查人员而言认为红色文化资源在推动经济发展和提高居民收入水平方面的作用能够增强其对红色文化资源的经济认同，少数民族则更认为红色文化资源在增加居民就业机会方面的作用能够增强其对红色文化资源的经济认同。其中，汉族被调查人员认为红色文化资源在提高居民收入方面的作用最能够使其对红色文化资源产生经济认同，而少数民族被调查人员则认为红色文化资源在增加居民就业机会方面的作用最能够使其对红色文化资源的经济认同产生影响。

在文化认同上，汉族被调查人员相较于少数民族被调查人员而言认为红色文化资源在构筑社会主义先进文化生命力和建设社会主义核心价值体系方面的作用能够增强其对红色文化资源的文化认同，而少数民族被调查人员则更认为红色文化资源在中华优秀传统文化创新发展方面的作用能够增强其对红色文化资源的文化认同，其中，汉族被调查人员认为红色文化资源在构筑社会主义先进文化生命力方面的作用能够使其对红色文化资源产生文化认同，而少数民族被调查人员则认为红色文化资源在中华优秀传统文化创新发展方面的作用最能够使其对红色文化资源的文化认同产生影响。

在生态认同上，汉族被调查人员相较于少数民族被调查人员而言认为红色文化资源在改善基础设施水平方面的作用能够增强被调查人员对红色文化资源的生态认同，少数民族被调查人员则更认为红色文化资源在生态环境保护方面的作用能够增强被调查人员对红色文化资源的生态认同，其中，汉族被调查人员认为红色文化资源在改善基础设施水平方面的作用最能够使其对红色文化资源产生生态认同，少数民族被调查人员认为红色文化资源在促进生态环境保护方面的作用最能够使其对红色文化资源产生生态认同。

在教育认同上，少数民族被调查人员相较于汉族被调查人员而言认为红色文化资源在提升爱国主义和革命传统教育效果与加强学生思想政治教育科学化水平方面的作用能够增强其对红色文化资源的教育认同，汉族被调查人员则认为红色文化资源在改善教育发展环境方面的作用能够增强其对红色文化资源的教育认同。其中，汉族被调查人员认为红色文化资源在加强学生思想政治教育的作用最能够使其对红色文化资源产生教育认同，而少数民族被调查人员则认为红色文化资源在提升爱国主义和革命传统教育效果方面的作用最能够使其对红色文化资源的教育认同产生影响。

在社会认同上，汉族被调查人员相较于少数民族被调查人员而言认为红色文化资源在增强社区居民社会责任感和社区居民社会认知力方面的作用能够增强其对红色文化资源的社会认同，而少数民族被调查人员则更认为红色文化资源在提升社区居民社会参与度方面的作用能够增强其对红色文化资源的社会认同，其中，不同民族成分的被调查人员都认为红色文化资源在提升社区居民社会参与度方面的作用最能够使其对红色文化资源产生社会认同。

在红色文化资源满意度方面，西北、北部边疆多民族地区的不同民族成分的被调查人员对当地的遗迹遗址和纪念场馆的期望值的标准化路径系数都较高，说明了遗迹遗址和纪念场馆的期望值对其对红色文化资源满意度影响作用较明显。少数民族被调查人员相较于汉族被调查人员而言认为遗迹遗址期望值和纪念场馆期望值能够增强其对红色文化资源的满意度，其中，少数民族被调查人员认为遗迹遗址期望值最能够影响其对红色文化资源的满意度，汉族被调查人员认为纪念场馆期望值最能够影响其对红色文化资源的满意度。

在红色文化资源的保护意愿方面，少数民族被调查人员相较于汉族被调查人员而言认为红色文化资源的保护参与和保护程度能够增强其对红色文化资源的保护意愿，而汉族被调查人员则更认为红色文化资源的保护态度和保护方式更能够增强其对红色文化资源的保护意愿。其中，汉族被调查人员和少数民族被调查人员都认为红色文化资源的保护参与最能够影响其对红色文化资源的保护意愿。

在红色文化资源的传承意愿方面，少数民族被调查人员相较于汉族被调查人员而言认为红色文化资源的传承态度、传承参与和传承方式更能够增强其对红色文化资源的传承意愿。其中，汉族被调查人员和少数民族被调查人员都认为红色文化资源的传承参与最能够影响其对红色文化资源的传承意愿。

第三节　基于政治面貌差异的西北、北部边疆多民族地区红色文化资源保护与传承意愿研究

一、研究假设

假设1：西北、北部边疆多民族地区不同政治面貌的被调查人员的个体差异对其个人保护传承红色文化的意愿有着显著的影响。

个体差异主要从年龄、文化程度、政治面貌、民族成分、工作单位、人员类别等方面体现。一般而言，文化程度越高的人群红色文化的认同感越强烈，对当地红色文化的保护与传承意愿越强烈。

假设2：西北、北部边疆多民族地区不同政治面貌的被调查人员的红色文化价值认同度对其个人保护传承红色文化的意愿有着显著的影响。

红色文化价值认同度对西北、北部边疆多民族地区的被调查人员保护与传承红色文化意愿的影响程度十分显著，不同政治面貌的被调查人员对红色文化的态度有所不同，对红色文化价值认同度越高，保护与传承红色文化的意愿越强。一般来看，不同政治面貌的被调查人员之间存在着一定的差异性，党员受到价值认同的影响更明显。

二、数据来源与变量描述统计

本节的研究重点是西北、北部边疆多民族地区不同政治面貌被调查人员的保护传承红色文化的意愿及其影响因素，对 1093 份有效的调查问卷中进行分类，其中被调查人员中的团员有 128 人，占总样本数的 11.71%，被调查人员中的党员有 229 人，占总样本数的 20.95%，被调查人员中的民主党派人士有 19 人，占总样本数的 1.74%，被调查人员中的群众有 717 人，占总样本数的 65.60%。

经过对调查数据的分类汇总，得到以下描述性统计结果（见表 4 –9），可以发现，不同政治面貌的被调查人员在个人特征、红色文化的价值认同以及红色文化保护传承意愿方面均有所差异。其中，在个人特征的文化程度方面，可以看到被调查人员中的团员中本专科学历的人占比最多，达到了 51.56%，占比排第二的是高中（中专）学历，达到了 32.81%；被调查人员当中的党员中高中（中专）学历的人占比最多，达到了 47.60%，占比排第二的是本专科学历，达到了 32.31%；被调查人员当中的民主党派人士中本专科学历的人占比最多，达到了 63.16%，占比排第二的是研究生学历，达到了 36.84%；被调查人员当中的群众中初中学历的人占比最多，达到了 43.38%，占比排第二的是高中（中专）学历，达到了 37.24%。在个人特征的民族成分方面，每种政治面貌的被调查人员中都是汉族居多。在个人特征的年龄构成方面，团员的年龄结构最年轻，新生代人群达到了 100%，群众的中老一代人群的占比最多，达到了 54.39%。在个人特征中的工作单位方面，被调查人员中的团员学生最多，占总数的 92.19%，占比排第二的是非公有制企业，占总数的 2.34%；被调查人员中的党员在政府机关工作的人员最多，占总数的 27.07%，占比排第二的是事业单位，占总数的 22.71%；被调查人员中民主党派人士在政府机关工作的人员最多，占总数的 57.89%，占比排第二的是事业单位和其他行业，占总数的 15.79%；被调查人员中的群众在非公有制企业工作的人员最多，占总数的 45.47%，占比排第二的是公有制企业，占总数的 25.80%。在个人特征中的人员类别方面，本地居民是不同政治面貌人群的主体构成，占被调查人员中团员的 68.75%，占被调查人员中党员的 81.22%，占被调查人员中民主党派人士的 84.21%，占被调查人员中群众的 98.05%。

表 4 - 9　　调查数据描述性统计

类别	变量名称	西北、北部边疆多民族地区（N = 1093）		团员（N = 128）		党员（N = 229）		民主党派（N = 19）		群众（N = 717）	
		频数	百分比	频数	百分比	频数	百分比	频数	百分比	频数	百分比
文化程度	小学及以下	42	3.84	0	0	8	3.49	0	0	34	4.74
	初中	359	32.85	17	13.28	31	13.54	0	0	311	43.38
	高中（中专）	418	38.24	42	32.81	109	47.60	0	0	267	37.24
	本专科	253	23.15	66	51.56	74	32.31	12	63.16	101	14.09
	研究生	21	1.92	3	2.34	7	3.06	7	36.84	4	0.56
民族成分	汉族	792	72.46	72	56.25	168	73.36	12	63.16	540	75.31
	少数民族	301	27.54	26	20.31	61	26.64	7	36.84	207	28.87
年龄	新生代	584	53.43	128	100.00	118	51.53	11	57.89	327	45.61
	老一代	509	46.57	0	0	111	48.47	8	42.11	390	54.39
工作单位	政府机关	96	8.78	1	0.78	62	27.07	11	57.89	22	3.07
	事业单位	101	9.24	2	1.56	52	22.71	3	15.79	44	6.14
	公有制企业	218	19.95	2	1.56	29	12.66	2	10.53	185	25.80
	非公有制企业	359	32.85	3	2.34	30	13.10	0	0	326	45.47
	其他	135	12.35	2	1.56	4	1.75	3	15.79	126	17.57
	学生	184	16.83	118	92.19	52	22.71	0	0	14	1.95
人员类别	本地居民	993	90.85	88	68.75	186	81.22	16	84.21	703	98.05
	游客	21	1.92	8	6.25	4	1.75	3	15.79	6	0.84
	外地学生	79	7.23	32	25.00	39	17.03	0	0	8	1.12

观测变量	潜在变量	西北、北部边疆多民族地区（N = 1093）		团员（N = 128）		党员（N = 229）		民主党派（N = 19）		群众（N = 717）	
		频数	百分比	频数	百分比	频数	百分比	频数	百分比	频数	百分比
政治认同	党的理想信念	均值 3.98（0.679）		均值 3.99（0.629）		均值 4.03（0.617）		均值 3.97（0.648）		均值 3.95（0.668）	
	党的奋斗使命	均值 3.97（0.672）		均值 3.98（0.649）		均值 4.04（0.647）		均值 3.95（0.659）		均值 3.91（0.679）	
	民族记忆与国家认同	均值 4.08（0.669）		均值 4.10（0.658）		均值 4.11（0.662）		均值 4.07（0.678）		均值 4.04（0.691）	

续表

观测变量	潜在变量	西北、北部边疆多民族地区（N＝1093）		团员（N＝128）		党员（N＝229）		民主党派（N＝19）		群众（N＝717）	
		频数	百分比	频数	百分比	频数	百分比	频数	百分比	频数	百分比
经济认同	经济发展	均值3.52（0.714）		均值3.52（0.685）		均值3.60（0.669）		均值3.50（0.691）		均值3.46（0.701）	
	居民收入水平	均值3.51（0.704）		均值3.50（0.691）		均值3.53（0.698）		均值3.50（0.682）		均值3.50（0.684）	
	居民就业机会	均值3.51（0.702）		均值3.49（0.696）		均值3.53（0.686）		均值3.52（0.682）		均值3.50（0.696）	
文化认同	社会主义先进文化	均值3.77（0.663）		均值3.79（0.683）		均值3.82（0.676）		均值3.75（0.689）		均值3.74（0.692）	
	社会主义核心价值体系	均值3.79（0.671）		均值3.80（0.670）		均值3.83（0.671）		均值3.77（0.673）		均值3.76（0.669）	
	中华优秀传统文化	均值3.62（0.721）		均值3.63（0.716）		均值3.65（0.649）		均值3.61（0.699）		均值3.56（0.723）	
生态认同	生态环境保护	均值3.22（0.711）		均值3.20（0.692）		均值3.24（0.679）		均值3.23（0.701）		均值3.21（0.716）	
	基础设施水平	均值3.39（0.709）		均值3.37（0.701）		均值3.40（0.703）		均值3.39（0.672）		均值3.38（0.705）	
教育认同	爱国主义和革命传统教育	均值3.86（0.667）		均值3.88（0.680）		均值3.91（0.675）		均值3.86（0.682）		均值3.79（0.706）	
	学生思想政治教育	均值3.85（0.645）		均值3.86（0.689）		均值3.88（0.696）		均值3.84（0.679）		均值3.82（0.701）	
	教育发展环境	均值3.83（0.687）		均值3.85（0.698）		均值3.85（0.699）		均值3.82（0.674）		均值3.80（0.696）	
社会认同	社区居民社会参与度	均值3.11（0.724）		均值3.09（0.721）		均值3.13（0.669）		均值3.11（0.705）		均值3.11（0.711）	
	社区居民社会责任感	均值3.39（0.651）		均值3.38（0.667）		均值3.41（0.691）		均值3.40（0.695）		均值3.39（0.698）	
	社区居民社会认知力	均值3.10（0.723）		均值3.07（0.714）		均值3.12（0.701）		均值3.11（0.703）		均值3.10（0.716）	
满意度	遗迹遗址期望值	均值3.50（0.649）		均值3.51（0.679）		均值3.55（0.699）		均值3.50（0.682）		均值3.44（0.701）	
	纪念场馆期望值	均值3.52（0.669）		均值3.51（0.697）		均值3.55（0.683）		均值3.52（0.692）		均值3.50（0.706）	

续表

观测变量	潜在变量	西北、北部边疆多民族地区（N=1093）		团员（N=128）		党员（N=229）		民主党派（N=19）		群众（N=717）	
		频数	百分比	频数	百分比	频数	百分比	频数	百分比	频数	百分比
保护意愿	保护态度	均值3.52（0.681）		均值3.53（0.679）		均值3.54（0.671）		均值3.52（0.701）		均值3.49（0.721）	
	保护参与	均值3.54（0.688）		均值3.55（0.676）		均值3.55（0.669）		均值3.54（0.689）		均值3.52（0.701）	
	保护方式	均值3.54（0.672）		均值3.54（0.679）		均值3.56（0.669）		均值3.54（0.687）		均值3.52（0.703）	
	保护程度	均值3.55（0.682）		均值3.54（0.669）		均值3.56（0.679）		均值3.55（0.695）		均值3.55（0.699）	
传承意愿	传承态度	均值3.54（0.673）		均值3.55（0.682）		均值3.56（0.679）		均值3.55（0.688）		均值3.50（0.695）	
	传承参与	均值3.53（0.678）		均值3.55（0.681）		均值3.55（0.686）		均值3.52（0.697）		均值3.50（0.701）	
	传承方式	均值3.54（0.673）		均值3.54（0.681）		均值3.56（0.678）		均值3.54（0.685）		均值3.52（0.701）	

注：括号中为标准差。

在红色文化的价值认同方面，红色文化的政治认同程度中，被调查人员中的群众对党的理想信念和党的奋斗使命认同感较弱，说明当地群众对红色文化的内核了解程度不足，然而党员和团员都能够深切地了解到党的理想信念和奋斗使命，但是在唤醒民族记忆和国家认同方面各个政治面貌的被调查人员评分都很高，说明红色文化能够真切地让每一位中国人都感受到中华民族奋斗的历史。在红色文化的经济认同程度中，党员和团员更为认同，这是由于党员中有大部分工作在政府机关和事业单位，能够正确认识到红色文化在推动经济社会发展中的作用，而团员大多是学生，能够理解红色文化的精神内核及其经济价值。在红色文化的文化认同程度中，团员和党员的评价更高，这是因为社会主义先进文化和社会主义核心价值体系的构建和完善需要在中国共产党的领导下进行，而民主党派人士和群众对文化认同稍低，但是与团员和党员之间的差距不大。在红色文化的生态认同程度中，党员和民主党派人士在红色文化对生态环境保护和基础设施建设水平方面的评价较高。在红色文化的教育认同程度中，团员和党员的评价最高，这是因为团员基本都是学生，学生在学校中学习红色文化，可以直观地感受到红色文化对教育方面的重要作用。党员大多在政府机关单位工作，作为决策者更能够体会到红色文化的教育意义。在红色文化的社会认同程度中，被调查人员中的党员更认为红色文化能够带动居民的社会参与度、社会责任感和社会认知力，这是因为党员在这方面能够充分发挥敢为人先的先锋队作用，勇于承担社会责任，参与社会建设。团员在社会认同当中评价较低，这是因为团员大多是学生，对社会的认知有所欠缺。在红色文化的保护与传承意愿中，被调查人员中的群众对当地遗迹遗址和纪念场馆的满意度不高，另外，在保护与传承意愿方面，群众的意愿相较而言也不够强烈。

三、实证分析

本书在西北、北部边疆多民族地区调查过程中构建了包括1093个调查样本在内的数据库，利用AMOS软件进行分析，构建起了西北、北部边疆多民族地区红色文化资源保护与传承意愿的结构方程模型（见图4-3），在构建结构方程模型之后，需要对其信度和效度进行检验。

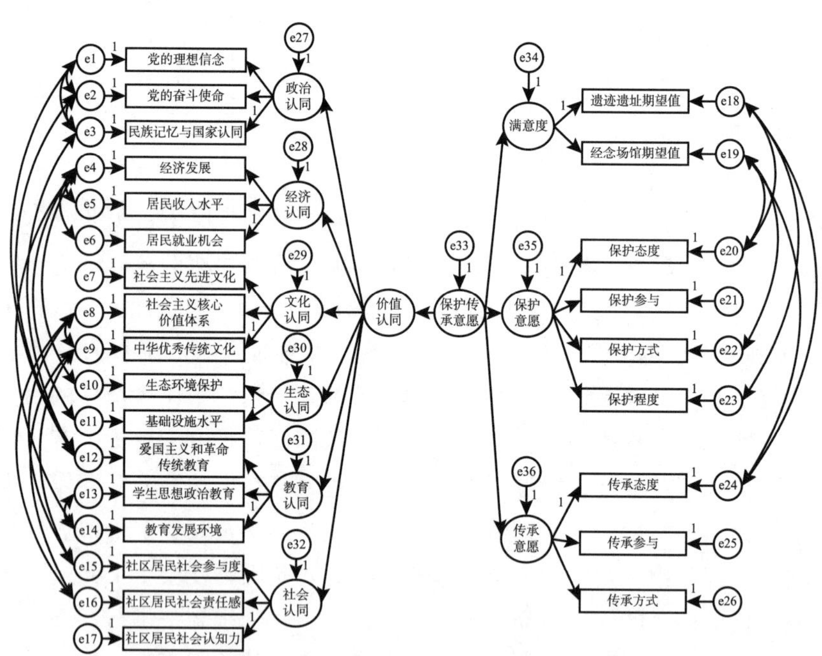

图4-3 西北、北部边疆多民族地区红色文化资源保护与传承意愿的结构方程模型

首先，利用Cronbach's α系数对采集回来的调查问卷进行信度检验，被调查人员中的团员、党员、民主党派人士和群众的调查问卷信度分别为0.944、0.951、0.947和0.933，样本的可信度较高。其次，利用因子分析法对指标的潜在变量效度进行分析，被调查人员中的团员、党员、民主党派人士和群众的KMO检验结果分别显示为0.931、0.948、0.945和0.929，在Bartlett球形检验结果中，卡方值的显著性概率是低于显著性水平的，利用极大方差法进行因子旋转，以特征值大于1的标准进行主因子的提取，最终显示指标项因子负载量大于0.50，累计解释方差多余50%，综合解释了变量的效度通过了检验。整体来看，采集到的信息信度和效度通过了检验。最后，要对构建的结构方程模型拟合指标参数进行检验，将八项拟合指标的显示值与标准值进行对比，观察是否能够通过。利用AMOS软件对构建起的结构方程模型进行检验，得到了八项拟合指标参数（见表4－10）。通过八项拟合指标数值的对比发现，拟合情况均为理想，证明其结果可以接受。在此基础上对西北、北部边疆多民族地区不同政治面貌被调查人员的红色文化保护与传承意愿的结构方程模型路径系数进行测算，得到西北、北部边疆多民族地区不同政治面貌被调查人员的红色文化保护与传承意愿的结构方程模型路径估计结果（见表4－11），由表4－11可知，红色文化价值认同对西北、北部边疆多民族地区被调查人员中的团员、党员、民主党派人士和群众的红色文化保护与传承意愿的标准化路径系数分别为0.759、0.793、0.748和0.721，通过了显著性检验。这说明红色文化价值认同与红色文化保护和传承意愿之间有着显著的正向关系，并且这种正向关系在被调查人员中的党员中更为明显，这就验证了前文的假设，即该结构方程模型无须优化调整。

表4－10　　八项拟合指标参数

拟合指标	χ^2/df	*AGFI*	*IFI*	*CFI*	*TLI*	*PNFI*	*RMR*	*RMSEA*
显示值	2.884	0.879	0.920	0.914	0.957	0.607	0.044	0.032
参考值	<5.00	>0.80	>0.90	>0.90	>0.90	>0.50	<0.05	<0.08
拟合情况	理想	理想	理想	理想	理想	理想	理想	理想

表4－11　　结构方程模型路径估计结果

政治面貌	结构方程模型路径	标准化路径系数	*P*
团员	红色文化价值认同→红色文化保护与传承意愿	0.759	***
党员	红色文化价值认同→红色文化保护与传承意愿	0.793	***
民主党派	红色文化价值认同→红色文化保护与传承意愿	0.748	***
群众	红色文化价值认同→红色文化保护与传承意愿	0.721	***

注：*** 表示 $P<0.001$。

根据前文构建的西北、北部边疆多民族地区红色文化资源保护与传承意愿结构方程模型，利用 AMOS 软件对西北、北部边疆多民族地区的 1093 份调查问卷中的样本数据进行分析计算，分别得到了西北、北部边疆多民族地区不同政治面貌被调查人员的红色文化保护与传承意愿的非标准化参数值估计模型。由前文对不同政治面貌被调查人员的红色文化价值认同以及红色文化保护与传承意愿的标准化路径系数可知，红色文化价值认同对红色文化保护与传承意愿之间的作用十分明显，红色文化的价值认同主要是通过红色文化的政治认同、红色文化的经济认同、红色文化的文化认同、红色文化的生态认同、红色文化的教育认同和红色文化的社会认同 6 个观测变量进行测算判定。

从 e1↔e2 路径来看，被调查人员中的团员、党员、民主党派人士和群众都通过了显著性检验，并且其协方差均为正值，反映了被调查人员中的团员、党员、民主党派人士和群众认为党的理想信念和党的奋斗使命之间有着正向的共变关系，这说明西北、北部边疆多民族地区的不同政治面貌被调查人员对党的理想信念了解得越深刻，越能够感受到党的奋斗使命。从 e1↔e3 路径来看，被调查人员中的团员、党员、民主党派人士和群众都通过了显著性检验，并且其协方差均为正值，反映了被调查人员中的团员、党员、民主党派人士和群众认为党的理想信念和民族记忆与国家认同之间有着正向的共变关系，这说明对党的理想信念了解得越深刻的西北、北部边疆多民族地区的不同政治面貌被调查人员越能够唤醒其对中华民族的民族记忆与国家认同。从 e1↔e12 路径来看，被调查人员中的团员、党员、民主党派人士和群众都通过了显著性检验，并且其协方差均为正值，反映了被调查人员中的团员、党员、民主党派人士和群众认为党的理想信念和爱国主义与革命传统教育之间有着正向的共变关系，这说明西北、北部边疆多民族地区的不同政治面貌被调查人员对党的理想信念了解得越深刻，越能够加强其爱国主义情感，增进革命传统教育。在这些路径中，被调查人员当中的党员所受到的影响更明显。从 e2↔e3 路径来看，被调查人员中的团员、党员、民主党派人士和群众都通过了显著性检验，并且其协方差均为正值，反映了被调查人员中的团员、党员、民主党派人士和群众认为党的奋斗使命和民族记忆与国家认同之间有着正向的共变关系，这说明西北、北部边疆多民族地区的不同政治面貌被调查人员对党的奋斗使命了解得越深刻，越能够唤醒其对中华民族的民族记忆与国家认同。从 e2↔e12 路径来看，被调查人员中的团员、党员、民主党派人士和群众都通过了显著性检验，反映了被调查人员中的团员、党员、民主党派人士和群众认为党的奋斗使命和爱国主义与革命传统教育之间有着正向的共变关系，这说明西北、北部边疆多民族地区的不同政治面貌被调查人员对党的奋斗使命了解得越深刻，越能够增强爱国主义情感，增进革命传统教育。

在这些路径当中，被调查人员当中的党员所受到的影响更为明显。从 e3↔e12 路径来看，被调查人员中的团员、党员、民主党派人士和群众都通过了显著性检验，并且其协方差均为正值，反映了被调查人员中的团员、党员、民主党派人士和群众认为民族记忆与国家认同和爱国主义和革命传统教育之间有着正向的共变关系，这说明西北、北部边疆多民族地区的不同政治面貌被调查人员对红色文化中的民族记忆与国家认同了解得越深刻，越能够增强其爱国主义情感，增进革命传统教育。在此路径中，被调查人员当中的党员所受到的影响更明显。

从 e4↔e5 路径来看，被调查人员中的团员、党员、民主党派人士和群众都通过了显著性检验，并且其协方差均为正值，反映了被调查人员中的团员、党员、民主党派人士和群众认为红色文化带动经济发展和居民收入水平之间有着正向的共变关系，这说明西北、北部边疆多民族地区的不同政治面貌被调查人员认为当地红色文化越能够推动经济发展，就越能提高当地的居民收入水平。从 e4↔e6 路径来看，被调查人员中的团员、党员、民主党派人士和群众都通过了显著性检验，并且其协方差均为正值，反映了被调查人员中的团员、党员、民主党派人士和群众认为红色文化带动经济发展和居民就业机会之间有着正向的共变关系，这说明西北、北部边疆多民族地区的不同政治面貌被调查人员认为当地红色文化越能够推动经济发展，就越能增加当地的居民就业机会。从 e4↔e10 路径来看，被调查人员中的团员、党员、民主党派人士和群众都通过了显著性检验，并且其协方差均为正值，反映了被调查人员中的团员、党员、民主党派人士和群众认为红色文化带动经济发展和生态环境保护之间有着正向的共变关系，这说明西北、北部边疆多民族地区的不同政治面貌被调查人员认为当地红色文化越能够推动经济发展，越有利于当地生态环境的保护。从 e4↔e11 路径来看，被调查人员中的团员、党员、民主党派人士和群众都通过了显著性检验，并且其协方差均为正值，反映了被调查人员中的团员、党员、民主党派人士和群众认为红色文化带动经济发展和基础设施建设之间有着正向的共变关系，这说明西北、北部边疆多民族地区的不同政治面貌被调查人员认为当地红色文化越能够推动经济发展，越有利于推动当地的基础设施建设与完善。从 e4↔e14 路径来看，被调查人员中的团员、党员、民主党派人士和群众都通过了显著性检验，并且其协方差均为正值，反映了被调查人员中的团员、党员、民主党派人士和群众认为红色文化带动经济发展和改善教育发展环境之间有着正向的共变关系，这说明西北、北部边疆多民族地区的不同政治面貌被调查人员认为当地红色文化越能够推动经济发展，就越能改善当地的教育发展环境。

从 e8↔e9 路径来看，被调查人员中的团员、党员、民主党派人士和群众都通过了显著性检验，并且其协方差均为正值，反映了被调查人员中的团员、党员、民主党派人士和群众认为社会主义核心价值体系和中华优秀传统文化之间有着正向的共变关系，这说明红色文化推动发展社会主义核心价值体系满意度越高的西北、北部边疆多民族地区的不同政治面貌被调查人员越认为其能够带动中华优秀传统文化创新发展。从 e8↔e15 路径来看，被调查人员中的团员、党员、民主党派人士和群众都通过了显著性检验，并且其协方差均为正值，反映了被调查人员中的团员、党员、民主党派人士和群众认为社会主义核心价值体系和社区居民社会参与度之间有着正向的共变关系，这说明西北、北部边疆多民族地区的不同政治面貌被调查人员认为不断坚持发展社会主义核心价值体系，可以有效地提升社区居民对社会建设的参与度。从 e8↔e16 路径来看，被调查人员中的团员、党员、民主党派人士和群众都通过了显著性检验，并且其协方差均为正值，反映了被调查人员中的团员、党员、民主党派人士和群众认为社会主义核心价值体系和社区居民社会责任感之间有着正向的共变关系，这说明西北、北部边疆多民族地区的不同政治面貌被调查人员认为不断发扬社会主义核心价值体系，可以有效地提升社区居民的社会责任感。从 e9↔e15 路径来看，被调查人员中的团员、党员、民主党派人士和群众都通过了显著性检验，并且其协方差均为正值，反映了被调查人员中的团员、党员、民主党派人士和群众认为中华优秀传统文化和社区居民社会参与度之间有着正向的共变关系，这说明西北、北部边疆多民族地区的不同政治面貌被调查人员认为坚持传承和发展中华优秀传统文化，可以有效地提升社区居民对社会建设的参与度。从 e9↔e16 路径来看，被调查人员中的团员、党员、民主党派人士和群众都通过了显著性检验，并且其协方差均为正值，反映了被调查人员中的团员、党员、民主党派人士和群众认为中华优秀传统文化和社区居民社会责任感之间有着正向的共变关系，这说明西北、北部边疆多民族地区的不同政治面貌被调查人员认为坚持传承和发展中华优秀传统文化，可以有效地提升社区居民的社会责任感。

从 e13↔e14 路径来看，被调查人员中的团员、党员、民主党派人士和群众都通过了显著性检验，并且其协方差均为正值，反映了被调查人员中的团员、党员、民主党派人士和群众认为学生思想政治教育和教育发展环境之间有着正向的共变关系，这说明西北、北部边疆多民族地区的不同政治面貌被调查人员认为教育发展环境越好，越有利于推动学生思想政治教育工作。

西北、北部边疆多民族地区不同年龄阶段的被调查人员对红色文化保护与传承意愿与其对红色文化的满意度、红色文化的保护意愿和红色文化的传承意愿关系十分明显，需要从这三方面入手综合探索提升其意愿。从 e18↔e20 路径来看，被调查人员中的团员、党员、民主党派人士和群众都通过了显著性检验，反映了被调查人员中的团员、党员、民主党派人士和群众认为当地遗迹遗址的满意度和保护红色文化的态度之间有着正向的共变关系，这说明西北、北部边疆多民族地区的不同政治面貌被调查人员对当地遗迹遗址的满意度越高，越能够激发其对当地红色文化的保护意愿。从 e18↔e23 路径来看，被调查人员中的团员、党员、民主党派人士和群众都通过了显著性检验，反映了被调查人员中的团员、党员、民主党派人士和群众认为当地遗迹遗址的满意度和当地红色文化遗迹遗址的保护利用现状之间有着正向的共变关系，这说明西北、北部边疆多民族地区的不同政治面貌被调查人员对当地遗迹遗址的满意度越高，对当地红色文化遗迹遗址的保护利用现状评价越有利。从 e18↔e24 路径来看，被调查人员中的团员、党员、民主党派人士和群众都通过了显著性检验，反映了被调查人员中的团员、党员、民主党派人士和群众认为当地遗迹遗址的满意度和宣传推介本地红色文化资源的意愿之间有着正向的共变关系，这说明西北、北部边疆多民族地区的不同政治面貌被调查人员对当地遗迹遗址的满意度越高，越愿意宣传推介当地的红色文化。从 e19↔e20 路径来看，被调查人员中的团员、党员、民主党派人士和群众都通过了显著性检验，反映了被调查人员中的团员、党员、民主党派人士和群众认为当地纪念场馆的满意度和保护红色文化的态度之间有着正向的共变关系，这说明西北、北部边疆多民族地区的不同政治面貌被调查人员对当地纪念场馆的满意度越高，越能够激发其对当地红色文化的保护意愿。从 e19↔e22 路径来看，被调查人员中的团员、党员、民主党派人士和群众都通过了显著性检验，反映了被调查人员中的团员、党员、民主党派人士和群众认为当地纪念场馆的满意度和当地红色文化纪念场馆的保护利用现状之间有着正向的共变关系，这说明西北、北部边疆多民族地区的不同政治面貌被调查人员对当地纪念场馆的满意度越高，对当地红色文化纪念场馆的保护利用现状评价越有利。从 e19↔e24 路径来看，被调查人员中的团员、党员、民主党派人士和群众都通过了显著性检验，反映了被调查人员中的团员、党员、民主党派人士和群众认为当地纪念场馆的满意度和宣传推介本地红色文化资源的意愿之间有着正向的共变关系，这说明西北、北部边疆多民族地区的不同政治面貌被调查人员对当地纪念场馆的满意度越高，越愿意宣传推介当地的红色文化。

根据结构方程模型的输出结果来看，可以得到西北、北部边疆多民族地区不同政治面貌的被调查人员保护与传承红色文化资源意愿测量模型中潜在变量与观测变量之间的标准化路径估计结果（见表 4 - 12）。可见在测量模型中，在被调查的团员、党员、民主党派人士和群众的潜在变量对观察变量的显著性检验 P 值都在 0.001 水平，说明了该模型中的观测变量能够解释潜在变量。

表 4-12　　潜在变量与观测变量之间的标准化路径估计结果

测量模型路径	团员	党员	民主党派	群众
	标准化路径系数	标准化路径系数	标准化路径系数	标准化路径系数
政治认同→党的理想信念	0.875***	0.892***	0.840***	0.837***
政治认同→党的奋斗使命	0.902***	0.911***	0.845***	0.849***
政治认同→民族记忆与国家认同	0.881***	0.879***	0.882***	0.856***
经济认同→经济发展	0.819***	0.848***	0.869***	0.811***
经济认同→居民收入水平	0.844***	0.869***	0.833***	0.891***
经济认同→居民就业机会	0.862***	0.873***	0.821***	0.882***
文化认同→社会主义先进文化	0.852***	0.876***	0.805***	0.784***
文化认同→社会主义核心价值体系	0.811***	0.849***	0.832***	0.777***
文化认同→中华优秀传统文化	0.796***	0.837***	0.795***	0.821***
生态认同→生态环境保护	0.644***	0.669***	0.721***	0.637***
生态认同→基础设施水平	0.658***	0.672***	0.655***	0.698***
教育认同→爱国主义和革命传统教育	0.871***	0.866***	0.838***	0.829***
教育认同→学生思想政治教育	0.879***	0.869***	0.799***	0.811***
教育认同→教育发展环境	0.768***	0.793***	0.840***	0.782***
社会认同→社区居民社会参与度	0.739***	0.784***	0.753***	0.702***
社会认同→社区居民社会责任感	0.721***	0.748***	0.677***	0.658***
社会认同→社区居民社会认知力	0.679***	0.672***	0.719***	0.602***
红色文化满意度→遗迹遗址期望值	0.876***	0.918***	0.883***	0.879***
红色文化满意度→纪念场馆期望值	0.889***	0.911***	0.905***	0.870***
红色文化保护意愿→保护态度	0.786***	0.801***	0.803***	0.812***
红色文化保护意愿→保护参与	0.812***	0.822***	0.805***	0.814***
红色文化保护意愿→保护方式	0.790***	0.803***	0.794***	0.793***
红色文化保护意愿→保护程度	0.733***	0.744***	0.749***	0.768***
红色文化传承意愿→传承态度	0.807***	0.848***	0.820***	0.819***
红色文化传承意愿→传承参与	0.833***	0.855***	0.840***	0.847***
红色文化传承意愿→传承方式	0.792***	0.821***	0.789***	0.799***

注：*** 表示 $P<0.001$。

在红色文化资源的价值认同方面，不同工作单位被调查人员的标准化路径系数都通过了显著性检验，并且数值分布在0.602～0.918。在政治认同上，被调查的党员相较于其他政治面貌的被调查人员而言更认为红色文化资源在体现党的理想信念、印证党的奋斗使命和唤醒民族记忆与国家认同方面的作用能够增强其对红色文化资源的政治认同，其中，被调查的群众和民主党派人士认为红色文化资源在唤醒民族记忆与国家认同方面的作用最能够影响其对红色文化资源的政治认同，被调查的党员和团员认为红色文化资源在印证党的奋斗使命方面的作用最能够影响其对红色文化资源的政治认同。

在经济认同上，被调查的民主党派人士相较于其他政治面貌的被调查人员而言认为红色文化资源在推动经济发展方面的作用能够增强其对红色文化资源的经济认同，而被调查的群众相较于其他政治面貌的被调查人员而言则认为红色文化资源在增加居民就业机会和提升居民收入水平方面的作用能够增强其对红色文化资源的经济认同。其中，被调查的民主党派人士认为红色文化资源在推动经济发展方面的作用最能够影响其对红色文化资源的经济认同，被调查的群众认为红色文化资源在提升居民收入水平方面的作用最能够影响其对红色文化资源的经济认同，被调查的团员和党员认为红色文化资源在增加居民就业机会方面的作用最能够影响其对红色文化资源的经济认同。

在文化认同上，被调查的党员相较于其他政治面貌的被调查人员而言认为红色文化资源在构筑社会主义先进文化生命力、推进社会主义核心价值体系建设和创新发展中华优秀传统文化方面的作用能够增强其对红色文化资源的文化认同。其中，被调查的党员和团员认为红色文化资源在构筑社会主义先进文化的生命力方面的作用最能够影响其对红色文化资源的文化认同，被调查的民主党派人士则认为红色文化资源在推动社会主义核心价值体系建设方面的作用最能够影响其对红色文化资源的文化认同，被调查的群众则认为红色文化资源在推动中华优秀传统文化创新发展方面的作用最能够影响其对红色文化资源的文化认同。

在生态认同上，被调查的群众相较于其他政治面貌的被调查人员而言认为红色文化资源在改善基础设施水平方面的作用能够增强被调查人员对红色文化资源的生态认同，而被调查的民主党派人士相较于其他政治面貌的被调查人员而言认为红色文化资源在生态环境保护方面的作用最能够影响其对红色文化资源的生态认同。其中，被调查的团员、党员和群众认为红色文化资源在改善基础设施建设方面的作用最能够影响其对红色文化资源的生态认同，被调查的民主党派人士认为红色文化资源在生态环境保护方面的作用最能够影响其对红色文化资源的生态认同。

在教育认同上，被调查的团员相较于其他政治面貌的被调查人员而言认为红色文化资源在提升爱国主义和革命传统教育效果与加强学生思想政治教育科学化水平方面的作用能够增强其对红色文化资源的教育认同，被调查的民主党派人士相较于其他政治面貌的被调查人员而言认为红色文化资源在改善教育发展环境方面的作用能够增强其对红色文化资源的教育认同。其中，被调查的团员和党员认为红色文化资源在加强学生思想政治教育方面的作用最能够使其对红色文化资源产生教育认同，被调查的民主党派认为红色文化资源在改善教育发展环境方面的作用最能够使其对红色文化资源的教育认同产生影响，被调查的群众则认为红色文化资源在提升爱国主义和革命传统教育效果方面的作用最能够使其对红色文化资源的教育认同产生影响。

在社会认同上，被调查的党员相较于其他政治面貌的被调查人员而言认为红色文化资源对增强社区居民社会参与度和社区居民社会责任感方面的作用能够增强其对红色文化资源的社会认同，而被调查的民主党派人士相较于其他政治面貌的被调查人员而言认为红色文化资源在提升社区居民社会认知力方面的作用能够增强其对红色文化资源的社会认同，其中，不同政治面貌的被调查人员都认为红色文化资源在提升社区居民社会参与度方面的作用最能够使其对红色文化资源产生社会认同。

在红色文化资源满意度方面，西北、北部边疆多民族地区不同政治面貌的被调查人员对当地的遗迹遗址和纪念场馆的期望值的标准化路径系数都较高，说明了遗迹遗址和纪念场馆的期望值对其对红色文化资源满意度的影响作用较明显。被调查的党员相较于其他政治面貌的被调查人员而言认为遗迹遗址期望值和纪念场馆期望值能够增强其对红色文化资源的满意度，其中，被调查的党员和群众认为遗迹遗址期望值最能够影响其对红色文化资源的满意度，被调查的民主党派人士和团员认为纪念场馆期望值最能够影响其对红色文化资源的满意度。

在红色文化资源的保护意愿方面，被调查的党员相较于其他政治面貌的被调查人员而言认为红色文化资源的保护参与和保护方式能够增强其对红色文化资源的保护意愿，被调查的群众相较于其他政治面貌的被调查人员而言认为红色文化资源的保护态度和保护程度更能够增强其对红色文化资源的保护意愿。其中，不同政治面貌的被调查人员都认为红色文化资源的保护参与最能够影响其对红色文化资源的保护意愿。

在红色文化资源的传承意愿方面，被调查的党员相较于其他政治面貌的被调查人员而言认为红色文化资源的传承态度、传承参与和传承方式能够增强其对红色文化资源的传承意愿。其中，不同政治面貌的被调查人员都认为红色文化资源的传承参与最能够影响其对红色文化资源的传承意愿。

第四节　基于工作单位差异的西北、北部边疆多民族地区红色文化资源保护与传承意愿研究

一、研究假设

假设1：西北、北部边疆多民族地区不同工作单位的被调查人员的个体差异对其个人保护传承红色文化的意愿有着显著的影响。

个体差异主要从年龄、文化程度、政治面貌、民族成分、工作单位、人员类别等方面体现。不同工作单位导致被调查人员对红色文化的看法和认知角度不同，一般而言，文化程度越高的人群红色文化的认同感越强烈，对当地红色文化的保护与传承意愿越强烈。

假设2：西北、北部边疆多民族地区不同工作单位的被调查人员的红色文化价值认同度对其个人保护传承红色文化的意愿有着显著的影响。

红色文化价值认同度对西北、北部边疆多民族地区的人民群众保护与传承红色文化意愿的影响程度十分显著，对红色文化价值认同度越高，保护与传承红色文化的意愿越强烈。一般来看，政府机关的工作人员对红色文化的认知更全面，另外，在民族地区少数民族干部的任用为少数民族地方和国家之间构建起了沟通的桥梁，任用的大多是本地的本民族人员，他们对当地红色文化的保护与传承意愿更强烈。

二、数据来源与变量描述统计

本节的研究重点是西北、北部边疆多民族地区不同民族成分被调查人员的保护传承红色文化的意愿及其影响因素，对1093份有效的调查问卷中进行分类，其中在政府机关工作的被调查人员有96人，占总样本数的8.78%，在事业单位工作的被调查人员有101人，占总样本数的9.24%，在公有制企业工作的被调查人员有218人，占总样本数的19.95%，在非公有制企业工作的被调查人员有359人，占总样本数的32.85%，其他行业的被调查人员有135人，占总样本数的12.35%，学生有184人，占总样本数的16.83%。

经过对调查数据的分类汇总，得到以下描述性统计结果（见表4-13），可以发现，不同工作类型的受访者在个人特征、红色文化的价值认同以及红色文化

表 4－13 调查数据描述性统计

类别	变量名称	西北、北部边疆多民族地区（N＝1093）		政府机关（N＝96）		事业单位（N＝101）		公有制企业（N＝218）		非公有制企业（N＝359）		其他（N＝135）		学生（N＝184）	
		频数	百分比	频数	百分比	频数	百分比	频数	百分比	频数	百分比	频数	百分比	频数	百分比
文化程度	小学及以下	42	3. 84	0	0	0	0	0	0	22	6. 13	20	14. 81	0	0
	初中	359	32. 85	0	0	26	25. 74	77	35. 32	112	31. 20	99	73. 33	45	24. 46
	高中（中专）	418	38. 24	18	18. 75	52	51. 49	113	51. 83	152	42. 34	9	6. 67	74	40. 22
	本专科	253	23. 15	73	76. 04	20	19. 80	26	11. 93	72	20. 06	6	4. 44	56	30. 43
	研究生	21	1. 92	5	5. 21	3	2. 97	2	0. 92	1	0. 28	1	0. 74	9	4. 89
民族成分	汉族	792	72. 46	67	69. 79	71	70. 30	184	84. 40	282	78. 55	82	60. 74	106	57. 61
	少数民族	301	27. 54	29	30. 21	30	29. 70	34	15. 60	77	21. 45	53	39. 26	78	42. 39
年龄	新生代	584	53. 43	52	54. 17	49	48. 51	98	44. 95	217	60. 45	59	43. 70	184	100. 00
	老一代	509	46. 57	44	45. 83	52	51. 49	120	55. 05	142	39. 55	76	56. 30	0	0
政治面貌	团员	128	11. 71	1	1. 04	2	1. 98	2	0. 92	3	0. 84	2	1. 48	118	64. 13
	党员	229	20. 95	62	64. 58	52	51. 49	29	13. 30	30	8. 36	4	2. 96	52	28. 26
	民主党派	19	1. 74	11	11. 46	3	2. 97	2	0. 92	0	0	3	2. 22	0	0
	群众	717	65. 60	22	22. 92	44	43. 56	185	84. 86	326	90. 81	126	93. 33	14	7. 61
人员类别	本地居民	993	90. 85	94	97. 92	98	97. 03	214	98. 17	353	98. 33	133	98. 52	101	54. 89
	游客	21	1. 92	2	2. 08	3	2. 97	4	1. 83	6	1. 67	2	1. 48	4	2. 17
	外地学生	79	7. 23	0	0	0	0	0	0	0	0	0	0	79	42. 93

续表

观测变量	潜在变量	西北、北部边疆多民族地区（N=1093）		政府机关（N=96）		事业单位（N=101）		公有制企业（N=218）		非公有制企业（N=359）		其他（N=135）		学生（N=184）	
		频数	百分比	频数	百分比	频数	百分比	频数	百分比	频数	百分比	频数	百分比	频数	百分比
政治认同	党的理想信念	均值3.98（0.679）		均值4.03（0.641）		均值4.01（0.669）		均值3.99（0.678）		均值3.95（0.691）		均值3.89（0.692）		均值4.01（0.679）	
	党的奋斗使命	均值3.97（0.672）		均值4.02（0.649）		均值3.99（0.693）		均值3.98（0.691）		均值3.93（0.703）		均值3.92（0.708）		均值3.98（0.683）	
	民族记忆与国家认同	均值4.08（0.669）		均值4.09（0.667）		均值4.09（0.687）		均值4.08（0.682）		均值4.07（0.694）		均值4.06（0.682）		均值4.09（0.686）	
经济认同	经济发展	均值3.52（0.714）		均值3.52（0.679）		均值3.52（0.689）		均值3.53（0.692）		均值3.50（0.706）		均值3.51（0.711）		均值3.52（0.676）	
	居民收入水平	均值3.51（0.704）		均值3.51（0.676）		均值3.52（0.688）		均值3.53（0.671）		均值3.50（0.711）		均值3.48（0.712）		均值3.52（0.692）	
	居民就业机会	均值3.51（0.702）		均值3.51（0.681）		均值3.52（0.691）		均值3.52（0.687）		均值3.49（0.703）		均值3.49（0.706）		均值3.53（0.701）	
文化认同	社会主义先进文化	均值3.77（0.663）		均值3.79（0.684）		均值3.78（0.694）		均值3.77（0.697）		均值3.74（0.688）		均值3.76（0.684）		均值3.78（0.701）	
	社会主义核心价值体系	均值3.79（0.671）		均值3.82（0.667）		均值3.81（0.673）		均值3.81（0.698）		均值3.77（0.705）		均值3.75（0.703）		均值3.78（0.710）	
	中华优秀传统文化	均值3.62（0.721）		均值3.64（0.679）		均值3.62（0.679）		均值3.62（0.690）		均值3.62（0.672）		均值3.60（0.681）		均值3.62（0.682）	
生态认同	生态环境保护	均值3.22（0.711）		均值3.22（0.679）		均值3.22（0.714）		均值3.20（0.695）		均值3.20（0.702）		均值3.24（0.701）		均值3.24（0.703）	
	基础设施水平	均值3.39（0.709）		均值3.41（0.692）		均值3.39（0.698）		均值3.39（0.712）		均值3.37（0.701）		均值3.37（0.691）		均值3.41（0.702）	
教育认同	爱国主义和革命传统教育	均值3.86（0.667）		均值3.88（0.682）		均值3.89（0.687）		均值3.86（0.688）		均值3.86（0.691）		均值3.83（0.703）		均值3.84（0.692）	
	学生思想政治教育	均值3.85（0.645）		均值3.87（0.667）		均值3.86（0.687）		均值3.85（0.684）		均值3.83（0.691）		均值3.84（0.705）		均值3.85（0.701）	
	教育发展环境	均值3.83（0.687）		均值3.83（0.667）		均值3.82（0.672）		均值3.84（0.659）		均值3.82（0.678）		均值3.80（0.690）		均值3.87（0.668）	

续表

观测变量	潜在变量	西北、北部边疆多民族地区（N = 1093）		政府机关（N = 96）		事业单位（N = 101）		公有制企业（N = 218）		非公有制企业（N = 359）		其他（N = 135）		学生（N = 184）	
		频数	百分比	频数	百分比	频数	百分比	频数	百分比	频数	百分比	频数	百分比	频数	百分比
社会认同	社区居民社会参与度	均值3.11	（0.724）	均值3.14	（0.692）	均值3.11	（0.689）	均值3.10	（0.698）	均值3.11	（0.711）	均值3.09	（0.708）	均值3.11	（0.687）
	社区居民社会责任感	均值3.39	（0.651）	均值3.43	（0.666）	均值3.40	（0.672）	均值3.39	（0.681）	均值3.38	（0.684）	均值3.33	（0.692）	均值3.41	（0.700）
	社区居民社会认知力	均值3.10	（0.723）	均值3.14	（0.693）	均值3.12	（0.686）	均值3.09	（0.679）	均值3.07	（0.714）	均值3.07	（0.721）	均值3.11	（0.694）
满意度	遗迹遗址期望值	均值3.50	（0.649）	均值3.52	（0.698）	均值3.52	（0.688）	均值3.50	（0.699）	均值3.48	（0.688）	均值3.48	（0.702）	均值3.50	（0.708）
	纪念场馆期望值	均值3.52	（0.669）	均值3.55	（0.671）	均值3.53	（0.666）	均值3.51	（0.681）	均值3.50	（0.698）	均值3.51	（0.688）	均值3.52	（0.702）
保护意愿	保护态度	均值3.52	（0.681）	均值3.54	（0.677）	均值3.54	（0.689）	均值3.54	（0.700）	均值3.48	（0.689）	均值3.48	（0.679）	均值3.48	（0.666）
	保护参与	均值3.54	（0.688）	均值3.55	（0.679）	均值3.55	（0.683）	均值3.54	（0.694）	均值3.53	（0.697）	均值3.51	（0.688）	均值3.56	（0.691）
	保护方式	均值3.54	（0.672）	均值3.56	（0.681）	均值3.55	（0.678）	均值3.54	（0.681）	均值3.52	（0.688）	均值3.53	（0.664）	均值3.54	（0.692）
	保护程度	均值3.55	（0.682）	均值3.55	（0.655）	均值3.53	（0.667）	均值3.55	（0.674）	均值3.55	（0.695）	均值3.55	（0.658）	均值3.57	（0.701）
传承意愿	传承态度	均值3.54	（0.673）	均值3.57	（0.672）	均值3.55	（0.674）	均值3.52	（0.669）	均值3.52	（0.681）	均值3.52	（0.679）	均值3.56	（0.695）
	传承参与	均值3.53	（0.678）	均值3.56	（0.669）	均值3.56	（0.682）	均值3.53	（0.684）	均值3.50	（0.697）	均值3.50	（0.698）	均值3.53	（0.683）
	传承方式	均值3.54	（0.673）	均值3.55	（0.667）	均值3.55	（0.681）	均值3.55	（0.683）	均值3.53	（0.675）	均值3.52	（0.677）	均值3.54	（0.689）

注：括号中为标准差。

保护传承意愿方面均有所差异。其中，在个人特征的文化程度方面，可以看到政府机关的被调查人员中本专科学历的人占比最多，达到了76.04%，占比排第二的是高中（中专）学历，达到了18.75%；事业单位的被调查人员中高中（中专）学历的人占比最多，达到了51.49%，占比排第二的是初中学历，达到了25.74%；公有制企业的被调查人员中高中（中专）学历的人占比最多，达到了51.83%，占比排第二的是初中学历，达到了35.32%；非公有制企业的被调查人员中高中（中专）学历的人占比最多，达到了42.34%，占比排第二的是初中学历，达到了31.20%；其他行业的被调查人员中初中学历的人占比最多，达到了73.33%，占比排第二的是小学及以下学历，达到了14.81%；被调查的学生中高中（中专）人数最多，达到了40.22%，占比排第二的是本专科，达到了30.43%。在个人特征的民族成分方面，每个工作种类中都是汉族居多。在个人特征的年龄构成方面，事业单位、公有制企业和其他行业的工作人员中老一代人群较多，而在政府机关和非公有制企业中新生代人群较多，在学生中并没有老一代人群出现。在个人特征的政治面貌方面，政府机关中的团员占政府整体被调查人员的1.04%，党员占政府整体被调查人员的64.58%，民主党派人员占政府整体被调查人员的11.46%，群众占政府整体被调查人员的22.92%；事业单位中的团员占事业单位整体被调查人员的1.98%，党员占事业单位整体被调查人员的51.49%，民主党派人员占事业单位整体被调查人员的2.97%，群众占事业单位整体被调查人员的43.56%；公有制企业中的团员占公有制企业整体被调查人员的0.92%，党员占公有制企业整体被调查人员的13.30%，民主党派人士占公有制企业整体被调查人员的0.92%，群众占公有制企业整体被调查人员的84.86%；非公有制企业中团员占非公有制企业整体被调查人员的0.84%，党员占非公有制企业整体被调查人员的8.36%，民主党派人士占非公有制企业整体被调查人员的0.00%，群众占非公有制企业整体被调查人员的90.81%；其他行业人员中的团员占其他行业整体被调查人员的1.48%，党员占其他行业整体被调查人员的2.96%，民主党派人士占其他行业整体被调查人员的2.22%，群众占其他行业整体被调查人员的93.33%；学生中团员占学生整体被调查人员的64.13%，党员占学生整体被调查人员的28.26%，群众占学生整体被调查人员的7.61%。在个人特征的人员类别方面，本地居民占到了所有工作单位的人员的大多数，分别是政府机关被调查人员的97.92%，事业单位被调查人员的97.03%，公有制企业被调查人员的98.17%，非公有制企业被调查人员的98.33%，其他行业被调查人员的98.52%以及被调查学生的54.89%，值得一提的是，在被调查学生当中，有42.93%是外地学生。

在红色文化的价值认同方面，不同工作单位在红色文化的政治认同程度中有着较大的差异，其中，政府机关和事业单位的被调查人员都能够有较高的认同度，学生对红色文化的政治认同度也非常高，而非公有制企业和其他行业的被调查者相对来说认同度较低，这是因为政府机关和事业单位在工作过程中能够有效地对红色文化内核进行理解，学生在学习的过程中能够知晓红色文化的形成过程，进而容易产生共鸣。在红色文化的经济认同程度中，政府机关、事业单位、公有制企业的被调查人员以及学生对红色文化推动当地经济发展、增加居民收入、增加就业机会的评价更高，非公有制企业和其他行业的被调查人员评价稍低，但整体差距不大。在红色文化的文化认同程度中，在政府机关和事业单位工作的被调查人员和学生是评价最高的，他们认为红色文化能够有效地推进社会主义先进文化的发展，同时能够带动中华优秀传统文化的创新。在红色文化的生态认同程度中，在政府机关工作的被调查人员和学生的认同度更高，但是整体来看评价偏低，证明当地被调查者普遍认为当地的红色文化在生态环境保护和基础设施建设当中仍有发展空间。在红色文化的教育认同程度中，政府机关和事业单位工作的被调查人员对红色文化推动当地爱国主义和革命传统教育、加强学生思想政治教育的评价较高，这是因为政府机关的工作人员能够从宏观上制订并推进红色文化在教育中的计划，学生对红色文化改善当地教育发展环境的评价较高，这是因为学生作为教育活动的参与者，能够亲身体会到红色文化在教育当中的重要作用和教育环境的改变。在红色文化的社会认同程度中，不同行业之间有着较大的差距，政府机关工作的被调查人员对红色文化在推进居民参与社会发展、构建社会责任、增强社会认知方面的认可度更高，而其他行业的被调查人员的评价基本相似。在红色文化的保护与传承意愿中，政府机关工作的被调查人员普遍对当地的遗迹遗址和纪念场馆较满意，在红色文化的保护与传承意愿中，整体来看，其他行业的工作人员对红色文化保护与传承意愿不强。

三、实证分析

本书在西北、北部边疆多民族地区调查过程中构建了包括 1093 个调查样本在内的数据库，利用 AMOS 软件进行分析，构建起了西北、北部边疆多民族地区红色文化资源保护与传承意愿的结构方程模型（见图 4 -4），在构建结构方程模型之后，需要对其信度和效度进行检验。

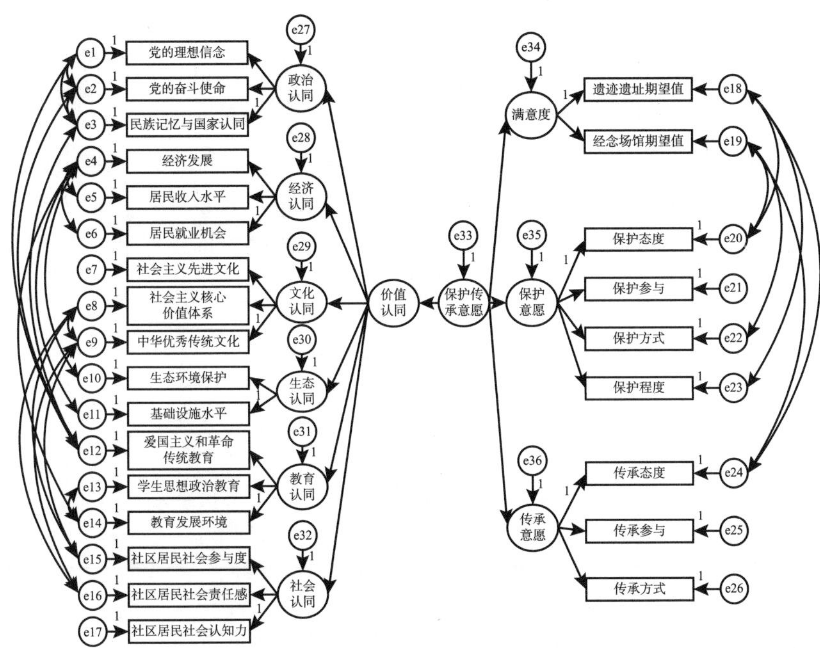

图 4-4　西北、北部边疆多民族地区红色文化资源保护与传承意愿的结构方程模型

首先，利用 Cronbach's α 系数对采集回来的调查问卷进行信度检验，政府机关被调查人员、事业单位被调查人员、公有制企业被调查人员、非公有制企业被调查人员、其他行业被调查人员和学生的调查问卷信度分别为 0.951、0.939、0.944、0.957、0.928 和 0.955，样本的可信度较高。其次，利用因子分析法对指标的潜在变量效度进行分析，政府机关被调查人员、事业单位被调查人员、公有制企业被调查人员、非公有制企业被调查人员、其他行业被调查人员和学生的 KMO 检验结果分别显示为 0.955、0.952、0.947、0.919、0.923 和 0.939，在 Bartlett 球形检验结果中，卡方值的显著性概率是低于显著性水平的，利用极大方差法进行因子旋转，以特征值大于 1 的标准进行主因子的提取，最终显示指标项因子负载量大于 0.50，累计解释方差多余 50%，综合解释了变量的效度通过了检验。整体来看，采集到的信息信度和效度通过了检验。最后，要对构建的结构方程模型拟合指标参数进行检验，将八项拟合指标的显示值与标准值进行对比，观察是否能够通过。利用 AMOS 软件对构建起的结构方程模型进行检验，得到了八项拟合指标参数（见表 4-14）。通过八项拟合指标数值的对比发现，拟合情况均为理想，证明其结果可以接受。在此基础上对西北、北部边疆多民族地区不同工作单位被调查人员的红色文化保护与传承意愿的结构方程模型路径系数进行测算，得到西北、北部边疆多民族地区不同工作单位被调查人员的红色文化保护与传承意愿的结构方程模型路径估计结果（见表 4-15），由表 4-15 可知，红色文化价值认同对西北、北部边疆多民族地区政府机关被调查人员、事业单位被调查人员、公有制企业被调查人员、非公有制企业被调查人员、其他行业被调查人员和学生的红色文化保护与传承意愿的标准化路径系数分别为0.772、0.766、0.763、0.754、0.748和0.769，通过了显著性检验。这说明红色文化价值认同与红色文化保护与传承意愿之间有着显著的正向关系，并且这种正向关系在政府机关工作被调查人员中更明显，这就验证了前文的假设，即该结构方程模型无须优化调整。

表4-14　八项拟合指标参数

拟合指标	χ^2/df	*AGFI*	*IFI*	*CFI*	*TLI*	*PNFI*	*RMR*	*RMSEA*
显示值	2.376	0.844	0.928	0.957	0.910	0.608	0.044	0.078
参考值	<5.00	>0.80	>0.90	>0.90	>0.90	>0.50	<0.05	<0.08
拟合情况	理想	理想	理想	理想	理想	理想	理想	理想

表4-15　结构方程模型路径估计结果

工作单位	结构方程模型路径	标准化路径系数	*P*
政府机关	红色文化价值认同→红色文化保护与传承意愿	0.772	***
事业单位	红色文化价值认同→红色文化保护与传承意愿	0.766	***
公有制企业	红色文化价值认同→红色文化保护与传承意愿	0.763	***
非公有制企业	红色文化价值认同→红色文化保护与传承意愿	0.754	***
其他行业	红色文化价值认同→红色文化保护与传承意愿	0.748	***
学生	红色文化价值认同→红色文化保护与传承意愿	0.769	***

注：*** 表示 $P<0.001$。

根据前文构建的西北、北部边疆多民族地区红色文化资源保护与传承意愿结构方程模型，利用AMOS软件对西北、北部边疆多民族地区的1600份调查问卷中的样本数据进行分析计算，分别得到了西北、北部边疆多民族地区不同工作单位被调查人员的红色文化保护与传承意愿的非标准化参数值估计模型。由前文对不同工作单位被调查人员的红色文化价值认同以及红色文化保护与传承意愿的标准化路径系数可知，红色文化价值认同对红色文化保护与传承意愿之间的作用十分明显，红色文化的价值认同主要是通过红色文化的政治认同、红色文化的经济认同、红色文化的文化认同、红色文化的生态认同、红色文化的教育认同和红色文化的社会认同6个观测变量进行测算判定。

从e1↔e2路径来看，在政府机关、事业单位、公有制企业、非公有制企业和其他行业工作的被调查人员以及被调查的学生都通过了显著性检验，并且其协方差均为正值，反映了在政府机关、事业单位、公有制企业、非公有制企业和其他行业工作的被调查人员以及被调查的学生认为党的理想信念和党的奋斗使命之间有着正向的共变关系，这说明西北、北部边疆多民族地区的不同工作单位被调查人员对党的理想信念了解得越深刻，越能够感受到党的奋斗使命。从 e1↔e3 路径来看，在政府机关、事业单位、公有制企业、非公有制企业和其他行业工作的被调查人员以及被调查的学生都通过了显著性检验，并且其协方差均为正值，反映了在政府机关、事业单位、公有制企业、非公有制企业和其他行业工作的被调查人员以及被调查的学生认为党的理想信念和民族记忆与国家认同之间有着正向的共变关系，这说明对党的理想信念了解得越深刻的西北、北部边疆多民族地区的不同工作单位被调查人员，越能够唤醒其对中华民族的民族记忆与国家认同。从 e1↔e12 路径来看，在政府机关、事业单位、公有制企业、非公有制企业和其他行业工作的被调查人员以及被调查的学生都通过了显著性检验，并且其协方差均为正值，反映了在政府机关、事业单位、公有制企业、非公有制企业和其他行业工作的被调查人员以及被调查的学生认为党的理想信念和爱国主义和革命传统教育之间有着正向的共变关系，这说明西北、北部边疆多民族地区的不同工作单位被调查人员对党的理想信念了解得越深刻，越能够加强其爱国主义情感，增进革命传统教育。在这些路径当中，在政府机关和事业单位工作的被调查人员和被调查的学生所受到的影响更明显。从 e2↔e3 路径来看，在政府机关、事业单位、公有制企业、非公有制企业和其他行业工作的被调查人员以及被调查的学生都通过了显著性检验，并且其协方差均为正值，反映了在政府机关、事业单位、公有制企业、非公有制企业和其他行业工作的被调查人员以及被调查的学生认为党的奋斗使命和民族记忆与国家认同之间有着正向的共变关系，这说明西北、北部边疆多民族地区的不同工作单位被调查人员对党的奋斗使命了解得越深刻，越能够唤醒其对中华民族的民族记忆与国家认同。从 e2↔e12 路径来看，在政府机关、事业单位、公有制企业、非公有制企业和其他行业工作的被调查人员以及被调查的学生都通过了显著性检验，反映了在政府机关、事业单位、公有制企业、非公有制企业和其他行业工作的被调查人员以及被调查的学生认为党的奋斗使命和爱国主义和革命传统教育之间有着正向的共变关系，这说明西北、北部边疆多民族地区的不同工作单位被调查人员对党的奋斗使命了解得越深刻，越能够增强爱国主义情感，增进革命传统教育。在这些路径当中，在政府机关和事业单位工作的被调查人员所受到的影响更明显。从 e3↔e12 路径来看，在政府机关、事业单位、公有制企业、非公有制企业和其他行业工作的被调查人员以及被调查的学生都通过了显著性检验，并且其协方差均为正值，反映了在政府机关、事业单位、公有制企业、非公有制企业和其他行业工作的被调查人员以及被调查的学生认为民族记忆与国家认同和爱国主义与革命传统教育之间有着正向的共变关系，这说明西北、北部边疆多民族地区的不同工作单位被调查人员对红色文化中的民族记忆与国家认同了解得越深刻，越能够增强其爱国主义情感，增进革命传统教育。在此路径当中，在政府机关和事业单位工作的被调查人员所受到的影响更为明显。

从 e4↔e5 路径来看，在政府机关、事业单位、公有制企业、非公有制企业和其他行业工作的被调查人员以及被调查的学生都通过了显著性检验，并且其协方差均为正值，反映了在政府机关、事业单位、公有制企业、非公有制企业和其他行业工作的被调查人员以及被调查的学生认为红色文化带动经济发展和居民收入水平之间有着正向的共变关系，这说明西北、北部边疆多民族地区的不同工作单位被调查人员认为当地红色文化越能够推动经济发展，就越能带动当地的居民收入水平。从 e4↔e6 路径来看，在政府机关、事业单位、公有制企业、非公有制企业和其他行业工作的被调查人员以及被调查的学生都通过了显著性检验，并且其协方差均为正值，反映了在政府机关、事业单位、公有制企业、非公有制企业和其他行业工作的被调查人员以及被调查的学生认为红色文化带动经济发展和居民就业机会之间有着正向的共变关系，这说明西北、北部边疆多民族地区的不同工作单位被调查人员认为当地红色文化越能够推动经济发展，就越能增加当地的居民就业机会。从 e4↔e10 路径来看，在政府机关、事业单位、公有制企业、非公有制企业和其他行业工作的被调查人员以及被调查的学生都通过了显著性检验，并且其协方差均为正值，反映了在政府机关、事业单位、公有制企业、非公有制企业和其他行业工作的被调查人员以及被调查的学生认为红色文化带动经济发展和生态环境保护之间有着正向的共变关系，这说明西北、北部边疆多民族地区的不同工作单位被调查人员认为当地红色文化越能够推动经济发展，越有利于当地生态环境的保护。从 e4↔e11 路径来看，在政府机关、事业单位、公有制企业、非公有制企业和其他行业工作的被调查人员以及被调查的学生都通过了显著性检验，并且其协方差均为正值，反映了在政府机关、事业单位、公有制企业、非公有制企业和其他行业工作的被调查人员以及被调查的学生认为红色文化带动经济发展和基础设施建设之间有着正向的共变关系，这说明西北、北部边疆多民族地区的不同工作单位被调查人员认为当地红色文化越能够推动经济发展，越有利于推动当地的基础设施建设与完善。从 e4↔e14 路径来看，在政府机关、事业单位、公有制企业、非公有制企业和其他行业工作的被调查人员以及被调查的学生都通过了显著性检验，并且其协方差均为正值，反映了在政府机关、事业单位、公有制企业、非公有制企业和其他行业工作的被调查人员以及被调查的学生认为红色文化带动经济发展和改善教育发展环境之间有着正向的共变关系，这说明西北、北部边疆多民族地区的不同工作单位被调查人员认为当地红色文化越能够推动经济发展，就越能改善当地的教育发展环境。

从 e8↔e9 路径来看，在政府机关、事业单位、公有制企业、非公有制企业和其他行业工作的被调查人员以及被调查的学生都通过了显著性检验，并且其协方差均为正值，反映了在政府机关、事业单位、公有制企业、非公有制企业和其他行业工作的被调查人员以及被调查的学生认为社会主义核心价值体系和中华优秀传统文化之间有着正向的共变关系，这说明西北、北部边疆多民族地区的不同工作单位被调查人员对红色文化推动发展社会主义核心价值体系满意度越高，认为其越能够带动中华优秀传统文化创新发展。从 e8↔e15 路径来看，在政府机关、事业单位、公有制企业、非公有制企业和其他行业工作的被调查人员以及被调查的学生都通过了显著性检验，并且其协方差均为正值，反映了在政府机关、事业单位、公有制企业、非公有制企业和其他行业工作的被调查人员以及被调查的学生认为社会主义核心价值体系和社区居民社会参与度之间有着正向的共变关系，这说明西北、北部边疆多民族地区的不同工作单位被调查人员认为不断坚持发展社会主义核心价值体系，可以有效地提升社区居民对社会建设的参与度。从 e8↔e16 路径来看，在政府机关、事业单位、公有制企业、非公有制企业和其他行业工作的被调查人员以及被调查的学生都通过了显著性检验，并且其协方差均为正值，反映了在政府机关、事业单位、公有制企业、非公有制企业和其他行业工作的被调查人员以及被调查的学生认为社会主义核心价值体系和社区居民社会责任感之间有着正向的共变关系，这说明西北、北部边疆多民族地区的不同工作单位被调查人员认为不断巩固社会主义核心价值体系，可以有效地提升社区居民的社会责任感。从 e9↔e15 路径来看，在政府机关、事业单位、公有制企业、非公有制企业和其他行业工作的被调查人员以及被调查的学生都通过了显著性检验，并且其协方差均为正值，反映了在政府机关、事业单位、公有制企业、非公有制企业和其他行业工作的被调查人员以及被调查的学生认为中华优秀传统文化和社区居民社会参与度之间有着正向的共变关系，这说明西北、北部边疆多民族地区的不同工作单位被调查人员认为坚持传承和发展中华优秀传统文化，可以有效地提升社区居民对社会建设的参与度。从 e9↔e16 路径来看，在政府机关、事业单位、公有制企业、非公有制企业和其他行业工作的被调查人员以及被调查的学生都通过了显著性检验，并且其协方差均为正值，反映了在政府机关、事业单位、公有制企业、非公有制企业和其他行业工作的被调查人员以及被调查的学生认为中华优秀传统文化和社区居民社会责任感之间有着正向的共变关系，这说明西北、北部边疆多民族地区的不同工作单位被调查人员认为坚持传承和发展中华优秀传统文化，可以有效地提升社区居民的社会责任感。

从 e13↔e14 路径来看，在政府机关、事业单位、公有制企业、非公有制企业和其他行业工作的被调查人员以及被调查的学生都通过了显著性检验，并且其协方差均为正值，反映了在政府机关、事业单位、公有制企业、非公有制企业和其他行业工作的被调查人员以及被调查的学生认为学生思想政治教育和教育发展环境之间有着正向的共变关系，这说明西北、北部边疆多民族地区的不同工作单位被调查人员认为教育发展环境越好，越有利于推动学生思想政治教育工作。

西北、北部边疆多民族地区不同年龄阶段的被调查人员对红色文化保护与传承意愿与其对红色文化的满意度、红色文化的保护意愿和红色文化的传承意愿关系十分明显，需要从这三方面入手综合探索提升其意愿。从 e18↔e20 路径来看，在政府机关、事业单位、公有制企业、非公有制企业和其他行业工作的被调查人员以及被调查的学生都通过了显著性检验，反映了在政府机关、事业单位、公有制企业、非公有制企业和其他行业工作的被调查人员以及被调查的学生认为当地遗迹遗址的满意度和保护红色文化的态度之间有着正向的共变关系，这说明西北、北部边疆多民族地区的不同工作单位被调查人员对当地遗迹遗址的满意度越高，越能够激发其对当地红色文化的保护意愿。从 e18↔e23 路径来看，在政府机关、事业单位、公有制企业、非公有制企业和其他行业工作的被调查人员以及被调查的学生都通过了显著性检验，反映了在政府机关、事业单位、公有制企业、非公有制企业和其他行业工作的被调查人员以及被调查的学生认为当地遗迹遗址的满意度和当地红色文化遗迹遗址的保护利用现状之间有着正向的共变关系，这说明西北、北部边疆多民族地区的不同工作单位被调查人员对当地遗迹遗址的满意度越高，对当地红色文化遗迹遗址的保护利用现状评价越有利。从 e18↔e24 路径来看，在政府机关、事业单位、公有制企业、非公有制企业和其他行业工作的被调查人员以及被调查的学生都通过了显著性检验，反映了在政府机关、事业单位、公有制企业、非公有制企业和其他行业工作的被调查人员以及被调查的学生认为当地遗迹遗址的满意度和宣传推介本地红色文化资源的意愿之间有着正向的共变关系，这说明西北、北部边疆多民族地区的不同工作单位被调查人员对当地遗迹遗址的满意度越高，越愿意宣传推介当地的红色文化。从 e19↔e20 路径来看，在政府机关、事业单位、公有制企业、非公有制企业和其他行业工作的被调查人员以及被调查的学生都通过了显著性检验，反映了在政府机关、事业单位、公有制企业、非公有制企业和其他行业工作的被调查人员以及被调查的学生认为当地纪念场馆的满意度和保护红色文化的态度之间有着正向的共变关系，这说明西北、北部边疆多民族地区的不同工作单位被调查人员对当地纪念场馆的满意度越高，越能够激发其对当地红色文化的保护意愿。从 e19↔e22 路径来看，在政府机关、事业单位、公有制企业、非公有制企业和其他行业工作的被调查人员以及被调查的学生都通过了显著性检验，反映了在政府机关、事业单位、公有制企业、非公有制企业和其他行业工作的被调查人员以及被调查的学生认为当地纪念场馆的满意度和当地红色文化纪念场馆的保护利用现状之间有着正向的共变关系，这说明西北、北部边疆多民族地区的不同工作单位被调查人员对当地纪念场馆的满意度越高，对当地红色文化纪念场馆的保护利用现状评价越有利。从 e19↔e24 路径来看，在政府机关、事业单位、公有制企业、非公有制企业和其他行业工作的被调查人员以及被调查的学生都通过了显著性检验，反映了在政府机关、事业单位、公有制企业、非公有制企业和其他行业工作的被调查人员以及被调查的学生认为当地纪念场馆的满意度和宣传推介本地红色文化资源的意愿之间有着正向的共变关系，这说明西北、北部边疆多民族地区的不同工作单位被调查人员对当地纪念场馆的满意度越高，越愿意宣传推介当地的红色文化。

根据结构方程模型的输出结果，可以得到西北、北部边疆多民族地区不同工作单位的被调查人员保护与传承红色文化资源意愿测量模型中潜在变量与观测变量之间的标准化路径估计结果（见表 4－16）。可见在测量模型中，在政府机关、事业单位、公有制企业、非公有制企业和其他行业工作的被调查人员以及被调查学生的潜在变量对观察变量的显著性检验 P 值都在 0.001 水平，说明了该模型中的观测变量能够解释潜在变量。

表 4－16　　潜在变量与观测变量之间的标准化路径估计结果

测量模型路径	政府机关	事业单位	公有制企业	非公有制企业	其他	学生
	标准化路径系数	标准化路径系数	标准化路径系数	标准化路径系数	标准化路径系数	标准化路径系数
政治认同→党的理想信念	0.908***	0.891***	0.863***	0.862***	0.851***	0.884***
政治认同→党的奋斗使命	0.901***	0.884***	0.878***	0.859***	0.819***	0.875***
政治认同→民族记忆与国家认同	0.897***	0.876***	0.891***	0.877***	0.889***	0.891***
经济认同→经济发展	0.833***	0.857***	0.864***	0.859***	0.855***	0.852***
经济认同→居民收入水平	0.870***	0.864***	0.866***	0.863***	0.871***	0.822***
经济认同→居民就业机会	0.820***	0.848***	0.852***	0.867***	0.883***	0.847***
文化认同→社会主义先进文化	0.910***	0.892***	0.853***	0.855***	0.848***	0.894***
文化认同→社会主义核心价值体系	0.899***	0.874***	0.877***	0.832***	0.824***	0.863***

续表

测量模型路径	政府机关	事业单位	公有制企业	非公有制企业	其他	学生
	标准化路径系数	标准化路径系数	标准化路径系数	标准化路径系数	标准化路径系数	标准化路径系数
文化认同→中华优秀传统文化	0.902 ***	0.866 ***	0.842 ***	0.868 ***	0.870 ***	0.879 ***
生态认同→生态环境保护	0.637 ***	0.628 ***	0.615 ***	0.563 ***	0.581 ***	0.655 ***
生态认同→基础设施水平	0.718 ***	0.689 ***	0.674 ***	0.650 ***	0.577 ***	0.630 ***
教育认同→爱国主义和革命传统教育	0.877 ***	0.857 ***	0.838 ***	0.844 ***	0.831 ***	0.881 ***
教育认同→学生思想政治教育	0.872 ***	0.864 ***	0.850 ***	0.837 ***	0.822 ***	0.851 ***
教育认同→教育发展环境	0.862 ***	0.869 ***	0.855 ***	0.850 ***	0.840 ***	0.876 ***
社会认同→社区居民社会参与度	0.822 ***	0.808 ***	0.789 ***	0.797 ***	0.782 ***	0.831 ***
社会认同→社区居民社会责任感	0.827 ***	0.792 ***	0.747 ***	0.755 ***	0.733 ***	0.784 ***
社会认同→社区居民社会认知力	0.737 ***	0.724 ***	0.720 ***	0.694 ***	0.677 ***	0.717 ***
红色文化满意度→遗迹遗址期望值	0.902 ***	0.883 ***	0.891 ***	0.892 ***	0.840 ***	0.851 ***
红色文化满意度→纪念场馆期望值	0.884 ***	0.870 ***	0.876 ***	0.898 ***	0.855 ***	0.870 ***
红色文化保护意愿→保护态度	0.887 ***	0.865 ***	0.873 ***	0.855 ***	0.892 ***	0.878 ***
红色文化保护意愿→保护参与	0.907 ***	0.882 ***	0.896 ***	0.884 ***	0.875 ***	0.908 ***
红色文化保护意愿→保护方式	0.905 ***	0.862 ***	0.850 ***	0.837 ***	0.816 ***	0.901 ***
红色文化保护意愿→保护程度	0.893 ***	0.855 ***	0.874 ***	0.851 ***	0.829 ***	0.858 ***
红色文化传承意愿→传承态度	0.914 ***	0.901 ***	0.884 ***	0.853 ***	0.860 ***	0.891 ***
红色文化传承意愿→传承参与	0.889 ***	0.873 ***	0.881 ***	0.864 ***	0.879 ***	0.860 ***
红色文化传承意愿→传承方式	0.894 ***	0.852 ***	0.870 ***	0.838 ***	0.841 ***	0.869 ***

注：*** 表示 $P<0.001$。

在红色文化资源的价值认同方面，不同工作单位被调查人员的标准化路径系数都通过了显著性检验，并且数值分布在0.563～0.914。在政治认同上，在政府机关工作的被调查人员相较于其他工作单位的被调查人员而言认为红色文化资源在体现党的理想信念、印证党的奋斗使命和唤醒民族记忆与国家认同方面的作用能够增强其对红色文化资源的政治认同，其中，在公有制企业、非公有制企业、其他行业工作的被调查人员和被调查的学生认为红色文化资源在唤醒民族记忆与国家认同方面的作用最能够影响其对红色文化资源的政治认同，在政府机关和事业单位工作的被调查人员认为红色文化资源在理解党的理想信念方面的作用最能够影响其对红色文化资源的政治认同。

在经济认同上，在公有制企业工作的被调查人员相较于其他工作单位的被调查人员而言认为红色文化资源在推动经济发展水平方面的作用能够增强其对红色文化资源的经济认同，而其他行业的被调查人员相较于其他工作单位的被调查人员认为红色文化资源在增加居民就业机会和提高居民收入方面的作用能够增强其对红色文化资源的经济认同。其中，在政府机关、事业单位、公有制企业工作的被调查人员都认为红色文化资源在提高居民收入方面的作用最能够影响其对红色文化资源的经济认同，在非公有制企业和其他行业工作的被调查人员都认为红色文化资源在增加居民工作机会方面的作用最能够影响其对红色文化资源的经济认同，被调查的学生认为红色文化资源在推动经济发展方面的作用最能够影响其对红色文化资源的经济认同。

在文化认同上，在政府机关工作的被调查人员相较于其他工作单位的被调查人员而言认为红色文化资源在构筑社会主义先进文化生命力、推动社会主义核心价值体系建设和创新发展中华优秀传统文化方面的作用能够增强其对红色文化资源的文化认同。其中，在政府机关、事业单位工作的被调查人员和被调查的学生认为红色文化资源在构筑社会主义先进文化的生命力方面的作用最能够影响其对红色文化资源的文化认同，在公有制企业工作的被调查人员则认为红色文化资源在推动社会主义核心价值体系建设方面的作用最能够影响其对红色文化资源的文化认同，在非公有制企业和其他行业工作的被调查人员则认为红色文化资源在推动中华优秀传统文化创新发展方面的作用最能够影响其对红色文化资源的文化认同。

在生态认同上，在政府机关工作的被调查人员相较于其他工作单位的被调查人员而言认为红色文化资源在改善基础设施水平方面的作用能够增强被调查人员对红色文化资源的生态认同，被调查的学生相较于其他工作单位的被调查人员而言认为红色文化资源在促进生态环境保护方面的作用能够增强被调查人员对红色文化资源的生态认同，其中在政府机关、事业单位、公有制企业和非公有制企业工作的被调查人员都认为红色文化资源在改善基础设施水平方面的作用最能够影响其对红色文化资源的生态认同，而在其他行业工作的被调查人员和被调查的学生则认为红色文化资源在生态环境保护方面的作用最能够影响其对红色文化资源的生态认同。

在教育认同上，被调查的学生相较于其他工作单位的被调查人员而言认为红色文化资源在提升爱国主义和革命传统教育效果和改善教育发展环境方面的作用能够增强其对红色文化资源的教育认同，在政府机关工作的被调查人员相较于其他工作单位的被调查人员而言认为红色文化资源在加强学生思想政治教育科学化水平方面的作用能够增强其对红色文化资源的教育认同。其中，在政府机关工作的被调查人员和被调查的学生都认为红色文化资源对爱国主义和革命传统教育方面的作用最能够使其对红色文化资源产生教育认同，在事业单位、公有制企业、非公有制企业和其他行业工作的被调查人员认为红色文化资源对改善教育发展环境的作用最能够使其对红色文化资源产生教育认同。

在社会认同上，被调查的学生相较于其他工作单位的被调查人员而言认为红色文化资源在增强社区居民社会参与度方面的作用能够增强其对红色文化资源的社会认同，在政府机关工作的调查人员相较于其他工作单位的被调查人员而言更认为红色文化资源在增强社区居民社会责任感和提升社区居民社会认知力方面的作用能够增强其对红色文化资源的社会认同，其中，不同工作单位的被调查人员都认为红色文化资源在增强社区居民社会参与度方面的作用最能够使其对红色文化资源产生社会认同。

在红色文化资源满意度方面，西北、北部边疆多民族地区的不同工作单位的被调查人员对当地的遗迹遗址和纪念场馆的期望值的标准化路径系数都较高，说明了遗迹遗址和纪念场馆的期望值对其对红色文化资源满意度的影响作用较为明显。在政府机关工作的被调查人员相较于其他工作单位的被调查人员而言认为遗迹遗址期望值能够增强其对红色文化资源的满意度，在非公有制企业工作的被调查人员相较于其他工作单位的被调查人员而言更认为纪念场馆期望值能够影响其对红色文化资源的满意度。其中，在政府机关、事业单位工作的被调查人员认为遗迹遗址期望值最能够影响其对红色文化资源的满意度，在公有制企业、非公有制企业和其他行业工作的被调查人员以及被调查的学生认为纪念场馆期望值最能够影响其对红色文化资源的满意度。

在红色文化资源的保护意愿方面，在其他行业工作的被调查人员相较于其他工作单位的被调查人员而言认为红色文化资源的保护态度能够增强其对红色文化资源的保护意愿，被调查的学生相较于其他工作单位的被调查人员而言认为红色文化资源的保护参与能够增强其对红色文化资源的保护意愿，在政府机关工作的被调查人员相较于其他工作单位的被调查人员而言更认为红色文化资源的保护方式和保护程度能够增强其对红色文化资源的保护意愿。其中，不同工作单位的被调查人员都认为红色文化资源的保护参与最能够影响其对红色文化资源的保护意愿。

在红色文化资源的传承意愿方面，在政府机关工作的被调查人员相较于其他工作单位的被调查人员而言认为红色文化资源的传承态度、传承参与和传承方式更能够增强其对红色文化资源的传承意愿。其中，在政府机关、事业单位和公有制企业工作的被调查人员以及被调查的学生认为红色文化资源的传承态度最能够影响其对红色文化资源的传承意愿，在其他行业和非公有制企业工作的被调查人员认为红色文化资源的传承参与最能够影响其对红色文化资源的传承意愿。

第五节　基于文化程度差异的西北、北部边疆多民族地区红色文化资源保护与传承意愿研究

一、研究假设

假设1：西北、北部边疆多民族地区不同文化程度的被调查人员的个体差异对其个人保护传承红色文化的意愿有着显著的影响。

个体差异主要从年龄、文化程度、政治面貌、民族成分、工作单位、人员类别等方面体现。一般而言，文化程度越高的人群红色文化的认同感越强烈，对当地红色文化的保护与传承意愿越强烈。

假设2：西北、北部边疆多民族地区不同文化程度的被调查人员的红色文化价值认同度对其个人保护传承红色文化的意愿有着显著的影响。

红色文化价值认同度对西北、北部边疆多民族地区的被调查人员保护与传承红色文化意愿的影响程度十分显著，对红色文化价值认同度越高，保护与传承红色文化的意愿越强。一般来看，不同文化程度的被调查人员之间存在着一定的差异性，文化程度越高的被调查人员越能知道红色文化的重要性及保护与传承的必要性。

二、数据来源与变量描述统计

本节的研究重点是西北、北部边疆多民族地区不同文化程度被调查人员的保护传承红色文化的意愿及其影响因素，对1093份有效的调查问卷中进行分类，其中小学及以下学历的被调查人员有42人，占总样本数的3.84%，初中学历的被调查人员有359人，占总样本数的32.85%，高中（中专）学历的被调查人员有418人，占总样本数的38.24%，本专科学历的被调查人员有253人，占样本数的23.15%，研究生学历的被调查人员有21人，占总样本数的1.92%。

经过对调查数据的分类汇总，得到以下描述性统计结果（见表4－17），可以发现，不同文化程度的被调查人员在个人特征、红色文化的价值认同以及红色文化保护传承意愿方面均有所差异。其中，在个人特征的民族成分方面，可以看

表 4－17　调查数据描述性统计

类别	变量名称	西北、北部边疆多民族地区（N＝1093）		小学及以下（N＝42）		初中（N＝359）		高中（中专）（N＝418）		本专科（N＝253）		研究生（N＝21）	
		频数	百分比	频数	百分比	频数	百分比	频数	百分比	频数	百分比	频数	百分比
民族成分	汉族	792	72.46	29	69.05	249	69.36	296	70.81	201	79.45	17	80.95
	少数民族	301	27.54	13	30.95	110	30.64	122	29.19	52	20.55	4	19.05
年龄	新生代	584	53.43	11	26.19	148	41.23	189	45.22	182	71.94	18	85.71
	老一代	509	46.57	31	73.81	211	58.77	229	54.78	71	28.06	3	14.29
政治面貌	团员	128	11.71	0	0	17	4.74	42	10.05	66	26.09	3	14.29
	党员	229	20.95	8	19.05	31	8.64	109	26.08	74	29.25	7	33.33
	民主党派	19	1.74	0	0	0	0	0	0	12	4.74	7	33.33
	群众	717	65.60	34	80.95	311	86.63	267	63.88	101	39.92	4	19.05
工作单位	政府机关	96	8.78	0	0	0	0	18	4.31	73	28.85	5	23.81
	事业单位	101	9.24	0	0	26	7.24	52	12.44	20	7.91	3	14.29
	公有制企业	218	19.95	0	0	77	21.45	113	27.03	26	10.28	2	9.52
	非公有制企业	359	32.85	22	52.38	112	31.20	152	36.36	72	28.46	1	4.76
	其他	135	12.35	20	47.62	99	27.58	9	2.15	6	2.37	1	4.76
	学生	184	16.83	0	0	45	12.53	74	17.70	56	22.13	9	42.86
人员类别	本地居民	993	90.85	42	100.00	343	95.54	378	90.43	218	86.17	12	57.14
	游客	21	1.92	0	0	5	1.39	8	1.91	7	2.77	1	4.76
	外地学生	79	7.23	0	0	11	3.06	32	7.66	28	11.07	8	38.10

续表

观测变量	潜在变量	西北、北部边疆多民族地区（N＝1093）		小学及以下（N＝42）		初中（N＝359）		高中（中专）（N＝418）		本专科（N＝253）		研究生（N＝21）	
		频数	百分比	频数	百分比	频数	百分比	频数	百分比	频数	百分比	频数	百分比
政治认同	党的理想信念	均值3.98（0.679）		均值3.99（0.623）		均值3.96（0.669）		均值3.96（0.672）		均值3.99（0.681）		均值4.00（0.679）	
	党的奋斗使命	均值3.97（0.672）		均值3.99（0.658）		均值3.95（0.682）		均值3.96（0.688）		均值3.96（0.681）		均值3.99（0.673）	
	民族记忆与国家认同	均值4.08（0.669）		均值4.11（0.644）		均值4.06（0.684）		均值4.06（0.667）		均值4.08（0.678）		均值4.09（0.689）	
经济认同	经济发展	均值3.52（0.714）		均值3.52（0.666）		均值3.51（0.678）		均值3.51（0.691）		均值3.52（0.682）		均值3.54（0.688）	
	居民收入水平	均值3.51（0.704）		均值3.51（0.692）		均值3.51（0.684）		均值3.50（0.686）		均值3.51（0.682）		均值3.52（0.679）	
	居民就业机会	均值3.51（0.702）		均值3.51（0.688）		均值3.50（0.701）		均值3.51（0.701）		均值3.51（0.695）		均值3.52（0.677）	
文化认同	社会主义先进文化	均值3.77（0.663）		均值3.77（0.665）		均值3.76（0.688）		均值3.77（0.692）		均值3.75（0.698）		均值3.80（0.681）	
	社会主义核心价值体系	均值3.79（0.671）		均值3.79（0.679）		均值3.80（0.677）		均值3.78（0.691）		均值3.80（0.692）		均值3.79（0.679）	
	中华优秀传统文化	均值3.62（0.721）		均值3.62（0.692）		均值3.60（0.702）		均值3.60（0.705）		均值3.63（0.694）		均值3.65（0.696）	
生态认同	生态环境保护	均值3.22（0.711）		均值3.20（0.701）		均值3.22（0.702）		均值3.23（0.695）		均值3.22（0.697）		均值3.23（0.705）	
	基础设施水平	均值3.39（0.709）		均值3.38（0.701）		均值3.38（0.688）		均值3.38（0.692）		均值3.40（0.687）		均值3.41（0.664）	
教育认同	爱国主义和革命传统教育	均值3.86（0.667）		均值3.85（0.655）		均值3.86（0.672）		均值3.86（0.668）		均值3.86（0.694）		均值3.87（0.691）	
	学生思想政治教育	均值3.85（0.645）		均值3.84（0.659）		均值3.85（0.687）		均值3.85（0.666）		均值3.85（0.661）		均值3.86（0.689）	
	教育发展环境	均值3.83（0.687）		均值3.81（0.678）		均值3.82（0.695）		均值3.83（0.669）		均值3.84（0.667）		均值3.85（0.670）	

续表

观测变量	潜在变量	西北、北部边疆多民族地区（N＝1093）		小学及以下（N＝42）		初中（N＝359）		高中（中专）（N＝418）		本专科（N＝253）		研究生（N＝21）	
		频数	百分比	频数	百分比	频数	百分比	频数	百分比	频数	百分比	频数	百分比
社会认同	社区居民社会参与度	均值3.11（0.724）		均值3.10（0.678）		均值3.10（0.694）		均值3.11（0.685）		均值3.12（0.702）		均值3.12（0.705）	
	社区居民社会责任感	均值3.39（0.651）		均值3.33（0.669）		均值3.35（0.674）		均值3.36（0.686）		均值3.42（0.711）		均值3.49（0.702）	
	社区居民社会认知力	均值3.10（0.723）		均值3.06（0.675）		均值3.08（0.688）		均值3.09（0.702）		均值3.13（0.704）		均值3.14（0.706）	
满意度	遗迹遗址期望值	均值3.50（0.649）		均值3.50（0.658）		均值3.50（0.668）		均值3.52（0.681）		均值3.49（0.683）		均值3.49（0.679）	
	纪念场馆期望值	均值3.52（0.669）		均值3.53（0.671）		均值3.52（0.649）		均值3.52（0.679）		均值3.52（0.691）		均值3.51（0.695）	
保护意愿	保护态度	均值3.52（0.681）		均值3.50（0.659）		均值3.51（0.671）		均值3.53（0.673）		均值3.53（0.669）		均值3.53（0.679）	
	保护参与	均值3.54（0.688）		均值3.52（0.675）		均值3.52（0.685）		均值3.53（0.679）		均值3.55（0.692）		均值3.58（0.689）	
	保护方式	均值3.54（0.672）		均值3.52（0.668）		均值3.52（0.681）		均值3.53（0.688）		均值3.55（0.685）		均值3.58（0.688）	
	保护程度	均值3.55（0.682）		均值3.54（0.679）		均值3.54（0.678）		均值3.55（0.683）		均值3.56（0.689）		均值3.56（0.699）	
传承意愿	传承态度	均值3.54（0.673）		均值3.52（0.666）		均值3.53（0.653）		均值3.54（0.678）		均值3.55（0.683）		均值3.56（0.699）	
	传承参与	均值3.53（0.678）		均值3.51（0.649）		均值3.52（0.679）		均值3.53（0.689）		均值3.54（0.677）		均值3.55（0.695）	
	传承方式	均值3.54（0.673）		均值3.52（0.686）		均值3.52（0.679）		均值3.55（0.694）		均值3.56（0.679）		均值3.55（0.698）	

注：括号中为标准差。

到不同学历的被调查人员中都是汉族人占比较多。在个人特征的年龄构成方面，小学级以下学历的被调查人员有73.81%是老一代人群，初中学历的被调查人员有58.77%是老一代人群，高中（中专）学历的被调查人员有54.78%是老一代人群，在本专科和研究生的被调查人员当中新生代人群占了多数，分别占总人数的71.94%和85.71%。在个人特征的政治面貌方面，群众在不同文化程度的被调查人员中都是占比最多的，小学及以下学历的被调查人员占比排名第二的是党员，达到了20.95%，初中学历的被调查人员占比排名第二的是党员，达到了8.64%，高中（中专）学历的被调查人员占比排名第二的是党员，达到了26.08%，本专科学历的被调查人员占比排名第二的是党员，达到了29.25%，研究生学历的被调查人员占比排名第二的是党员和民主党派，达到了33.33%。在个人特征的工作单位方面，小学及以下学历的被调查人员大多工作在非公有制企业；初中学历的被调查人员大多工作在非公有制企业，达到了31.20%，占比排名第二的是其他行业，达到了27.58%；高中（中专）学历的被调查人员大多工作在非公有制企业，达到了36.36%，占比排名第二的是公有制企业，达到了27.03%；本专科学历的被调查人员大多工作在政府机关，达到了28.85%，占比排名第二的是非公有制企业，达到了28.46%；研究生学历的被调查人员的行业大多是学生，占比达到了42.86%，占比排名第二的是政府机关，达到了23.81%。在个人特征的人员类别方面，本地居民是不同文化程度被调查人员的主体构成，占小学及以下学历被调查人员的100%，占初中学历被调查人员的95.54%，占高中学历被调查人员的90.43%，占本专科学历被调查人员的86.17%，占研究生学历被调查人员的57.14%。

在红色文化的价值认同方面，红色文化的政治认同程度中小学及以下学历的被调查人员和本专科以及研究生学历的被调查人员对党的理想信念以及奋斗使命评价较高，一方面是因为本专科以及研究生学历的被调查人员的文化程度较高，经历过系统的教育，明白红色文化形成和发展过程中共产党人的付出，另一方面是因为小学及以下学历的被调查人员有一大部分是老一代人群，他们亲身经历了红色文化的形成与发展，所以对党的理想信念和奋斗使命更能理解。红色文化的经济认同程度中研究生学历的被调查人员给出的评价较高，这是因为在学习和研究当中更能理解文化发展对经济社会发展的重要作用，整体来看不同文化程度的被调查人群对经济认同的差异性不大。红色文化的文化认同程度中小学及以下学历的被调查人员对红色文化推动社会主义文化事业的发展认识较为到位，但是受限于学历不能充分理解红色文化推动中华优秀传统文化创新发展的作用机制，在这一方面本专科和研究生学历的被调查人员认识则较为到位。在红色文化的生态认同程度中，小学及以下学历的被调查人员评价最低，研究生学历的被调查人员评价最高。在红色文化的教育认同程度中，研究生学历的被调查人员在推动爱国主义教育和革命传统教育方面评价较高，整体呈现随文化程度增长评价逐步提升的态势。在红色文化的社会认同程度中，各个学历的被调查在红色文化推动居民社会参与度和责任感方面的差距十分大，文化程度最高的研究生学历的被调查人员最能够理解红色文化在社会发展当中的作用。在红色文化的保护与传承意愿中，高中（中专）学历的被调查人员对当地遗迹遗址和纪念场馆的满意度较高，另外，高中（中专）、本专科和研究生学历的被调查人员更乐意保护与传承当地的红色文化。

三、实证分析

本书在西北、北部边疆多民族地区调查过程中构建了包括1093个调查样本在内的数据库，利用AMOS软件进行分析，构建起了西北、北部边疆多民族地区红色文化资源保护与传承意愿的结构方程模型（见图4－5），在构建结构方程模型之后，需要对其信度和效度进行检验。

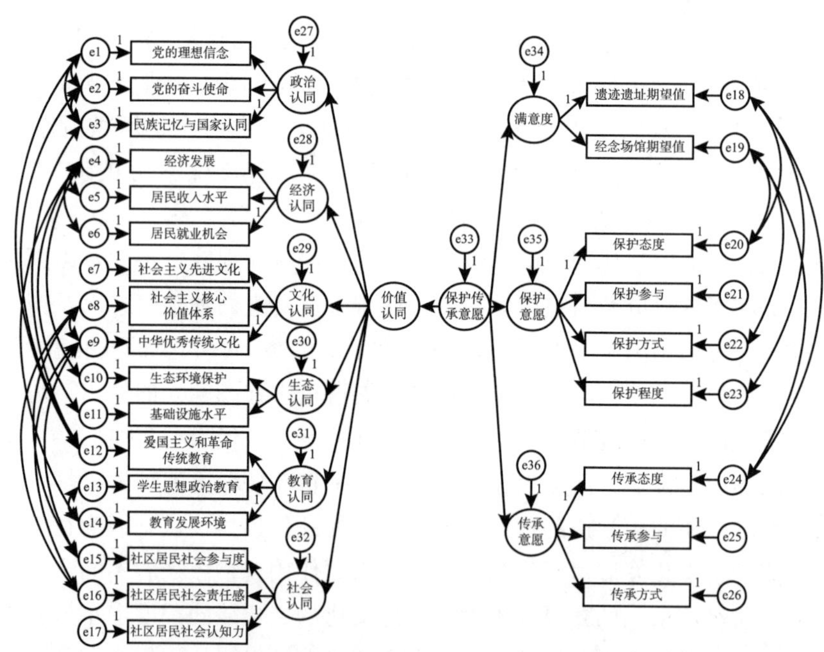

图4－5　西北、北部边疆多民族地区红色文化资源保护与传承意愿的结构方程模型

首先，利用Cronbach's α系数对采集回来的调查问卷进行信度检验，小学及以下学历、初中学历、高中（中专）学历、本专科学历和研究生学历的被调查人员的调查问卷信度分别为0.931、0.929、0.941、0.936和0.944，样本的可信度较高。其次，利用因子分析法对指标的潜在变量效度进行分析，小学及以下学历、初中学历、高中（中专）学历、本专科学历和研究生学历的被调查人员的KMO检验结果分别显示为0.919、0.915、0.932、0.927和0.941，在Bartlett球形检验结果中，卡方值的显著性概率是低于显著性水平的，利用极大方差法进行因子旋转，以特征值大于1的标准进行主因子的提取，最终显示指标项因子负载量大于0.50，累计解释方差多余50%，综合解释了变量的效度通过了检验。整体来看，采集到的信息信度和效度通过了检验。最后，要对构建的结构方程模型拟合指标参数进行检验，将八项拟合指标的显示值与标准值进行对比，观察是否能够通过。利用AMOS软件对构建起的结构方程模型进行检验，得到了八项拟合指标参数（见表4-18）。通过八项拟合指标数值的对比发现，拟合情况均为理想，证明其结果可以接受。在此基础上对西北、北部边疆多民族地区不同文化程度被调查人员的红色文化保护与传承意愿的结构方程模型路径系数进行测算，得到西北、北部边疆多民族地区不同文化程度被调查人员的红色文化保护与传承意愿的结构方程模型路径估计结果（见表4-19），由表4-19可知，红色文化价值认同对西北、北部边疆多民族地区小学及以下学历、初中学历、高中（中专）学历、本专科学历和研究生学历的被调查人员的红色文化保护与传承意愿的标准化路径系数分别为0.768、0.757、0.763、0.774和0.779，通过了显著性检验。这说明红色文化价值认同与红色文化保护与传承意愿之间有着显著的正向关系，并且这种正向关系在小学及以下和研究生学历的被调查人员中更明显，这就验证了前文的假设，即该结构方程模型无须优化调整。

表4-18　八项拟合指标参数

拟合指标	χ^2/df	*AGFI*	*IFI*	*CFI*	*TLI*	*PNFI*	*RMR*	*RMSEA*
显示值	2.333	0.866	0.921	0.937	0.977	0.546	0.048	0.073
参考值	<5.00	>0.80	>0.90	>0.90	>0.90	>0.50	<0.05	<0.08
拟合情况	理想	理想	理想	理想	理想	理想	理想	理想

表4-19　结构方程模型路径估计结果

文化程度	结构方程模型路径	标准化路径系数	*P*
小学及以下	红色文化价值认同→红色文化保护与传承意愿	0.768	***
初中	红色文化价值认同→红色文化保护与传承意愿	0.757	***
高中（中专）	红色文化价值认同→红色文化保护与传承意愿	0.763	***

续表

文化程度	结构方程模型路径	标准化路径系数	P
本专科	红色文化价值认同→红色文化保护与传承意愿	0.774	***
研究生	红色文化价值认同→红色文化保护与传承意愿	0.782	***

注：*** 表示 $P<0.001$。

根据前文构建的西北、北部边疆多民族地区红色文化资源保护与传承意愿结构方程模型，利用 AMOS 软件对西北、北部边疆多民族地区的 1093 份调查问卷中的样本数据进行分析计算，分别得到了西北、北部边疆多民族地区不同文化程度被调查人员的红色文化保护与传承意愿的非标准化参数值估计模型。由前文对不同文化程度被调查人员的红色文化价值认同以及红色文化保护与传承意愿的标准化路径系数可知，红色文化价值认同对红色文化保护与传承意愿之间的作用十分明显，红色文化的价值认同主要是通过红色文化的政治认同、红色文化的经济认同、红色文化的文化认同、红色文化的生态认同、红色文化的教育认同和红色文化的社会认同 6 个观测变量进行测算判定。

从 e1↔e2 路径来看，小学及以下学历的被调查人员、初中学历的被调查人员、高中（中专）学历的被调查人员、本专科学历的被调查人员和研究生学历的被调查人员都通过了显著性检验，并且其协方差均为正值，反映了小学及以下学历的被调查人员、初中学历的被调查人员、高中（中专）学历的被调查人员、本专科学历的被调查人员和研究生学历的被调查人员认为党的理想信念和党的奋斗使命之间有着正向的共变关系，这说明西北、北部边疆多民族地区的不同文化程度被调查人员对党的理想信念了解得越深刻，越能够感受到党的奋斗使命。从 e1↔e3 路径来看，小学及以下学历的被调查人员、初中学历的被调查人员、高中（中专）学历的被调查人员、本专科学历的被调查人员和研究生学历的被调查人员都通过了显著性检验，并且其协方差均为正值，反映了小学及以下学历的被调查人员、初中学历的被调查人员、高中（中专）学历的被调查人员、本专科学历的被调查人员和研究生学历的被调查人员认为党的理想信念和民族记忆与国家认同之间有着正向的共变关系，这说明西北、北部边疆多民族地区的不同文化程度被调查人员对党的理想信念了解得越深刻，越能够唤醒其对中华民族的民族记忆与国家认同。从 e1↔e12 路径来看，小学及以下学历的被调查人员、初中学历的被调查人员、高中（中专）学历的被调查人员、本专科学历的被调查人员和研究生学历的被调查人员都通过了显著性检验，并且其协方差均为正值，反映了小学及以下学历的被调查人员、初中学历的被调查人员、高中（中专）学历的被调查人员、本专科学历的被调查人员和研究生学历的被调查人员认为党的理想信念和爱国主义和革命传统教育之间有着正向的共变关系，这说明西北、北部边疆多民族地区的不同文化程度被调查人员对党的理想信念了解得越深刻，越能够增强其爱国主义情感，增进革命传统教育。从 e2↔e3 路径来看，小学及以下学历的被调查人员、初中学历的被调查人员、高中（中专）学历的被调查人员、本专科学历的被调查人员和研究生学历的被调查人员都通过了显著性检验，并且其协方差均为正值，反映了小学及以下学历的被调查人员、初中学历的被调查人员、高中（中专）学历的被调查人员、本专科学历的被调查人员和研究生学历的被调查人员认为“党的奋斗使命”和“民族记忆与国家认同”之间有着正向的共变关系，这说明西北、北部边疆多民族地区的不同文化程度被调查人员对党的奋斗使命了解得越深刻，越能够唤醒其对中华民族的民族记忆与国家认同。从 e2↔e12 路径来看，小学及以下学历的被调查人员、初中学历的被调查人员、高中（中专）学历的被调查人员、本专科学历的被调查人员和研究生学历的被调查人员都通过了显著性检验，反映了小学及以下学历的被调查人员、初中学历的被调查人员、高中（中专）学历的被调查人员、本专科学历的被调查人员和研究生学历的被调查人员认为党的奋斗使命和爱国主义和革命传统教育之间有着正向的共变关系，这说明西北、北部边疆多民族地区的不同文化程度被调查人员对党的奋斗使命了解得越深刻，越能够增强爱国主义情感，增进革命传统教育。从 e3↔e12 路径来看，小学及以下学历的被调查人员、初中学历的被调查人员、高中（中专）学历的被调查人员、本专科学历的被调查人员和研究生学历的被调查人员都通过了显著性检验，并且其协方差均为正值，反映了小学及以下学历的被调查人员、初中学历的被调查人员、高中（中专）学历的被调查人员、本专科学历的被调查人员和研究生学历的被调查人员认为民族记忆与国家认同和爱国主义和革命传统教育之间有着正向的共变关系，这说明西北、北部边疆多民族地区的不同文化程度被调查人员对红色文化中的民族记忆与国家认同了解得越深刻，越能够增强其爱国主义情感，增进革命传统教育。

从 e4↔e5 路径来看，小学及以下学历的被调查人员、初中学历的被调查人员、高中（中专）学历的被调查人员、本专科学历的被调查人员和研究生学历的被调查人员都通过了显著性检验，并且其协方差均为正值，反映了小学及以下学历的被调查人员、初中学历的被调查人员、高中（中专）学历的被调查人员、本专科学历的被调查人员和研究生学历的被调查人员认为红色文化带动经济发展和居民收入水平之间有着正向的共变关系，这说明西北、北部边疆多民族地区的不同文化程度被调查人员认为当地红色文化越能够推动经济发展，就越能带动当地的居民收入水平。从 e4↔e6 路径来看，小学及以下学历的被调查人员、初中学历的被调查人员、高中（中专）学历的被调查人员、本专科学历的被调查人员和研究生学历的被调查人员都通过了显著性检验，并且其协方差均为正值，反映了小学及以下学历的被调查人员、初中学历的被调查人员、高中（中专）学历的被调查人员、本专科学历的被调查人员和研究生学历的被调查人员认为红色文化带动经济发展和居民就业机会之间有着正向的共变关系，这说明西北、北部边疆多民族地区的不同文化程度被调查人员认为当地红色文化越能够推动经济发展，就越能增加当地的居民就业机会。从 e4↔e10 路径来看，小学及以下学历的被调查人员、初中学历的被调查人员、高中（中专）学历的被调查人员、本专科学历的被调查人员和研究生学历的被调查人员都通过了显著性检验，并且其协方差均为正值，反映了小学及以下学历的被调查人员、初中学历的被调查人员、高中（中专）学历的被调查人员、本专科学历的被调查人员和研究生学历的被调查人员认为红色文化带动经济发展和生态环境保护之间有着正向的共变关系，这说明西北、北部边疆多民族地区的不同文化程度被调查人员认为当地红色文化越能够推动经济发展，越有利于当地生态环境的保护。从 e4↔e11 路径来看，小学及以下学历的被调查人员、初中学历的被调查人员、高中（中专）学历的被调查人员、本专科学历的被调查人员和研究生学历的被调查人员都通过了显著性检验，并且其协方差均为正值，反映了小学及以下学历的被调查人员、初中学历的被调查人员、高中（中专）学历的被调查人员、本专科学历的被调查人员和研究生学历的被调查人员认为红色文化带动经济发展和基础设施建设之间有着正向的共变关系，这说明西北、北部边疆多民族地区的不同文化程度被调查人员认为当地红色文化越能够推动经济发展，越有利于推动当地的基础设施建设与完善。从 e4↔e14 路径来看，小学及以下学历的被调查人员、初中学历的被调查人员、高中（中专）学历的被调查人员、本专科学历的被调查人员和研究生学历的被调查人员都通过了显著性检验，并且其协方差均为正值，反映了小学及以下学历的被调查人员、初中学历的被调查人员、高中（中专）学历的被调查人员、本专科学历的被调查人员和研究生学历的被调查人员认为红色文化带动经济发展和改善教育发展环境之间有着正向的共变关系，这说明西北、北部边疆多民族地区的不同文化程度被调查人员认为当地红色文化越能够推动经济发展，就越能改善当地的教育发展环境。

从 e8↔e9 路径来看，小学及以下学历的被调查人员、初中学历的被调查人员、高中（中专）学历的被调查人员、本专科学历的被调查人员和研究生学历的被调查人员都通过了显著性检验，并且其协方差均为正值，反映了小学及以下学历的被调查人员、初中学历的被调查人员、高中（中专）学历的被调查人员、本专科学历的被调查人员和研究生学历的被调查人员认为社会主义核心价值体系和中华优秀传统文化之间有着正向的共变关系，这说明西北、北部边疆多民族地区的不同文化程度被调查人员对红色文化推动发展社会主义核心价值体系满意度越高，认为其越能够带动中华优秀传统文化创新发展。从 e8↔e15 路径来看，小学及以下学历的被调查人员、初中学历的被调查人员、高中（中专）学历的被调查人员、本专科学历的被调查人员和研究生学历的被调查人员都通过了显著性检验，并且其协方差均为正值，反映了小学及以下学历的被调查人员、初中学历的被调查人员、高中（中专）学历的被调查人员、本专科学历的被调查人员和研究生学历的被调查人员认为社会主义核心价值体系和社区居民社会参与度之间有着正向的共变关系，这说明西北、北部边疆多民族地区的不同文化程度被调查人员认为不断坚持发展社会主义核心价值体系，可以有效地提升社区居民对社会建设的参与度。从 e8↔e16 路径来看，小学及以下学历的被调查人员、初中学历的被调查人员、高中（中专）学历的被调查人员、本专科学历的被调查人员和研究生学历的被调查人员都通过了显著性检验，并且其协方差均为正值，反映了小学及以下学历的被调查人员、初中学历的被调查人员、高中（中专）学历的被调查人员、本专科学历的被调查人员和研究生学历的被调查人员认为社会主义核心价值体系和社区居民社会责任感之间有着正向的共变关系，这说明西北、北部边疆多民族地区的不同文化程度被调查人员认为不断巩固社会主义核心价值体系，可以有效地提升社区居民的社会责任感。从 e9↔e15 路径来看，小学及以下学历的被调查人员、初中学历的被调查人员、高中（中专）学历的被调查人员、本专科学历的被调查人员和研究生学历的被调查人员都通过了显著性检验，并且其协方差均为正值，反映了小学及以下学历的被调查人员、初中学历的被调查人员、高中（中专）学历的被调查人员、本专科学历的被调查人员和研究生学历的被调查人员认为中华优秀传统文化和社区居民社会参与度之间有着正向的共变关系，这说明西北、北部边疆多民族地区的不同文化程度被调查人员认为坚持传承和发展中华优秀传统文化，可以有效地提升社区居民对社会建设的参与度。从 e9↔e16 路径来看，小学及以下学历的被调查人员、初中学历的被调查人员、高中（中专）学历的被调查人员、本专科学历的被调查人员和研究生学历的被调查人员都通过了显著性检验，并且其协方差均为正值，反映了小学及以下学历的被调查人员、初中学历的被调查人员、高中（中专）学历的被调查人员、本专科学历的被调查人员和研究生学历的被调查人员认为中华优秀传统文化和社区居民社会责任感之间有着正向的共变关系，这说明西北、北部边疆多民族地区的不同文化程度被调查人员认为坚持传承和发展中华优秀传统文化，可以有效地提升社区居民的社会责任感。

从 e13↔e14 路径来看，小学及以下学历的被调查人员、初中学历的被调查人员、高中（中专）学历的被调查人员、本专科学历的被调查人员和研究生学历的被调查人员都通过了显著性检验，并且其协方差均为正值，反映了小学及以下学历的被调查人员、初中学历的被调查人员、高中（中专）学历的被调查人员、本专科学历的被调查人员和研究生学历的被调查人员认为学生思想政治教育和教育发展环境之间有着正向的共变关系，这说明西北、北部边疆多民族地区的不同文化程度被调查人员认为教育发展环境越好，越有利于推动学生思想政治教育。

西北、北部边疆多民族地区不同年龄阶段的被调查人员对红色文化保护与传承意愿与其对红色文化的满意度、红色文化的保护意愿和红色文化的传承意愿关系十分明显，需要从这三方面入手综合探索提升其意愿。从 e18↔e20 路径来看，小学及以下学历的被调查人员、初中学历的被调查人员、高中（中专）学历的被调查人员、本专科学历的被调查人员和研究生学历的被调查人员都通过了显著性检验，反映了小学及以下学历的被调查人员、初中学历的被调查人员、高中（中专）学历的被调查人员、本专科学历的被调查人员和研究生学历的被调查人员认为当地遗迹遗址的满意度和保护红色文化的态度之间有着正向的共变关系，这说明西北、北部边疆多民族地区的不同文化程度被调查人员对当地遗迹遗址的满意度越高，越能够激发其对当地红色文化的保护意愿。从 e18↔e23 路径来看，小学及以下学历的被调查人员、初中学历的被调查人员、高中（中专）学历的被调查人员、本专科学历的被调查人员和研究生学历的被调查人员都通过了显著性检验，反映了小学及以下学历的被调查人员、初中学历的被调查人员、高中（中专）学历的被调查人员、本专科学历的被调查人员和研究生学历的被调查人员认为当地遗迹遗址的满意度和当地红色文化遗迹遗址的保护利用现状之间有着正向的共变关系，这说明西北、北部边疆多民族地区的不同文化程度被调查人员对当地遗迹遗址的满意度越高，对当地红色文化遗迹遗址的保护利用现状评价越有利。从 e18↔e24 路径来看，小学及以下学历的被调查人员、初中学历的被调查人员、高中（中专）学历的被调查人员、本专科学历的被调查人员和研究生学历的被调查人员都通过了显著性检验，反映了小学及以下学历的被调查人员、初中学历的被调查人员、高中（中专）学历的被调查人员、本专科学历的被调查人员和研究生学历的被调查人员认为当地遗迹遗址的满意度和宣传推介本地红色文化资源的意愿之间有着正向的共变关系，这说明西北、北部边疆多民族地区的不同文化程度被调查人员对当地遗迹遗址的满意度越高，越愿意宣传推介当地的红色文化。从 e19↔e20 路径来看，小学及以下学历的被调查人员、初中学历的被调查人员、高中（中专）学历的被调查人员、本专科学历的被调查人员和研究生学历的被调查人员都通过了显著性检验，反映了小学及以下学历的被调查人员、初中学历的被调查人员、高中（中专）学历的被调查人员、本专科学历的被调查人员和研究生学历的被调查人员认为当地纪念场馆的满意度和保护红色文化的态度之间有着正向的共变关系，这说明西北、北部边疆多民族地区的不同文化程度被调查人员对当地纪念场馆的满意度越高，越能够激发其对当地红色文化的保护意愿。从 e19↔e22 路径来看，小学及以下学历的被调查人员、初中学历的被调查人员、高中（中专）学历的被调查人员、本专科学历的被调查人员和研究生学历的被调查人员都通过了显著性检验，反映了小学及以下学历的被调查人员、初中学历的被调查人员、高中（中专）学历的被调查人员、本专科学历的被调查人员和研究生学历的被调查人员认为当地纪念场馆的满意度和当地红色文化纪念场馆的保护利用现状之间有着正向的共变关系，这说明西北、北部边疆多民族地区的不同文化程度被调查人员对当地纪念场馆的满意度越高，对当地红色文化纪念场馆的保护利用现状评价越有利。从 e19↔e24 路径来看，小学及以下学历的被调查人员、初中学历的被调查人员、高中（中专）学历的被调查人员、本专科学历的被调查人员和研究生学历的被调查人员都通过了显著性检验，反映了小学及以下学历的被调查人员、初中学历的被调查人员、高中（中专）学历的被调查人员、本专科学历的被调查人员和研究生学历的被调查人员认为当地纪念场馆的满意度和宣传推介本地红色文化资源的意愿之间有着正向的共变关系，这说明西北、北部边疆多民族地区的不同文化程度被调查人员对当地纪念场馆的满意度越高，越愿意宣传推介当地的红色文化。

根据结构方程模型的输出结果，可以得到西北、北部边疆多民族地区不同文化程度的被调查人员保护与传承红色文化资源意愿测量模型中潜在变量与观测变量之间的标准化路径估计结果（见表 4 - 20）。可见在测量模型中，小学及以下、初中、高中（中专）、本专科和研究生学历的被调查人员的潜在变量对观察变量的显著性检验 P 值都在 0. 001 水平，说明了该模型中的观测变量能够解释潜在变量。

在红色文化资源的价值认同方面，不同文化程度被调查人员的标准化路径系数都通过了显著性检验，并且数值分布在 0. 574 ~ 0. 899。在政治认同上，文化程度为研究生的被调查人员相较于其他文化程度的被调查人员而言认为红色文化资源在体现党的理想信念、印证党的奋斗使命和“唤醒民族记忆与国家认同”方面的作用能够增强其对红色文化资源的政治认同，其中，文化程度为小学及以下、初中和高中（中专）的被调查人员认为红色文化资源在唤醒民族记忆与国家认同方面的作用最能够影响其对红色文化资源的政治认同，文化程度为本专科和研究生的被调查人员认为红色文化资源在体现党的理想信念方面的作用最能够影响其对红色文化资源的政治认同。

表 4－20　潜在变量与观测变量之间的标准化路径估计结果

测量模型路径	小学及以下	初中	高中（中专）	本专科	研究生
	标准化路径系数	标准化路径系数	标准化路径系数	标准化路径系数	标准化路径系数
政治认同→党的理想信念	0.860***	0.855***	0.852***	0.884***	0.899***
政治认同→党的奋斗使命	0.872***	0.846***	0.839***	0.863***	0.882***
政治认同→民族记忆与国家认同	0.890***	0.883***	0.877***	0.872***	0.891***
经济认同→经济发展	0.791***	0.829***	0.863***	0.852***	0.873***
经济认同→居民收入水平	0.823***	0.855***	0.889***	0.864***	0.882***
经济认同→居民就业机会	0.840***	0.860***	0.855***	0.876***	0.878***
文化认同→社会主义先进文化	0.838***	0.842***	0.840***	0.832***	0.892***
文化认同→社会主义核心价值体系	0.820***	0.812***	0.848***	0.855***	0.863***
文化认同→中华优秀传统文化	0.874***	0.866***	0.853***	0.848***	0.879***
生态认同→生态环境保护	0.574***	0.593***	0.628***	0.640***	0.679***
生态认同→基础设施水平	0.608***	0.641***	0.655***	0.633***	0.628***
教育认同→爱国主义和革命传统教育	0.808***	0.844***	0.862***	0.883***	0.874***
教育认同→学生思想政治教育	0.787***	0.802***	0.840***	0.855***	0.865***
教育认同→教育发展环境	0.733***	0.759***	0.796***	0.832***	0.879***
社会认同→社区居民社会参与度	0.724***	0.758***	0.732***	0.740***	0.744***
社会认同→社区居民社会责任感	0.706***	0.711***	0.719***	0.731***	0.728***
社会认同→社区居民社会认知力	0.625***	0.634***	0.683***	0.682***	0.702***
红色文化满意度→遗迹遗址期望值	0.808***	0.830***	0.828***	0.882***	0.891***
红色文化满意度→纪念场馆期望值	0.882***	0.893***	0.879***	0.877***	0.864***
红色文化保护意愿→保护态度	0.802***	0.788***	0.837***	0.829***	0.855***
红色文化保护意愿→保护参与	0.848***	0.874***	0.869***	0.902***	0.882***
红色文化保护意愿→保护方式	0.789***	0.830***	0.814***	0.861***	0.833***
红色文化保护意愿→保护程度	0.818***	0.822***	0.844***	0.851***	0.864***
红色文化传承意愿→传承态度	0.823***	0.724***	0.759***	0.788***	0.826***
红色文化传承意愿→传承参与	0.734***	0.766***	0.809***	0.811***	0.831***
红色文化传承意愿→传承方式	0.751***	0.738***	0.731***	0.764***	0.813***

注：*** 表示 $P<0.001$。

在经济认同上，文化程度为研究生的被调查人员相较于其他文化程度的被调查人员而言认为红色文化资源在推动经济发展和增加居民就业机会方面的作用能够增强其对红色文化资源的经济认同，而文化程度为高中（中专）的被调查人员相较于其他文化程度的被调查人员认为红色文化资源在提高居民收入水平方面的作用能够增强其对红色文化资源的经济认同。其中，文化程度为小学及以下、初中和本专科的被调查人员都认为红色文化资源对增加居民就业机会方面的作用最能够影响其对红色文化资源的经济认同，文化程度为高中（中专）和研究生的被调查人员认为红色文化资源对提升居民收入水平方面的作用最能够影响其对红色文化资源的经济认同。

在文化认同上，文化程度为研究生的被调查人员相较于其他文化程度的被调查人员而言认为红色文化资源在构筑社会主义先进文化生命力、推进社会主义核心价值体系建设和创新发展中华优秀传统文化方面的作用能够增强其对红色文化资源的文化认同。其中，文化程度为研究生的被调查人员认为红色文化资源在构筑社会主义先进文化的生命力方面的作用最能够影响其对红色文化资源的文化认同，文化程度为高中（中专）和本专科的被调查人员则认为红色文化资源在推动社会主义核心价值体系建设方面的作用最能够影响其对红色文化资源的文化认同，文化程度为小学及以下和初中的被调查人员则认为红色文化资源在推动中华优秀传统文化创新发展方面的作用最能够影响其对红色文化资源的文化认同。

在生态认同上，文化程度为高中（中专）的被调查人员相较于其他文化程度的被调查人员而言认为红色文化资源在改善基础设施水平方面的作用能够增强被调查人员对红色文化资源的生态认同，文化程度为研究生的被调查人员相较于其他文化程度的被调查人员而言认为红色文化资源在促进生态环境保护方面的作用能够增强被调查人员对红色文化资源的生态认同，其中，文化程度为小学及以下、初中和高中（中专）被调查人员都认为红色文化资源在改善基础设施水平方面的作用最能够影响其对红色文化资源的生态认同，而文化程度为本专科和研究生的被调查人员则认为红色文化资源在生态环境保护方面的作用最能够影响其对红色文化资源的生态认同。

在教育认同上，文化程度为本专科的被调查人员相较于其他文化程度的被调查人员而言认为红色文化资源在提升爱国主义和革命传统教育效果方面的作用能够增强其对红色文化资源的教育认同，文化程度为研究生的被调查人员相较于其他文化程度的被调查人员而言认为红色文化资源在加强学生思想政治教育科学化水平和改善教育发展环境方面的作用能够增强其对红色文化资源的教育认同。其中，文化程度为小学及以下、初中、高中（中专）和本专科的被调查人员认为红色文化资源在爱国主义和革命传统教育方面的作用最能够使其对红色文化资源产生教育认同，文化程度为研究生的被调查人员认为红色文化资源在改善教育发展环境方面的作用最能够使其对红色文化资源产生教育认同。

在社会认同上，文化程度为研究生的被调查人员相较于其他文化程度的被调查人员而言认为红色文化资源在提升社区居民社会认知力方面的作用能够增强其对红色文化资源的社会认同，文化程度为本专科的被调查人员相较于其他文化程度的被调查人员而言认为红色文化资源在增强社区居民社会责任感方面的作用能够增强其对红色文化资源的社会认同，文化程度为初中的被调查人员相较于其他文化程度的被调查人员而言认为红色文化资源在增强社区居民社会参与度方面的作用能够增强其对红色文化资源的社会认同。其中，不同文化程度的被调查人员都认为红色文化资源在增强社区居民社会参与度方面的作用最能够使其对红色文化资源产生社会认同。

在红色文化资源满意度方面，西北、北部边疆多民族地区的不同文化程度的被调查人员对当地的遗迹遗址和纪念场馆的期望值的标准化路径系数中，东北、西南多民族地区相比较低，说明了与东北、西南多民族地区相比，西北、北方多民族地区被调查人员的遗迹遗址和纪念场馆期望值对红色文化资源满意度的影响作用较弱。文化程度为研究生的被调查人员相较于其他文化程度的被调查人员而言认为遗迹遗址期望值能够增强其对红色文化资源的满意度，文化程度为初中的被调查人员相较于其他文化程度的被调查人员而言认为纪念场馆期望值能够影响其对红色文化资源的满意度。其中，文化程度为小学及以下、初中和高中（中专）的被调查人员认为纪念场馆期望值最能够影响其对红色文化资源的满意度，文化程度为本专科和研究生的被调查人员认为遗迹遗址期望值最能够影响其对红色文化资源的满意度。

在红色文化资源的保护意愿方面，文化程度为研究生的被调查人员相较于其他文化程度的被调查人员而言认为红色文化资源的保护态度和保护程度能够增强其对红色文化资源的保护意愿，文化程度为本专科的被调查人员相较于其他文化程度的被调查人员而言认为红色文化资源的保护方式和保护参与能够增强其对红色文化资源的保护意愿。其中，不同文化程度的被调查人员都认为红色文化资源的保护参与最能够影响其对红色文化资源的保护意愿。

在红色文化资源的传承意愿方面，文化程度为研究生的被调查人员相较于其他文化程度的被调查人员而言认为红色文化资源的传承态度、传承参与和传承方式更能够增强其对红色文化资源的传承意愿。其中，文化程度为小学及以下的被调查人员以及被调查的学生认为红色文化资源的传承态度最能够影响其对红色文化资源的传承意愿，文化程度为初中、高中（中专）、本专科和研究生的被调查人员认为红色文化资源的传承参与最能够影响其对红色文化资源传承意愿。

第六节　基于人员类别差异的西北、北部边疆多民族地区红色文化资源保护与传承意愿研究

一、研究假设

假设1：西北、北部边疆多民族地区不同人员类别的被调查人员的个体差异对其个人保护传承红色文化的意愿有着显著的影响。

个体差异主要从年龄、文化程度、政治面貌、民族成分、工作单位、人员类别等方面体现。一般而言，文化程度越高的人群红色文化的认同感越强烈，对当地红色文化的保护与传承意愿越强烈。

假设2：西北、北部边疆多民族地区不同人员类别的被调查人员的红色文化价值认同度对其个人保护传承红色文化的意愿有着显著的影响。

红色文化价值认同度对西北、北部边疆多民族地区的被调查人员保护与传承红色文化意愿的影响程度十分显著，对红色文化价值认同度越高，保护与传承红色文化的意愿越强。一般来看，不同人员类别的被调查人员之间存在着一定的差异性，本地居民对当地的红色文化更了解，当地的红色文化在当地发展过程中与当地文化逐渐融合，深刻地影响了当地居民的价值观，所以本地居民受到价值认同的影响更明显。

二、数据来源与变量描述统计

本节的研究重点是西北、北部边疆多民族地区不同人员类别被调查人员的保护传承红色文化的意愿及其影响因素，对1093份有效的调查问卷中进行分类，其中本地居民有993人，占总样本数的90.85%，游客有21人，占总样本数的1.92%，外地学生有79人，占总样本数的7.23%。

经过对调查数据的分类汇总，得到以下描述性统计结果（见表4－21），可以发现，不同人员类别的被调查人员在个人特征、红色文化的价值认同以及红色文化保护传承意愿方面均有所差异。其中，在个人特征的文化程度方面，可以看到被调查人员中的本地居民中高中（中专）学历的人占比最多，达到了38.07%，占比排名第二的是初中学历，达到了34.54%；被调查人员中的游客高中（中专）学历的人占比最多，达到了38.10%，占比排名第二的是本专科学历，达到了33.33%；

表 4－21 调查数据描述性统计

类别	变量名称	西北、北部边疆多民族地区（N＝1093）		本地居民（N＝993）		游客（N＝21）		外地学生（N＝79）	
		频数	百分比	频数	百分比	频数	百分比	频数	百分比
文化程度	小学及以下	42	3.84	42	4.23	0	0	0	0
	初中	359	32.85	343	34.54	5	23.81	11	13.92
	高中（中专）	418	38.24	378	38.07	8	38.10	32	40.51
	本专科	253	23.15	218	21.95	7	33.33	28	35.44
	研究生	21	1.92	12	1.21	1	4.76	8	10.13
民族成分	汉族	792	72.46	729	73.41	15	71.43	52	65.82
	少数民族	301	27.54	264	26.59	6	28.57	27	34.18
年龄	新生代	584	53.43	488	49.14	17	80.95	79	100.00
	老一代	509	46.57	505	50.86	4	19.05	0	0
政治面貌	团员	128	11.71	88	8.86	8	38.10	32	40.51
	党员	229	20.95	186	18.73	4	19.05	39	49.37
	民主党派	19	1.74	16	1.61	3	14.29	0	0
	群众	717	65.60	703	70.80	6	28.57	8	10.13
工作单位	政府机关	96	8.78	94	9.47	2	9.52	0	0
	事业单位	101	9.24	98	9.87	3	14.29	0	0
	公有制企业	218	19.95	214	21.55	4	19.05	0	0
	非公有制企业	359	32.85	353	35.55	6	28.57	0	0
	其他	135	12.35	133	13.39	2	9.52	0	0
	学生	184	16.83	101	10.17	4	19.05	79	100.00
观测变量	潜在变量	西北、北部边疆多民族地区（N＝1093）		本地居民（N＝993）		游客（N＝21）		外地学生（N＝79）	
		频数	百分比	频数	百分比	频数	百分比	频数	百分比
政治认同	党的理想信念	均值 3.98（0.679）		均值 3.99（0.691）		均值 3.97（0.714）		均值 3.98（0.685）	
	党的奋斗使命	均值 3.97（0.672）		均值 3.98（0.681）		均值 3.97（0.692）		均值 3.96（0.682）	
	民族记忆与国家认同	均值 4.08（0.669）		均值 4.10（0.669）		均值 4.07（0.672）		均值 4.07（0.679）	
经济认同	经济发展	均值 3.52（0.714）		均值 3.54（0.695）		均值 3.51（0.681）		均值 3.51（0.674）	
	居民收入水平	均值 3.51（0.704）		均值 3.52（0.687）		均值 3.50（0.697）		均值 3.51（0.701）	
	居民就业机会	均值 3.51（0.702）		均值 3.52（0.692）		均值 3.50（0.691）		均值 3.51（0.699）	

续表

观测变量	潜在变量	西北、北部边疆多民族地区（N=1093）		本地居民（N=993）		游客（N=21）		外地学生（N=79）	
		频数	百分比	频数	百分比	频数	百分比	频数	百分比
文化认同	社会主义先进文化	均值 3.77（0.663）		均值 3.78（0.678）		均值 3.77（0.679）		均值 3.76（0.686）	
	社会主义核心价值体系	均值 3.79（0.671）		均值 3.80（0.681）		均值 3.80（0.692）		均值 3.78（0.679）	
	中华优秀传统文化	均值 3.62（0.721）		均值 3.65（0.693）		均值 3.60（0.694）		均值 3.61（0.699）	
生态认同	生态环境保护	均值 3.22（0.711）		均值 3.22（0.689）		均值 3.23（0.694）		均值 3.21（0.695）	
	基础设施水平	均值 3.39（0.709）		均值 3.42（0.691）		均值 3.37（0.696）		均值 3.37（0.701）	
教育认同	爱国主义和革命传统教育	均值 3.86（0.667）		均值 3.86（0.676）		均值 3.83（0.689）		均值 3.89（0.691）	
	学生思想政治教育	均值 3.85（0.645）		均值 3.85（0.656）		均值 3.81（0.706）		均值 3.89（0.685）	
	教育发展环境	均值 3.83（0.687）		均值 3.82（0.682）		均值 3.81（0.674）		均值 3.86（0.668）	
社会认同	社区居民社会参与度	均值 3.11（0.724）		均值 3.14（0.694）		均值 3.09（0.711）		均值 3.09（0.701）	
	社区居民社会责任感	均值 3.39（0.651）		均值 3.42（0.684）		均值 3.39（0.691）		均值 3.36（0.702）	
	社区居民社会认知力	均值 3.10（0.723）		均值 3.12（0.679）		均值 3.09（0.711）		均值 3.09（0.729）	
满意度	遗迹遗址期望值	均值 3.50（0.649）		均值 3.52（0.659）		均值 3.48（0.679）		均值 3.50（0.689）	
	纪念场馆期望值	均值 3.52（0.669）		均值 3.54（0.689）		均值 3.50（0.686）		均值 3.52（0.692）	
保护意愿	保护态度	均值 3.52（0.681）		均值 3.54（0.679）		均值 3.49（0.688）		均值 3.51（0.695）	
	保护参与	均值 3.54（0.688）		均值 3.56（0.668）		均值 3.50（0.698）		均值 3.56（0.686）	
	保护方式	均值 3.54（0.672）		均值 3.56（0.676）		均值 3.51（0.691）		均值 3.55（0.689）	
	保护程度	均值 3.55（0.682）		均值 3.57（0.687）		均值 3.52（0.691）		均值 3.56（0.703）	
传承意愿	传承态度	均值 3.54（0.673）		均值 3.56（0.685）		均值 3.52（0.692）		均值 3.54（0.696）	
	传承参与	均值 3.53（0.678）		均值 3.57（0.688）		均值 3.50（0.696）		均值 3.52（0.689）	
	传承方式	均值 3.54（0.673）		均值 3.57（0.689）		均值 3.52（0.679）		均值 3.53（0.696）	

注：括号中为标准差。

被调查人员中外地学生高中（中专）学历的人占比最多，达到了40.51%，占比排名第二的是本专科学历，达到了35.44%。在个人特征中的民族成分方面，被调查人员中的本地居民、游客和外地学生中都是汉族占比较多。在个人特征的年龄构成方面，外地学生的年龄结构最年轻，新生代人群占到了100%，本地居民老一代人群的占比最多，达到了50.86%。在个人特征的政治面貌方面，被调查人员中的本地居民中群众占70.80%，占比排名第二的是党员，达到了18.73%；游客中占比最多的是团员，达到了38.10%，占比排名第二的是群众，达到了

28.57%；外地学生中占比最多的是党员，达到了49.37%，占比排名第二的是团员，达到了40.51%。在个人特征的工作单位方面，被调查人员当中的本地居民大多在非公有制企业工作，达到了本地居民的35.55%，占比排名第二的是公有制企业，达到了本地居民的21.55%；被调查人员当中游客的工作单位大多在非公有制企业，达到了游客的28.57%，占比排名第二的是公有制企业和学生，达到了游客的19.05%。

下面分析红色文化的价值认同方面。在红色文化的政治认同程度中，被调查人员中的本地居民明显更能够对本地区的红色文化产生政治认同，更能够理解并体会到共产党人在这片土地上的奋斗使命，相较而言，游客和外地学生对本地区的红色文化了解较为粗浅，导致评价稍低。在红色文化的经济认同程度中，被调查人员中的本地居民能够从日常生活中体会到当地红色文化资源开发为经济社会发展带来的有益影响，而外地学生也需要在一定时间内在本地区进行生活，所以也稍能感受到红色文化的经济作用，相较之下游客在本地区停留时间较短，理解较为浅显。在红色文化的文化认同程度中，本地居民对当地红色文化在推动社会主义先进文化发展、完善创新社会主义核心价值体系和激发中华优秀传统文化内核发展方面认同度更高，这是因为他们本身就正在参与这一过程，而游客和外地学生在这方面与本地居民稍有差距。在红色文化的生态认同程度中，本地居民由于在本地生活时间较长，能够体会到在生态环境保护中红色文化所产生的作用，因此在这方面的评分稍高。在红色文化的教育认同程度中，被调查人员中外地学生更具有发言权，他们更能体会到红色文化与教育结合的成果，而外来游客无法对当地红色文化的保护与传承对教育的作用有深刻的认识。在红色文化的社会认同程度中，由于本地居民是当地社会的主要组成部分，游客和外地学生并不能很好地理解红色文化在当地社会中的重要作用，因此本地居民的评价比游客和外地学生要高。

在红色文化的保护与传承意愿中，被调查人员中本地居民对当地的纪念场馆满意值更高，证明其对当地的现有红色文化资源整合较满意，另外，不管是从保护还是从传承来看，被调查人员中的本地居民都更愿意保护和传承当地的红色文化。

三、实证分析

本书在西北、北部边疆多民族地区调查过程中构建了包括1093个调查样本在内的数据库，利用AMOS软件进行分析，构建起了西北、北部边疆多民族地区红色文化资源保护与传承意愿的结构方程模型（见图4-6），在构建结构方程模型之后，需要对其信度和效度进行检验。

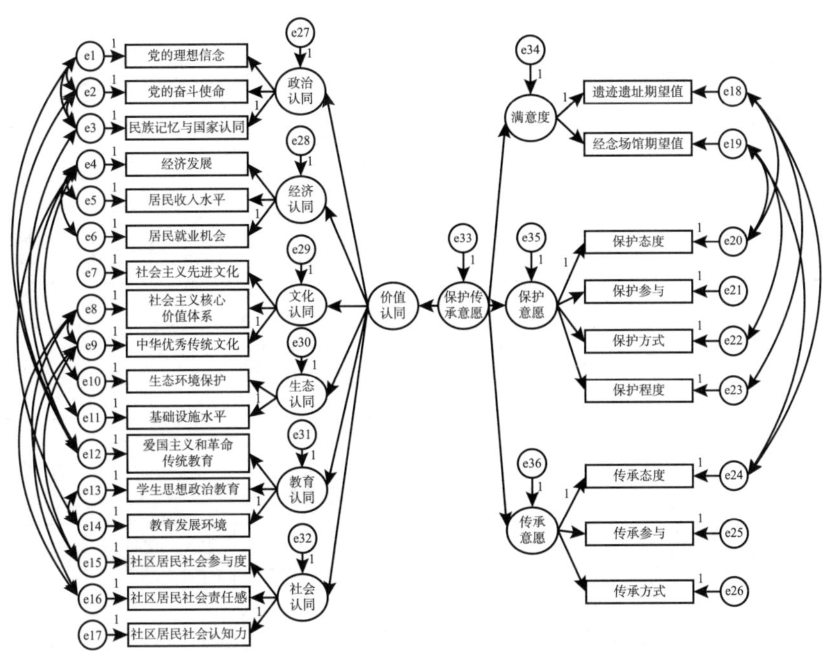

图 4-6 西北、北部边疆多民族地区红色文化资源保护与传承意愿的结构方程模型

首先，利用 Cronbach's α 系数对采集回来的调查问卷进行信度检验，被调查人员中的本地居民、游客和外地学生的调查问卷信度分别为 0.933、0.921 和 0.927，样本的可信度较高。其次，利用因子分析法对指标的潜在变量效度进行分析，被调查人员中的本地居民、游客和外地学生的 KMO 检验结果分别显示为 0.964、0.939 和 0.952，在 Bartlett 球形检验结果中，卡方值的显著性概率是低于显著性水平的，利用极大方差法进行因子旋转，以特征值大于 1 的标准进行主因子的提取，最终显示指标项因子负载量大于 0.50，累计解释方差多于 50%，综合解释了变量的效度通过了检验。整体来看，采集到的信息信度和效度通过了检验。最后，要对构建的结构方程模型拟合指标参数进行检验，将八项拟合指标的显示值与标准值进行对比，观察是否能够通过。利用 AMOS 软件对构建起的结构方程模型进行检验，得到了八项拟合指标参数（见表 4-22）。通过八项拟合指标数值的对比发现，拟合情况均为理想，证明其结果可以接受。在此基础上对西北、北部边疆多民族地区不同人员类别被调查人员的红色文化保护与传承意愿的结构方程模型路径系数进行测算，得到西北、北部边疆多民族地区不同人员类别被调查人员的红色文化保护与传承意愿的结构方程模型路径估计结果（见表 4-23），由表可知，红色文化价值认同对西北、北部边疆多民族地区被调查人员中的本地居民、游客和外地学生的红色文化保护与传承意愿的标准化路径系数分别为 0.769、0.738 和 0.756，通过了显著性检验。这说明红色文化价值认同与红色文化保护与传承意愿之间有着显著的正向关系，并且这种正向关系在被调查人员中的本地居民中更明显，这就验证了前文的假设，即该结构方程模型无须优化调整。

表 4－22　　八项拟合指标参数

拟合指标	χ^2/df	AGFI	IFI	CFI	TLI	PNFI	RMR	RMSEA
显示值	2.869	0.822	0.977	0.954	0.980	0.608	0.019	0.056
参考值	<5.00	>0.80	>0.90	>0.90	>0.90	>0.50	<0.05	<0.08
拟合情况	理想	理想	理想	理想	理想	理想	理想	理想

表 4－23　　结构方程模型路径估计结果

人员类别	结构方程模型路径	标准化路径系数	P
本地居民	红色文化价值认同→红色文化保护与传承意愿	0.769	***
游客	红色文化价值认同→红色文化保护与传承意愿	0.738	***
外地学生	红色文化价值认同→红色文化保护与传承意愿	0.756	***

注：*** 表示 $P<0.001$。

根据前文构建的西北、北部边疆多民族地区红色文化资源保护与传承意愿结构方程模型，利用 AMOS 软件对西北、北部边疆多民族地区的 1093 份调查问卷中的样本数据进行分析计算，分别得到了西北、北部边疆多民族地区不同人员类别被调查人员的红色文化保护与传承意愿的非标准化参数值估计模型。由前文对不同人员类别被调查人员的红色文化价值认同以及红色文化保护与传承意愿的标准化路径系数可知，红色文化价值认同对红色文化保护与传承意愿的作用十分明显，红色文化的价值认同主要是通过红色文化的政治认同、红色文化的经济认同、红色文化的文化认同、红色文化的生态认同、红色文化的教育认同和红色文化的社会认同 6 个观测变量进行测算判定。

从 e1↔e2 路径来看，被调查人员中本地居民、游客和外地学生都通过了显著性检验，并且其协方差均为正值，反映了被调查人员中本地居民、游客和外地学生认为党的理想信念和党的奋斗使命之间有着正向的共变关系，这说明西北、北部边疆多民族地区的不同人员类别被调查人员对党的理想信念了解得越深刻，越能够感受到党的奋斗使命。从 e1↔e3 路径来看，被调查人员中本地居民、游客和外地学生都通过了显著性检验，并且其协方差均为正值，反映了被调查人员中本地居民、游客和外地学生认为党的理想信念和民族记忆与国家认同之间有着正向的共变关系，这说明对党的理想信念了解得越深刻的西北、北部边疆多民族地区的不同人员类别被调查人员，越能够唤醒其对中华民族的民族记忆与国家认同。从 e1↔e12 路径来看，被调查人员中本地居民、游客和外地学生都通过了显著性检验，并且其协方差均为正值，反映了被调查人员中的本地居民、游客和外地学生认为党的理想信念和爱国主义与革命传统教育之间有着正向的共变关系，这说明西北、北部边疆多民族地区的不同人员类别被调查人员对党的理想信念了解得越深刻，越能够增强其爱国主义情感，增进革命传统教育。在这些路径中，被调查人员中本地居民所受到的影响更为明显。从 e2↔e3 路径来看，被调查人员中本地居民、游客和外地学生都通过了显著性检验，并且其协方差均为正值，反映了被调查人员中本地居民、游客和外地学生认为党的奋斗使命和民族记忆与国家认同之间有着正向的共变关系，这说明西北、北部边疆多民族地区的不同人员类别被调查人员对党的奋斗使命了解得越深刻，越能够唤醒其对中华民族的民族记忆与国家认同。从 e2↔e12 路径来看，被调查人员中本地居民、游客和外地学生都通过了显著性检验，反映了被调查人员中的本地居民、游客和外地学生认为党的奋斗使命和爱国主义与革命传统教育之间有着正向的共变关系，这说明西北、北部边疆多民族地区的不同人员类别被调查人员对党的奋斗使命了解得越深刻，越能够增强爱国主义情感，增进革命传统教育。在这些路径中，被调查人员中本地居民所受到的影响更明显。从 e3↔e12 路径来看，被调查人员中本地居民、游客和外地学生都通过了显著性检验，并且其协方差均为正值，反映了被调查人员中的本地居民、游客和外地学生认为民族记忆与国家认同和爱国主义与革命传统教育之间有着正向的共变关系，这说明西北、北部边疆多民族地区的不同人员类别被调查人员对红色文化中的民族记忆与国家认同了解得越深刻，越能够增强其爱国主义情感，增进革命传统教育。在此路径中，被调查人员中的本地居民所受到的影响更明显。

从 e4↔e5 路径来看，被调查人员中的本地居民、游客和外地学生都通过了显著性检验，并且其协方差均为正值，反映了被调查人员中本地居民、游客和外地学生认为红色文化带动经济发展和居民收入水平之间有着正向的共变关系，这说明西北、北部边疆多民族地区的不同人员类别被调查人员认为当地红色文化越能够推动经济发展，就越能带动当地的居民收入水平。从 e4↔e6 路径来看，被调查人员中本地居民、游客和外地学生都通过了显著性检验，并且其协方差均为正值，反映了被调查人员中本地居民、游客和外地学生认为红色文化带动经济发展和居民就业机会之间有着正向的共变关系，这说明西北、北部边疆多民族地区的不同人员类别被调查人员认为当地红色文化越能够推动经济发展，就越能增加当地的居民就业机会。从 e4↔e10 路径来看，被调查人员中本地居民、游客和外地学生都通过了显著性检验，并且其协方差均为正值，反映了被调查人员中本地居民、游客和外地学生认为红色文化带动经济发展和生态环境保护之间有着正向的共变关系，这说明西北、北部边疆多民族地区的不同人员类别被调查人员认为当地红色文化越能够推动经济发展，越有利于当地生态环境的保护。从 e4↔e11 路径来看，被调查人员中本地居民、游客和外地学生都通过了显著性检验，并且其协方差均为正值，反映了被调查人员中本地居民、游客和外地学生认为红色文化带动经济发展和基础设施建设之间有着正向的共变关系，这说明西北、北部边疆多民族地区的不同人员类别被调查人员认为当地红色文化越能够推动经济发展，越有利于推动当地的基础设施建设与完善。从 e4↔e14 路径来看，被调查人员中本地居民、游客和外地学生都通过了显著性检验，并且其协方差均为正值，反映了被调查人员中本地居民、游客和外地学生认为红色文化带动经济发展和改善教育发展环境之间有着正向的共变关系，这说明西北、北部边疆多民族地区的不同人员类别被调查人员认为当地红色文化越能够推动经济发展，越能改善当地的教育发展环境。

从 e8↔e9 路径来看，被调查人员当中的本地居民、游客和外地学生都通过了显著性检验，并且其协方差均为正值，反映了被调查人员中本地居民、游客和外地学生认为社会主义核心价值体系和中华优秀传统文化之间有着正向的共变关系，这说明西北、北部边疆多民族地区的不同人员类别被调查人员对红色文化推动发展社会主义核心价值体系满意度越高，认为其越能够带动中华优秀传统文化创新发展。从 e8↔e15 路径来看，被调查人员中本地居民、游客和外地学生都通过了显著性检验，并且其协方差均为正值，反映了被调查人员中本地居民、游客和外地学生认为社会主义核心价值体系和社区居民社会参与度之间有着正向的共变关系，这说明西北、北部边疆多民族地区的不同人员类别被调查人员认为不断坚持发展社会主义核心价值体系，可以有效地提升社区居民对社会建设的参与度。从 e8↔e16 路径来看，被调查人员中本地居民、游客和外地学生都通过了显著性检验，并且其协方差均为正值，反映了被调查人员中本地居民、游客和外地学生认为社会主义核心价值体系和社区居民社会责任感之间有着正向的共变关系，这说明西北、北部边疆多民族地区的不同人员类别被调查人员认为不断巩固社会主义核心价值体系，可以有效地提升社区居民的社会责任感。从 e9↔e15 路径来看，被调查人员中本地居民、游客和外地学生都通过了显著性检验，并且其协方差均为正值，反映了被调查人员中本地居民、游客和外地学生认为中华优秀传统文化和社区居民社会参与度之间有着正向的共变关系，这说明西北、北部边疆多民族地区的不同人员类别被调查人员认为坚持传承和发展中华优秀传统文化，可以有效地提升社区居民对社会建设的参与度。从 e9↔e16 路径来看，被调查人员中本地居民、游客和外地学生都通过了显著性检验，并且其协方差均为正值，反映了被调查人员中本地居民、游客和外地学生认为中华优秀传统文化和社区居民社会责任感之间有着正向的共变关系，这说明西北、北部边疆多民族地区的不同人员类别被调查人员认为坚持传承和发展中华优秀传统文化，可以有效地提升社区居民的社会责任感。

从 e13↔e14 路径来看，被调查人员中本地居民、游客和外地学生都通过了显著性检验，并且其协方差均为正值，反映了被调查人员中本地居民、游客和外地学生认为学生思想政治教育和教育发展环境之间有着正向的共变关系，这说明西北、北部边疆多民族地区的不同人员类别被调查人员认为教育发展环境越好，越有利于推动学生思想政治教育工作。

西北、北部边疆多民族地区不同年龄阶段的被调查人员对红色文化保护与传承意愿与其对红色文化的满意度、红色文化的保护意愿和红色文化的传承意愿关系十分明显，需要从这三方面入手综合探索提升其意愿。从 e18↔e20 路径来看，被调查人员中本地居民、游客和外地学生都通过了显著性检验，反映了被调查人员中本地居民、游客和外地学生认为当地遗迹遗址的满意度和保护红色文化的态度之间有着正向的共变关系，这说明西北、北部边疆多民族地区的不同人员类别被调查人员对当地遗迹遗址的满意度越高，越能够激发其对当地红色文化的保护意愿。从 e18↔e23 路径来看，被调查人员中本地居民、游客和外地学生都通过了显著性检验，反映了被调查人员中本地居民、游客和外地学生认为当地遗迹遗址的满意度和当地红色文化遗迹遗址的保护利用现状之间有着正向的共变关系，这说明西北、北部边疆多民族地区的不同人员类别被调查人员对当地遗迹遗址的满意度越高，对当地红色文化遗迹遗址的保护利用现状评价越有利。从 e18↔e24 路径来看，被调查人员中本地居民、游客和外地学生都通过了显著性检验，反映了被调查人员中本地居民、游客和外地学生认为当地遗迹遗址的满意度和宣传推介本地红色文化资源的意愿之间有着正向的共变关系，这说明西北、北部边疆多民族地区的不同人员类别被调查人员对当地遗迹遗址的满意度越高，越愿意宣传推介当地的红色文化。从 e19↔e20 路径来看，被调查人员中本地居民、游客和外地学生都通过了显著性检验，反映了被调查人员中本地居民、游客和外地学生认为当地纪念场馆的满意度和保护红色文化的态度之间有着正向的共变关系，这说明西北、北部边疆多民族地区的不同人员类别被调查人员对当地纪念场馆的满意度越高，越能够激发其对当地红色文化的保护意愿。从 e19↔e22 路径来看，被调查人员中本地居民、游客和外地学生都通过了显著性检验，反映了被调查人员中本地居民、游客和外地学生认为当地纪念场馆的满意度和当地红色文化纪念场馆的保护利用现状之间有着正向的共变关系，这说明西北、北部边疆多民族地区的不同人员类别被调查人员对当地纪念场馆的满意度越高，对当地红色文化纪念场馆的保护利用现状评价越有利。从 e19↔e24 路径来看，被调查人员中本地居民、游客和外地学生都通过了显著性检验，反映了被调查人员中本地居民、游客和外地学生认为当地纪念场馆的满意度和宣传推介本地红色文化资源的意愿之间有着正向的共变关系，这说明西北、北部边疆多民族地区的不同人员类别被调查人员对当地纪念场馆的满意度越高，越愿意宣传推介当地的红色文化。

根据结构方程模型的输出结果，可以得到西北、北部边疆多民族地区不同人员类别的被调查人员保护与传承红色文化资源意愿测量模型中潜在变量与观测变量之间的标准化路径估计结果（见表 4－24）。可见在测量模型中，被调查的当地居民、游客和外地学生的潜在变量对观察变量的显著性检验 P 值都在 0.001 水平，说明了该模型中的观测变量能够解释潜在变量。

表 4－24　　潜在变量与观测变量之间的标准化路径估计结果

测量模型路径	本地居民	游客	外地学生
	标准化路径系数	标准化路径系数	标准化路径系数
政治认同→党的理想信念	0.886***	0.874***	0.860***
政治认同→党的奋斗使命	0.859***	0.793***	0.849***
政治认同→民族记忆与国家认同	0.893***	0.857***	0.904***
经济认同→经济发展	0.882***	0.853***	0.866***
经济认同→居民收入水平	0.874***	0.840***	0.841***
经济认同→居民就业机会	0.861***	0.832***	0.877***
文化认同→社会主义先进文化	0.876***	0.855***	0.842***
文化认同→社会主义核心价值体系	0.883***	0.872***	0.854***
文化认同→中华优秀传统文化	0.867***	0.808***	0.860***
生态认同→生态环境保护	0.602***	0.680***	0.636***
生态认同→基础设施水平	0.680***	0.659***	0.733***
教育认同→爱国主义和革命传统教育	0.833***	0.810***	0.822***
教育认同→学生思想政治教育	0.811***	0.759***	0.803***
教育认同→教育发展环境	0.726***	0.709***	0.841***
社会认同→社区居民社会参与度	0.809***	0.750***	0.766***
社会认同→社区居民社会责任感	0.783***	0.722***	0.739***
社会认同→社区居民社会认知力	0.723***	0.740***	0.755***
红色文化满意度→遗迹遗址期望值	0.922***	0.888***	0.895***

续表

测量模型路径	本地居民	游客	外地学生
	标准化路径系数	标准化路径系数	标准化路径系数
红色文化满意度→纪念场馆期望值	0.913***	0.894***	0.908***
红色文化保护意愿→保护态度	0.869***	0.844***	0.882***
红色文化保护意愿→保护参与	0.882***	0.862***	0.879***
红色文化保护意愿→保护方式	0.858***	0.857***	0.828***
红色文化保护意愿→保护程度	0.844***	0.860***	0.823***
红色文化传承意愿→传承态度	0.883***	0.822***	0.853***
红色文化传承意愿→传承参与	0.905***	0.869***	0.872***
红色文化传承意愿→传承方式	0.869***	0.844***	0.792***

注：*** 表示 $P<0.001$。

在红色文化资源的价值认同方面，不同人员类别被调查人员的标准化路径系数都通过了显著性检验，并且数值分布在0.602~0.922。在政治认同上，被调查的本地居民相较于被调查的游客和外地学生而言认为红色文化资源在体现党的理想信念和印证党的奋斗使命方面的作用能够增强其对红色文化资源的政治认同，被调查的外地学生相较于被调查的游客和本地居民而言认为红色文化资源在唤醒民族记忆与国家认同方面的作用能够增强其对红色文化资源的政治认同。其中，被调查的本地居民和外地学生认为红色文化资源在唤醒民族记忆与国家认同方面的作用最能够影响其对红色文化资源的政治认同，被调查的游客认为红色文化资源在理解党的理想信念方面的作用最能够影响其对红色文化资源的政治认同。

在经济认同上，被调查人员中本地居民相较于外地学生和游客而言认为红色文化资源在推动经济发展和提高居民收入水平方面的作用更能够增强其对红色文化资源的经济认同，而外地学生相较于本地居民和游客而言认为红色文化资源在增加居民就业机会方面的作用更能够增强其对红色文化资源的经济认同。其中，本地居民和游客认为红色文化资源对推动经济发展方面的作用最能够影响其对红色文化资源的经济认同，外地学生认为红色文化资源在增加居民就业机会方面的作用最能够影响其对红色文化资源的经济认同。

在文化认同上，本地居民相较于外地学生和游客而言认为红色文化资源在构筑社会主义先进文化生命力、推进社会主义核心价值体系建设和创新发展中华优秀传统文化方面的作用能够增强其对红色文化资源的文化认同。其中，本地居民和游客认为红色文化资源在推动社会主义核心价值体系建设方面的作用最能够影响其对红色文化资源的文化认同，被调查的外地学生认为红色文化资源在推动中华优秀传统文化创新发展方面的作用最能够影响其对红色文化资源的文化认同。

在生态认同上，外地学生相较于本地居民和游客而言认为红色文化资源在改善基础设施水平方面的作用能够增强被调查人员对红色文化资源的生态认同，游客相较于本地居民和外地学生而言认为红色文化资源在生态环境保护方面的作用最能够影响其对红色文化资源的生态认同。其中，本地居民和外地学生认为红色文化资源在改善基础设施建设方面的作用最能够影响其对红色文化资源的生态认同，外地游客认为红色文化资源在生态环境保护方面的作用最能够影响其对红色文化资源的生态认同。

在教育认同上，外地学生相较于本地居民和游客而言认为红色文化资源在改善教育发展环境方面的作用能够增强其对红色文化资源的教育认同，本地居民相较于游客和外地学生而言认为红色文化资源在提升爱国主义和革命传统教育效果与加强学生思想政治教育科学化水平方面的作用能够增强其对红色文化资源的教育认同。其中，外地学生认为红色文化资源在改善教育发展环境方面的作用最能够使其对红色文化资源产生教育认同，而本地居民和游客则认为红色文化资源在提升爱国主义和革命传统教育效果方面的作用最能够使其对红色文化资源的教育认同产生影响。

在社会认同上，本地居民相较于游客和外地学生而言认为红色文化资源对增强社区居民社会参与度和社区居民社会责任感方面的作用能够增强其对红色文化资源的社会认同，外地学生相较于被调查的本地居民和游客而言认为红色文化资源在提升社区居民社会认知力方面的作用能够增强其对红色文化资源的社会认同，其中，不同人员类别的被调查人员都认为红色文化资源在提升社区居民社会参与度方面的作用最能够使其对红色文化资源产生社会认同。

在红色文化资源满意度方面，西北、北部边疆多民族地区本地居民对当地的遗迹遗址和纪念场馆的期望值的标准化路径系数都较高，说明了遗迹遗址和纪念场馆的期望值对其对红色文化资源满意度的影响作用较为明显。本地居民相较于被调查的游客和外地学生而言认为遗迹遗址期望值和纪念场馆期望值能够增强其对红色文化资源的满意度，其中，本地居民认为遗迹遗址期望值最能够影响其对红色文化资源的满意度，外地学生和游客认为纪念场馆期望值最能够影响其对红色文化资源的满意度。

在红色文化资源的保护意愿方面，本地居民相较于游客和外地学生而言认为红色文化资源的保护参与和保护方式能够增强其对红色文化资源的保护意愿，游客相较于本地居民和外地学生而言则认为红色文化资源的保护程度更能够增强其对红色文化资源的保护意愿，外地学生相较于本地居民和游客而言认为红色文化资源的保护态度更能够增强其对红色文化资源的保护意愿。其中，不同人员类别的被调查人员都认为红色文化资源的保护参与最能够影响其对红色文化资源的保护意愿。

在红色文化资源的传承意愿方面，本地居民相较于游客和外地学生而言认为红色文化资源的传承态度、传承参与和传承方式更能够增强其对红色文化资源的传承意愿。其中，不同人员类别的被调查人员都认为红色文化资源的传承参与最能够影响其对红色文化资源的传承意愿。

第五章　东北边疆多民族地区红色文化资源保护与传承意愿研究

第一节　基于年龄差异的东北边疆多民族地区红色文化资源保护与传承意愿研究

一、研究假设

假设1：东北边疆多民族地区不同年龄阶段的被调查人员的个体差异对其个人保护传承红色文化的意愿有着显著的影响。

个体差异主要从年龄、文化程度、政治面貌、民族成分、工作单位、人员类别等方面体现。改革开放以来，我国与世界交流逐渐增多，多种文化涌入我国，年青一代在成长的过程中受到了多元思想的冲击。按照学界的通常分类方法，本研究将1980年后出生的被调查人员定义为新生代人群，将1980年前出生的被调查人员定义为老一代人群。一般而言，老一代人群对红色文化的感情更深厚，对红色文化的保护与传承意愿更强烈。

假设2：东北边疆多民族地区不同年龄阶段的被调查人员的红色文化价值认同度对其个人保护传承红色文化的意愿有着显著的影响。

红色文化价值认同度对东北边疆多民族地区的被调查人员保护与传承红色文化意愿的影响程度十分显著，对红色文化价值认同度越高，保护与传承红色文化的意愿越强。一般来看，不同年龄段的被调查人员之间存在着一定的差异性，老一代人群受到价值认同的影响更明显。

二、数据来源与变量描述统计

本节的研究重点是东北边疆多民族地区不同年龄阶段被调查人员的保护传承

红色文化的意愿及其影响因素，对1600份有效的调查问卷中进行分类，其中新生代人群有715人，占总样本数的44.69%，老一代人群有885人，占总样本数的55.31%。

经过对调查数据的分类汇总，得到以下描述性统计结果（见表5-1），可以发现不同年龄阶段的受访者在个人特征、红色文化的价值认同以及红色文化保护传承意愿方面均有所差异。其中，在个人特征的文化程度方面，可以看到新生代人群中本专科学历的人占比最多，达到了40.28%，占比排名第二的是高中（中专）学历，达到了37.76%；老一代人群中高中（中专）学历的人群占比最多，达到了45.76%，占比排名第二的是初中学历，达到了36.61%，整体来看可以发现，新生代人群的文化程度高于老一代人群。在个人特征的政治面貌方面，可以看到不管是新生代人群还是老一代人群的主体构成都是群众，由于新生代人群中包括了团员，与老一代人群中群众占比达到了76.61%相比，新生代人群的群众占比较少，只达到了48.53%；党员在不同人群中的占比基本相近，在新生代人群中占到了26.01%，在老一代人群中占到了22.71%；民主党派中新生代人群的占比大于老一代人群，但是民主党派在政治面貌这一类别中整体占比较小。在个人特征的民族成分方面，可以看到受年龄影响不大，不管是新生代人群还是老一代人群都是汉族人口较多。在个人特征的工作单位方面，新生代人群和老一代人群中的大部分都在非公有制企业工作，分别达到了本人群中的30.91%和38.64%，新生代人群中人数占比排名第二的工作类型是学生，占到了总人群的28.53%，而在老一代人群当中人数占比排名第二的工作单位是公有制企业，达到了28.59%。在个人特征的人员类别方面，本地居民是被调查的新生代人群和老一代人群的主要构成人员，占新生代人群的84.34%和老一代人群的99.44%，另外，在新生代人群中有11.33%是外地学生。

表5-1　调查数据描述性统计

类别	变量名称	东北边疆多民族地区（N=1600）		新生代人群（N=715）		老一代人群（N=885）	
		频数	百分比	频数	百分比	频数	百分比
文化程度	小学及以下	64	4.00	16	2.24	48	5.42
	初中	433	27.06	109	15.24	324	36.61
	高中（中专）	675	42.19	270	37.76	405	45.76
	本专科	392	24.50	288	40.28	104	11.75
	研究生	36	2.25	32	4.48	4	0.45

续表

类别	变量名称	东北边疆多民族地区（N=1600）		新生代人群（N=715）		老一代人群（N=885）	
		频数	百分比	频数	百分比	频数	百分比
政治面貌	团员	160	10.00	160	22.38	0	0
	党员	387	24.19	186	26.01	201	22.71
	民主党派	28	1.75	22	3.08	6	0.68
	群众	1025	64.06	347	48.53	678	76.61
民族成分	汉族	1253	78.31	587	82.10	666	75.25
	少数民族	347	21.69	128	17.90	219	24.75
工作单位	政府机关	178	11.13	86	12.03	92	10.40
	事业单位	152	9.50	54	7.55	98	11.07
	公有制企业	319	19.94	66	9.23	253	28.59
	非公有制企业	563	35.19	221	30.91	342	38.64
	其他	184	11.50	84	11.75	100	11.30
	学生	204	12.75	204	28.53	0	0
人员类别	本地居民	1483	92.69	603	84.34	880	99.44
	游客	36	2.25	31	4.34	5	0.56
	外地学生	81	5.06	81	11.33	0	0

观测变量	潜在变量	东北边疆多民族地区（N=1600）		新生代人群（N=715）		老一代人群（N=885）	
		频数	百分比	频数	百分比	频数	百分比
政治认同	党的理想信念	均值4.01（0.621）		均值3.98（0.622）		均值4.04（0.619）	
	党的奋斗使命	均值4.02（0.622）		均值3.99（0.624）		均值4.05（0.618）	
	民族记忆与国家认同	均值4.11（0.619）		均值4.08（0.619）		均值4.14（0.616）	
经济认同	经济发展	均值3.64（0.674）		均值3.65（0.658）		均值3.63（0.672）	
	居民收入水平	均值3.63（0.694）		均值3.64（0.677）		均值3.62（0.702）	
	居民就业机会	均值3.64（0.698）		均值3.65（0.688）		均值3.63（0.701）	
文化认同	社会主义先进文化	均值3.79（0.653）		均值3.78（0.681）		均值3.80（0.672）	
	社会主义核心价值体系	均值3.81（0.664）		均值3.80（0.662）		均值3.82（0.667）	
	中华优秀传统文化	均值3.61（0.713）		均值3.59（0.725）		均值3.63（0.687）	
生态认同	生态环境保护	均值3.27（0.721）		均值3.29（0.718）		均值3.25（0.724）	
	基础设施水平	均值3.31（0.719）		均值3.32（0.716）		均值3.30（0.723）	

续表

观测变量	潜在变量	东北边疆多民族地区（N＝1600）		新生代人群（N＝715）		老一代人群（N＝885）	
		频数	百分比	频数	百分比	频数	百分比
教育认同	爱国主义和革命传统教育	均值 3.92（0.642）		均值 3.91（0.651）		均值 3.93（0.645）	
	学生思想政治教育	均值 3.91（0.645）		均值 3.92（0.639）		均值 3.90（0.678）	
	教育发展环境	均值 3.84（0.647）		均值 3.85（0.681）		均值 3.83（0.677）	
社会认同	社区居民社会参与度	均值 3.16（0.716）		均值 3.12（0.723）		均值 3.20（0.716）	
	社区居民社会责任感	均值 3.46（0.651）		均值 3.41（0.715）		均值 3.51（0.639）	
	社区居民社会认知力	均值 3.09（0.719）		均值 3.04（0.725）		均值 3.14（0.694）	
满意度	遗迹遗址期望值	均值 3.52（0.651）		均值 3.53（0.648）		均值 3.51（0.651）	
	纪念场馆期望值	均值 3.53（0.652）		均值 3.51（0.667）		均值 3.55（0.650）	
保护意愿	保护态度	均值 3.55（0.661）		均值 3.53（0.657）		均值 3.57（0.671）	
	保护参与	均值 3.58（0.664）		均值 3.57（0.662）		均值 3.59（0.671）	
	保护方式	均值 3.54（0.662）		均值 3.53（0.661）		均值 3.55（0.658）	
	保护程度	均值 3.55（0.661）		均值 3.55（0.665）		均值 3.55（0.671）	
传承意愿	传承态度	均值 3.54（0.671）		均值 3.53（0.684）		均值 3.55（0.669）	
	传承参与	均值 3.56（0.668）		均值 3.55（0.691）		均值 3.57（0.672）	
	传承方式	均值 3.55（0.662）		均值 3.55（0.669）		均值 3.55（0.653）	

注：括号中为标准差。

在红色文化的价值认同方面，新生代人群和老一代人群的红色文化的政治认同程度都很高，但是相比之下老一代人群的认同度更高，这是因为被调查的老一代人群在其成长的环境过程中受红色文化的影响较大；新生代人群生活在改革开放的历史条件下，受外来思想影响，对红色文化的了解程度较老一代人群而言较弱。在红色文化的经济认同程度中，新生代人群与老一代人群在推动经济发展、增加居民收入和提供就业机会等方面有着一定的认知差距，新生代对红色文化在经济方面的作用评价比老一代人群稍高，这是因为新生代人群的文化程度较高，并且新生代人群中包括了一定数量的学生，他们对文化推动经济的作用机理更了解。在红色文化的文化认同程度中，新生代人群与老一代人群在红色文化的认同程度方面有一定的差距，虽然两类人群在就保护和传承红色文化对构筑社会主义先进文化和加强社会主义核心价值体系的作用之间认知差异不大，但是从红色文化的保护与传承对中华优秀传统文化的推动发展方面的认知来看，老一代人群认为其作用更强。在红色文化的生态认同程度中，老一代人群对保护和传承红色文化对当地生态保护的作用评价不高，新生代人群对红色文化推动当地基础设施建设的评价更高。在红色文化的教育认同程度中，老一代人群对保护和传承红色文化对爱国主义和革命传统教育的评价更好，然而延伸到思想政治教育和教育发展环境等问题上之后，新生代人群对他们的评价比老一代人群要高。在红色文化的社会认同程度中，老一代人群相较于新生代人群来说，更认为红色文化能够有效地推动居民的社会参与度与社会责任感以及社会认知力，在这方面，新生代人群的评价与老一代人群的评价差异性较大。在红色文化的保护与传承意愿中，新生代人群和老一代人群对当地遗迹遗址和纪念场馆的满意度都不是很高，尤其是老一代人群的满意度更低。在红色文化的保护和传承意愿中，老一代人群不管是从保护还是从传承来看，都比新生代人群的意愿更强烈，不过二者之间的差距并不是很大。

三、实证分析

本书在东北边疆多民族地区调查过程中构建了包括1600个调查样本在内的数据库，利用AMOS软件进行分析，构建起了东北边疆多民族地区红色文化资源保护与传承意愿的结构方程模型（见图5－1），在构建结构方程模型之后，需要对其信度和效度进行检验。

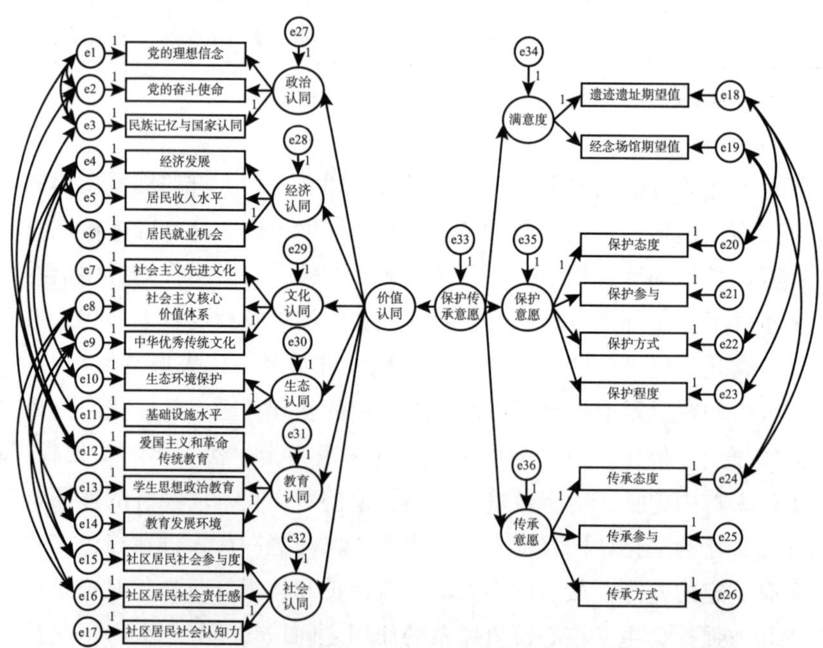

图5－1 东北边疆多民族地区红色文化资源保护与传承意愿的结构方程模型

首先，利用 Cronbach's α 系数对采集回来的调查问卷进行信度检验，新生代人群和老一代人群的调查问卷信度分别为 0.935 和 0.942，样本的可信度较高。其次，利用因子分析法对指标的潜在变量效度进行分析，新生代人群和老一代人群的 KMO 检验结果分别显示为 0.948 和 0.953，在 Bartlett 球形检验结果中，卡方值的显著性概率是低于显著性水平的，利用极大方差法进行因子旋转，以特征值大于 1 的标准进行主因子的提取，最终显示指标项因子负载量大于 0.50，累计解释方差多余 50%，综合解释了变量的效度通过了检验。整体来看，东北边疆多民族地区的调查问卷的信度和效度通过了检验。最后，要对构建的结构方程模型拟合指标参数进行检验，将八项拟合指标的显示值与标准值进行对比，观察是否能够通过。利用 AMOS 软件对构建起的结构方程模型进行检验，得到了八项拟合指标参数（见表 5-2）。通过八项拟合指标数值的对比发现，拟合情况均为理想，证明其结果可以接受。在此基础上对东北边疆多民族地区不同年龄阶段人群的红色文化保护与传承意愿的结构方程模型路径系数进行测算，得到东北边疆多民族地区不同年龄阶段人群的红色文化保护与传承意愿的结构方程模型路径估计结果（见表 5-3），由表可知，红色文化价值认同对东北边疆多民族地区新生代人群和老一代人群的红色文化保护与传承意愿的标准化路径系数分别为 0.793 和 0.798，通过了显著性检验。这说明红色文化价值认同与红色文化保护与传承意愿之间有着显著的正向关系，并且这种正向关系在老一代人群中更明显，这就验证了前文的假设，即该结构方程模型无须优化调整。

表 5-2　　八项拟合指标参数

拟合指标	χ^2/df	*AGFI*	*IFI*	*CFI*	*TLI*	*PNFI*	*RMR*	*RMSEA*
显示值	2.492	0.901	0.937	0.929	0.977	0.588	0.022	0.063
参考值	<5.00	>0.80	>0.90	>0.90	>0.90	>0.50	<0.05	<0.08
拟合情况	理想	理想	理想	理想	理想	理想	理想	理想

表 5-3　　结构方程模型路径估计结果

年龄	结构方程模型路径	标准化路径系数	*P*
新生代人群	红色文化价值认同→红色文化保护与传承意愿	0.793	***
老一代人群	红色文化价值认同→红色文化保护与传承意愿	0.798	***

注：*** 表示 $P<0.001$。

根据前文构建的东北边疆多民族地区红色文化资源保护与传承意愿结构方程

模型，利用AMOS软件对东北边疆多民族地区的1600份调查问卷中的样本数据进行分析，分别得到了东北边疆多民族地区不同年龄阶段人群的红色文化保护与传承意愿的非标准化参数值估计模型。由前文对不同年龄阶段人群的红色文化价值认同以及红色文化保护与传承意愿的标准化路径系数可知，红色文化价值认同对红色文化保护与传承意愿的作用十分明显，红色文化的价值认同主要是通过红色文化的政治认同、红色文化的经济认同、红色文化的文化认同、红色文化的生态认同、红色文化的教育认同和红色文化的社会认同6个观测变量进行测算判定。

从e1↔e2路径来看，新生代人群和老一代人群都通过了显著性检验，并且其协方差均为正值，反映了新生代人群和老一代人群认为党的理想信念和党的奋斗使命之间有着正向的共变关系，这说明东北边疆多民族地区的不同年龄被调查人员对党的理想信念了解得越深刻，越能够感受到党的奋斗使命。从e1↔e3路径来看，新生代人群和老一代人群都通过了显著性检验，并且其协方差均为正值，反映了新生代人群和老一代人群认为党的理想信念和民族记忆与国家认同之间有着正向的共变关系，这说明东北边疆多民族地区的不同年龄被调查人员对党的理想信念了解得越深刻，越能够唤醒其对中华民族的民族记忆与国家认同。从e1↔e12路径来看，新生代人群和老一代人群都通过了显著性检验，并且其协方差均为正值，反映了新生代人群和老一代人群认为党的理想信念和爱国主义与革命传统教育之间有着正向的共变关系，这说明东北边疆多民族地区的不同年龄被调查人员对党的理想信念了解得越深刻，越能够增强爱国主义情感，增进革命传统教育。在这些路径当中，老一代人群所受到的影响更明显。从e2↔e3路径来看，新生代人群和老一代人群都通过了显著性检验，并且其协方差均为正值，反映了新生代人群和老一代人群认为党的奋斗使命和民族记忆与国家认同之间有着正向的共变关系，这说明东北边疆多民族地区的不同年龄被调查人员对党的奋斗使命了解得越深刻，越能够唤醒起中华民族的民族记忆与国家认同。从e2↔e12路径来看，新生代人群和老一代人群都通过了显著性检验，反映了新生代人群和老一代人群认为党的奋斗使命和爱国主义与革命传统教育之间有着正向的共变关系，这说明东北边疆多民族地区的不同年龄被调查人员对党的奋斗使命了解得越深刻，越能够增强爱国主义情感，增进革命传统教育。在这些路径当中，老一代人群所受到的影响更明显。从e3↔e12路径来看，新生代人群和老一代人群都通过了显著性检验，并且其协方差均为正值，反映了新生代人群和老一代人群认为民族记忆与国家认同和爱国主义与革命传统教育之间有着正向的共变关系，这说明东北边疆多民族地区的不同年龄被调查人员对红色文化中的民族记忆与国家认同了解得越深刻，越能够增强爱国主义情感，增进革命传统教育。在此路径当中，老一代人群所受到的影响更明显。

从 e4↔e5 路径来看，新生代人群和老一代人群都通过了显著性检验，并且其协方差均为正值，反映了新生代人群和老一代人群认为红色文化带动经济发展和居民收入水平之间有着正向的共变关系，这说明东北边疆多民族地区的不同年龄被调查人员认为当地红色文化越能够推动经济发展，就越能带动当地的居民收入水平。从 e4↔e6 路径来看，新生代人群和老一代人群都通过了显著性检验，并且其协方差均为正值，反映了新生代人群和老一代人群认为红色文化带动经济发展和居民就业机会之间有着正向的共变关系，这说明东北边疆多民族地区的不同年龄被调查人员认为当地红色文化越能够推动经济发展，就越能增加当地的居民就业机会。从 e4↔e10 路径来看，新生代人群和老一代人群都通过了显著性检验，并且其协方差均为正值，反映了新生代人群和老一代人群认为红色文化带动经济发展和生态环境保护之间有着正向的共变关系，这说明东北边疆多民族地区的不同年龄被调查人员认为当地红色文化越能够推动经济发展，对当地的生态环境保护越有利。从 e4↔e11 路径来看，新生代人群和老一代人群都通过了显著性检验，并且其协方差均为正值，反映了新生代人群和老一代人群认为红色文化带动经济发展和基础设施建设之间有着正向的共变关系，这说明东北边疆多民族地区的不同年龄被调查人员认为当地红色文化越能够推动经济发展，越有利于推动当地的基础设施建设与完善。从 e4↔e14 路径来看，新生代人群和老一代人群都通过了显著性检验，并且其协方差均为正值，反映了新生代人群和老一代人群认为红色文化带动经济发展和改善教育发展环境之间有着正向的共变关系，这说明东北边疆多民族地区的不同年龄被调查人员认为当地红色文化越能够推动经济发展，就越能改善当地的教育发展环境。在这些路径当中，新生代人群所受到的影响更明显，这是因为新生代人群文化程度普遍较高，能够理解文化资源利用经济发展之间的作用关系，同时，由于其自身就是学生或其子女正处在小学、初中等基础教育阶段，对教育事业更关注。

从 e8↔e9 路径来看，新生代人群和老一代人群都通过了显著性检验，并且其协方差均为正值，反映了新生代人群和老一代人群认为社会主义核心价值体系和中华优秀传统文化之间有着正向的共变关系，这说明红色文化推动发展社会主义核心价值体系满意度越高的东北边疆多民族地区的不同年龄被调查人员，越认为其能够带动中华优秀传统文化创新发展。从 e8↔e15 路径来看，新生代人群和老一代人群都通过了显著性检验，并且其协方差均为正值，反映了新生代人群和老一代人群认为社会主义核心价值体系和社区居民社会参与度之间有着正向的共变关系，这说明东北边疆多民族地区的不同年龄被调查人员认为不断坚持发展社会主义核心价值体系，可以有效地提升社区居民对社会建设的参与度。从 e8↔e16 路径来看，新生代人群和老一代人群都通过了显著性检验，并且其协方差均为正值，反映了新生代人群和老一代人群认为社会主义核心价值体系和社区居民社会责任感之间有着正向的共变关系，这说明东北边疆多民族地区的不同年龄被调查人员认为不断巩固社会主义核心价值体系，可以有效地提升社区居民的社会责任感。从 e9↔e15 路径来看，新生代人群和老一代人群都通过了显著性检验，并且其协方差均为正值，反映了新生代人群和老一代人群认为中华优秀传统文化和社区居民社会参与度之间有着正向的共变关系，这说明东北边疆多民族地区的不同年龄被调查人员认为坚持传承和发展中华优秀传统文化，可以有效地提升社区居民对社会建设的参与度。从 e9↔e16 路径来看，新生代人群和老一代人群都通过了显著性检验，并且其协方差均为正值，反映了新生代人群和老一代人群认为中华优秀传统文化和社区居民社会责任感之间有着正向的共变关系，这说明东北边疆多民族地区的不同年龄的被调查人员认为坚持传承和发展中华优秀传统文化，可以有效地提升社区居民的社会责任感。

从 e13↔e14 路径来看，新生代人群和老一代人群都通过了显著性检验，并且其协方差均为正值，反映了新生代人群和老一代人群认为学生思想政治教育和教育发展环境之间有着正向的共变关系，这说明东北边疆多民族地区的不同年龄被调查人员认为教育发展环境越好，越有利于推动学生思想政治教育工作。

东北边疆多民族地区不同年龄阶段的被调查人员“对红色文化保护与传承意愿”与其“对红色文化的满意度、红色文化的保护意愿和红色文化的传承意愿”关系十分明显，需要从这三方面入手综合探索提升其意愿。从 e18↔e20 路径来看，新生代人群和老一代人群都通过了显著性检验，反映了新生代人群和老一代人群认为当地遗迹遗址的满意度和保护红色文化的态度之间有着正向的共变关系，这说明东北边疆多民族地区的不同年龄被调查人员对当地遗迹遗址的满意度越高，越能够激发其对当地红色文化的保护意愿。从 e18↔e23 路径来看，新生代人群和老一代人群都通过了显著性检验，反映了新生代人群和老一代人群认为当地遗迹遗址的满意度和当地红色文化遗迹遗址的保护利用现状之间有着正向的共变关系，这说明东北边疆多民族地区的不同年龄被调查人员对当地遗迹遗址的满意度越高，对当地红色文化遗迹遗址的保护利用现状评价就越有利。从 e18↔e24 路径来看，新生代人群和老一代人群都通过了显著性检验，反映了新生代人群和老一代人群认为当地遗迹遗址的满意度和宣传推介本地红色文化资源的意愿之间有着正向的共变关系，这说明东北边疆多民族地区的不同年龄被调查人员对当地遗迹遗址的满意度越高，越愿意宣传推介当地的红色文化。从 e19↔e20 路径来看，新生代人群和老一代人群都通过了显著性检验，反映了新生代人群和老一代人群认为当地纪念场馆的满意度和保护红色文化的态度之间有着正向的共变关系，这说明东北边疆多民族地区的不同年龄被调查人员对当地纪念场馆的满意度越高，越能够激发对当地红色文化的保护意愿。从 e19↔e22 路径来看，新生代人群和老一代人群都通过了显著性检验，反映了新生代人群和老一代人群认为当地纪念场馆的满意度和当地红色文化纪念场馆的保护利用现状之间有着正向的共变关系，这说明东北边疆多民族地区的不同年龄被调查人员对当地纪念场馆的满意度越高，对当地红色文化纪念场馆的保护利用现状评价越有利。从 e19↔e24 路径来看，新生代人群和老一代人群都通过了显著性检验，反映了新生代人群和老一代人群认为当地纪念场馆的满意度和宣传推介本地红色文化资源的意愿之间有着正向的共变关系，这说明东北边疆多民族地区的不同年龄被调查人员对当地纪念场馆的满意度越高，越愿意宣传推介当地的红色文化。

根据结构方程模型的输出结果，可以得到东北边疆多民族地区不同年龄阶段的被调查人员保护与传承红色文化资源意愿测量模型中潜在变量与观测变量之间的标准化路径估计结果（见表 5-4）。可见在测量模型中，新生代人群和老一代人群的被调查人员的潜在变量对观察变量的显著性检验 P 值都在 0.001 水平，说明了该模型中的观测变量能够解释潜在变量。

表 5-4　　潜在变量与观测变量之间的标准化路径估计结果

测量模型路径	新生代人群	老一代人群
	标准化路径系数	标准化路径系数
政治认同→党的理想信念	0.907***	0.911***
政治认同→党的奋斗使命	0.894***	0.921***
政治认同→民族记忆与国家认同	0.899***	0.907***
经济认同→经济发展	0.894***	0.867***
经济认同→居民收入水平	0.891***	0.872***
经济认同→居民就业机会	0.875***	0.842***
文化认同→社会主义先进文化	0.891***	0.899***
文化认同→社会主义核心价值体系	0.885***	0.894***
文化认同→中华优秀传统文化	0.879***	0.895***
生态认同→生态环境保护	0.705***	0.656***
生态认同→基础设施水平	0.724***	0.638***
教育认同→爱国主义和革命传统教育	0.871***	0.894***
教育认同→学生思想政治教育	0.894***	0.861***
教育认同→教育发展环境	0.866***	0.842***
社会认同→社区居民社会参与度	0.721***	0.693***
社会认同→社区居民社会责任感	0.824***	0.796***

续表

测量模型路径	新生代人群	老一代人群
	标准化路径系数	标准化路径系数
社会认同→社区居民社会认知力	0.694***	0.629***
红色文化满意度→遗迹遗址期望值	0.919***	0.925***
红色文化满意度→纪念场馆期望值	0.907***	0.924***
红色文化保护意愿→保护态度	0.915***	0.927***
红色文化保护意愿→保护参与	0.907***	0.891***
红色文化保护意愿→保护方式	0.875***	0.869***
红色文化保护意愿→保护程度	0.858***	0.876***
红色文化传承意愿→传承态度	0.905***	0.869***
红色文化传承意愿→传承参与	0.869***	0.877***
红色文化传承意愿→传承方式	0.884***	0.881***

注：*** 表示 $P<0.001$。

在红色文化资源的价值认同方面，不同年龄阶段被调查人员的标准化路径系数都通过了显著性检验，并且数值分布在0.629～0.925。在政治认同上，老一代人群相较于新生代人群而言认为红色文化资源在体现党的理想信念、理解党的奋斗使命和“唤醒民族记忆与国家认同”方面的作用能够增强其对红色文化资源的政治认同，其中，新生代人群认为红色文化资源在体现党的理想信念方面的作用最能够使其对红色文化资源产生政治认同，而老一代人群则认为红色文化资源在理解党的奋斗使命方面的作用最能够使其对红色文化资源的政治认同产生影响。

在经济认同上，新生代人群相较于老一代人群而言认为红色文化资源在推动经济发展、提升居民收入水平和增加居民就业机会方面的作用能够增强其对红色文化资源的经济认同，其中，新生代人群认为红色文化资源在推动经济发展方面的作用最能够使其对红色文化资源产生经济认同，而老一代人群则认为红色文化资源在提升居民收入水平方面的作用最能够使其对红色文化资源的经济认同产生影响。

在文化认同上，老一代人群相较于新生代人群而言认为红色文化资源在构筑社会主义先进文化生命力、推进社会主义核心价值体系建设和创新发展中华优秀传统文化方面的作用能够增强其对红色文化资源的文化认同，其中，新生代人群认为红色文化资源在构筑社会主义先进文化生命力方面的作用最能够使其对红色文化资源产生文化认同，而老一代人群则认为红色文化资源在创新发展中华优秀传统文化方面的作用最能够使其对红色文化资源的文化认同产生影响。

在生态认同上，新生代人群相较于老一代人群而言认为红色文化资源在改善基础设施水平和促进生态环境保护方面的作用能够增强被调查人员对红色文化资源的生态认同，其中，新生代人群认为红色文化资源在改善基础设施水平方面的作用最能够使其对红色文化资源产生生态认同，老一代人群认为红色文化资源在促进生态环境保护方面的作用最能够使其对红色文化资源产生生态认同。

在教育认同上，老一代人群相较于新生代人群而言认为红色文化资源在提升爱国主义和革命传统教育效果方面的作用能够增强其对红色文化资源的教育认同，新生代人群相较于老一代人群而言认为红色文化资源在加强学生思想政治教育科学化水平和改善教育发展环境方面的作用能够增强其对红色文化资源的教育认同，其中，新生代人群认为红色文化资源在加强学生思想政治教育科学化水平方面的作用最能够使其对红色文化资源产生教育认同，而老一代人群则认为红色文化资源对提升爱国主义和革命传统教育效果方面的作用最能够使其对红色文化资源的教育认同产生影响。

在社会认同上，新生代人群相较于老一代人群而言认为红色文化资源在增强社区居民社会参与度、增强社区居民社会责任感和提升社区居民社会认知力方面的作用能够增强其对红色文化资源的社会认同，其中，新生代人群和老一代人群都认为红色文化资源在增强社区居民社会责任感方面的作用最能够使其对红色文化资源产生社会认同。

在红色文化资源满意度方面，东北边疆多民族地区的不同年龄的被调查人员对当地的遗迹遗址和纪念场馆的期望值的标准化路径系数都较高，说明了遗迹遗址和纪念场馆的期望值对红色文化资源满意度影响作用较为明显。老一代人群相较于新生代人群而言认为遗迹遗址期望值和纪念场馆期望值能够增强其对红色文化资源的满意度，其中，新生代人群和老一代人群都认为遗迹遗址期望值最能够影响其对红色文化资源的满意度。

在红色文化资源的保护意愿方面，老一代人群相较于新生代人群而言认为红色文化资源的保护态度和保护程度能够增强其对红色文化资源的保护意愿，而新生代人群则认为红色文化资源的保护参与和保护方式更能够增强其对红色文化资源的保护意愿。其中，老一代人群和新生代人群都认为红色文化资源的保护态度最能够影响其对红色文化资源的保护意愿。

在红色文化资源的传承意愿方面，老一代人群相较于新生代人群而言认为红色文化资源的传承态度、传承参与和传承方式更能够增强其对红色文化资源的传承意愿。其中，老一代人群认为红色文化资源的传承态度最能够影响其对红色文化资源的传承意愿，新生代人群认为红色文化资源的传承方式最能够影响其对红色文化资源的传承意愿。

第二节　基于民族差异的东北边疆多民族地区红色文化资源保护与传承意愿研究

一、研究假设

假设1：东北边疆多民族地区不同民族成分的被调查人员的个体差异对其个人保护传承红色文化的意愿有着显著的影响。

个体差异主要从年龄、文化程度、政治面貌、民族成分、工作单位、人员类别等方面体现。一般而言，文化程度越高的人群红色文化的认同感越强烈，对当地红色文化的保护与传承意愿越强烈。

假设2：东北边疆多民族地区不同民族成分的被调查人员的红色文化价值认同度对其个人保护传承红色文化的意愿有着显著的影响。

红色文化价值认同度对东北边疆多民族地区的被调查人员保护与传承红色文化意愿的影响程度十分显著，对红色文化价值认同度越高，保护与传承红色文化的意愿越强。不同民族有着不同的文化差异和逻辑思维，在生活方式、风俗习惯、宗教信仰等方面均有所差别，由于调研地点位于东北边疆多民族地区，当地的红色文化形成不可避免地受到当地少数民族文化的影响，其文化内核具有相似性，相较而言，当地的少数民族会对当地红色文化的感情更深厚，对当地红色文化的保护与传承意愿更强烈。

二、数据来源与变量描述统计

本节的研究重点是东北边疆多民族地区不同民族成分被调查人员的保护传承红色文化的意愿及其影响因素，对1600份有效的调查问卷中进行分类，其中汉族人群有1253人，占总样本数的78.31%；少数民族人群有347人，占总样本数的21.69%。

经过对调查数据的分类汇总，得到以下描述性统计结果（见表5－5），可以发现不同民族成分的被调查人员在个人特征、红色文化的价值认同以及红色文化保护传承意愿方面均有所差异。其中，在个人特征的文化程度方面，可以看到

表 5－5　　调查数据描述性统计

类别	变量名称	东北边疆多民族地区（N＝1600）		汉族（N＝1253）		少数民族（N＝347）	
		频数	百分比	频数	百分比	频数	百分比
文化程度	小学及以下	64	4.00	54	4.31	10	2.88
	初中	433	27.06	361	28.81	72	20.75
	高中（中专）	675	42.19	563	44.93	112	32.28
	本专科	392	24.50	327	26.10	65	18.73
	研究生	36	2.25	30	2.39	6	1.73
政治面貌	团员	160	10.00	134	10.69	26	7.49
	党员	387	24.19	328	26.18	59	17.00
	民主党派	28	1.75	23	1.84	5	1.44
	群众	1025	64.06	768	61.29	257	74.06
年龄	新生代	715	44.69	592	47.25	123	35.45
	老一代	885	55.31	661	52.75	224	64.55
工作单位	政府机关	178	11.13	132	10.53	46	13.26
	事业单位	152	9.50	110	8.78	42	12.10
	公有制企业	319	19.94	251	20.03	68	19.60
	非公有制企业	563	35.19	461	36.79	102	29.39
	其他	184	11.50	135	10.77	49	14.12
	学生	204	12.75	164	13.09	40	11.53
人员类别	本地居民	1483	92.69	1165	92.98	318	91.64
	游客	36	2.25	25	2.00	11	3.17
	外地学生	81	5.06	63	5.03	18	5.19
观测变量	潜在变量	东北边疆多民族地区（N＝1600）		汉族（N＝1253）		少数民族（N＝347）	
		频数	百分比	频数	百分比	频数	百分比
政治认同	党的理想信念	均值 4.01（0.621）		均值 4.00（0.625）		均值 4.02（0.617）	
	党的奋斗使命	均值 4.02（0.622）		均值 4.02（0.621）		均值 4.02（0.616）	
	民族记忆与国家认同	均值 4.11（0.619）		均值 4.10（0.624）		均值 4.11（0.617）	
经济认同	经济发展	均值 3.64（0.674）		均值 3.63（0.654）		均值 3.65（0.668）	
	居民收入水平	均值 3.63（0.694）		均值 3.62（0.684）		均值 3.64（0.701）	
	居民就业机会	均值 3.64（0.698）		均值 3.63（0.688）		均值 3.65（0.698）	

续表

观测变量	潜在变量	东北边疆多民族地区（N＝1600）		汉族（N＝1253）		少数民族（N＝347）	
		频数	百分比	频数	百分比	频数	百分比
文化认同	社会主义先进文化	均值3.79（0.653）		均值3.78（0.651）		均值3.80（0.658）	
	社会主义核心价值体系	均值3.81（0.664）		均值3.81（0.661）		均值3.81（0.665）	
	中华优秀传统文化	均值3.61（0.713）		均值3.61（0.721）		均值3.61（0.694）	
生态认同	生态环境保护	均值3.27（0.721）		均值3.25（0.717）		均值3.29（0.719）	
	基础设施水平	均值3.31（0.719）		均值3.30（0.712）		均值3.32（0.725）	
教育认同	爱国主义和革命传统教育	均值3.92（0.642）		均值3.91（0.648）		均值3.93（0.641）	
	学生思想政治教育	均值3.91（0.645）		均值3.91（0.636）		均值3.91（0.664）	
	教育发展环境	均值3.84（0.647）		均值3.83（0.672）		均值3.86（0.651）	
社会认同	社区居民社会参与度	均值3.16（0.716）		均值3.15（0.718）		均值3.16（0.709）	
	社区居民社会责任感	均值3.46（0.651）		均值3.46（0.670）		均值3.46（0.648）	
	社区居民社会认知力	均值3.09（0.719）		均值3.08（0.694）		均值3.10（0.686）	
满意度	遗迹遗址期望值	均值3.52（0.651）		均值3.51（0.652）		均值3.53（0.634）	
	纪念场馆期望值	均值3.53（0.652）		均值3.52（0.659）		均值3.54（0.633）	
保护意愿	保护态度	均值3.55（0.661）		均值3.54（0.661）		均值3.56（0.668）	
	保护参与	均值3.58（0.664）		均值3.58（0.659）		均值3.58（0.692）	
	保护方式	均值3.54（0.662）		均值3.53（0.671）		均值3.55（0.687）	
	保护程度	均值3.55（0.661）		均值3.54（0.660）		均值3.56（0.657）	
传承意愿	传承态度	均值3.54（0.671）		均值3.52（0.674）		均值3.56（0.658）	
	传承参与	均值3.56（0.668）		均值3.54（0.682）		均值3.58（0.663）	
	传承方式	均值3.55（0.662）		均值3.53（0.671）		均值3.57（0.674）	

注：括号中为标准差。

汉族被调查人群中高中（中专）学历的人占比最多，达到了44.93%，占比排名第二的是初中学历，达到了28.81%；少数民族被调查人群的文化程度结构与汉族相似，高中（中专）学历的人占比最多，达到了32.28%，占比排名第二的是初中学历，达到了20.75%，但是汉族的本专科以及研究生占比相较于少数民族来说更多，整体来看汉族被调查人群的文化水平与少数民族被调查人群相比稍占优势。在个人特征的政治面貌方面，可以看到不管是汉族被调查人群还是少数民族被调查人群的主体构成都是群众，汉族的群众人数占汉族整体被调查人群的

61.29%，同时，汉族的团员人数占汉族整体被调查人群的10.69%，汉族的党员人数占汉族整体被调查人群的26.18%，汉族民主党派人数占汉族整体被调查人群的1.84%；少数民族的群众人数占少数民族整体被调查人群的74.06%，同时，少数民族的团员人数占少数民族整体被调查人群的7.49%，少数民族的党员人数占少数民族整体被调查人群的17%，少数民族民主党派人数占少数民族整体被调查人群的1.44%。在个人特征的年龄构成方面，汉族被调查人群的年龄构成较均衡，新生代人群占汉族整体被调查人群的47.25%，老一代人群占汉族整体被调查人群的52.75%；少数民族被调查人群的年龄结构较为老龄化，新生代人群占少数民族整体被调查人群的35.45%，老一代人群占少数民族整体被调查人群的64.55%。在个人特征的工作单位方面，汉族的被调查人群在非公有制企业工作的人员最多，占总数的39.98%，占比排名第二的是公有制企业，占总数的20.03%；少数民族的被调查人群在非公有制企业工作的人员最多，占总数的29.39%，占比排名第二的是公有制企业，占总数的19.60%。在个人特征的人员类别方面，本地居民是被调查的汉族和少数民族的主要人员构成，分别占汉族被调查人员的92.98%和少数民族被调查人员的91.64%。

在红色文化的价值认同方面，汉族被调查人员和少数民族被调查人员的红色文化的政治认同程度都很高，但是相比之下少数民族被调查人员的认同度更高，这是因为在东北边疆多民族地区的红色文化形成过程中，有诸多少数民族的仁人志士参与革命的过程中，对红色文化的产生有着较为直接的推动作用，少数民族被调查人员认为他们是本民族的杰出代表，更容易产生认同感和归属感。在红色文化的经济认同程度中，少数民族被调查人群更认同，认为红色文化在经济发展增加居民收入和提供就业机会等方面有着更强力的作用，这是因为少数民族在经济发展的过程中往往处于弱势，红色资源的开发与利用实实在在地改变了少数民族的生活水平。在红色文化的文化认同程度中，汉族被调查人群与少数民族被调查人群之间的差距很小，都认为红色文化对推动社会主义先进文化发展、完善创新社会主义核心价值体系和激发中华优秀传统文化内核发展有着重要的作用。在红色文化的生态认同程度中，少数民族被调查人员对当地生态环境保护作用的认同度更高，也更认为红色文化能够推动当地的基础设施建设水平。在红色文化的教育认同程度中，少数民族被调查人员认为当地的红色文化有利于推动爱国主义和革命传统教育，这是因为红色文化在形成的过程中是多民族共同参与的，有利于推动民族团结，增强爱国主义思想。另外，少数民族被调查人员认为红色文化对推动教育环境发展有着积极作用，这是基础设施建设水平不断提升导致的。在红色文化的社会认同程度中，汉族被调查人员和少数民族被调查人员的意见基本相近，都认为红色文化能够有效地推动居民的社会参与度与社会责任感以及社会认知力。在红色文化的保护与传承意愿中，少数民族被调查人员对当地遗迹遗址和纪念场馆的满意度更高，不管是从保护还是从传承来看，少数民族被调查人员都比汉族被调查人员的意愿更强烈。

三、实证分析

本书在东北边疆多民族地区调查过程中构建了包括1600个调查样本在内的数据库，利用AMOS软件进行分析，构建起了东北边疆多民族地区红色文化资源保护与传承意愿的结构方程模型（见图5－2），在构建结构方程模型之后，需要对其信度和效度进行检验。

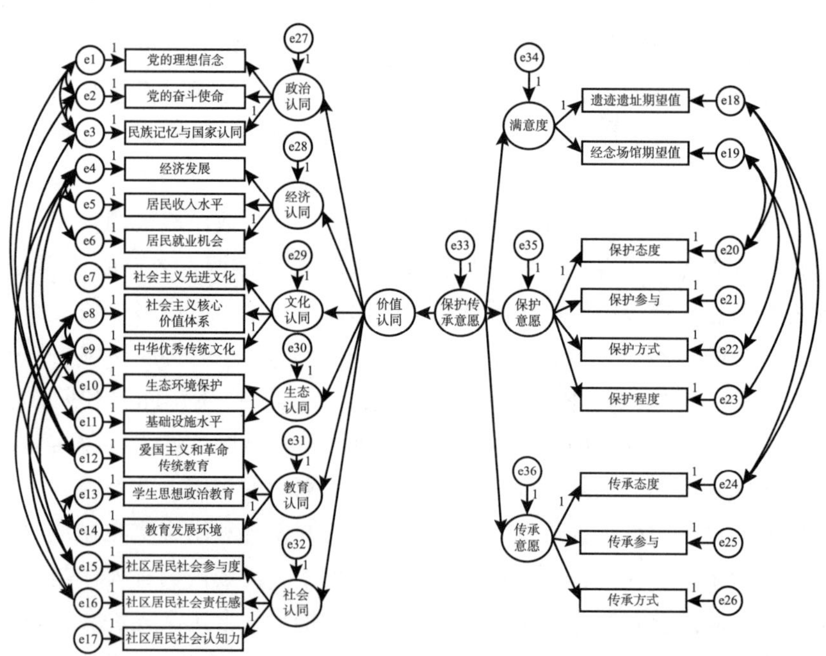

图5－2 东北边疆多民族地区红色文化资源保护与传承意愿的结构方程模型

首先，利用Cronbach's α系数对采集回来的调查问卷进行信度检验，汉族被调查人员和少数民族被调查人员的调查问卷信度分别为0.928和0.931，样本的可信度较高。其次，利用因子分析法对指标的潜在变量效度进行分析，汉族被调查人员和少数民族被调查人员的KMO检验结果分别显示为0.946和0.945，在Bartlett球形检验结果中，卡方值的显著性概率是低于显著性水平的，利用极大方差法进行因子旋转，以特征值大于1的标准进行主因子的提取，最终显示指标项因子负载量大于0.50，累计解释方差多余50%，综合解释了变量的效度通过了检验。整体来看，采集到的信息信度和效度通过了检验。最后，要对构建的结构方程模型拟合指标参数进行检验，将八项拟合指标的显示值与标准值进行对比，观察是否能够通过。利用 AMOS 软件对构建起的结构方程模型进行检验，得到了八项拟合指标参数（见表5－6）。通过八项拟合指标数值的对比发现，拟合情况均为理想，证明其结果可以接受。在此基础上对东北边疆多民族地区不同民族成分人群的红色文化保护与传承意愿的结构方程模型路径系数进行测算，得到东北边疆多民族地区不同民族成分人群的红色文化保护与传承意愿的结构方程模型路径估计结果（见表5－7），红色文化价值认同对东北边疆多民族地区汉族被调查人员和少数民族被调查人员的红色文化保护与传承意愿的标准化路径系数分别为0.789和0.795，通过了显著性检验。这说明红色文化价值认同与红色文化保护与传承意愿之间有着显著的正向关系，并且这种正向关系在少数民族被调查人员中更明显，这就验证了前文的假设，即该结构方程模型无须优化调整。

表5－6　八项拟合指标参数

拟合指标	χ^2/df	*AGFI*	*IFI*	*CFI*	*TLI*	*PNFI*	*RMR*	*RMSEA*
显示值	2.705	0.838	0.979	0.924	0.949	0.702	0.033	0.069
参考值	<5.00	>0.80	>0.90	>0.90	>0.90	>0.50	<0.05	<0.08
拟合情况	理想	理想	理想	理想	理想	理想	理想	理想

表5－7　结构方程模型路径估计结果

民族成分	结构方程模型路径	标准化路径系数	*P*
汉族	红色文化价值认同→红色文化保护与传承意愿	0.789	***
少数民族	红色文化价值认同→红色文化保护与传承意愿	0.795	***

注：*** 表示 $P<0.001$。

根据前文构建的东北边疆多民族地区红色文化资源保护与传承意愿结构方程模型，利用 AMOS 软件对东北边疆多民族地区的1600份调查问卷中的样本数据进行分析计算，分别得到了东北边疆多民族地区不同民族成分人群的红色文化保护与传承意愿的非标准化参数值估计模型。由前文对不同民族成分人群的红色文化价值认同以及红色文化保护与传承意愿的标准化路径系数可知，红色文化价值认同对红色文化保护与传承意愿的作用十分明显，红色文化的价值认同主要是通过红色文化的政治认同、红色文化的经济认同、红色文化的文化认同、红色文化的生态认同、红色文化的教育认同和红色文化的社会认同 6 个观测变量进行测算判定。

从 e1↔e2 路径来看，汉族被调查人员和少数民族被调查人员都通过了显著性检验，并且其协方差均为正值，反映了汉族被调查人员和少数民族被调查人员认为党的理想信念和党的奋斗使命之间有着正向的共变关系，这说明东北边疆多民族地区的不同民族被调查人员对党的理想信念了解得越深刻，越能够感受到党的奋斗使命。从 e1↔e3 路径来看，汉族被调查人员和少数民族被调查人员都通过了显著性检验，并且其协方差均为正值，反映了汉族被调查人员和少数民族被调查人员认为党的理想信念和民族记忆与国家认同之间有着正向的共变关系，这说明东北边疆多民族地区的不同民族被调查人员对党的理想信念了解得越深刻，越能够唤醒其对中华民族的民族记忆与国家认同。从 e1↔e12 路径来看，汉族被调查人员和少数民族被调查人员都通过了显著性检验，并且其协方差均为正值，反映了汉族被调查人员和少数民族被调查人员认为党的理想信念和爱国主义与革命传统教育之间有着正向的共变关系，这说明东北边疆多民族地区的不同民族被调查人员对党的理想信念了解得越深刻，越能够增强其爱国主义情感，增进革命传统教育。在这些路径中，少数民族被调查人员所受到的影响更为明显。从 e2↔e3 路径来看，汉族被调查人员和少数民族被调查人员都通过了显著性检验，并且其协方差均为正值，反映了汉族被调查人员和少数民族被调查人员认为党的奋斗使命和民族记忆与国家认同之间有着正向的共变关系，这说明东北边疆多民族地区的不同民族被调查人员对党的奋斗使命了解得越深刻，越能够唤醒其对中华民族的民族记忆与国家认同。从 e2↔e12 路径来看，汉族被调查人员和少数民族被调查人员都通过了显著性检验，反映了汉族被调查人员和少数民族被调查人员认为党的奋斗使命和爱国主义和革命传统教育之间有着正向的共变关系，这说明东北边疆多民族地区的不同民族被调查人员对党的奋斗使命了解得越深刻，越能够增强爱国主义情感，增进革命传统教育。在这些路径中，少数民族被调查人员所受到的影响更明显。从 e3↔e12 路径来看，汉族被调查人员和少数民族被调查人员都通过了显著性检验，并且其协方差均为正值，反映了汉族被调查人员和少数民族被调查人员认为民族记忆与国家认同和爱国主义与革命传统教育之间有着正向的共变关系，这说明东北边疆多民族地区的不同民族被调查人员对红色文化中的民族记忆与国家认同了解得越深刻，越能够增强其爱国主义情感，增进革命传统教育。在此路径中，少数民族被调查人员所受到的影响更明显。

从 e4↔e5 路径来看，汉族被调查人员和少数民族被调查人员都通过了显著性检验，并且其协方差均为正值，反映了汉族被调查人员和少数民族被调查人员认为红色文化带动经济发展和居民收入水平之间有着正向的共变关系，这说明东北边疆多民族地区的不同民族被调查人员认为当地红色文化越能够推动经济发展，就越能带动当地的居民收入水平。从 e4↔e6 路径来看，汉族被调查人员和少数民族被调查人员都通过了显著性检验，并且其协方差均为正值，反映了汉族被调查人员和少数民族被调查人员认为红色文化带动经济发展和居民就业机会之间有着正向的共变关系，这说明东北边疆多民族地区的不同民族被调查人员认为当地红色文化越能够推动经济发展，就越能增加当地的居民就业机会。从 e4↔e10 路径来看，汉族被调查人员和少数民族被调查人员都通过了显著性检验，其中少数民族被调查人员的协方差为负值，反映了汉族被调查人员认为红色文化带动经济发展和生态环境保护之间有着正向的共变关系，而少数民族被调查人员认为红色文化带动经济发展和生态环境保护之间有着负向的共变关系，这是因为少数民族被调查人员更注重其当地的生态环境，同时，其文化水平较低，红色文化资源的开发利用致使当地原始风貌发生了变化，少数民族被调查人员就简单地认为对生态环境保护有害。从 e4↔e11 路径来看，汉族被调查人员和少数民族被调查人员都通过了显著性检验，并且其协方差均为正值，反映了汉族被调查人员和少数民族被调查人员认为红色文化带动经济发展和基础设施建设之间有着正向的共变关系，这说明东北边疆多民族地区的不同民族被调查人员认为当地红色文化越能够推动经济发展，越有利于推动当地的基础设施建设与完善。从 e4↔e14 路径来看，汉族被调查人员和少数民族被调查人员都通过了显著性检验，并且其协方差均为正值，反映了汉族被调查人员和少数民族被调查人员认为红色文化带动经济发展和改善教育发展环境之间有着正向的共变关系，这说明东北边疆多民族地区的不同民族被调查人员认为当地红色文化越能够推动经济发展，就越能改善当地的教育发展环境。

从 e8↔e9 路径来看，汉族被调查人员和少数民族被调查人员都通过了显著性检验，并且其协方差均为正值，反映了汉族被调查人员和少数民族被调查人员认为社会主义核心价值体系和中华优秀传统文化之间有着正向的共变关系，这说明红色文化推动发展社会主义核心价值体系满意度越高的东北边疆多民族地区的不同民族被调查人员，越认为其能够带动中华优秀传统文化创新发展。从 e8↔e15 路径来看，汉族被调查人员和少数民族被调查人员都通过了显著性检验，并且其协方差均为正值，反映了汉族被调查人员和少数民族被调查人员认为社会主义核心价值体系和社区居民社会参与度之间有着正向的共变关系，这说明东北边疆多民族地区的不同民族被调查人员认为不断坚持发展社会主义核心价值体系，可以有效地提升社区居民对社会建设的参与度。从 e8↔e16 路径来看，汉族被调查人员和少数民族被调查人员都通过了显著性检验，并且其协方差均为正值，反映了汉族被调查人员和少数民族被调查人员认为社会主义核心价值体系和社区居民社会责任感之间有着正向的共变关系，这说明东北边疆多民族地区的不同民族被调查人员认为不断巩固社会主义核心价值体系，可以有效地提升社区居民的社会责任感。从 e9↔e15 路径来看，汉族被调查人员和少数民族被调查人员都通过了显著性检验，并且其协方差均为正值，反映了汉族被调查人员和少数民族被调查人员认为中华优秀传统文化和社区居民社会参与度之间有着正向的共变关系，这说明东北边疆多民族地区的不同民族被调查人员认为坚持传承和发展中华优秀传统文化，可以有效地提升社区居民对社会建设的参与度。从 e9↔e16 路径来看，汉族被调查人员和少数民族被调查人员都通过了显著性检验，并且其协方差均为正值，反映了汉族被调查人员和少数民族被调查人员认为中华优秀传统文化和社区居民社会责任感之间有着正向的共变关系，这说明东北边疆多民族地区的不同民族被调查人员认为坚持传承和发展中华优秀传统文化，可以有效地提升社区居民的社会责任感。

从 e13↔e14 路径来看，汉族被调查人员和少数民族被调查人员都通过了显著性检验，并且其协方差均为正值，反映了汉族被调查人员和少数民族被调查人员认为学生思想政治教育和教育发展环境之间有着正向的共变关系，这说明东北边疆多民族地区的不同民族被调查人员认为教育发展环境越好，越有利于推动学生思想政治教育。

东北边疆多民族地区不同年龄阶段的被调查人员对红色文化保护与传承意愿与其对红色文化的满意度、红色文化的保护意愿和红色文化的传承意愿关系十分明显，需要从这三方面入手综合探索提升其意愿。从 e18↔e20 路径来看，汉族被调查人员和少数民族被调查人员都通过了显著性检验，反映了汉族被调查人员和少数民族被调查人员认为当地遗迹遗址的满意度和保护红色文化的态度之间有着正向的共变关系，这说明东北边疆多民族地区的不同民族被调查人员对当地遗迹遗址的满意度越高，越能够激发其对当地红色文化的保护意愿。从 e18↔e23 路径来看，汉族被调查人员和少数民族被调查人员都通过了显著性检验，反映了汉族被调查人员和少数民族被调查人员认为当地遗迹遗址的满意度和当地红色文化遗迹遗址的保护利用现状之间有着正向的共变关系，这说明东北边疆多民族地区的不同民族被调查人员对当地遗迹遗址的满意度越高，对当地红色文化遗迹遗址的保护利用现状评价越有利。从 e18↔e24 路径来看，汉族被调查人员和少数民族被调查人员都通过了显著性检验，反映了汉族被调查人员和少数民族被调查人员认为当地遗迹遗址的满意度和宣传推介本地红色文化资源的意愿之间有着正向的共变关系，这说明东北边疆多民族地区的不同民族被调查人员对当地遗迹遗址的满意度越高，越愿意宣传推介当地的红色文化。从 e19↔e20 路径来看，汉族被调查人员和少数民族被调查人员都通过了显著性检验，反映了汉族被调查人员和少数民族被调查人员认为当地纪念场馆的满意度和保护红色文化的态度之间有着正向的共变关系，这说明东北边疆多民族地区的不同民族被调查人员对当地纪念场馆的满意度越高，越能够激发其对当地红色文化的保护意愿。从 e19↔e22 路径来看，汉族被调查人员和少数民族被调查人员都通过了显著性检验，反映了汉族被调查人员和少数民族被调查人员认为当地纪念场馆的满意度和当地红色文化纪念场馆的保护利用现状之间有着正向的共变关系，这说明东北边疆多民族地区的不同民族被调查人员对当地纪念场馆的满意度越高，对当地红色文化纪念场馆的保护利用现状评价越有利。从 e19↔e24 路径来看，汉族被调查人员和少数民族被调查人员都通过了显著性检验，反映了汉族被调查人员和少数民族被调查人员认为当地纪念场馆的满意度和宣传推介本地红色文化资源的意愿之间有着正向的共变关系，这说明东北边疆多民族地区的不同民族被调查人员对当地纪念场馆的满意度越高，越愿意宣传推介当地的红色文化。

根据结构方程模型的输出结果，可以得到东北边疆多民族地区不同民族成分的被调查人员保护与传承红色文化资源意愿测量模型中潜在变量与观测变量之间的标准化路径估计结果（见表 5-8）。可见在测量模型中，汉族被调查人员和少数民族被调查人员的潜在变量对观察变量的显著性检验 P 值都在 0.001 水平，说明了该模型中的观测变量能够解释潜在变量。

表 5-8　　潜在变量与观测变量之间的标准化路径估计结果

测量模型路径	汉族	少数民族
	标准化路径系数	标准化路径系数
政治认同→党的理想信念	0.873***	0.892***
政治认同→党的奋斗使命	0.885***	0.902***
政治认同→民族记忆与国家认同	0.891***	0.905***
经济认同→经济发展	0.891***	0.863***
经济认同→居民收入水平	0.888***	0.861***
经济认同→居民就业机会	0.879***	0.853***
文化认同→社会主义先进文化	0.914***	0.903***
文化认同→社会主义核心价值体系	0.908***	0.894***
文化认同→中华优秀传统文化	0.922***	0.941***
生态认同→生态环境保护	0.698***	0.758***
生态认同→基础设施水平	0.714***	0.723***
教育认同→爱国主义和革命传统教育	0.894***	0.905***
教育认同→学生思想政治教育	0.897***	0.905***
教育认同→教育发展环境	0.875***	0.891***

续表

测量模型路径	汉族	少数民族
	标准化路径系数	标准化路径系数
社会认同→社区居民社会参与度	0.753 ***	0.716 ***
社会认同→社区居民社会责任感	0.844 ***	0.894 ***
社会认同→社区居民社会认知力	0.705 ***	0.641 ***
红色文化满意度→遗迹遗址期望值	0.921 ***	0.944 ***
红色文化满意度→纪念场馆期望值	0.905 ***	0.938 ***
红色文化保护意愿→保护态度	0.914 ***	0.921 ***
红色文化保护意愿→保护参与	0.905 ***	0.911 ***
红色文化保护意愿→保护方式	0.894 ***	0.887 ***
红色文化保护意愿→保护程度	0.877 ***	0.901 ***
红色文化传承意愿→传承态度	0.897 ***	0.922 ***
红色文化传承意愿→传承参与	0.908 ***	0.917 ***
红色文化传承意愿→传承方式	0.879 ***	0.893 ***

注：*** 表示 $P<0.001$。

在红色文化资源的价值认同方面，不同民族成分被调查人员的标准化路径系数都通过了显著性检验，并且数值分布在0.641～0.941。在政治认同上，少数民族被调查人员相较于汉族被调查人员而言认为红色文化资源在感受党的理想信念、理解党的奋斗使命和唤醒民族记忆与国家认同方面的作用能够增强其对红色文化资源的政治认同，其中，汉族被调查人员认为红色文化资源在理解党的奋斗使命方面的作用最能够使其对红色文化资源产生政治认同，而少数民族被调查人员则认为红色文化资源在唤醒民族记忆与国家认同方面的作用最能够使其对红色文化资源的政治认同产生影响。

在经济认同上，汉族被调查人员相较于少数民族被调查人员而言认为红色文化资源在推动经济发展、提高居民收入水平和增加居民就业机会方面的作用能够增强其对红色文化资源的经济认同，其中，汉族被调查人员认为红色文化资源在推动经济发展方面的作用最能够使其对红色文化资源产生经济认同，而少数民族被调查人员则认为红色文化资源在增加居民就业机会方面的作用最能够使其对红色文化资源的经济认同产生影响。

在文化认同上，汉族被调查人员相较于少数民族被调查人员而言认为红色文化资源在构筑社会主义先进文化生命力和建设社会主义核心价值体系方面的作用能够增强其对红色文化资源的文化认同，而少数民族被调查人员认为红色文化资源在中华优秀传统文化创新发展方面的作用更能够增强其对红色文化资源的文化认同，其中，汉族被调查人员认为红色文化资源构筑在社会主义先进文化生命力方面的作用更能够使其对红色文化资源产生文化认同，而少数民族被调查人员则认为红色文化资源在中华优秀传统文化创新发展方面的作用最能够使其对红色文化资源的文化认同产生影响。

在生态认同上，少数民族被调查人员相较于汉族被调查人员而言认为红色文化资源在改善基础设施水平和生态环境保护方面的作用能够增强被调查人员对红色文化资源的生态认同，其中，汉族被调查人员认为红色文化资源在改善基础设施水平方面的作用最能够使其对红色文化资源产生生态认同，少数民族被调查人员认为红色文化资源在促进生态环境保护方面的作用最能够使其对红色文化资源产生生态认同。

在教育认同上，少数民族被调查人员相较于汉族被调查人员而言认为红色文化资源在提升爱国主义和革命传统教育效果、加强学生思想政治教育科学化水平和改善教育发展环境方面的作用能够增强其对红色文化资源的教育认同，其中，汉族被调查人员认为红色文化资源在加强学生思想政治教育的作用最能够使其对红色文化资源产生教育认同，而少数民族被调查人员则认为红色文化资源在提升爱国主义和革命传统教育效果方面的作用最能够使其对红色文化资源的教育认同产生影响。

在社会认同上，汉族被调查人员相较于少数民族被调查人员而言认为红色文化资源对增强社区居民社会参与度和社区居民社会认知力方面的作用能够增强其对红色文化资源的社会认同，而少数民族被调查人员则认为红色文化资源在提升社区居民社会责任感方面的作用能够增强其对红色文化资源的社会认同，其中，不同民族成分的被调查人员都认为红色文化资源在提升社区居民社会责任感方面的作用最能够使其对红色文化资源产生社会认同。

在红色文化资源满意度方面，东北边疆多民族地区的不同民族成分的被调查人员对当地的遗迹遗址和纪念场馆的期望值的标准化路径系数都较高，说明了遗迹遗址和纪念场馆的期望值对红色文化资源满意度影响作用较明显。少数民族被调查人员相较于汉族被调查人员而言认为遗迹遗址期望值和纪念场馆期望值能够增强其对红色文化资源的满意度，其中，少数民族被调查人员和汉族被调查人员都认为遗迹遗址期望值最能够影响其对红色文化资源的满意度。

在红色文化资源的保护意愿方面，少数民族被调查人员相较于汉族被调查人员而言认为红色文化资源的保护态度、保护参与和保护程度能够增强其对红色文化资源的保护意愿，而汉族被调查人员则认为红色文化资源的保护方式更能够增强其对红色文化资源的保护意愿。其中，汉族被调查人员和少数民族被调查人员都认为红色文化资源的保护态度最能够影响其对红色文化资源的保护意愿。

在红色文化资源的传承意愿方面，少数民族被调查人员相较于汉族被调查人员而言认为红色文化资源的传承态度、传承参与和传承方式更能够增强其对红色文化资源的传承意愿。其中，汉族被调查人员认为红色文化资源的传承参与最能够影响其对红色文化资源的传承意愿，少数民族被调查人员认为红色文化资源的传承态度最能够影响其对红色文化资源的传承意愿。

第三节　基于政治面貌差异的东北边疆多民族地区红色文化资源保护与传承意愿研究

一、研究假设

假设1：东北边疆多民族地区不同政治面貌的被调查人员的个体差异对其个人保护传承红色文化的意愿有着显著的影响。

个体差异主要从年龄、文化程度、政治面貌、民族成分、工作单位、人员类别等方面体现。一般而言，文化程度越高的人群红色文化的认同感越强烈，对当地红色文化的保护与传承意愿越强烈。

假设2：东北边疆多民族地区不同政治面貌的被调查人员的红色文化价值认同度对其个人保护传承红色文化的意愿有着显著的影响。

红色文化价值认同度对东北边疆多民族地区的被调查人员保护与传承红色文化意愿的影响程度十分显著，不同政治面貌的被调查人员有着不同的政见，自然对红色文化的态度有所不同，对红色文化价值认同度越高，保护与传承红色文化的意愿越强。一般来看，不同政治面貌的被调查人员之间存在着一定的差异性，党员受到价值认同的影响更明显。

二、数据来源与变量描述统计

本节的研究重点是东北边疆多民族地区不同政治面貌被调查人员的保护传承红色文化的意愿及其影响因素，对1600份有效的调查问卷中进行分类，其中被调查人员中的团员有160人，占总样本数的10%，被调查人员中的党员有387人，占总样本数的24.18%，被调查人员中的民主党派人士有28人，占总样本数的1.75%，被调查人员中的群众有1025人，占总样本数的64.06%。

经过对调查数据的分类汇总，得到以下描述性统计结果（见表5－9），可以发现不同政治面貌的被调查人员在个人特征、红色文化的价值认同以及红色文化保护传承意愿方面均有所差异。其中，在个人特征的文化程度方面，可以看到被调查人员中的团员中本专科学历的人占比最多，达到了49.38%，占比排名第二的是高中（专科）学历，达到了33.13%；被调查人员当中的党员中高中（中专）学历的人占比最多，达到了57.88%，占比排名第二的是本专科学历，达到了29.46%；被调查人员当中的民主党派人士中本专科学历的人占比最多，达到了78.57%，占比排名第二的是研究生学历，达到了21.43%；被调查人员当中的群众中高中（中专）学历的人占比最多，达到了38.83%，占比排名第二的是初中学历，达到了37.07%。在个人特征的民族成分方面，每种政治面貌的被调查人员中都是汉族居多。在个人特征的年龄构成方面，团员的年龄结构最年轻，新生代人群达到了100%，群众的中老一代人群的占比最多，达到了66.15%。在个人特征中的工作单位方面，被调查人员中的团员学生最多，占总数的92.50%，占比排名第二的是非公有制企业，占总数的3.13%；被调查人员中的党员在政府机关工作的人员最多，占总数的36.18%，占比排名第二的是事业单位，占总数的21.19%；被调查人员中民主党派人士在政府机关工作的人员最多，占总数的42.86%，占比排名第二的是公有制企业，占总数的21.43%；被调查人员中的群众在非公有制企业工作的人员最多，占总数的49.56%，占比排名第二的是公有制企业，占总数的24.20%。在个人特征中的人员类别方面，本地居民是不同政治面貌人群的主体构成，占被调查人员中团员的55%，占被调查人员中党员的92.76%，占被调查人员中民主党派人士的96.43%，占被调查人员中群众的98.44%。

表5－9 调查数据描述性统计

类别	变量名称	东北边疆多民族地区（N＝1600）		团员（N＝160）		党员（N＝387）		民主党派（N＝28）		群众（N＝1025）	
		频数	百分比	频数	百分比	频数	百分比	频数	百分比	频数	百分比
文化程度	小学及以下	64	4.00	0	0	12	3.10	0	0	52	5.07
	初中	433	27.06	28	17.50	25	6.46	0	0	380	37.07
	高中（中专）	675	42.19	53	33.13	224	57.88	0	0	398	38.83
	本专科	392	24.50	79	49.38	114	29.46	22	78.57	177	17.27
	研究生	36	2.25	0	0	12	3.10	6	21.43	18	1.76

续表

类别	变量名称	东北边疆多民族地区（N＝1600）		团员（N＝160）		党员（N＝387）		民主党派（N＝28）		群众（N＝1025）	
		频数	百分比	频数	百分比	频数	百分比	频数	百分比	频数	百分比
民族成分	汉族	1253	78.31	134	83.75	328	84.75	23	82.14	768	74.93
	少数民族	347	21.69	36	22.50	59	15.25	5	17.86	257	25.07
年龄	新生代	715	44.69	160	100.00	186	48.06	22	78.57	347	33.85
	老一代	885	55.31	0	0	201	51.94	6	21.43	678	66.15
工作单位	政府机关	178	11.13	2	1.25	140	36.18	12	42.86	24	2.34
	事业单位	152	9.50	2	1.25	82	21.19	4	14.29	64	6.24
	公有制企业	319	19.94	1	0.63	64	16.54	6	21.43	248	24.20
	非公有制企业	563	35.19	5	3.13	45	11.63	5	17.86	508	49.56
	其他	184	11.50	2	1.25	11	2.84	1	3.57	170	16.59
	学生	204	12.75	148	92.50	56	14.47	0	0	0	0
人员类别	本地居民	1483	92.69	88	55.00	359	92.76	27	96.43	1009	98.44
	游客	36	2.25	11	6.88	8	2.07	1	3.57	16	1.56
	外地学生	81	5.06	61	38.13	20	5.17	0	0	0	0

观测变量	潜在变量	东北边疆多民族地区（N＝1600）		团员（N＝160）		党员（N＝387）		民主党派（N＝28）		群众（N＝1025）	
		频数	百分比	频数	百分比	频数	百分比	频数	百分比	频数	百分比
政治认同	党的理想信念	均值4.01（0.621）		均值4.06（0.614）		均值4.09（0.612）		均值4.00（0.638）		均值3.89（0.658）	
	党的奋斗使命	均值4.02（0.622）		均值4.05（0.620）		均值4.08（0.615）		均值4.00（0.637）		均值3.90（0.671）	
	民族记忆与国家认同	均值4.11（0.619）		均值4.10（0.621）		均值4.15（0.603）		均值4.10（0.625）		均值4.09（0.651）	
经济认同	经济发展	均值3.64（0.674）		均值3.60（0.681）		均值3.70（0.672）		均值3.68（0.682）		均值3.58（0.691）	
	居民收入水平	均值3.63（0.694）		均值3.59（0.683）		均值3.71（0.675）		均值3.64（0.671）		均值3.58（0.688）	
	居民就业机会	均值3.64（0.698）		均值3.57（0.685）		均值3.70（0.671）		均值3.68（0.679）		均值3.61（0.681）	

续表

观测变量	潜在变量	东北边疆多民族地区（N＝1600）		团员（N＝160）		党员（N＝387）		民主党派（N＝28）		群众（N＝1025）	
		频数	百分比	频数	百分比	频数	百分比	频数	百分比	频数	百分比
文化认同	社会主义先进文化	均值3.79（0.653）		均值3.79（0.673）		均值3.82（0.669）		均值3.79（0.676）		均值3.76（0.672）	
	社会主义核心价值体系	均值3.81（0.664）		均值3.80（0.670）		均值3.83（0.671）		均值3.79（0.673）		均值3.82（0.669）	
	中华优秀传统文化	均值3.61（0.713）		均值3.62（0.710）		均值3.65（0.669）		均值3.61（0.692）		均值3.56（0.699）	
生态认同	生态环境保护	均值3.27（0.721）		均值3.25（0.699）		均值3.41（0.706）		均值3.29（0.718）		均值3.13（0.741）	
	基础设施水平	均值3.31（0.719）		均值3.29（0.696）		均值3.35（0.705）		均值3.29（0.698）		均值3.31（0.723）	
教育认同	爱国主义和革命传统教育	均值3.92（0.642）		均值3.94（0.665）		均值3.93（0.659）		均值3.90（0.678）		均值3.91（0.669）	
	学生思想政治教育	均值3.91（0.645）		均值3.93（0.651）		均值3.92（0.658）		均值3.89（0.661）		均值3.90（0.662）	
	教育发展环境	均值3.84（0.647）		均值3.86（0.657）		均值3.85（0.649）		均值3.82（0.660）		均值3.83（0.661）	
社会认同	社区居民社会参与度	均值3.16（0.716）		均值3.14（0.720）		均值3.17（0.710）		均值3.16（0.709）		均值3.17（0.719）	
	社区居民社会责任感	均值3.46（0.651）		均值3.44（0.661）		均值3.54（0.659）		均值3.43（0.658）		均值3.43（0.570）	
	社区居民社会认知力	均值3.09（0.719）		均值3.07（0.723）		均值3.11（0.719）		均值3.08（0.711）		均值3.10（0.723）	
满意度	遗迹遗址期望值	均值3.52（0.651）		均值3.53（0.661）		均值3.55（0.658）		均值3.53（0.667）		均值3.47（0.681）	
	纪念场馆期望值	均值3.53（0.652）		均值3.53（0.665）		均值3.56（0.657）		均值3.52（0.671）		均值3.51（0.651）	
保护意愿	保护态度	均值3.55（0.661）		均值3.53（0.682）		均值3.70（0.658）		均值3.51（0.701）		均值3.46（0.729）	
	保护参与	均值3.58（0.664）		均值3.57（0.687）		均值3.59（0.663）		均值3.57（0.691）		均值3.59（0.710）	
	保护方式	均值3.54（0.662）		均值3.55（0.683）		均值3.55（0.659）		均值3.54（0.693）		均值3.52（0.708）	
	保护程度	均值3.55（0.661）		均值3.54（0.682）		均值3.56（0.662）		均值3.54（0.697）		均值3.56（0.706）	

续表

观测变量	潜在变量	东北边疆多民族地区（N＝1600）		团员（N＝160）		党员（N＝387）		民主党派（N＝28）		群众（N＝1025）	
		频数	百分比	频数	百分比	频数	百分比	频数	百分比	频数	百分比
传承意愿	传承态度	均值3.54（0.671）		均值3.55（0.668）		均值3.55（0.667）		均值3.55（0.690）		均值3.51（0.704）	
	传承参与	均值3.56（0.668）		均值3.55（0.671）		均值3.57（0.681）		均值3.55（0.691）		均值3.57（0.703）	
	传承方式	均值3.55（0.662）		均值3.54（0.673）		均值3.57（0.669）		均值3.55（0.688）		均值3.54（0.704）	

注：括号中为标准差。

在红色文化的政治认同程度中，被调查人员中的群众对党的理想信念和党的奋斗使命认同感较弱，说明当地群众对红色文化的内核了解程度不足，然而党员和团员都能够深切地了解到党的理想信念和奋斗使命，但是在唤醒民族记忆和国家认同方面，各个政治面貌的被调查人员评分都很高，说明红色文化能够真切地让每一位中国人都感受到中华民族奋斗的历史。在红色文化的经济认同程度中，党员和民主党派人士更为认同，这是由于党员中有大部分在政府机关和事业单位工作，能够正确认识到红色文化在推动经济社会发展的作用，而民主党派人士大多是高级知识分子，同样能够认识到红色文化的经济价值。在红色文化的文化认同程度中，团员和党员的评价更高，这是因为社会主义先进文化和社会主义核心价值体系的构建和完善需要在中国共产党的领导下进行，而民主党派人士和群众对文化认同稍低，但是与团员和党员的差距不大。在红色文化的生态认同程度中，党员和民主党派人士在红色文化对生态环境保护方面更看重，而在基础设施建设水平方面群众的评价最好，这是因为基层群众更能直观地感受到基础设施的变化。在红色文化的教育认同程度中，团员的评价最高，因为团员基本都是学生，学生在学校中学习红色文化，可以直观地感受到红色文化对教育方面的重要作用。在红色文化的社会认同程度中，被调查人员中的党员认为红色文化能够带动居民的社会参与度、社会责任感和社会认知力，这是因为党员在这方面能够充分发挥敢为人先的先锋队作用，勇于承担社会责任，参与社会建设。在红色文化的保护与传承意愿中，被调查人员中的群众对当地遗迹遗址和纪念场馆的满意度不高，另外，在保护与传承意愿方面，各种政治面貌的被调查人员之间差异性不大。

三、实证分析

本书在东北边疆多民族地区调查过程中构建了包括1600个调查样本在内的数据库，利用AMOS软件进行分析，构建起了东北边疆多民族地区红色文化资源保护与传承意愿的结构方程模型（见图5-3），在构建结构方程模型之后，需要对其信度和效度进行检验。

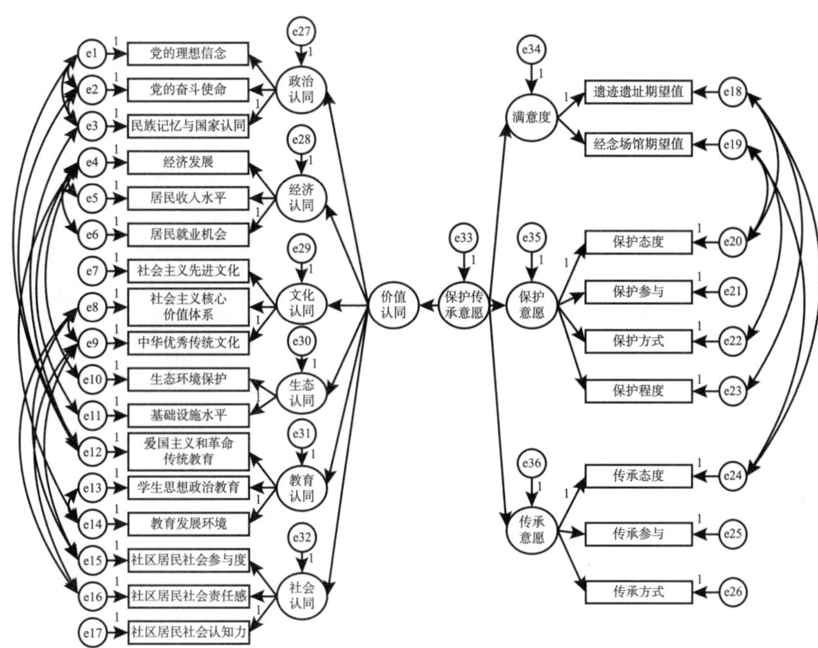

图5-3　东北边疆多民族地区红色文化资源保护与传承意愿的结构方程模型

首先，利用Cronbach's α系数对采集回来的调查问卷进行信度检验，被调查人员中的团员、党员、民主党派人士和群众的调查问卷信度分别为0.938、0.958、0.939和0.927，样本的可信度较高。其次，利用因子分析法对指标的潜在变量效度进行分析，被调查人员中的团员、党员、民主党派人士和群众的KMO检验结果分别显示为0.918、0.957、0.937和0.935，在Bartlett球形检验结果中，卡方值的显著性概率是低于显著性水平的，利用极大方差法进行因子旋转，以特征值大于1的标准进行主因子的提取，最终显示指标项因子负载量大于0.50，累计解释方差多余50%，综合解释了变量的效度通过了检验。整体来看，采集到的信息信度和效度通过了检验。最后，要对构建的结构方程模型拟合指标参数进行检验，将八项拟合指标的显示值与标准值进行对比，观察是否能够通过。利用

AMOS 软件对构建起的结构方程模型进行检验，得到了八项拟合指标参数（见表 5－10）。通过八项拟合指标数值的对比发现，拟合情况均为理想，证明其结果可以接受。在此基础上对东北边疆多民族地区不同政治面貌被调查人员的红色文化保护与传承意愿的结构方程模型路径系数进行测算，得到东北边疆多民族地区不同政治面貌被调查人员的红色文化保护与传承意愿的结构方程模型路径估计结果（见表 5－11），由表 5－11 可知，红色文化价值认同对东北边疆多民族地区被调查人员中的团员、党员、民主党派人士和群众的红色文化保护与传承意愿的标准化路径系数分别为 0.768、0.791、0.767 和 0.747，通过了显著性检验。这说明红色文化价值认同与红色文化保护与传承意愿之间有着显著的正向关系，并且这种正向关系在被调查人员中的党员中更明显，这就验证了前文的假设，即该结构方程模型无须优化调整。

表 5－10　　八项拟合指标参数

拟合指标	χ^2/df	*AGFI*	*IFI*	*CFI*	*TLI*	*PNFI*	*RMR*	*RMSEA*
显示值	2.186	0.830	0.917	0.981	0.947	0.586	0.033	0.058
参考值	<5.00	>0.80	>0.90	>0.90	>0.90	>0.50	<0.05	<0.08
拟合情况	理想	理想	理想	理想	理想	理想	理想	理想

表 5－11　　结构方程模型路径估计结果

政治面貌	结构方程模型路径	标准化路径系数	*P*
团员	红色文化价值认同→红色文化保护与传承意愿	0.768	***
党员	红色文化价值认同→红色文化保护与传承意愿	0.791	***
民主党派	红色文化价值认同→红色文化保护与传承意愿	0.767	***
群众	红色文化价值认同→红色文化保护与传承意愿	0.747	***

注：*** 表示 $P<0.001$。

根据前文构建的东北边疆多民族地区红色文化资源保护与传承意愿结构方程模型，利用 AMOS 软件对东北边疆多民族地区的 1600 份调查问卷中的样本数据进行分析计算，分别得到了东北边疆多民族地区不同政治面貌被调查人员的红色文化保护与传承意愿的非标准化参数值估计模型。由前文对不同政治面貌被调查人员的红色文化价值认同以及红色文化保护与传承意愿的标准化路径系数可知，红色文化价值认同对红色文化保护与传承意愿的作用十分明显，红色文化的价值认同主要是通过红色文化的政治认同、红色文化的经济认同、红色文化的文化认同、红色文化的生态认同、红色文化的教育认同和红色文化的社会认同6个观测变量进行测算判定。

从e1↔e2路径来看，被调查人员中的团员、党员、民主党派人士和群众都通过了显著性检验，并且其协方差均为正值，反映了被调查人员中的团员、党员、民主党派人士和群众认为党的理想信念和党的奋斗使命之间有着正向的共变关系，这说明东北边疆多民族地区的不同政治面貌被调查人员对党的理想信念了解得越深刻，越能够感受到党的奋斗使命。从e1↔e3路径来看，被调查人员中的团员、党员、民主党派人士和群众都通过了显著性检验，并且其协方差均为正值，反映了被调查人员中的团员、党员、民主党派人士和群众认为党的理想信念和民族记忆与国家认同之间有着正向的共变关系，这说明对党的理想信念了解得越深刻的东北边疆多民族地区的不同政治面貌被调查人员，越能够唤醒其对中华民族的民族记忆与国家认同。从e1↔e12路径来看，被调查人员中的团员、党员、民主党派人士和群众都通过了显著性检验，并且其协方差均为正值，反映了被调查人员中的团员、党员、民主党派人士和群众认为党的理想信念和爱国主义和革命传统教育之间有着正向的共变关系，这说明东北边疆多民族地区的不同政治面貌被调查人员对党的理想信念了解得越深刻，越能够加强其爱国主义情感，增进革命传统教育。在这些路径中，被调查人员中的党员所受到的影响更明显。从e2↔e3路径来看，被调查人员中的团员、党员、民主党派人士和群众都通过了显著性检验，并且其协方差均为正值，反映了被调查人员中的团员、党员、民主党派人士和群众认为党的奋斗使命和民族记忆与国家认同之间有着正向的共变关系，这说明东北边疆多民族地区的不同政治面貌被调查人员对党的奋斗使命了解得越深刻，越能够唤醒其对中华民族的民族记忆与国家认同。从e2↔e12路径来看，被调查人员中的团员、党员、民主党派人士和群众都通过了显著性检验，反映了被调查人员中的团员、党员、民主党派人士和群众认为党的奋斗使命和爱国主义和革命传统教育之间有着正向的共变关系，这说明东北边疆多民族地区的不同政治面貌被调查人员对党的奋斗使命了解得越深刻，越能够增强爱国主义情感，增进革命传统教育。在这些路径中，被调查人员中的党员所受到的影响更明显。从e3↔e12路径来看，被调查人员中的团员、党员、民主党派人士和群众都通过了显著性检验，并且其协方差均为正值，反映了被调查人员中的团员、党员、民主党派人士和群众认为民族记忆与国家认同和爱国主义与革命传统教育之间有着正向的共变关系，这说明东北边疆多民族地区的不同政治面貌被调查人员对红色文化中的民族记忆与国家认同了解得越深刻，越能够增强其爱国主义情感，增进革命传统教育。在此路径中，被调查人员中的党员所受到的影响更明显。

从 e4↔e5 路径来看，被调查人员中的团员、党员、民主党派人士和群众都通过了显著性检验，并且其协方差均为正值，反映了被调查人员中的团员、党员、民主党派人士和群众认为红色文化带动经济发展和居民收入水平之间有着正向的共变关系，这说明东北边疆多民族地区的不同政治面貌被调查人员认为当地红色文化越能够推动经济发展，就越能带动当地的居民收入水平。从 e4↔e6 路径来看，被调查人员中的团员、党员、民主党派人士和群众都通过了显著性检验，并且其协方差均为正值，反映了被调查人员中的团员、党员、民主党派人士和群众认为红色文化带动经济发展和居民就业机会之间有着正向的共变关系，这说明东北边疆多民族地区的不同政治面貌被调查人员认为当地红色文化越能够推动经济发展，就越能增加当地的居民就业机会。从 e4↔e10 路径来看，被调查人员中的团员、党员、民主党派人士和群众都通过了显著性检验，并且其协方差均为正值，反映了被调查人员中的团员、党员、民主党派人士和群众认为红色文化带动经济发展和生态环境保护之间有着正向的共变关系，这说明东北边疆多民族地区的不同政治面貌被调查人员认为当地红色文化越能够推动经济发展，越有利于当地生态环境的保护。从 e4↔e11 路径来看，被调查人员中的团员、党员、民主党派人士和群众都通过了显著性检验，并且其协方差均为正值，反映了被调查人员中的团员、党员、民主党派人士和群众认为红色文化带动经济发展和基础设施建设之间有着正向的共变关系，这说明东北边疆多民族地区的不同政治面貌被调查人员认为当地红色文化越能够推动经济发展，越有利于推动当地的基础设施建设与完善。从 e4↔e14 路径来看，被调查人员中的团员、党员、民主党派人士和群众都通过了显著性检验，并且其协方差均为正值，反映了被调查人员中的团员、党员、民主党派人士和群众认为红色文化带动经济发展和改善教育发展环境之间有着正向的共变关系，这说明东北边疆多民族地区的不同政治面貌被调查人员认为当地红色文化越能够推动经济发展，就越能改善当地的教育发展环境。

从 e8↔e9 路径来看，被调查人员中的团员、党员、民主党派人士和群众都通过了显著性检验，并且其协方差均为正值，反映了被调查人员中的团员、党员、民主党派人士和群众认为社会主义核心价值体系和中华优秀传统文化之间有着正向的共变关系，这说明红色文化推动发展社会主义核心价值体系满意度越高的东北边疆多民族地区的不同政治面貌被调查人员，越认为其能够带动中华优秀传统文化创新发展。从 e8↔e15 路径来看，被调查人员中的团员、党员、民主党派人士和群众都通过了显著性检验，并且其协方差均为正值，反映了被调查人员中的团员、党员、民主党派人士和群众认为社会主义核心价值体系和社区居民社会参与度之间有着正向的共变关系，这说明东北边疆多民族地区的不同政治面貌被调查人员认为不断坚持发展社会主义核心价值体系，可以有效地提升社区居民对社会建设的参与度。从 e8↔e16 路径来看，被调查人员中的团员、党员、民主党派人士和群众都通过了显著性检验，并且其协方差均为正值，反映了被调查人员中的团员、党员、民主党派人士和群众认为社会主义核心价值体系和社区居民社会责任感之间有着正向的共变关系，这说明东北边疆多民族地区的不同政治面貌被调查人员认为不断巩固社会主义核心价值体系，可以有效地提升社区居民的社会责任感。从 e9↔e15 路径来看，被调查人员中的团员、党员、民主党派人士和群众都通过了显著性检验，并且其协方差均为正值，反映了被调查人员中的团员、党员、民主党派人士和群众认为中华优秀传统文化和社区居民社会参与度之间有着正向的共变关系，这说明东北边疆多民族地区的不同政治面貌被调查人员认为坚持传承和发展中华优秀传统文化，可以有效地提升社区居民对社会建设的参与度。从 e9↔e16 路径来看，被调查人员中的团员、党员、民主党派人士和群众都通过了显著性检验，并且其协方差均为正值，反映了被调查人员中的团员、党员、民主党派人士和群众认为中华优秀传统文化和社区居民社会责任感之间有着正向的共变关系，这说明东北边疆多民族地区的不同政治面貌被调查人员认为坚持传承和发展中华优秀传统文化，可以有效地提升社区居民的社会责任感。

从 e13↔e14 路径来看，被调查人员中的团员、党员、民主党派人士和群众都通过了显著性检验，并且其协方差均为正值，反映了被调查人员中的团员、党员、民主党派人士和群众认为学生思想政治教育和教育发展环境之间有着正向的共变关系，这说明东北边疆多民族地区的不同政治面貌被调查人员认为教育发展环境越好，越有利于推动学生思想政治教育工作。

东北边疆多民族地区不同年龄阶段的被调查人员对红色文化保护与传承意愿与其对红色文化的满意度、红色文化的保护意愿和红色文化的传承意愿关系十分明显，需要从这三方面入手综合探索提升其意愿。从 e18↔e20 路径来看，被调查人员中的团员、党员、民主党派人士和群众都通过了显著性检验，反映了被调查人员中的团员、党员、民主党派人士和群众认为当地遗迹遗址的满意度和保护红色文化的态度之间有着正向的共变关系，这说明东北边疆多民族地区的不同政治面貌被调查人员对当地遗迹遗址的满意度越高，越能够激发其对当地红色文化的保护意愿。从 e18↔e23 路径来看，被调查人员中的团员、党员、民主党派人士和群众都通过了显著性检验，反映了被调查人员中的团员、党员、民主党派人士和群众认为当地遗迹遗址的满意度和当地红色文化遗迹遗址的保护利用现状之间有着正向的共变关系，这说明东北边疆多民族地区的不同政治面貌被调查人员对当地遗迹遗址的满意度越高，对当地红色文化遗迹遗址的保护利用现状评价越有利。从 e18↔e24 路径来看，被调查人员中的团员、党员、民主党派人士和群众都通过了显著性检验，反映了被调查人员中的团员、党员、民主党派人士和群众认为当地遗迹遗址的满意度和宣传推介本地红色文化资源的意愿之间有着正向的共变关系，这说明东北边疆多民族地区的不同政治面貌被调查人员对当地遗迹遗址的满意度越高，越愿意宣传推介当地的红色文化。从 e19↔e20 路径来看，被调查人员中的团员、党员、民主党派人士和群众都通过了显著性检验，反映了被调查人员中的团员、党员、民主党派人士和群众认为当地纪念场馆的满意度和保护红色文化的态度之间有着正向的共变关系，这说明东北边疆多民族地区的不同政治面貌被调查人员对当地纪念场馆的满意度越高，越能够激发其对当地红色文化的保护意愿。从 e19↔e22 路径来看，被调查人员中的团员、党员、民主党派人士和群众都通过了显著性检验，反映了被调查人员中的团员、党员、民主党派人士和群众认为当地纪念场馆的满意度和当地红色文化纪念场馆的保护利用现状之间有着正向的共变关系，这说明东北边疆多民族地区的不同政治面貌被调查人员对当地纪念场馆的满意度越高，对当地红色文化纪念场馆的保护利用现状评价越有利。从 e19↔e24 路径来看，被调查人员中的团员、党员、民主党派人士和群众都通过了显著性检验，反映了被调查人员中的团员、党员、民主党派人士和群众认为当地纪念场馆的满意度和宣传推介本地红色文化资源的意愿之间有着正向的共变关系，这说明东北边疆多民族地区的不同政治面貌被调查人员对当地纪念场馆的满意度越高，越愿意宣传推介当地的红色文化。

根据结构方程模型的输出结果，可以得到东北边疆多民族地区不同政治面貌的被调查人员保护与传承红色文化意愿测量模型中潜在变量与观测变量之间的标准化路径估计结果（见表 5－12）。可见在测量模型中，被调查的团员、党员、民主党派人士和群众的潜在变量对观察变量的显著性检验 P 值都在 0.001 水平，说明了该模型中的观测变量能够解释潜在变量。

表 5－12　　潜在变量与观测变量之间的标准化路径估计结果

测量模型路径	团员	党员	民主党派	群众
	标准化路径系数	标准化路径系数	标准化路径系数	标准化路径系数
政治认同→党的理想信念	0.887***	0.901***	0.805***	0.802***
政治认同→党的奋斗使命	0.873***	0.883***	0.821***	0.793***
政治认同→民族记忆与国家认同	0.846***	0.874***	0.863***	0.811***
经济认同→经济发展	0.824***	0.853***	0.877***	0.811***
经济认同→居民收入水平	0.833***	0.864***	0.841***	0.855***

续表

测量模型路径	团员	党员	民主党派	群众
	标准化路径系数	标准化路径系数	标准化路径系数	标准化路径系数
经济认同→居民就业机会	0.865***	0.871***	0.836***	0.834***
文化认同→社会主义先进文化	0.864***	0.881***	0.811***	0.792***
文化认同→社会主义核心价值体系	0.820***	0.857***	0.848***	0.764***
文化认同→中华优秀传统文化	0.793***	0.841***	0.790***	0.833***
生态认同→生态环境保护	0.633***	0.625***	0.711***	0.625***
生态认同→基础设施水平	0.668***	0.674***	0.603***	0.701***
教育认同→爱国主义和革命传统教育	0.872***	0.859***	0.786***	0.831***
教育认同→学生思想政治教育	0.886***	0.838***	0.763***	0.805***
教育认同→教育发展环境	0.809***	0.831***	0.799***	0.766***
社会认同→社区居民社会参与度	0.726***	0.755***	0.683***	0.699***
社会认同→社区居民社会责任感	0.744***	0.764***	0.702***	0.709***
社会认同→社区居民社会认知力	0.682***	0.677***	0.725***	0.608***
红色文化满意度→遗迹遗址期望值	0.874***	0.921***	0.903***	0.881***
红色文化满意度→纪念场馆期望值	0.852***	0.906***	0.877***	0.863***
红色文化保护意愿→保护态度	0.851***	0.908***	0.831***	0.844***
红色文化保护意愿→保护参与	0.812***	0.790***	0.821***	0.829***
红色文化保护意愿→保护方式	0.776***	0.807***	0.829***	0.833***
红色文化保护意愿→保护程度	0.792***	0.831***	0.857***	0.789***
红色文化传承意愿→传承态度	0.819***	0.866***	0.839***	0.831***
红色文化传承意愿→传承参与	0.844***	0.851***	0.841***	0.819***
红色文化传承意愿→传承方式	0.728***	0.787***	0.753***	0.766***

注：*** 表示 $P<0.001$。

在红色文化资源的价值认同方面，不同工作单位被调查人员的标准化路径系数都通过了显著性检验，并且数值分布在0.603～0.921。在政治认同上，被调查的党员相较于其他政治面貌的被调查人员而言更认为红色文化在体现党的理想信念、印证党的奋斗使命和唤醒民族记忆与国家认同方面的作用能够增强其对红色文化的政治认同，其中，被调查的群众和民主党派人士认为红色文化在唤醒民族记忆与国家认同方面的作用最能够影响其对红色文化的政治认同，被调查的党员和团员认为红色文化在理解党的理想信念方面的作用最能够影响其对红色文化的政治认同。

在经济认同上，被调查的民主党派人士相较于其他政治面貌的被调查人员而言认为红色文化在推动经济发展方面的作用能够增强其对红色文化的经济认同，而被调查的党员相较于其他政治面貌的被调查人员而言则认为红色文化在增加居民就业机会和提升居民收入水平方面的作用更能够增强其对红色文化的经济认同。其中，被调查的民主党派人士认为红色文化在推动经济发展方面的作用最能够影响其对红色文化的经济认同，被调查的群众认为红色文化在提升居民收入水平方面的作用最能够影响其对红色文化的经济认同，被调查的团员和党员认为红色文化在增加居民就业机会方面的作用最能够影响其对红色文化的经济认同。

在文化认同上，被调查的党员相较于其他政治面貌的被调查人员而言认为红色文化在构筑社会主义先进文化生命力、推进社会主义核心价值体系建设和创新发展中华优秀传统文化方面的作用能够增强其对红色文化的文化认同。其中，被调查的党员和团员认为红色文化在构筑社会主义先进文化的生命力方面的作用最能够影响其对红色文化的文化认同，被调查的民主党派人士则认为红色文化在推动社会主义核心价值体系建设方面的作用最能够影响其对红色文化的文化认同，被调查的群众则认为红色文化在推动中华优秀传统文化创新发展方面的作用最能够影响其对红色文化的文化认同。

在生态认同上，被调查的群众相较于其他政治面貌的被调查人员而言认为红色文化在改善基础设施水平方面的作用能够增强被调查人员对红色文化的生态认同，而被调查的民主党派人士相较于其他政治面貌的被调查人员而言认为红色文化在生态环境保护方面的作用最能够影响其对红色文化的生态认同。其中，被调查的团员、党员和群众认为红色文化在改善基础设施建设方面的作用最能够影响其对红色文化的生态认同，被调查的民主党派人士认为红色文化在生态环境保护方面的作用最能够影响其对红色文化的生态认同。

在教育认同上，被调查的团员相较于其他政治面貌的被调查人员而言认为红色文化在提升爱国主义和革命传统教育效果与加强学生思想政治教育科学化水平的作用能够增强其对红色文化的教育认同，被调查的党员相较于其他政治面貌的被调查人员而言认为红色文化在改善教育发展环境方面的作用能够增强其对红色文化的教育认同。其中，被调查的团员认为红色文化在加强学生思想政治教育的作用最能够使其对红色文化产生教育认同，被调查的民主党派认为红色文化在改善教育发展环境方面的作用最能够使其对红色文化的教育认同产生影响，被调查的党员和群众则认为红色文化在提升爱国主义和革命传统教育效果方面的作用最能够使其对红色文化的教育认同产生影响。

在社会认同上，被调查的党员相较于其他政治面貌的被调查人员而言认为红色文化对增强社区居民社会参与度和社区居民社会责任感方面的作用能够增强其对红色文化的社会认同，而被调查的民主党派人士相较于其他政治面貌的被调查人员而言认为红色文化在提升社区居民社会认知力方面的作用能够增强其对红色文化的社会认同，其中，不同政治面貌的被调查人员都认为红色文化在提升社区居民社会责任感方面的作用最能够使其对红色文化产生社会认同。

在红色文化满意度方面，东北边疆多民族地区不同政治面貌的被调查人员对当地的遗迹遗址和纪念场馆的期望值的标准化路径系数都较高，说明了遗迹遗址和纪念场馆的期望值对其对红色文化满意度的影响作用较明显。被调查的党员相较于其他政治面貌的被调查人员而言认为遗迹遗址期望值和纪念场馆期望值能够增强其对红色文化的满意度，其中，不同政治面貌的被调查人员都认为遗迹遗址期望值最能够影响其对红色文化的满意度。

在红色文化的保护意愿方面，被调查的群众相较于其他政治面貌的被调查人员而言认为红色文化的保护参与和保护方式能够增强其对红色文化的保护意愿，被调查的民主党派人士相较于其他政治面貌的被调查人员而言则认为红色文化的保护程度更能够增强其对红色文化的保护意愿，被调查的党员相较于其他政治面貌的被调查人员而言认为红色文化的保护态度更能够增强其对红色文化的保护意愿。其中，不同政治面貌的被调查人员都认为红色文化的保护态度最能够影响其对红色文化的保护意愿。

在红色文化的传承意愿方面，被调查的党员相较于其他政治面貌的被调查人员而言认为红色文化的传承态度、传承参与和传承方式能够增强其对红色文化的传承意愿。其中，被调查的民主党派人士和团员认为红色文化的传承参与最能够影响其对红色文化的传承意愿，被调查的党员和群众认为红色文化的传承态度最能够影响其对红色文化的传承意愿。

第四节　基于工作单位差异的东北边疆多民族地区红色文化资源保护与传承意愿研究

一、研究假设

假设1：东北边疆多民族地区不同工作单位的被调查人员的个体差异对其个人保护传承红色文化的意愿有着显著的影响。

个体差异主要从年龄、文化程度、政治面貌、民族成分、工作单位、人员类别等方面体现。不同工作单位导致被调查人员对红色文化的看法和认知角度不同，一般而言，文化程度越高的人群对红色文化的认同感越强烈，对当地红色文化的保护与传承意愿越强烈。

假设2：东北边疆多民族地区不同工作单位的被调查人员的红色文化价值认同度对其个人保护传承红色文化的意愿有着显著的影响。

红色文化价值认同度对东北边疆多民族地区的人民群众保护与传承红色文化意愿的影响程度十分显著，对红色文化价值认同度越高，保护与传承红色文化的意愿越强。一般来看，政府机关的工作人员对红色文化的认知更全面，另外，在民族地区少数民族干部的任用为少数民族地方和国家之间构建起了沟通的桥梁，任用的大多是本地的本民族人员，他们对当地红色文化的保护与传承意愿更强烈。

二、数据来源与变量描述统计

本节的研究重点是东北边疆多民族地区不同民族成分被调查人员的保护传承红色文化的意愿及其影响因素，对1600份有效的调查问卷中进行分类，其中，在政府机关工作的被调查人员有178人，占总样本数的11.12%，在事业单位工作的被调查人员有152人，占总样本数的9.5%，在公有制企业工作的被调查人员有319人，占总样本数的19.94%，在非公有制企业工作的被调查人员有563人，占总样本数的35.19%，其他行业的被调查人员有184人，占总样本数的11.5%，学生有204人，占总样本数的12.75%。

经过对调查数据的分类汇总，得到以下描述性统计结果（见表5－13），可以发现不同工作类型的受访者在个人特征、红色文化的价值认同以及红色文化保护传承意愿方面均有所差异。其中，在个人特征的文化程度方面，可以看到政府机关的被调查人员中本专科学历的人占比最多，达到了92.70%，占比排名第二的是研究生学历，达到了7.30%；事业单位的被调查人员中高中（中专）学历的人占比最多，达到了45.39%，占比排名第二的是本专科学历，达到了38.16%；公有制企业的被调查人员中高中（中专）学历的人占比最多，达到了45.77%，占比排名第二的是初中学历，达到了37.30%；非公有制企业的被调查人员中高中（中专）学历的人占比最多，达到了41.92%，占比排名第二的是初中学历，达到了33.93%；其他行业的被调查人员中初中学历的人占比最多，达到了45.11%，占比排名第二的是小学及以下学历，达到了34.78%；被调查的学生中高中（中专）学历人数最多，达到了42.16%，占比排名第二的是本专科学历，达到了37.25%。在个人特征的民族成分方面，每个工作种类中汉族居多。在个人

表 5－13　调查数据描述性统计

类别	变量名称	东北边疆多民族地区（N＝1600）		政府机关（N＝178）		事业单位（N＝152）		公有制企业（N＝319）		非公有制企业（N＝563）		其他（N＝184）		学生（N＝204）	
		频数	百分比	频数	百分比	频数	百分比	频数	百分比	频数	百分比	频数	百分比	频数	百分比
文化程度	小学及以下	64	4.00	0	0	0	0	0	0	0	0	64	34.78	0	0
	初中	433	27.06	0	0	20	13.16	119	37.30	191	33.93	83	45.11	20	9.80
	高中（中专）	675	42.19	0	0	69	45.39	146	45.77	236	41.92	26	14.13	86	42.16
	本专科	392	24.50	165	92.70	58	38.16	51	15.99	32	5.68	10	5.43	76	37.25
	研究生	36	2.25	13	7.30	5	3.29	3	0.94	4	0.71	1	0.54	10	4.90
民族成分	汉族	1253	78.31	132	74.16	370	243.42	251	78.68	131	23.27	135	73.37	164	80.39
	少数民族	347	21.69	46	25.84	82	53.95	68	21.32	62	11.01	49	26.63	40	19.61
年龄	新生代	715	44.69	66	37.08	114	75.00	86	26.96	141	25.04	84	45.65	204	100.00
	老一代	885	55.31	112	62.92	338	222.37	233	73.04	52	9.24	100	54.35	0	0
政治面貌	团员	160	10.00	2	1.12	2	1.32	1	0.31	5	0.89	2	1.09	148	72.55
	党员	387	24.19	140	78.65	82	53.95	64	20.06	45	7.99	11	5.98	56	27.45
	民主党派	28	1.75	12	6.74	4	2.63	6	1.88	5	0.89	1	0.54	0	0
	群众	1025	64.06	24	13.48	364	239.47	248	77.74	138	24.51	170	92.39	0	0
人员类别	本地居民	1483	92.69	176	98.88	450	296.05	315	98.75	188	33.39	176	95.65	108	52.94
	游客	36	2.25	2	1.12	2	1.32	4	1.25	5	0.89	8	4.35	15	7.35
	外地学生	81	5.06	0	0	0	0	0	0	0	0	0	0	81	39.71

续表

观测变量	潜在变量	东北边疆多民族地区（N = 1600）		政府机关（N = 178）		事业单位（N = 152）		公有制企业（N = 319）		非公有制企业（N = 563）		其他（N = 184）		学生（N = 204）	
		频数	百分比	频数	百分比	频数	百分比	频数	百分比	频数	百分比	频数	百分比	频数	百分比
政治认同	党的理想信念	均值 4.01	（0.621）	均值 4.06	（0.611）	均值 4.03	（0.663）	均值 4.02	（0.658）	均值 3.98	（0.689）	均值 3.96	（0.685）	均值 4.01	（0.669）
	党的奋斗使命	均值 4.02	（0.622）	均值 4.06	（0.619）	均值 4.02	（0.672）	均值 4.04	（0.682）	均值 3.98	（0.712）	均值 3.99	（0.698）	均值 4.03	（0.625）
	民族记忆与国家认同	均值 4.11	（0.619）	均值 4.13	（0.614）	均值 4.13	（0.668）	均值 4.10	（0.679）	均值 4.08	（0.698）	均值 4.08	（0.689）	均值 4.14	（0.638）
经济认同	经济发展	均值 3.64	（0.674）	均值 3.68	（0.659）	均值 3.66	（0.670）	均值 3.66	（0.681）	均值 3.62	（0.694）	均值 3.55	（0.685）	均值 3.67	（0.658）
	居民收入水平	均值 3.63	（0.694）	均值 3.67	（0.661）	均值 3.64	（0.692）	均值 3.66	（0.671）	均值 3.63	（0.723）	均值 3.52	（0.716）	均值 3.66	（0.659）
	居民就业机会	均值 3.64	（0.698）	均值 3.67	（0.671）	均值 3.64	（0.689）	均值 3.65	（0.678）	均值 3.62	（0.706）	均值 3.62	（0.715）	均值 3.64	（0.678）
文化认同	社会主义先进文化	均值 3.79	（0.653）	均值 3.82	（0.649）	均值 3.78	（0.679）	均值 3.79	（0.682）	均值 3.76	（0.683）	均值 3.77	（0.681）	均值 3.82	（0.662）
	社会主义核心价值体系	均值 3.81	（0.664）	均值 3.84	（0.638）	均值 3.79	（0.652）	均值 3.81	（0.679）	均值 3.80	（0.679）	均值 3.80	（0.683）	均值 3.82	（0.669）
	中华优秀传统文化	均值 3.61	（0.713）	均值 3.64	（0.679）	均值 3.62	（0.682）	均值 3.60	（0.692）	均值 3.60	（0.689）	均值 3.58	（0.679）	均值 3.62	（0.672）
生态认同	生态环境保护	均值 3.27	（0.721）	均值 3.29	（0.659）	均值 3.27	（0.716）	均值 3.28	（0.702）	均值 3.27	（0.736）	均值 3.24	（0.718）	均值 3.27	（0.711）
	基础设施水平	均值 3.31	（0.719）	均值 3.34	（0.678）	均值 3.29	（0.703）	均值 3.30	（0.705）	均值 3.31	（0.729）	均值 3.30	（0.712）	均值 3.32	（0.698）
教育认同	爱国主义和革命传统教育	均值 3.92	（0.642）	均值 3.96	（0.669）	均值 3.92	（0.675）	均值 3.91	（0.668）	均值 3.90	（0.687）	均值 3.89	（0.692）	均值 3.94	（0.642）
	学生思想政治教育	均值 3.91	（0.645）	均值 3.94	（0.643）	均值 3.89	（0.669）	均值 3.89	（0.675）	均值 3.90	（0.673）	均值 3.90	（0.662）	均值 3.94	（0.638）
	教育发展环境	均值 3.84	（0.647）	均值 3.85	（0.639）	均值 3.85	（0.668）	均值 3.84	（0.659）	均值 3.83	（0.662）	均值 3.81	（0.669）	均值 3.86	（0.652）

续表

观测变量	潜在变量	东北边疆多民族地区（N＝1600）		政府机关（N＝178）		事业单位（N＝152）		公有制企业（N＝319）		非公有制企业（N＝563）		其他（N＝184）		学生（N＝204）	
		频数	百分比	频数	百分比	频数	百分比	频数	百分比	频数	百分比	频数	百分比	频数	百分比
社会认同	社区居民社会参与度	均值 3. 16（0. 716）		均值 3. 21（0. 689）		均值 3. 17（0. 692）		均值 3. 18（0. 696）		均值 3. 14（0. 726）		均值 3. 10（0. 712）		均值 3. 16（0. 679）	
	社区居民社会责任感	均值 3. 46（0. 651）		均值 3. 50（0. 649）		均值 3. 47（0. 668）		均值 3. 46（0. 659）		均值 3. 43（0. 686）		均值 3. 42（0. 682）		均值 3. 48（0. 653）	
	社区居民社会认知力	均值 3. 09（0. 719）		均值 3. 12（0. 652）		均值 3. 09（0. 662）		均值 3. 09（0. 687）		均值 3. 07（0. 711）		均值 3. 06（0. 725）		均值 3. 11（0. 659）	
满意度	遗迹遗址期望值	均值 3. 52（0. 651）		均值 3. 56（0. 638）		均值 3. 50（0. 678）		均值 3. 50（0. 669）		均值 3. 49（0. 679）		均值 3. 49（0. 689）		均值 3. 58（0. 692）	
	纪念场馆期望值	均值 3. 53（0. 652）		均值 3. 55（0. 642）		均值 3. 53（0. 676）		均值 3. 52（0. 672）		均值 3. 49（0. 682）		均值 3. 51（0. 687）		均值 3. 58（0. 698）	
保护意愿	保护态度	均值 3. 55（0. 661）		均值 3. 58（0. 659）		均值 3. 57（0. 683）		均值 3. 56（0. 674）		均值 3. 49（0. 684）		均值 3. 50（0. 684）		均值 3. 60（0. 689）	
	保护参与	均值 3. 58（0. 664）		均值 3. 61（0. 659）		均值 3. 58（0. 681）		均值 3. 58（0. 678）		均值 3. 55（0. 682）		均值 3. 56（0. 688）		均值 3. 60（0. 679）	
	保护方式	均值 3. 54（0. 662）		均值 3. 56（0. 661）		均值 3. 54（0. 679）		均值 3. 53（0. 672）		均值 3. 52（0. 679）		均值 3. 53（0. 691）		均值 3. 56（0. 678）	
	保护程度	均值 3. 55（0. 661）		均值 3. 55（0. 649）		均值 3. 54（0. 675）		均值 3. 55（0. 679）		均值 3. 54（0. 669）		均值 3. 55（0. 672）		均值 3. 57（0. 669）	
传承意愿	传承态度	均值 3. 54（0. 671）		均值 3. 59（0. 667）		均值 3. 55（0. 671）		均值 3. 54（0. 674）		均值 3. 49（0. 686）		均值 3. 49（0. 685）		均值 3. 58（0. 685）	
	传承参与	均值 3. 56（0. 668）		均值 3. 58（0. 654）		均值 3. 56（0. 679）		均值 3. 55（0. 674）		均值 3. 55（0. 679）		均值 3. 55（0. 682）		均值 3. 57（0. 675）	
	传承方式	均值 3. 55（0. 662）		均值 3. 59（0. 647）		均值 3. 57（0. 683）		均值 3. 54（0. 669）		均值 3. 51（0. 675）		均值 3. 50（0. 689）		均值 3. 59（0. 681）	

注：括号内数值为标准差。

特征的年龄构成方面，政府机关、事业单位、公有制企业和其他行业的工作人员中老一代人群较多，而在非公有制企业中新生代人群较多，在学生中并没有老一代人群出现。在个人特征的政治面貌方面，政府机关中的团员占政府整体被调查人员的1.12%，党员占政府整体被调查人员的78.65%，民主党派人员占政府整体被调查人员的6.74%，群众占政府整体被调查人员的13.48%；事业单位中的团员占事业单位整体被调查人员的1.32%，党员占事业单位整体被调查人员的53.95%，民主党派人员占事业单位整体被调查人员的2.63%，群众占事业单位整体被调查人员的42.11%；公有制企业中的团员占公有制企业整体被调查人员的0.31%，党员占公有制企业整体被调查人员的20.06%，民主党派人士占公有制企业整体被调查人员的1.88%，群众占公有制企业整体被调查人员的77.74%；非公有制企业中团员占非公有制企业整体被调查人员的0.89%，党员占非公有制企业整体被调查人员的7.99%，民主党派人士占非公有制企业整体被调查人员的0.89%，群众占非公有制企业整体被调查人员的90.23%；其他行业人员中的团员占其他行业整体被调查人员的1.09%，党员占其他行业整体被调查人员的5.98%，民主党派人士占其他行业整体被调查人员的0.54%，群众占其他行业整体被调查人员的92.39%；学生中的团员占学生整体被调查人员的72.55%，党员占学生整体被调查人员的27.45%。在个人特征的人员类别方面，本地居民占到了所有工作单位的人员的大多数，分别是政府机关被调查人员的98.88%，事业单位被调查人员的98.68%，公有制企业被调查人员的98.75%，非公有制企业被调查人员的99.11%，其他行业被调查人员的95.65%以及被调查学生的52.94%，值得一提的是，在被调查学生当中有39.71%是外地学生。

在红色文化的价值认同方面，不同工作单位之间的红色文化的政治认同程度有着比较大的差异，其中政府机关和事业单位的被调查人员都能够有较高的认同度，学生对红色文化的政治认同度也非常高，而非公有制企业和其他行业的被调查者相对来说认同度较低，这是因为政府机关和事业单位在工作过程中能够有效地对红色文化内核进行理解，学生在学习的过程中能够知晓红色文化的形成过程，进而容易产生共鸣。在红色文化的经济认同程度中，政府机关、事业单位、公有制企业的被调查人员以及学生对红色文化推动当地经济发展、增加居民收入、增加就业机会的评价更高，非公有制企业和其他行业的被调查人员评价稍低，但整体差距不大。在红色文化的文化认同程度中，在政府机关工作的被调查人员和学生是评价最高的，他们认为红色文化能够有效地推进社会主义先进文化的发展，同时也能够带动中华优秀传统文化的创新。在红色文化的生态认同程度中，各个行业之间的评价差距并不大，但是整体来看评价偏低，证明当地被调查者普遍认为当地的红色文化在生态环境保护和基础设施建设当中仍有发展空间，政府机关工作的被调查人员在各行业中对红色文化的生态影响评价最高。在红色文化的教育认同程度中，政府机关工作的被调查人员和学生对红色文化推动当地爱国主义和革命传统教育、加强学生思想政治教育和改善教育发展环境方面的评价较好，这是因为政府机关的工作人员能够从宏观上制订并推进红色文化在教育中的计划，而学生作为教育活动的参与者，更能够亲身体会到红色文化在教育当中的重要作用。在红色文化的社会认同程度中，不同行业之间有着较大的差距，非公有制企业以及其他行业中的被调查人员对红色文化在推进居民参与社会发展、构建社会责任、增强社会认知方面的认可度不高。在红色文化的保护与传承意愿中，学生普遍对当地的遗迹遗址和纪念场馆较满意，在红色文化的保护与传承意愿中，整体来看，非公有制企业和其他行业的工作人员对红色文化的保护与传承意愿不强。

三、实证分析

本书在东北边疆多民族地区调查过程中构建了包括1600个调查样本在内的数据库，利用AMOS软件进行分析，构建起了东北边疆多民族地区红色文化资源保护与传承意愿的结构方程模型（见图5－4），在构建结构方程模型之后，需要对其信度和效度进行检验。

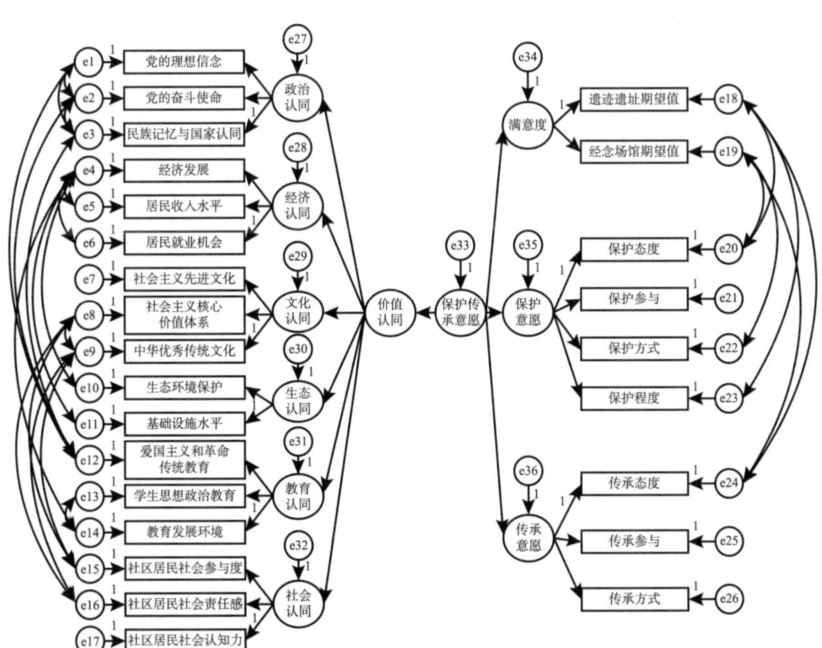

图5－4　东北边疆多民族地区红色文化资源保护与传承意愿的结构方程模型

首先，利用 Cronbach's α 系数对采集回来的调查问卷进行信度检验，政府机关被调查人员、事业单位被调查人员、公有制企业被调查人员、非公有制企业被调查人员、其他行业被调查人员和学生的调查问卷信度分别为 0.949、0.942、0.961、0.938、0.936 和 0.939，样本的可信度较高。其次，利用因子分析法对指标的潜在变量效度进行分析，政府机关被调查人员、事业单位被调查人员、公有制企业被调查人员、非公有制企业被调查人员、其他行业被调查人员和学生的 KMO 检验结果分别显示为 0.946、0.937、0.951、0.928、0.924 和 0.945，在 Bartlett 球形检验结果中，卡方值的显著性概率是低于显著性水平的，利用极大方差法进行因子旋转，以特征值大于 1 的标准进行主因子的提取，最终显示指标项因子负载量大于 0.50，累计解释方差多余 50%，综合解释了变量的效度通过了检验。整体来看，采集到的信息信度和效度通过了检验。最后，要对构建的结构方程模型拟合指标参数进行检验，将八项拟合指标的显示值与标准值进行对比，观察是否能够通过。利用 AMOS 软件对构建起的结构方程模型进行检验，得到了八项拟合指标参数（见表 5－14）。通过八项拟合指标数值的对比发现，拟合情况均为理想，证明其结果可以接受。在此基础上对东北边疆多民族地区不同工作单位被调查人员的红色文化保护与传承意愿的结构方程模型路径系数进行测算，得到东北边疆多民族地区不同工作单位被调查人员的红色文化保护与传承意愿的结构方程模型路径估计结果（见表 5－15），由表 5－15 可知，红色文化价值认同对东北

表 5－14　　八项拟合指标参数

拟合指标	χ^2/df	*AGFI*	*IFI*	*CFI*	*TLI*	*PNFI*	*RMR*	*RMSEA*
显示值	2.644	0.876	0.957	0.988	0.953	0.618	0.019	0.051
参考值	<5.00	>0.80	>0.90	>0.90	>0.90	>0.50	<0.05	<0.08
拟合情况	理想	理想	理想	理想	理想	理想	理想	理想

表 5－15　　结构方程模型路径估计结果

工作单位	结构方程模型路径	标准化路径系数	*P*
政府机关	红色文化价值认同→红色文化保护与传承意愿	0.789	***
事业单位	红色文化价值认同→红色文化保护与传承意愿	0.779	***
公有制企业	红色文化价值认同→红色文化保护与传承意愿	0.775	***
非公有制企业	红色文化价值认同→红色文化保护与传承意愿	0.762	***
其他行业	红色文化价值认同→红色文化保护与传承意愿	0.759	***
学生	红色文化价值认同→红色文化保护与传承意愿	0.785	***

注：*** 表示 $P<0.001$。

边疆多民族地区政府机关被调查人员、事业单位被调查人员、公有制企业被调查人员、非公有制企业被调查人员、其他行业被调查人员和学生的红色文化保护与传承意愿的标准化路径系数分别为 0.789、0.779、0.775、0.762、0.759 和 0.785，通过了显著性检验。这说明红色文化价值认同与红色文化保护与传承意愿之间有着显著的正向关系，并且这种正向关系在政府机关工作被调查人员中更明显，这就验证了前文的假设，即该结构方程模型无须优化调整。

根据前文构建的东北边疆多民族地区红色文化资源保护与传承意愿结构方程模型，利用 AMOS 软件对东北边疆多民族地区的 1600 份调查问卷中的样本数据进行分析计算，分别得到了东北边疆多民族地区不同工作单位被调查人员的红色文化保护与传承意愿的非标准化参数值估计模型。由前文对不同工作单位被调查人员的红色文化价值认同以及红色文化保护与传承意愿的标准化路径系数可知，红色文化价值认同对红色文化保护与传承意愿的作用十分明显，红色文化的价值认同主要是通过红色文化的政治认同、红色文化的经济认同、红色文化的文化认同、红色文化的生态认同、红色文化的教育认同和红色文化的社会认同 6 个观测变量进行测算判定。

从 e1↔e2 路径来看，在政府机关、事业单位、公有制企业、非公有制企业和其他行业工作的被调查人员以及被调查的学生都通过了显著性检验，并且其协方差均为正值，反映了在政府机关、事业单位、公有制企业、非公有制企业和其他行业工作的被调查人员以及被调查的学生认为党的理想信念和党的奋斗使命之间有着正向的共变关系，这说明东北边疆多民族地区的不同工作单位被调查人员对党的理想信念了解得越深刻，越能够感受到党的奋斗使命。从 e1↔e3 路径来看，在政府机关、事业单位、公有制企业、非公有制企业和其他行业工作的被调查人员以及被调查的学生都通过了显著性检验，并且其协方差均为正值，反映了在政府机关、事业单位、公有制企业、非公有制企业和其他行业工作的被调查人员以及被调查的学生认为党的理想信念和民族记忆与国家认同之间有着正向的共变关系，这说明对党的理想信念了解得越深刻的东北边疆多民族地区的不同工作单位被调查人员，越能够唤醒其对中华民族的民族记忆与国家认同。从 e1↔e12 路径来看，在政府机关、事业单位、公有制企业、非公有制企业和其他行业工作的被调查人员以及被调查的学生都通过了显著性检验，并且其协方差均为正值，反映了在政府机关、事业单位、公有制企业、非公有制企业和其他行业工作的被调查人员以及被调查的学生认为党的理想信念和爱国主义与革命传统教育之间有着正向的共变关系，这说明东北边疆多民族地区的不同工作单位被调查人员对党的理想信念了解得越深刻，越能够增强其爱国主义情感，增进革命传统教育。在这些路径当中，在政府机关工作的被调查人员和被调查的学生所受到的影响更明显。从 e2↔e3 路径来看，在政府机关、事业单位、公有制企业、非公有制企业和其他行业工作的被调查人员以及被调查的学生都通过了显著性检验，并且其协方差均为正值，反映了在政府机关、事业单位、公有制企业、非公有制企业和其他行业工作的被调查人员以及被调查的学生认为党的奋斗使命和民族记忆与国家认同之间有着正向的共变关系，这说明东北边疆多民族地区的不同工作单位被调查人员对党的奋斗使命了解得越深刻，越能够唤醒其对中华民族的民族记忆与国家认同。从 e2↔e12 路径来看，在政府机关、事业单位、公有制企业、非公有制企业和其他行业工作的被调查人员以及被调查的学生都通过了显著性检验，反映了在政府机关、事业单位、公有制企业、非公有制企业和其他行业工作的被调查人员以及被调查的学生认为党的奋斗使命和爱国主义与革命传统教育之间有着正向的共变关系，这说明东北边疆多民族地区的不同工作单位被调查人员对党的奋斗使命了解得越深刻，越能够增强爱国主义情感，增进革命传统教育。在这些路径中，在政府机关工作的被调查人员和被调查的学生所受到的影响更明显。从 e3↔e12 路径来看，在政府机关、事业单位、公有制企业、非公有制企业和其他行业工作的被调查人员以及被调查的学生都通过了显著性检验，并且其协方差均为正值，反映了在政府机关、事业单位、公有制企业、非公有制企业和其他行业工作的被调查人员以及被调查的学生认为民族记忆与国家认同和爱国主义和革命传统教育之间有着正向的共变关系，这说明东北边疆多民族地区的不同工作单位被调查人员对红色文化中的民族记忆与国家认同了解得越深刻，越能够增强其爱国主义情感，增进革命传统教育。在此路径中，在政府机关工作的被调查人员和被调查的学生所受到的影响更明显。

从 e4↔e5 路径来看，在政府机关、事业单位、公有制企业、非公有制企业和其他行业工作的被调查人员以及被调查的学生都通过了显著性检验，并且其协方差均为正值，反映了在政府机关、事业单位、公有制企业、非公有制企业和其他行业工作的被调查人员以及被调查的学生认为红色文化带动经济发展和居民收入水平之间有着正向的共变关系，这说明东北边疆多民族地区的不同工作单位被调查人员认为当地红色文化越能够推动经济发展，就越能带动当地的居民收入水平。从 e4↔e6 路径来看，在政府机关、事业单位、公有制企业、非公有制企业和其他行业工作的被调查人员以及被调查的学生都通过了显著性检验，并且其协方差均为正值，反映了在政府机关、事业单位、公有制企业、非公有制企业和其他行业工作的被调查人员以及被调查的学生认为红色文化带动经济发展和居民就业机会之间有着正向的共变关系，这说明东北边疆多民族地区的不同工作单位被调查人员认为当地红色文化越能够推动经济发展，就越能增加当地的居民就业机会。从 e4↔e10 路径来看，在政府机关、事业单位、公有制企业、非公有制企业和其他行业工作的被调查人员以及被调查的学生都通过了显著性检验，并且其协方差均为正值，反映了在政府机关、事业单位、公有制企业、非公有制企业和其他行业工作的被调查人员以及被调查的学生认为红色文化带动经济发展和生态环境保护之间有着正向的共变关系，这说明东北边疆多民族地区的不同工作单位被调查人员认为当地红色文化越能够推动经济发展，越有利于当地生态环境的保护。从 e4↔e11 路径来看，在政府机关、事业单位、公有制企业、非公有制企业和其他行业工作的被调查人员以及被调查的学生都通过了显著性检验，并且其协方差均为正值，反映了在政府机关、事业单位、公有制企业、非公有制企业和其他行业工作的被调查人员以及被调查的学生认为红色文化带动经济发展和基础设施建设之间有着正向的共变关系，这说明东北边疆多民族地区的不同工作单位被调查人员认为当地红色文化越能够推动经济发展，越有利于推动当地的基础设施建设与完善。从 e4↔e14 路径来看，在政府机关、事业单位、公有制企业、非公有制企业和其他行业工作的被调查人员以及被调查的学生都通过了显著性检验，并且其协方差均为正值，反映了在政府机关、事业单位、公有制企业、非公有制企业和其他行业工作的被调查人员以及被调查的学生认为红色文化带动经济发展和改善教育发展环境之间有着正向的共变关系，这说明东北边疆多民族地区的不同工作单位被调查人员认为当地红色文化越能够推动经济发展，就越能改善当地的教育发展环境。

从 e8↔e9 路径来看，在政府机关、事业单位、公有制企业、非公有制企业和其他行业工作的被调查人员以及被调查的学生都通过了显著性检验，并且其协方差均为正值，反映了在政府机关、事业单位、公有制企业、非公有制企业和其他行业工作的被调查人员以及被调查的学生认为社会主义核心价值体系和中华优秀传统文化之间有着正向的共变关系，这说明东北边疆多民族地区的不同工作单位被调查人员对红色文化推动发展社会主义核心价值体系满意度越高，越认为其能够带动中华优秀传统文化创新发展。从 e8↔e15 路径来看，在政府机关、事业单位、公有制企业、非公有制企业和其他行业工作的被调查人员以及被调查的学生都通过了显著性检验，并且其协方差均为正值，反映了在政府机关、事业单位、公有制企业、非公有制企业和其他行业工作的被调查人员以及被调查的学生认为社会主义核心价值体系和社区居民社会参与度之间有着正向的共变关系，这说明东北边疆多民族地区的不同工作单位被调查人员认为不断坚持发展社会主义核心价值体系，可以有效地提升社区居民对社会建设的参与度。从 e8↔e16 路径来看，在政府机关、事业单位、公有制企业、非公有制企业和其他行业工作的被调查人员以及被调查的学生都通过了显著性检验，并且其协方差均为正值，反映了在政府机关、事业单位、公有制企业、非公有制企业和其他行业工作的被调查人员以及被调查的学生认为社会主义核心价值体系和社区居民社会责任感之间有着正向的共变关系，这说明东北边疆多民族地区的不同工作单位被调查人员认为不断巩固社会主义核心价值体系，可以有效地提升社区居民的社会责任感。从 e9↔e15 路径来看，在政府机关、事业单位、公有制企业、非公有制企业和其他行业工作的被调查人员以及被调查的学生都通过了显著性检验，并且其协方差均为正值，反映了在政府机关、事业单位、公有制企业、非公有制企业和其他行业工作的被调查人员以及被调查的学生认为中华优秀传统文化和社区居民社会参与度之间有着正向的共变关系，这说明东北边疆多民族地区的不同工作单位被调查人员认为坚持传承和发展中华优秀传统文化，可以有效地提升社区居民对社会建设的参与度。从 e9↔e16 路径来看，在政府机关、事业单位、公有制企业、非公有制企业和其他行业工作的被调查人员以及被调查的学生都通过了显著性检验，并且其协方差均为正值，反映了在政府机关、事业单位、公有制企业、非公有制企业和其他行业工作的被调查人员以及被调查的学生认为中华优秀传统文化和社区居民社会责任感之间有着正向的共变关系，这说明东北边疆多民族地区的不同工作单位被调查人员认为坚持传承和发展中华优秀传统文化，可以有效地提升社区居民的社会责任感。

从 e13↔e14 路径来看，在政府机关、事业单位、公有制企业、非公有制企业和其他行业工作的被调查人员以及被调查的学生都通过了显著性检验，并且其协方差均为正值，反映了在政府机关、事业单位、公有制企业、非公有制企业和其他行业工作的被调查人员以及被调查的学生认为学生思想政治教育和教育发展环境之间有着正向的共变关系，这说明东北边疆多民族地区的不同工作单位被调查人员认为教育发展环境越好，越有利于推动学生思想政治教育工作。

东北边疆多民族地区不同年龄阶段的被调查人员对红色文化保护与传承意愿与其对红色文化的满意度、红色文化的保护意愿和红色文化的传承意愿关系十分明显，需要从这三方面入手综合探索提升其意愿。从 e18↔e20 路径来看，在政府机关、事业单位、公有制企业、非公有制企业和其他行业工作的被调查人员以及被调查的学生都通过了显著性检验，反映了在政府机关、事业单位、公有制企业、非公有制企业和其他行业工作的被调查人员以及被调查的学生认为当地遗迹遗址的满意度和保护红色文化的态度之间有着正向的共变关系，这说明东北边疆多民族地区的不同工作单位被调查人员对当地遗迹遗址的满意度越高，越能够激发其对当地红色文化的保护意愿。从 e18↔e23 路径来看，在政府机关、事业单位、公有制企业、非公有制企业和其他行业工作的被调查人员以及被调查的学生都通过了显著性检验，反映了在政府机关、事业单位、公有制企业、非公有制企业和其他行业工作的被调查人员以及被调查的学生认为当地遗迹遗址的满意度和当地红色文化遗迹遗址的保护利用现状之间有着正向的共变关系，这说明东北边疆多民族地区的不同工作单位被调查人员对当地遗迹遗址的满意度越高，对当地红色文化遗迹遗址的保护利用现状评价越有利。从 e18↔e24 路径来看，在政府机关、事业单位、公有制企业、非公有制企业和其他行业工作的被调查人员以及被调查的学生都通过了显著性检验，反映了在政府机关、事业单位、公有制企业、非公有制企业和其他行业工作的被调查人员以及被调查的学生认为当地遗迹遗址的满意度和宣传推介本地红色文化资源的意愿之间有着正向的共变关系，这说明东北边疆多民族地区的不同工作单位被调查人员对当地遗迹遗址的满意度越高，越愿意宣传推介当地的红色文化。从 e19↔e20 路径来看，在政府机关、事业单位、公有制企业、非公有制企业和其他行业工作的被调查人员以及被调查的学生都通过了显著性检验，反映了在政府机关、事业单位、公有制企业、非公有制企业和其他行业工作的被调查人员以及被调查的学生认为当地纪念场馆的满意度和保护红色文化的态度之间有着正向的共变关系，这说明东北边疆多民族地区的不同工作单位被调查人员对当地纪念场馆的满意度越高，越能够激发其对当地红色文化的保护意愿。从 e19↔e22 路径来看，在政府机关、事业单位、公有制企业、非公有制企业和其他行业工作的被调查人员以及被调查的学生都通过了显著性检验，反映了在政府机关、事业单位、公有制企业、非公有制企业和其他行业工作的被调查人员以及被调查的学生认为当地纪念场馆的满意度和当地红色文化纪念场馆的保护利用现状之间有着正向的共变关系，这说明东北边疆多民族地区的不同工作单位被调查人员对当地纪念场馆的满意度越高，对当地红色文化纪念场馆的保护利用现状评价越有利。从 e19↔e24 路径来看，在政府机关、事业单位、公有制企业、非公有制企业和其他行业工作的被调查人员以及被调查的学生都通过了显著性检验，反映了在政府机关、事业单位、公有制企业、非公有制企业和其他行业工作的被调查人员以及被调查的学生认为当地纪念场馆的满意度和宣传推介本地红色文化资源的意愿之间有着正向的共变关系，这说明东北边疆多民族地区的不同工作单位被调查人员对当地纪念场馆的满意度越高，越愿意宣传推介当地的红色文化。

根据结构方程模型的输出结果，可以得到东北边疆多民族地区不同工作单位的被调查人员保护与传承红色文化资源意愿测量模型中潜在变量与观测变量之间的标准化路径估计结果（见表 5 - 16）。可见在测量模型中，政府机关、事业单位、公有制企业、非公有制企业和其他行业工作的被调查人员以及被调查学生的潜在变量对观察变量的显著性检验 P 值都在 0.001 水平，说明了该模型中的观测变量能够解释潜在变量。

表 5－16　　　　潜在变量与观测变量之间的标准化路径估计结果

测量模型路径	政府机关	事业单位	公有制企业	非公有制企业	其他	学生
	标准化路径系数	标准化路径系数	标准化路径系数	标准化路径系数	标准化路径系数	标准化路径系数
政治认同→党的理想信念	0.901***	0.892***	0.895***	0.854***	0.841***	0.874***
政治认同→党的奋斗使命	0.905***	0.882***	0.871***	0.860***	0.839***	0.869***
政治认同→民族记忆与国家认同	0.899***	0.875***	0.862***	0.884***	0.881***	0.890***
经济认同→经济发展	0.887***	0.865***	0.852***	0.899***	0.872***	0.871***
经济认同→居民收入水平	0.871***	0.875***	0.884***	0.891***	0.887***	0.852***
经济认同→居民就业机会	0.875***	0.869***	0.878***	0.884***	0.893***	0.885***
文化认同→社会主义先进文化	0.902***	0.873***	0.869***	0.866***	0.861***	0.894***
文化认同→社会主义核心价值体系	0.894***	0.882***	0.861***	0.854***	0.849***	0.879***
文化认同→中华优秀传统文化	0.895***	0.879***	0.875***	0.867***	0.853***	0.882***
生态认同→生态环境保护	0.661***	0.654***	0.629***	0.610***	0.677***	0.643***
生态认同→基础设施水平	0.715***	0.676***	0.664***	0.633***	0.599***	0.628***
教育认同→爱国主义和革命传统教育	0.891***	0.871***	0.880***	0.863***	0.859***	0.897***
教育认同→学生思想政治教育	0.894***	0.879***	0.838***	0.855***	0.849***	0.895***
教育认同→教育发展环境	0.881***	0.864***	0.842***	0.827***	0.829***	0.895***
社会认同→社区居民社会参与度	0.829***	0.803***	0.755***	0.763***	0.758***	0.840***
社会认同→社区居民社会责任感	0.831***	0.819***	0.768***	0.771***	0.762***	0.801***
社会认同→社区居民社会认知力	0.750***	0.729***	0.711***	0.705***	0.683***	0.721***
红色文化满意度→遗迹遗址期望值	0.908***	0.911***	0.915***	0.897***	0.883***	0.905***
红色文化满意度→纪念场馆期望值	0.901***	0.908***	0.901***	0.886***	0.875***	0.901***
红色文化保护意愿→保护态度	0.925***	0.918***	0.931***	0.924***	0.919***	0.931***
红色文化保护意愿→保护参与	0.918***	0.909***	0.911***	0.912***	0.908***	0.929***
红色文化保护意愿→保护方式	0.920***	0.907***	0.905***	0.899***	0.875***	0.901***
红色文化保护意愿→保护程度	0.918***	0.887***	0.891***	0.874***	0.861***	0.888***
红色文化传承意愿→传承态度	0.928***	0.910***	0.876***	0.853***	0.887***	0.905***
红色文化传承意愿→传承参与	0.911***	0.905***	0.881***	0.879***	0.873***	0.894***
红色文化传承意愿→传承方式	0.889***	0.871***	0.864***	0.852***	0.849***	0.897***

注：*** 表示 $P<0.001$。

在红色文化资源的价值认同方面，不同工作单位被调查人员的标准化路径系数都通过了显著性检验，并且数值分布在0.610~0.931。在政治认同上，在政府机关工作的被调查人员相较于其他工作单位的被调查人员而言认为红色文化资源在体现党的理想信念、印证党的奋斗使命和唤醒民族记忆与国家认同方面的作用能够增强其对红色文化资源的政治认同，其中，在非公有制企业、其他行业工作的被调查人员以及被调查的学生都认为红色文化资源在唤醒民族记忆与国家认同方面的作用最能够影响其对红色文化资源的政治认同，在政府机关、事业单位和公有制企业工作的被调查人员认为红色文化资源在理解党的理想信念方面的作用最能够影响其对红色文化资源的政治认同。

在经济认同上，在非公有制企业工作的被调查人员相较于其他工作单位的被调查人员而言认为红色文化资源在推动经济发展和提高居民收入水平方面的作用能够增强其对红色文化资源的经济认同，而其他行业的被调查人员相较于其他工作单位的被调查人员认为红色文化资源在增加居民就业机会方面的作用能够增强其对红色文化资源的经济认同。其中，在政府机关工作的被调查人员都认为红色文化资源对推动经济发展方面的作用最能够影响其对红色文化资源的经济认同，在事业单位、公有制企业、非公有制企业工作的被调查人员都认为红色文化资源对提高居民收入水平的作用最能够影响其对红色文化资源的经济认同，在其他行业工作的被调查人员和被调查的学生认为红色文化资源对增加居民就业机会方面的作用最能够影响其对红色文化资源的经济认同。

在文化认同上，在政府机关工作的被调查人员相较于其他工作单位的被调查人员而言认为红色文化资源在构筑社会主义先进文化生命力、推进社会主义核心价值体系建设和创新发展中华优秀传统文化方面的作用能够增强其对红色文化资源的文化认同。其中，在政府机关、其他行业工作的被调查人员和被调查的学生认为红色文化资源在构筑社会主义先进文化的生命力方面的作用最能够影响其对红色文化资源的文化认同，在事业单位工作的被调查人员则认为红色文化资源在推动社会主义核心价值体系建设方面的作用最能够影响其对红色文化资源的文化认同，在公有制企业、非公有制企业工作的被调查人员则认为红色文化资源在推动中华优秀传统文化创新发展方面的作用最能够影响其对红色文化资源的文化认同。

在生态认同上，在政府机关工作的被调查人员相较于其他工作单位的被调查人员而言认为红色文化资源在改善基础设施水平方面的作用能够增强被调查人员对红色文化资源的生态认同，在其他行业工作的被调查人员相较于其他工作单位的被调查人员而言认为红色文化资源在促进生态环境保护方面的作用能够增强被调查人员对红色文化资源的生态认同，其中，在政府机关、事业单位、公有制企业和非公有制企业工作的被调查人员都认为红色文化资源在改善基础设施水平方面的作用最能够影响其对红色文化资源的生态认同，而在其他行业工作的被调查人员和被调查的学生则认为红色文化资源在生态环境保护方面的作用最能够影响其对红色文化资源的生态认同。

在教育认同上，被调查的学生相较于其他工作单位的被调查人员而言认为红色文化资源在提升爱国主义和革命传统教育效果、加强学生思想政治教育科学化水平和改善教育发展环境方面的作用能够增强其对红色文化资源的教育认同，其中，在公有制企业、非公有制企业和其他行业工作的被调查人员以及被调查的学生都认为红色文化资源在爱国主义和革命传统教育方面的作用最能够使其对红色文化资源产生教育认同，在政府机关和事业单位工作的被调查人员认为红色文化资源在加强学生思想政治教育科学化水平方面的作用最能够使其对红色文化资源产生教育认同。

在社会认同上，被调查的学生相较于其他工作单位的被调查人员而言认为红色文化资源在增强社区居民社会参与度方面的作用能够增强其对红色文化资源的社会认同，在政府机关工作的调查人员相较于其他工作单位的被调查人员而言认为红色文化资源在增强社区居民社会责任感和提升社区居民社会认知力方面的作用能够增强其对红色文化资源的社会认同，其中，不同工作单位的被调查人员认为红色文化资源在增强社区居民社会责任感方面的作用最能够使其对红色文化资源产生社会认同。

在红色文化资源满意度方面，东北边疆多民族地区的不同工作单位的被调查人员对当地的遗迹遗址和纪念场馆的期望值的标准化路径系数都较高，说明了遗迹遗址和纪念场馆的期望值对其对红色文化资源满意度的影响作用较明显。在公有制企业工作的被调查人员相较于其他工作单位的被调查人员而言认为遗迹遗址期望值能够增强其对红色文化资源的满意度，在事业单位工作的被调查人员相较于其他工作单位的被调查人员而言认为纪念场馆期望值能够影响其对红色文化资源的满意度。其中，不同工作单位的被调查人员都认为遗迹遗址期望值最能够影响其对红色文化资源的满意度。

在红色文化资源的保护意愿方面，在公有制企业工作的被调查人员和被调查的学生相较于其他工作单位的被调查人员而言认为红色文化资源的保护态度能够增强其对红色文化资源的保护意愿，被调查的学生相较于其他工作单位的被调查人员而言认为红色文化资源的保护参与能够增强其对红色文化资源的保护意愿，在政府机关工作的被调查人员相较于其他工作单位的被调查人员而言认为红色文化资源的保护方式和保护程度能够增强其对红色文化资源的保护意愿。其中，不同工作单位的被调查人员都认为红色文化资源的保护态度最能够影响其对红色文化资源的保护意愿。

在红色文化资源的传承意愿方面，在政府机关工作的被调查人员相较于其他工作单位的被调查人员而言认为红色文化资源的传承态度、传承参与和传承方式更能够增强其对红色文化资源的传承意愿。其中，在政府机关、事业单位和其他行业工作的被调查人员以及被调查的学生认为红色文化资源的传承态度最能够影响其对红色文化资源的传承意愿，在公有制企业和非公有制企业工作的被调查人员认为红色文化资源的传承参与最能够影响其对红色文化资源的传承意愿。

第五节　基于文化程度差异的东北边疆多民族地区红色文化资源保护与传承意愿研究

一、研究假设

假设1：东北边疆多民族地区不同文化程度的被调查人员的个体差异对其个人保护传承红色文化的意愿有着显著的影响。

个体差异主要从年龄、文化程度、政治面貌、民族成分、工作单位、人员类别等方面体现。一般而言，文化程度越高的人群红色文化的认同感越强烈，对当地红色文化的保护与传承意愿越强烈。

假设2：东北边疆多民族地区不同文化程度的被调查人员的红色文化价值认同度对其个人保护传承红色文化的意愿有着显著的影响。

红色文化价值认同度对东北边疆多民族地区的被调查人员保护与传承红色文化意愿的影响程度十分显著，对红色文化价值认同度越高，保护与传承红色文化的意愿越强。一般来看，不同文化程度的被调查人员之间存在着一定的差异性，文化程度越高的被调查人员越知道红色文化的重要性及保护与传承的必要性，同时，一部分老年人由于其自身经历了红色文化的形成过程，虽然他们的文化程度较低，但是其受到价值认同的影响也十分明显。

二、数据来源与变量描述统计

本节的研究重点是东北边疆多民族地区不同文化程度被调查人员保护传承红色文化的意愿及其影响因素，对1600份有效的调查问卷中进行分类，其中小学及以下学历的被调查人员有64人，占总样本数的4%，初中学历的被调查人员有

433 人，占总样本数的 27.06%，高中（中专）学历的被调查人员有 675 人，占总样本数的 42.19%，本专科学历的被调查人员有 392 人，占样本数的 24.5%，研究生学历的被调查人员有 36 人，占总样本数的 2.25%。

经过对调查数据的分类汇总，得到以下描述性统计结果（见表 5－17），可以发现不同文化程度的被调查人员在个人特征、红色文化的价值认同以及红色文化保护传承意愿方面均有所差异。其中，在个人特征的民族成分方面，可以看到不同学历的被调查人员中都是汉族人占比较多。在个人特征的年龄构成方面，小学及以下学历的被调查人员有 75% 是老一代人群，初中学历的被调查人员有 74.83% 是老一代人群，高中（中专）学历的被调查人员有 60% 是老一代人群，在本专科和研究生的被调查人员当中新生代人群占了多数，分别占总人数的 73.47% 和 88.89%。在个人特征的政治面貌方面，群众在不同文化程度的被调查人员中都是占比最多的，小学及以下学历的被调查人员占比排名第二的是党员，达到了 18.75%，初中学历的被调查人员占比排名第二的是团员，达到了 6.47%，高中（中专）学历的被调查人员占比排名第二的是党员，达到了 33.19%，本专科学历的被调查人员占比排名第二的是党员，达到了 29.08%，研究生学历的被调查人员占比排名第二的是党员，达到了 33.33%。在个人特征的工作单位方面，小学及以下学历的被调查人员大多工作在其他行业；初中学历的被调查人员大多工作在公有制企业，达到了 39.03%，占比排名第二的是非公有制企业，达到了 32.56%；高中（中专）学历的被调查人员大多工作在非公有制企业，达到了 42.37%，占比排名第二的是公有制企业，达到了 14.22%；本专科学历的被调查人员大多工作在政府机关，达到了 42.09%，占比排名第二的是学生，达到了 19.39%；研究生学历的被调查人员大多工作在政府机关，达到了 36.11%，占比排名第二的是学生，达到了 27.87%。在个人特征的人员类别方面，本地居民是不同文化程度被调查人员的主体构成，占小学及以下学历被调查人员的 96.88%，占初中学历被调查人员的 97.23%，占高中学历被调查人员的 94.96%，占本专科学历被调查人员的 84.18%，占研究生学历被调查人员的 80.56%。

在红色文化的政治认同程度中，小学及以下学历的被调查人员和本专科以及研究生学历的被调查人员对党的理想信念以及奋斗使命评价较高，一方面是因为本专科以及研究生学历的被调查人员的文化程度较高，经历过系统的教育，明白红色文化形成和发展过程中共产党人的付出，另一方面是因为小学及以下学历的被调查人员有一大部分是老一代人群，他们亲身经历了红色文化的形成与发展，所以对党的理想信念和奋斗使命更能理解。在红色文化的经济认同程度中，本专科以及研究生学历的被调查人员给出的评价较高，这是因为在学习和研究当中更能理解文化发展对经济社会发展的重要作用，另外，高中（中专）学历的被调查

表 5－17　调查数据描述性统计

类别	变量名称	东北边疆多民族地区（N＝1600）		小学及以下（N＝64）		初中（N＝433）		高中（中专）（N＝675）		本专科（N＝392）		研究生（N＝36）	
		频数	百分比	频数	百分比	频数	百分比	频数	百分比	频数	百分比	频数	百分比
民族成分	汉族	1253	78.31	54	84.38	361	83.37	563	83.41	327	83.42	30	83.33
	少数民族	347	21.69	10	15.63	72	16.63	112	16.59	65	16.58	6	16.67
年龄	新生代	715	44.69	16	25.00	109	25.17	270	40.00	288	73.47	32	88.89
	老一代	885	55.31	48	75.00	324	74.83	405	60.00	104	26.53	4	11.11
政治面貌	团员	160	10.00	0	0	28	6.47	53	7.85	79	20.15	0	0
	党员	387	24.19	12	18.75	25	5.77	224	33.19	114	29.08	12	33.33
	民主党派	28	1.75	0	0	0	0	0	0	22	5.61	6	16.67
	群众	1025	64.06	52	81.25	380	87.76	398	58.96	177	45.15	18	50.00
工作单位	政府机关	178	11.13	0	0	0	0	0	0	165	42.09	13	36.11
	事业单位	152	9.50	0	0	20	4.62	69	10.22	58	14.80	5	13.89
	公有制企业	319	19.94	0	0	169	39.03	96	14.22	51	13.01	3	8.33
	非公有制企业	563	35.19	0	0	141	32.56	286	42.37	32	8.16	4	11.11
	其他	184	11.50	64	100.00	83	19.17	26	3.85	10	2.55	1	2.78
	学生	204	12.75	0	0	20	4.62	86	12.74	76	19.39	10	27.78
人员类别	本地居民	1483	92.69	62	96.88	421	97.23	641	94.96	330	84.18	29	80.56
	游客	36	2.25	2	3.13	2	0.46	12	1.78	17	4.34	3	8.33
	外地学生	81	5.06	0	0	10	2.31	22	3.26	45	11.48	4	11.11

续表

观测变量	潜在变量	东北边疆多民族地区（N＝1600）		小学及以下（N＝64）		初中（N＝433）		高中（中专）（N＝675）		本专科（N＝392）		研究生（N＝36）	
		频数	百分比	频数	百分比	频数	百分比	频数	百分比	频数	百分比	频数	百分比
政治认同	党的理想信念	均值4.01	（0.621）	均值4.03	（0.610）	均值3.97	（0.675）	均值4.00	（0.689）	均值4.02	（0.641）	均值4.03	（0.639）
	党的奋斗使命	均值4.02	（0.622）	均值4.03	（0.615）	均值3.99	（0.701）	均值4.00	（0.698）	均值4.03	（0.679）	均值4.05	（0.656）
	民族记忆与国家认同	均值4.11	（0.619）	均值4.12	（0.621）	均值4.09	（0.697）	均值4.08	（0.691）	均值4.12	（0.681）	均值4.14	（0.671）
经济认同	经济发展	均值3.64	（0.674）	均值3.63	（0.678）	均值3.61	（0.702）	均值3.64	（0.712）	均值3.65	（0.678）	均值3.67	（0.674）
	居民收入水平	均值3.63	（0.694）	均值3.61	（0.681）	均值3.61	（0.701）	均值3.61	（0.709）	均值3.65	（0.674）	均值3.67	（0.669）
	居民就业机会	均值3.64	（0.698）	均值3.61	（0.696）	均值3.62	（0.703）	均值3.65	（0.706）	均值3.65	（0.678）	均值3.67	（0.668）
文化认同	社会主义先进文化	均值3.79	（0.653）	均值3.81	（0.679）	均值3.76	（0.698）	均值3.79	（0.711）	均值3.79	（0.678）	均值3.80	（0.665）
	社会主义核心价值体系	均值3.81	（0.664）	均值3.83	（0.681）	均值3.80	（0.689）	均值3.78	（0.701）	均值3.81	（0.674）	均值3.83	（0.659）
	中华优秀传统文化	均值3.61	（0.713）	均值3.62	（0.692）	均值3.58	（0.691）	均值3.58	（0.697）	均值3.63	（0.681）	均值3.64	（0.662）
生态认同	生态环境保护	均值3.27	（0.721）	均值3.25	（0.743）	均值3.26	（0.723）	均值3.26	（0.712）	均值3.27	（0.694）	均值3.31	（0.689）
	基础设施水平	均值3.31	（0.719）	均值3.30	（0.706）	均值3.29	（0.711）	均值3.32	（0.702）	均值3.31	（0.691）	均值3.33	（0.684）
教育认同	爱国主义和革命传统教育	均值3.92	（0.642）	均值3.94	（0.641）	均值3.90	（0.668）	均值3.92	（0.671）	均值3.90	（0.691）	均值3.94	（0.689）
	学生思想政治教育	均值3.91	（0.645）	均值3.93	（0.655）	均值3.91	（0.690）	均值3.88	（0.701）	均值3.89	（0.689）	均值3.94	（0.374）
	教育发展环境	均值3.84	（0.647）	均值3.81	（0.691）	均值3.81	（0.692）	均值3.86	（0.689）	均值3.86	（0.679）	均值3.86	（0.664）

续表

观测变量	潜在变量	东北边疆多民族地区（N＝1600）		小学及以下（N＝64）		初中（N＝433）		高中（中专）（N＝675）		本专科（N＝392）		研究生（N＝36）	
		频数	百分比	频数	百分比	频数	百分比	频数	百分比	频数	百分比	频数	百分比
社会认同	社区居民社会参与度	均值3.16	（0.716）	均值3.16	（0.688）	均值3.14	（0.692）	均值3.16	（0.699）	均值3.17	（0.706）	均值3.19	（0.716）
	社区居民社会责任感	均值3.46	（0.651）	均值3.44	（0.686）	均值3.45	（0.689）	均值3.47	（0.697）	均值3.47	（0.704）	均值3.47	（0.718）
	社区居民社会认知力	均值3.09	（0.719）	均值3.03	（0.692）	均值3.05	（0.698）	均值3.09	（0.702）	均值3.14	（0.709）	均值3.14	（0.705）
满意度	遗迹遗址期望值	均值3.52	（0.651）	均值3.55	（0.649）	均值3.50	（0.674）	均值3.49	（0.698）	均值3.53	（0.674）	均值3.53	（0.688）
	纪念场馆期望值	均值3.53	（0.652）	均值3.55	（0.652）	均值3.50	（0.665）	均值3.51	（0.682）	均值3.53	（0.684）	均值3.56	（0.679）
保护意愿	保护态度	均值3.55	（0.661）	均值3.58	（0.654）	均值3.51	（0.669）	均值3.54	（0.689）	均值3.56	（0.681）	均值3.56	（0.658）
	保护参与	均值3.58	（0.664）	均值3.59	（0.658）	均值3.52	（0.679）	均值3.58	（0.694）	均值3.60	（0.687）	均值3.61	（0.667）
	保护方式	均值3.54	（0.662）	均值3.55	（0.661）	均值3.51	（0.672）	均值3.53	（0.691）	均值3.55	（0.685）	均值3.56	（0.671）
	保护程度	均值3.55	（0.661）	均值3.55	（0.663）	均值3.52	（0.671）	均值3.54	（0.689）	均值3.58	（0.681）	均值3.56	（0.669）
传承意愿	传承态度	均值3.54	（0.671）	均值3.56	（0.656）	均值3.53	（0.666）	均值3.50	（0.693）	均值3.55	（0.679）	均值3.56	（0.673）
	传承参与	均值3.56	（0.668）	均值3.58	（0.654）	均值3.54	（0.664）	均值3.54	（0.692）	均值3.56	（0.680）	均值3.58	（0.679）
	传承方式	均值3.55	（0.662）	均值3.58	（0.649）	均值3.52	（0.663）	均值3.52	（0.697）	均值3.57	（0.682）	均值3.56	（0.681）

注：括号内数值为标准差。

人员对红色文化对提升居民收入和提供就业机会的作用评价也较好。在红色文化的文化认同程度中，小学及以下学历的被调查人员对红色文化推动社会主义文化事业的发展认识比较到位，但是受限于学历不能充分理解红色文化推动中华优秀传统文化创新发展的作用机制，在这方面本专科和研究生学历的被调查人员认识则比较到位。在红色文化的生态认同程度中，小学及以下学历的被调查人员评价最低，研究生学历的被调查人员评价最高。在红色文化的教育认同程度中，小学及以下和研究生学历的被调查人员在推动爱国主义教育和革命传统中评价较高，但是小学及以下学历的被调查人员在推动教育发展环境方面认识不足。在红色文化的社会认同程度中，各个学历的被调查者在红色文化推动居民社会参与度和责任感方面差距并不是十分大，但是在增进社会认知力方面研究生学历的被调查人员更能认识到红色文化在这方面的重要作用。在红色文化的保护与传承意愿中，小学及以下和研究生学历的被调查人员对当地遗迹遗址和纪念场馆的满意度较高，另外，在保护与传承意愿方面，小学及以下学历的被调查人员更乐意保护与传承当地的红色文化。

三、实证分析

本书在东北边疆多民族地区调查过程中构建了包括 1600 个调查样本在内的数据库，利用 AMOS 软件进行分析，构建起了东北边疆多民族地区红色文化资源保护与传承意愿的结构方程模型（见图 5 -5），在构建结构方程模型之后，需要对其信度和效度进行检验。

首先，利用 Cronbach's α 系数对采集回来的调查问卷进行信度检验，小学及以下学历、初中学历、高中（中专）学历、本专科学历和研究生学历的被调查人员的调查问卷信度分别为 0. 918、0. 923、0. 928、0. 941 和 0. 939，样本的可信度较高。其次，利用因子分析法对指标的潜在变量效度进行分析小学及以下学历、初中学历、高中（中专）学历、本专科学历和研究生学历的被调查人员的 KMO 检验结果分别显示为 0. 909、0. 921、0. 926、0. 933 和 0. 942，在 Bartlett 球形检验结果中，卡方值的显著性概率是低于显著性水平的，利用极大方差法进行因子旋转，以特征值大于 1 的标准进行主因子的提取，最终显示指标项因子负载量大于 0. 50，累计解释方差多余 50%，综合解释了变量的效度通过了检验。整体来看，采集到的信息信度和效度通过了检验。最后，要对构建的结构方程模型拟合指标参数进行检验，将八项拟合指标的显示值与标准值进行对比，观察是否能够通过。利用 AMOS 软件对构建起的结构方程模型进行检验，得到了八项拟合指标参数（见表 5 -18）。通过八项拟合指标数值的对比发现，拟合情况均为理想，

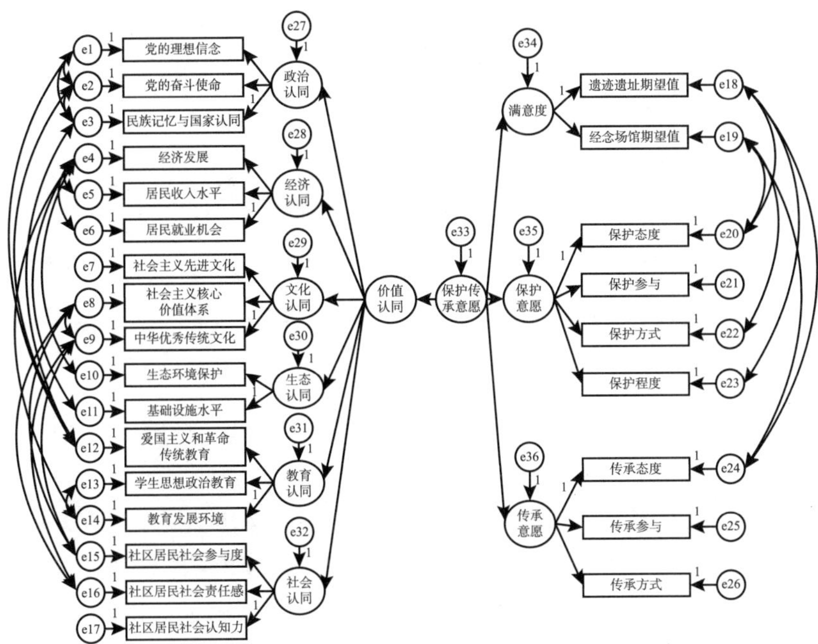

图 5-5　东北边疆多民族地区红色文化资源保护与传承意愿的结构方程模型

表 5-18　八项拟合指标参数

拟合指标	χ^2/df	*AGFI*	*IFI*	*CFI*	*TLI*	*PNFI*	*RMR*	*RMSEA*
显示值	2.025	0.849	0.908	0.951	0.977	0.580	0.032	0.068
参考值	<5.00	>0.80	>0.90	>0.90	>0.90	>0.50	<0.05	<0.08
拟合情况	理想	理想	理想	理想	理想	理想	理想	理想

证明其结果可以接受。在此基础上对东北边疆多民族地区不同文化程度被调查人员的红色文化保护与传承意愿的结构方程模型路径系数进行测算，得到东北边疆多民族地区不同文化程度被调查人员的红色文化保护与传承意愿的结构方程模型路径估计结果（见表 5-19），由表 5-19 可知，红色文化价值认同对东北边疆多民族地区小学及以下学历、初中学历、高中（中专）学历、本专科学历和研究生学历的被调查人员的红色文化保护与传承意愿的标准化路径系数分别为 0.771、0.752、0.761、0.769 和 0.772，通过了显著性检验。这说明红色文化价值认同与红色文化保护与传承意愿之间有着显著的正向关系，并且这种正向关系在小学及以下和研究生学历的被调查人员中更明显，这就验证了前文的假设，即该结构方程模型无须优化调整。

表 5 – 19　　结构方程模型路径估计结果

文化程度	结构方程模型路径	标准化路径系数	P
小学及以下	红色文化价值认同→红色文化保护与传承意愿	0.771	***
初中	红色文化价值认同→红色文化保护与传承意愿	0.752	***
高中（中专）	红色文化价值认同→红色文化保护与传承意愿	0.761	***
本专科	红色文化价值认同→红色文化保护与传承意愿	0.769	***
研究生	红色文化价值认同→红色文化保护与传承意愿	0.772	***

注：*** 表示 $P < 0.001$。

根据前文构建的东北边疆多民族地区红色文化资源保护与传承意愿结构方程模型，利用 AMOS 软件对东北边疆多民族地区的 1600 份调查问卷中的样本数据进行分析计算，分别得到了东北边疆多民族地区不同文化程度被调查人员的红色文化保护与传承意愿的非标准化参数值估计模型。由前文对不同文化程度被调查人员的红色文化价值认同以及红色文化保护与传承意愿的标准化路径系数可知，红色文化价值认同对红色文化保护与传承意愿的作用十分明显，红色文化的价值认同主要是通过红色文化的政治认同、红色文化的经济认同、红色文化的文化认同、红色文化的生态认同、红色文化的教育认同和红色文化的社会认同 6 个观测变量进行测算判定。

从 e1↔e2 路径来看，小学及以下学历的被调查人员、初中学历的被调查人员、高中（中专）学历的被调查人员、本专科学历的被调查人员和研究生学历的被调查人员都通过了显著性检验，并且其协方差均为正值，反映了小学及以下学历的被调查人员、初中学历的被调查人员、高中（中专）学历的被调查人员、本专科学历的被调查人员和研究生学历的被调查人员认为党的理想信念和党的奋斗使命之间有着正向的共变关系，这说明东北边疆多民族地区的不同文化程度被调查人员对党的理想信念了解得越深刻，越能够感受到党的奋斗使命。从 e1↔e3 路径来看，小学及以下学历的被调查人员、初中学历的被调查人员、高中（中专）学历的被调查人员、本专科学历的被调查人员和研究生学历的被调查人员都通过了显著性检验，并且其协方差均为正值，反映了小学及以下学历的被调查人员、初中学历的被调查人员、高中（中专）学历的被调查人员、本专科学历的被调查人员和研究生学历的被调查人员认为党的理想信念和民族记忆与国家认同之间有着正向的共变关系，这说明东北边疆多民族地区的不同文化程度被调查人员对党的理想信念了解得越深刻，越能够唤醒其对中华民族的民族记忆与国家认同。从 e1↔e12 路径来看，小学及以下学历的被调查人员、初中学历的被调查人员、高中（中专）学历的被调查人员、本专科学历的被调查人员和研究生学历的被调查人员都通过了显著性检验，并且其协方差均为正值，反映了小学及以下学历的被调查人员、初中学历的被调查人员、高中（中专）学历的被调查人员、本专科学历的被调查人员和研究生学历的被调查人员认为党的理想信念和爱国主义与革命传统教育之间有着正向的共变关系，这说明东北边疆多民族地区的不同文化程度被调查人员对党的理想信念了解得越深刻，越能够增强其爱国主义情感，增进革命传统教育。在这些路径中，小学及以下学历和研究生学历的被调查人员所受到的影响更为明显。从 e2↔e3 路径来看，小学及以下学历的被调查人员、初中学历的被调查人员、高中（中专）学历的被调查人员、本专科学历的被调查人员和研究生学历的被调查人员都通过了显著性检验，并且其协方差均为正值，反映了小学及以下学历的被调查人员、初中学历的被调查人员、高中（中专）学历的被调查人员、本专科学历的被调查人员和研究生学历的被调查人员认为党的奋斗使命和民族记忆与国家认同之间有着正向的共变关系，这说明东北边疆多民族地区的不同文化程度被调查人员对党的奋斗使命了解得越深刻，越能够唤醒其对中华民族的民族记忆与国家认同。从 e2↔e12 路径来看，小学及以下学历的被调查人员、初中学历的被调查人员、高中（中专）学历的被调查人员、本专科学历的被调查人员和研究生学历的被调查人员都通过了显著性检验，反映了小学及以下学历的被调查人员、初中学历的被调查人员、高中（中专）学历的被调查人员、本专科学历的被调查人员和研究生学历的被调查人员认为党的奋斗使命和爱国主义与革命传统教育之间有着正向的共变关系，这说明东北边疆多民族地区的不同文化程度被调查人员对党的奋斗使命了解得越深刻，越能够增强爱国主义情感，增进革命传统教育。在这些路径中，小学及以下学历和研究生学历的被调查人员所受到的影响更明显。从 e3↔e12 路径来看，小学及以下学历的被调查人员、初中学历的被调查人员、高中（中专）学历的被调查人员、本专科学历的被调查人员和研究生学历的被调查人员都通过了显著性检验，并且其协方差均为正值，反映了小学及以下学历的被调查人员、初中学历的被调查人员、高中（中专）学历的被调查人员、本专科学历的被调查人员和研究生学历的被调查人员认为民族记忆与国家认同和爱国主义与革命传统教育之间有着正向的共变关系，这说明东北边疆多民族地区的不同文化程度被调查人员对红色文化中的民族记忆与国家认同了解得越深刻，越能够增强其爱国主义情感，增进革命传统教育。在此路径中，小学及以下学历和研究生学历的被调查人员所受到的影响更明显。

从 e4↔e5 路径来看，小学及以下学历的被调查人员、初中学历的被调查人员、高中（中专）学历的被调查人员、本专科学历的被调查人员和研究生学历的被调查人员都通过了显著性检验，并且其协方差均为正值，反映了小学及以下学历的被调查人员、初中学历的被调查人员、高中（中专）学历的被调查人员、本专科学历的被调查人员和研究生学历的被调查人员认为红色文化带动经济发展和居民收入水平之间有着正向的共变关系，这说明东北边疆多民族地区的不同文化程度被调查人员认为当地红色文化越能够推动经济发展，就越能带动当地的居民收入水平。从 e4↔e6 路径来看，小学及以下学历的被调查人员、初中学历的被调查人员、高中（中专）学历的被调查人员、本专科学历的被调查人员和研究生学历的被调查人员都通过了显著性检验，并且其协方差均为正值，反映了小学及以下学历的被调查人员、初中学历的被调查人员、高中（中专）学历的被调查人员、本专科学历的被调查人员和研究生学历的被调查人员认为红色文化带动经济发展和居民就业机会之间有着正向的共变关系，这说明东北边疆多民族地区的不同文化程度被调查人员认为当地红色文化越能够推动经济发展，就越能增加当地的居民就业机会。从 e4↔e10 路径来看，小学及以下学历的被调查人员、初中学历的被调查人员、高中（中专）学历的被调查人员、本专科学历的被调查人员和研究生学历的被调查人员都通过了显著性检验，并且其协方差均为正值，反映了小学及以下学历的被调查人员、初中学历的被调查人员、高中（中专）学历的被调查人员、本专科学历的被调查人员和研究生学历的被调查人员认为红色文化带动经济发展和生态环境保护之间有着正向的共变关系，这说明东北边疆多民族地区的不同文化程度被调查人员认为当地红色文化越能够推动经济发展，越有利于当地生态环境的保护。从 e4↔e11 路径来看，小学及以下学历的被调查人员、初中学历的被调查人员、高中（中专）学历的被调查人员、本专科学历的被调查人员和研究生学历的被调查人员都通过了显著性检验，并且其协方差均为正值，反映了小学及以下学历的被调查人员、初中学历的被调查人员、高中（中专）学历的被调查人员、本专科学历的被调查人员和研究生学历的被调查人员认为红色文化带动经济发展和基础设施建设之间有着正向的共变关系，这说明东北边疆多民族地区的不同文化程度被调查人员认为当地红色文化越能够推动经济发展，越有利于推动当地的基础设施建设与完善。从 e4↔e14 路径来看，小学及以下学历的被调查人员、初中学历的被调查人员、高中（中专）学历的被调查人员、本专科学历的被调查人员和研究生学历的被调查人员都通过了显著性检验，并且其协方差均为正值，反映了小学及以下学历的被调查人员、初中学历的被调查人员、高中（中专）学历的被调查人员、本专科学历的被调查人员和研究生学历的被调查人员认为红色文化带动经济发展和改善教育发展环境之间有着正向的共变关系，这说明东北边疆多民族地区的不同文化程度被调查人员认为当地红色文化越能够推动经济发展，就越能改善当地的教育发展环境。

从 e8↔e9 路径来看，小学及以下学历的被调查人员、初中学历的被调查人员、高中（中专）学历的被调查人员、本专科学历的被调查人员和研究生学历的被调查人员都通过了显著性检验，并且其协方差均为正值，反映了小学及以下学历的被调查人员、初中学历的被调查人员、高中（中专）学历的被调查人员、本专科学历的被调查人员和研究生学历的被调查人员认为社会主义核心价值体系和中华优秀传统文化之间有着正向的共变关系，这说明东北边疆多民族地区的不同文化程度被调查人员对红色文化推动发展社会主义核心价值体系满意度越高，越认为其能够带动中华优秀传统文化创新发展。从 e8↔e15 路径来看，小学及以下学历的被调查人员、初中学历的被调查人员、高中（中专）学历的被调查人员、本专科学历的被调查人员和研究生学历的被调查人员都通过了显著性检验，并且其协方差均为正值，反映了小学及以下学历的被调查人员、初中学历的被调查人员、高中（中专）学历的被调查人员、本专科学历的被调查人员和研究生学历的被调查人员认为社会主义核心价值体系和社区居民社会参与度之间有着正向的共变关系，这说明东北边疆多民族地区的不同文化程度被调查人员认为不断坚持发展社会主义核心价值体系，可以有效地提升社区居民对社会建设的参与度。从 e8↔e16 路径来看，小学及以下学历的被调查人员、初中学历的被调查人员、高中（中专）学历的被调查人员、本专科学历的被调查人员和研究生学历的被调查人员都通过了显著性检验，并且其协方差均为正值，反映了小学及以下学历的被调查人员、初中学历的被调查人员、高中（中专）学历的被调查人员、本专科学历的被调查人员和研究生学历的被调查人员认为社会主义核心价值体系和社区居民社会责任感之间有着正向的共变关系，这说明东北边疆多民族地区的不同文化程度被调查人员认为不断巩固社会主义核心价值体系，可以有效地提升社区居民的社会责任感。从 e9↔e15 路径来看，小学及以下学历的被调查人员、初中学历的被调查人员、高中（中专）学历的被调查人员、本专科学历的被调查人员和研究生学历的被调查人员都通过了显著性检验，并且其协方差均为正值，反映了小学及以下学历的被调查人员、初中学历的被调查人员、高中（中专）学历的被调查人员、本专科学历的被调查人员和研究生学历的被调查人员认为中华优秀传统文化和社区居民社会参与度之间有着正向的共变关系，这说明东北边疆多民族地区的不同文化程度被调查人员认为坚持传承和发展中华优秀传统文化，可以有效地提升社区居民对社会建设的参与度。从 e9↔e16 路径来看，小学及以下学历的被调查人员、初中学历的被调查人员、高中（中专）学历的被调查人员、本专科学历的被调查人员和研究生学历的被调查人员都通过了显著性检验，并且其协方差均为正值，反映了小学及以下学历的被调查人员、初中学历的被调查人员、高中（中专）学历的被调查人员、本专科学历的被调查人员和研究生学历的被调查人员认为中华优秀传统文化和社区居民社会责任感之间有着正向的共变关系，这说明东北边疆多民族地区的不同文化程度被调查人员认为坚持传承和发展中华优秀传统文化，可以有效地提升社区居民的社会责任感。

从 e13↔e14 路径来看，小学及以下学历的被调查人员、初中学历的被调查人员、高中（中专）学历的被调查人员、本专科学历的被调查人员和研究生学历的被调查人员都通过了显著性检验，并且其协方差均为正值，反映了小学及以下学历的被调查人员、初中学历的被调查人员、高中（中专）学历的被调查人员、本专科学历的被调查人员和研究生学历的被调查人员认为学生思想政治教育和教育发展环境之间有着正向的共变关系，这说明东北边疆多民族地区的不同文化程度被调查人员认为教育发展环境越好，越有利于推动学生思想政治教育工作。

东北边疆多民族地区不同年龄阶段的被调查人员对红色文化保护与传承意愿与其对红色文化的满意度、红色文化的保护意愿和红色文化的传承意愿关系十分明显，需要从这三方面入手综合探索提升其意愿。从 e18↔e20 路径来看，小学及以下学历的被调查人员、初中学历的被调查人员、高中（中专）学历的被调查人员、本专科学历的被调查人员和研究生学历的被调查人员都通过了显著性检验，反映了小学及以下学历的被调查人员、初中学历的被调查人员、高中（中专）学历的被调查人员、本专科学历的被调查人员和研究生学历的被调查人员认为当地遗迹遗址的满意度和保护红色文化的态度之间有着正向的共变关系，这说明东北边疆多民族地区的不同文化程度被调查人员对当地遗迹遗址的满意度越高，越能够激发其对当地红色文化的保护意愿。从 e18↔e23 路径来看，小学及以下学历的被调查人员、初中学历的被调查人员、高中（中专）学历的被调查人员、本专科学历的被调查人员和研究生学历的被调查人员都通过了显著性检验，反映了小学及以下学历的被调查人员、初中学历的被调查人员、高中（中专）学历的被调查人员、本专科学历的被调查人员和研究生学历的被调查人员认为当地遗迹遗址的满意度和当地红色文化遗迹遗址的保护利用现状之间有着正向的共变关系，这说明东北边疆多民族地区的不同文化程度被调查人员对当地遗迹遗址的满意度越高，对当地红色文化遗迹遗址的保护利用现状评价越有利。从 e18↔e24 路径来看，小学及以下学历的被调查人员、初中学历的被调查人员、高中（中专）学历的被调查人员、本专科学历的被调查人员和研究生学历的被调查人员都通过了显著性检验，反映了小学及以下学历的被调查人员、初中学历的被调查人员、高中（中专）学历的被调查人员、本专科学历的被调查人员和研究生学历的被调查人员认为当地遗迹遗址的满意度和宣传推介本地红色文化资源的意愿之间有着正向的共变关系，这说明东北边疆多民族地区的不同文化程度被调查人员对当地遗迹遗址的满意度越高，越愿意宣传推介当地的红色文化。从 e19↔e20 路径来看，小学及以下学历的被调查人员、初中学历的被调查人员、高中（中专）学历的被调查人员、本专科学历的被调查人员和研究生学历的被调查人员都通过了显著性检验，反映了小学及以下学历的被调查人员、初中学历的被调查人员、高中（中专）学历的被调查人员、本专科学历的被调查人员和研究生学历的被调查人员认为当地纪念场馆的满意度和保护红色文化的态度之间有着正向的共变关系，这说明东北边疆多民族地区的不同文化程度被调查人员对当地纪念场馆的满意度越高，越能够激发其对当地红色文化的保护意愿。从 e19↔e22 路径来看，小学及以下学历的被调查人员、初中学历的被调查人员、高中（中专）学历的被调查人员、本专科学历的被调查人员和研究生学历的被调查人员都通过了显著性检验，反映了小学及以下学历的被调查人员、初中学历的被调查人员、高中（中专）学历的被调查人员、本专科学历的被调查人员和研究生学历的被调查人员认为当地纪念场馆的满意度和当地红色文化纪念场馆的保护利用现状之间有着正向的共变关系，这说明东北边疆多民族地区的不同文化程度被调查人员对当地纪念场馆的满意度越高，对当地红色文化纪念场馆的保护利用现状评价越有利。从 e19↔e24 路径来看，小学及以下学历的被调查人员、初中学历的被调查人员、高中（中专）学历的被调查人员、本专科学历的被调查人员和研究生学历的被调查人员都通过了显著性检验，反映了小学及以下学历的被调查人员、初中学历的被调查人员、高中（中专）学历的被调查人员、本专科学历的被调查人员和研究生学历的被调查人员认为当地纪念场馆的满意度和宣传推介本地红色文化资源的意愿之间有着正向的共变关系，这说明东北边疆多民族地区的不同文化程度被调查人员对当地纪念场馆的满意度越高，越愿意宣传推介当地的红色文化。

根据结构方程模型的输出结果，可以得到东北边疆多民族地区不同文化程度的被调查人员保护与传承红色文化资源意愿测量模型中潜在变量与观测变量之间的标准化路径估计结果（见表 5 - 20）。可见在测量模型中，小学及以下、初中、高中（中专）、本专科和研究生学历的被调查人员的潜在变量对观察变量的显著性检验 P 值都在 0.001 水平，说明了该模型中的观测变量能够解释潜在变量。

表 5 - 20　　潜在变量与观测变量之间的标准化路径估计结果

测量模型路径	小学及以下	初中	高中（中专）	本专科	研究生
	标准化路径系数	标准化路径系数	标准化路径系数	标准化路径系数	标准化路径系数
政治认同→党的理想信念	0.827***	0.841***	0.846***	0.893***	0.908***
政治认同→党的奋斗使命	0.839***	0.837***	0.840***	0.877***	0.899***
政治认同→民族记忆与国家认同	0.852***	0.843***	0.855***	0.857***	0.886***

续表

测量模型路径	小学及以下	初中	高中（中专）	本专科	研究生
	标准化路径系数	标准化路径系数	标准化路径系数	标准化路径系数	标准化路径系数
经济认同→经济发展	0.833***	0.840***	0.870***	0.858***	0.884***
经济认同→居民收入水平	0.850***	0.862***	0.888***	0.872***	0.874***
经济认同→居民就业机会	0.820***	0.837***	0.866***	0.874***	0.879***
文化认同→社会主义先进文化	0.825***	0.844***	0.854***	0.877***	0.889***
文化认同→社会主义核心价值体系	0.839***	0.847***	0.861***	0.853***	0.878***
文化认同→中华优秀传统文化	0.856***	0.858***	0.840***	0.854***	0.863***
生态认同→生态环境保护	0.591***	0.602***	0.618***	0.610***	0.639***
生态认同→基础设施水平	0.619***	0.633***	0.648***	0.657***	0.608***
教育认同→爱国主义和革命传统教育	0.811***	0.837***	0.870***	0.869***	0.872***
教育认同→学生思想政治教育	0.798***	0.820***	0.860***	0.877***	0.875***
教育认同→教育发展环境	0.782***	0.788***	0.832***	0.843***	0.811***
社会认同→社区居民社会参与度	0.608***	0.711***	0.729***	0.755***	0.749***
社会认同→社区居民社会责任感	0.793***	0.748***	0.760***	0.790***	0.787***
社会认同→社区居民社会认知力	0.667***	0.684***	0.679***	0.681***	0.699***
红色文化满意度→遗迹遗址期望值度	0.830***	0.866***	0.915***	0.886***	0.903***
红色文化满意度→纪念场馆期望值	0.821***	0.853***	0.872***	0.874***	0.896***
红色文化保护意愿→保护态度	0.851***	0.872***	0.890***	0.866***	0.910***
红色文化保护意愿→保护参与	0.778***	0.795***	0.833***	0.852***	0.844***
红色文化保护意愿→保护方式	0.772***	0.821***	0.853***	0.874***	0.860***
红色文化保护意愿→保护程度	0.818***	0.822***	0.870***	0.861***	0.853***
红色文化传承意愿→传承态度	0.801***	0.758***	0.811***	0.834***	0.822***
红色文化传承意愿→传承参与	0.755***	0.805***	0.823***	0.862***	0.849***
红色文化传承意愿→传承方式	0.749***	0.801***	0.820***	0.855***	0.846***

注：*** 表示 $P<0.001$。

在红色文化资源的价值认同方面，不同文化程度被调查人员的标准化路径系数都通过了显著性检验，并且数值分布在0.591~0.910。在政治认同上，文化程度为研究生的被调查人员相较于其他文化程度的被调查人员而言认为红色文化资源在体现党的理想信念、印证党的奋斗使命和唤醒民族记忆与国家认同方面的作用能够增强其对红色文化资源的政治认同，其中，文化程度为小学及以下、初中和高中（中专）的被调查人员认为红色文化资源在唤醒民族记忆与国家认同方面的作用最能够影响其对红色文化资源的政治认同，文化程度为本专科和研究生的被调查人员认为红色文化资源在体现党的理想信念方面的作用最能够影响其对红色文化资源的政治认同。

在经济认同上，文化程度为研究生的被调查人员相较于其他文化程度的被调查人员而言认为红色文化资源在推动经济发展和增加居民就业机会方面的作用能够增强其对红色文化资源的经济认同，而高中（中专）的被调查人员相较于其他文化程度的被调查人员认为红色文化资源在提高居民收入水平方面的作用更能够增强其对红色文化资源的经济认同。其中，文化程度为小学及以下、初中和高中（中专）的被调查人员都认为红色文化资源对提高居民收入水平方面的作用最能够影响其对红色文化资源的经济认同，文化程度为本专科的被调查人员都认为红色文化资源对增加居民就业机会方面的作用最能够影响其对红色文化资源的经济认同，文化程度为研究生的被调查人员都认为红色文化资源对推动经济发展方面的作用最能够影响其对红色文化资源的经济认同。

在文化认同上，文化程度为研究生的被调查人员相较于其他文化程度的被调查人员而言认为红色文化资源在构筑社会主义先进文化生命力、推进社会主义核心价值体系建设和创新发展中华优秀传统文化方面的作用能够增强其对红色文化资源的文化认同。其中，在文化程度为本专科和研究生的被调查人员认为红色文化资源在构筑社会主义先进文化的生命力方面的作用最能够影响其对红色文化资源的文化认同，文化程度为高中（中专）的被调查人员则认为红色文化资源在推动社会主义核心价值体系建设方面的作用最能够影响其对红色文化资源的文化认同，文化程度为小学及以下和初中的被调查人员则认为红色文化资源在推动中华优秀传统文化创新发展方面的作用最能够影响其对红色文化资源的文化认同。

在生态认同上，文化程度为本专科的被调查人员相较于其他文化程度的被调查人员而言认为红色文化资源在改善基础设施水平方面的作用能够增强被调查人员对红色文化资源的生态认同，文化程度为研究生的被调查人员相较于其他文化程度的被调查人员而言认为红色文化资源在促进生态环境保护方面的作用能够增强被调查人员对红色文化资源的生态认同，其中，文化程度为小学及以下、初中、高中（中专）和本专科被调查人员都认为红色文化资源在改善基础设施水平方面的作用最能够影响其对红色文化资源的生态认同，而文化程度为研究生的被调查人员则认为红色文化资源在生态环境保护方面的作用最能够影响其对红色文化资源的生态认同。

在教育认同上，文化程度为研究生的被调查人员相较于其他文化程度的被调查人员而言认为红色文化资源在提升爱国主义和革命传统教育效果方面的作用能够增强其对红色文化资源的教育认同，文化程度为本专科的被调查人员相较于其他文化程度的被调查人员而言认为红色文化资源在加强学生思想政治教育科学化水平和改善教育发展环境方面的作用能够增强其对红色文化资源的教育认同。其中，文化程度为小学及以下、初中和高中（中专）的被调查人员认为红色文化资源在爱国主义和革命传统教育方面的作用最能够使其对红色文化资源产生教育认同，文化程度为本专科和研究生的被调查人员认为红色文化资源在加强学生思想政治教育科学化水平方面的作用最能够使其对红色文化资源产生教育认同。

在社会认同上，文化程度为研究生的被调查人员相较于其他文化程度的被调查人员而言认为红色文化资源在提升社区居民社会认知力方面的作用能够增强其对红色文化资源的社会认同，文化程度为本专科的被调查人员相较于其他文化程度的被调查人员而言认为红色文化资源在增强社区居民社会责任感和增强社区居民社会参与度方面的作用能够增强其对红色文化资源的社会认同，其中，不同文化程度的被调查人员都认为红色文化资源在增强社区居民社会责任感方面的作用最能够使其对红色文化资源产生社会认同。

在红色文化资源满意度方面，东北边疆多民族地区的不同文化程度的被调查人员对当地的遗迹遗址和纪念场馆的期望值的标准化路径系数都较高，说明了遗迹遗址和纪念场馆的期望值对其对红色文化资源满意度影响作用较明显。文化程度为研究生的被调查人员相较于其他文化程度的被调查人员而言认为纪念场馆期望值能够增强其对红色文化资源的满意度，文化程度为高中（中专）的被调查人员相较于其他文化程度的被调查人员而言认为遗迹遗址期望值能够影响其对红色文化资源的满意度。其中，不同文化程度的被调查人员都认为遗迹遗址期望值最能够影响其对红色文化资源的满意度。

在红色文化资源的保护意愿方面，文化程度为研究生的被调查人员相较于其他文化程度的被调查人员而言认为红色文化资源的保护态度能够增强其对红色文化资源的保护意愿，文化程度为本专科的被调查人员相较于其他文化程度的被调查人员而言认为红色文化资源的保护方式和保护参与能够增强其对红色文化资源的保护意愿，文化程度为高中（中专）的被调查人员相较于其他文化程度的被调查人员而言认为红色文化资源的保护程度能够增强其对红色文化资源的保护意愿。其中，不同文化程度的被调查人员都认为红色文化资源的保护态度最能够影响其对红色文化资源的保护意愿。

在红色文化资源的传承意愿方面，文化程度为本专科的被调查人员相较于其他文化程度的被调查人员而言认为红色文化资源的传承态度、传承参与和传承方式更能够增强其对红色文化资源的传承意愿。其中，文化程度为小学及以下的被调查人员以及被调查的学生认为红色文化资源的传承态度最能够影响其对红色文化资源的传承意愿，文化程度为初中、高中（中专）、本专科和研究生的被调查人员认为红色文化资源的传承参与最能够影响其对红色文化资源传承意愿。

第六节　基于人员类别差异的东北边疆多民族地区红色文化资源保护与传承意愿研究

一、研究假设

假设1：东北边疆多民族地区不同人员类别的被调查人员的个体差异对其个人保护传承红色文化的意愿有着显著的影响。

个体差异主要从年龄、文化程度、政治面貌、民族成分、工作单位、人员类别等方面体现。一般而言，文化程度越高的人群红色文化的认同感越强烈，对当地红色文化的保护与传承意愿越强烈。

假设2：东北边疆多民族地区不同人员类别的被调查人员的红色文化价值认同度对其个人保护传承红色文化的意愿有着显著的影响。

红色文化价值认同度对东北边疆多民族地区的被调查人员保护与传承红色文化意愿的影响程度十分显著，对红色文化价值认同度越高，保护与传承红色文化的意愿越强。一般来看，不同人员类别的被调查人员之间存在着一定的差异性，本地居民对当地的红色文化更了解，当地的红色文化在当地发展过程中与当地文化逐渐融合，深刻地影响了当地居民的价值观，所以本地居民受到价值认同的影响更明显。

二、数据来源与变量描述统计

本节的研究重点是东北边疆多民族地区不同人员类别被调查人员的保护传承红色文化的意愿及其影响因素，对1600份有效的调查问卷中进行分类，其中本地居民有1483人，占总样本数的92.69%，游客有36人，占总样本数的2.25%，外地学生有 81 人，占总样本数的 5.06%。

经过对调查数据的分类汇总，得到以下描述性统计结果（见表 5－21），可以发现不同人员类别的被调查人员在个人特征、红色文化的价值认同以及红色文化保护传承意愿方面均有所差异。其中，在个人特征的文化程度方面，可以看到被调查人员中的本地居民中高中（中专）学历的人占比最多，达到了 44.58%，占比排名第二的是本专科学历，达到了 22.95%；被调查人员中的游客本专科学历的人占比最多，达到了 47.22%，占比排名第二的是高中（中专）学历，达到了 33.33%；被调查人员中外地学生本专科学历的人占比最多，达到了 55.56%，占比排名第二的是高中（中专）学历，达到了 27.16%。在个人特征中的民族成分方面，被调查人员中的本地居民、游客和外地学生中都是汉族占比较多。在个人特征的年龄构成方面，外地学生的年龄结构最年轻，新生代人群占到了 100%，本地居民老一代人群的占比最多，达到了 60.50%。在个人特征的政治面貌方面，被调查人员中的本地居民和游客中群众分别占了 69.19% 和 83.33%，而在外地学生中占比最多的是团员，达到了 75.31%，占比排名第二的是党员，达到了 24.69%。在个人特征的工作单位方面，被调查人员当中的本地居民大多在非公有制企业工作，达到了本地居民的 38.80%，占比排名第二的是公有制企业，达到了本地居民的 21.91%；被调查人员当中的游客大多是学生，达到了游客的 41.67%，占比排名第二的是其他行业，达到了游客的 22.22%。

表 5－21　调查数据描述性统计

类别	变量名称	东北边疆多民族地区（N＝1600）		本地居民（N＝1483）		游客（N＝36）		外地学生（N＝81）	
		频数	百分比	频数	百分比	频数	百分比	频数	百分比
文化程度	小学及以下	64	4.00	62	4.31	2	5.56	0	0
	初中	433	27.06	421	29.28	2	5.56	10	12.35
	高中（中专）	675	42.19	641	44.58	12	33.33	22	27.16
	本专科	392	24.50	330	22.95	17	47.22	45	55.56
	研究生	36	2.25	29	2.02	3	8.33	4	4.94
民族成分	汉族	1253	78.31	1165	81.02	25	69.44	63	77.78
	少数民族	347	21.69	318	22.11	11	30.56	18	22.22
年龄	新生代	715	44.69	613	42.63	21	58.33	81	100.00
	老一代	885	55.31	870	60.50	15	41.67	0	0

续表

类别	变量名称	东北边疆多民族地区（N=1600）		本地居民（N=1483）		游客（N=36）		外地学生（N=81）	
		频数	百分比	频数	百分比	频数	百分比	频数	百分比
政治面貌	团员	160	10.00	97	6.75	2	5.56	61	75.31
	党员	387	24.19	364	25.31	3	8.33	20	24.69
	民主党派	28	1.75	27	1.88	1	2.78	0	0
	群众	1025	64.06	995	69.19	30	83.33	0	0
工作单位	政府机关	178	11.13	176	12.24	2	5.56	0	0
	事业单位	152	9.50	150	10.43	2	5.56	0	0
	公有制企业	319	19.94	315	21.91	4	11.11	0	0
	非公有制企业	563	35.19	558	38.80	5	13.89	0	0
	其他	184	11.50	176	12.24	8	22.22	0	0
	学生	204	12.75	108	7.51	15	41.67	81	100.00
观测变量	潜在变量	东北边疆多民族地区（N=1600）		本地居民（N=1483）		游客（N=36）		外地学生（N=81）	
		频数	百分比	频数	百分比	频数	百分比	频数	百分比
政治认同	党的理想信念	均值4.01（0.621）		均值4.10（0.638）		均值3.94（0.721）		均值3.99（0.685）	
	党的奋斗使命	均值4.02（0.622）		均值4.07（0.643）		均值4.00（0.705）		均值3.99（0.691）	
	民族记忆与国家认同	均值4.11（0.619）		均值4.18（0.628）		均值4.08（0.684）		均值4.07（0.671）	
经济认同	经济发展	均值3.64（0.674）		均值3.68（0.665）		均值3.61（0.691）		均值3.63（0.682）	
	居民收入水平	均值3.63（0.694）		均值3.69（0.691）		均值3.58（0.701）		均值3.62（0.695）	
	居民就业机会	均值3.64（0.698）		均值3.71（0.681）		均值3.58（0.701）		均值3.63（0.702）	
文化认同	社会主义先进文化	均值3.79（0.653）		均值3.81（0.662）		均值3.78（0.682）		均值3.78（0.675）	
	社会主义核心价值体系	均值3.81（0.664）		均值3.83（0.662）		均值3.80（0.671）		均值3.80（0.669）	
	中华优秀传统文化	均值3.61（0.713）		均值3.66（0.681）		均值3.58（0.692）		均值3.59（0.688）	
生态认同	生态环境保护	均值3.27（0.721）		均值3.30（0.741）		均值3.25（0.689）		均值3.26（0.691）	
	基础设施水平	均值3.31（0.719）		均值3.31（0.689）		均值3.31（0.699）		均值3.31（0.695）	
教育认同	爱国主义和革命传统教育	均值3.92（0.642）		均值3.92（0.651）		均值3.91（0.642）		均值3.93（0.639）	
	学生思想政治教育	均值3.91（0.645）		均值3.89（0.651）		均值3.91（0.684）		均值3.93（0.695）	
	教育发展环境	均值3.84（0.647）		均值3.84（0.672）		均值3.83（0.665）		均值3.85（0.679）	

续表

观测变量	潜在变量	东北边疆多民族地区（N=1600）		本地居民（N=1483）		游客（N=36）		外地学生（N=81）	
		频数	百分比	频数	百分比	频数	百分比	频数	百分比
社会认同	社区居民社会参与度	均值3.16	(0.716)	均值3.18	(0.668)	均值3.14	(0.706)	均值3.16	(0.709)
	社区居民社会责任感	均值3.46	(0.651)	均值3.52	(0.668)	均值3.42	(0.704)	均值3.44	(0.711)
	社区居民社会认知力	均值3.09	(0.719)	均值3.15	(0.689)	均值3.05	(0.706)	均值3.07	(0.715)
满意度	遗迹遗址期望值	均值3.52	(0.651)	均值3.52	(0.653)	均值3.53	(0.689)	均值3.51	(0.678)
	纪念场馆期望值	均值3.53	(0.652)	均值3.55	(0.639)	均值3.52	(0.694)	均值3.52	(0.699)
保护意愿	保护态度	均值3.55	(0.661)	均值3.61	(0.654)	均值3.52	(0.672)	均值3.52	(0.681)
	保护参与	均值3.58	(0.664)	均值3.65	(0.658)	均值3.55	(0.710)	均值3.54	(0.691)
	保护方式	均值3.54	(0.662)	均值3.56	(0.661)	均值3.53	(0.681)	均值3.53	(0.679)
	保护程度	均值3.55	(0.661)	均值3.60	(0.670)	均值3.52	(0.689)	均值3.53	(0.701)
传承意愿	传承态度	均值3.54	(0.671)	均值3.55	(0.679)	均值3.52	(0.685)	均值3.55	(0.698)
	传承参与	均值3.56	(0.668)	均值3.61	(0.672)	均值3.53	(0.691)	均值3.54	(0.695)
	传承方式	均值3.55	(0.662)	均值3.56	(0.671)	均值3.53	(0.687)	均值3.56	(0.689)

下面分析红色文化的价值认同方面。在红色文化的政治认同程度中，被调查人员中的本地居民明显更能够对本地区的红色文化产生政治认同，更能够理解并体会到共产党人在这片土地上的奋斗使命，相较而言，游客和外地学生对本地区的红色文化了解较为粗浅，导致评价稍低。在红色文化的经济认同程度中，被调查人员中的本地居民能够从日常生活中体会到当地红色文化资源开发为经济社会发展带来的有益影响，而外地学生也需要在一定时间内在本地区生活，所以也稍能感受到红色文化的经济作用，相较之下游客在本地区停留时间较短，理解较为浅显。在红色文化的文化认同程度中，本地居民对当地红色文化在推动社会主义先进文化发展、完善创新社会主义核心价值体系和激发中华优秀传统文化内核发展方面认同度更高，这是因为他们本身就正在参与这一过程，而游客和外地学生一样能够认识到红色文化在这方面的作用，所以与本地居民的评价差距不大。在红色文化的生态认同程度中，本地居民由于在本地生活时间较长，能够体会到在生态环境保护中红色文化所产生的作用，所以在这方面的评分稍高。在红色文化的教育认同程度中，被调查人员中外地学生更具有发言权，他们更能体会到红色文化与教育结合的成果，但整体来看与本地居民和游客之间的差距不大。在红色文化的社会认同程度中，由于本地居民是当地社会的主要组成部分，游客和外地

学生并不能很好地理解红色文化在当地社会中的重要作用，因此本地居民的评价比游客和外地学生要高。

在红色文化的保护与传承意愿中，被调查人员中本地居民对当地的纪念场馆满意值更高，证明其对当地的现有红色文化资源整合较满意，另外，不管是从保护来看还是从传承来看，被调查人员中的本地居民都更愿意保护和传承当地的红色文化。

三、实证分析

本研究在东北边疆多民族地区调查过程中构建了包括 1600 个调查样本在内的数据库，利用 AMOS 软件进行分析，构建起了东北边疆多民族地区红色文化资源保护与传承意愿的结构方程模型（见图 5－6），在构建结构方程模型之后，需要对其信度和效度进行检验。

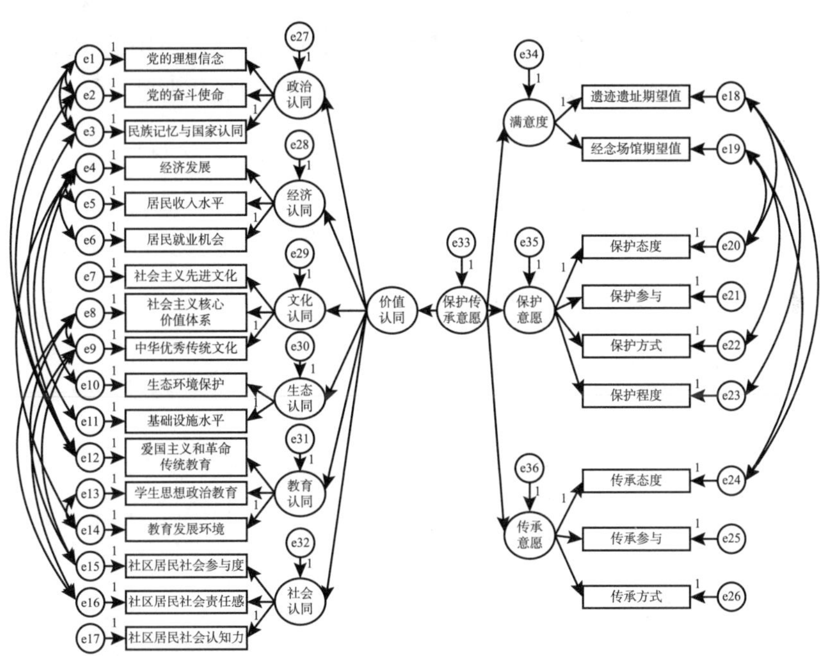

图 5－6　东北边疆多民族地区红色文化资源保护与传承意愿的结构方程模型

首先，利用 Cronbach's α 系数对采集回来的调查问卷进行信度检验，被调查人员中的本地居民、游客和外地学生的调查问卷信度分别为 0.944、0.917 和 0.923，样本的可信度较高。其次，利用因子分析法对指标的潜在变量效度进行分析，被调查人员中的本地居民、游客和外地学生的 KMO 检验结果分别显示为

0.959、0.933和0.941，在Bartlett球形检验结果中，卡方值的显著性概率是低于显著性水平的，利用极大方差法进行因子旋转，以特征值大于1的标准进行主因子的提取，最终显示指标项因子负载量大于0.50，累计解释方差多余50%，综合解释了变量的效度通过了检验。整体来看，采集到的信息信度和效度通过了检验。最后，要对构建的结构方程模型拟合指标参数进行检验，将八项拟合指标的显示值与标准值进行对比，观察是否能够通过。利用AMOS软件对构建起的结构方程模型进行检验，得到了八项拟合指标参数（见表5－22）。通过八项拟合指标数值的对比发现，拟合情况均为理想，证明其结果可以接受。在此基础上对东北边疆多民族地区不同人员类别被调查人员的红色文化保护与传承意愿的结构方程模型路径系数进行测算，得到东北边疆多民族地区不同人员类别被调查人员的红色文化保护与传承意愿的结构方程模型路径估计结果（见表5－23），由表可知，红色文化价值认同对东北边疆多民族地区被调查人员中的本地居民、游客和外地学生的红色文化保护与传承意愿的标准化路径系数分别为0.788、0.741和0.759，通过了显著性检验。这说明红色文化价值认同与红色文化保护和传承意愿之间有着显著的正向关系，并且这种正向关系在被调查人员中的本地居民中更明显，这就验证了前文的假设，即该结构方程模型无须优化调整。

表5－22　八项拟合指标参数

拟合指标	χ^2/df	*AGFI*	*IFI*	*CFI*	*TLI*	*PNFI*	*RMR*	*RMSEA*
显示值	2.057	0.891	0.909	0.962	0.977	0.549	0.038	0.072
参考值	<5.00	>0.80	>0.90	>0.90	>0.90	>0.50	<0.05	<0.08
拟合情况	理想	理想	理想	理想	理想	理想	理想	理想

表5－23　结构方程模型路径估计结果

人员类别	结构方程模型路径	标准化路径系数	*P*
本地居民	红色文化价值认同→红色文化保护与传承意愿	0.788	***
游客	红色文化价值认同→红色文化保护与传承意愿	0.741	***
外地学生	红色文化价值认同→红色文化保护与传承意愿	0.759	***

注：*** 表示 $P<0.001$。

根据前文构建的东北边疆多民族地区红色文化资源保护与传承意愿结构方程模型，利用AMOS软件对东北边疆多民族地区的1600份调查问卷中的样本数据进行分析计算，分别得到了东北边疆多民族地区不同人员类别被调查人员的红色文化保护与传承意愿的非标准化参数值估计模型。由前文对不同人员类别被调查人员的红色文化价值认同以及红色文化保护与传承意愿的标准化路径系数可知，红色文化价值认同对红色文化保护与传承意愿的作用十分明显，红色文化的价值认同主要是通过红色文化的政治认同、红色文化的经济认同、红色文化的文化认同、红色文化的生态认同、红色文化的教育认同和红色文化的社会认同 6 个观测变量进行测算判定的，可以认为红色文化的政治认同、红色文化的经济认同、红色文化的文化认同、红色文化的生态认同、红色文化的教育认同和红色文化的社会认同对红色文化保护与传承意愿的作用十分明显。

从 e1↔e2 路径来看，被调查人员当中的本地居民、游客和外地学生都通过了显著性检验，并且其协方差均为正值，反映了被调查人员中本地居民、游客和外地学生认为党的理想信念和党的奋斗使命之间有着正向的共变关系，这说明东北边疆多民族地区的不同人员类别被调查人员对党的理想信念了解得越深刻，越能够感受到党的奋斗使命。从 e1↔e3 路径来看，被调查人员中本地居民、游客和外地学生都通过了显著性检验，并且其协方差均为正值，反映了被调查人员中本地居民、游客和外地学生认为党的理想信念和民族记忆与国家认同之间有着正向的共变关系，这说明东北边疆多民族地区的不同人员类别被调查人员对党的理想信念了解得越深刻，越能够唤醒其对中华民族的民族记忆与国家认同。从 e1↔e12 路径来看，被调查人员中本地居民、游客和外地学生都通过了显著性检验，并且其协方差均为正值，反映了被调查人员中本地居民、游客和外地学生认为党的理想信念和爱国主义与革命传统教育之间有着正向的共变关系，这说明东北边疆多民族地区的不同人员类别被调查人员对党的理想信念了解得越深刻，越能够增强其爱国主义情感，增进革命传统教育。在这些路径中，被调查人员中本地居民所受到的影响更明显。从 e2↔e3 路径来看，被调查人员当中的本地居民、游客和外地学生都通过了显著性检验，并且其协方差均为正值，反映了被调查人员中本地居民、游客和外地学生认为党的奋斗使命和民族记忆与国家认同之间有着正向的共变关系，这说明东北边疆多民族地区的不同人员类别被调查人员对党的奋斗使命了解得越深刻，越能够唤醒其对中华民族的民族记忆与国家认同。从 e2↔e12 路径来看，被调查人员中本地居民、游客和外地学生都通过了显著性检验，反映了被调查人员中本地居民、游客和外地学生认为党的奋斗使命和爱国主义与革命传统教育之间有着正向的共变关系，这说明东北边疆多民族地区的不同人员类别被调查人员对党的奋斗使命了解得越深刻，越能够增强爱国主义情感，增进革命传统教育。在这些路径中，被调查人员中本地居民所受到的影响更明显。从 e3↔e12 路径来看，被调查人员中本地居民、游客和外地学生都通过了显著性检验，并且其协方差均为正值，反映了被调查人员中本地居民、游客和外地学生认为民族记忆与国家认同和爱国主义与革命传统教育之间有着正向的共变关系，这说明东北边疆多民族地区的不同人员类别被调查人员对红色文化中的民族记忆与国家认同了解得越深刻，越能够增强其爱国主义情感，增进革命传统教育。在此路径中，被调查人员中本地居民所受到的影响更明显。

从 e4↔e5 路径来看，被调查人员中本地居民、游客和外地学生都通过了显著性检验，并且其协方差均为正值，反映了被调查人员中本地居民、游客和外地学生认为红色文化带动经济发展和居民收入水平之间有着正向的共变关系，这说明东北边疆多民族地区的不同人员类别被调查人员认为当地红色文化越能够推动经济发展，就越能带动当地的居民收入水平。从 e4↔e6 路径来看，被调查人员中本地居民、游客和外地学生都通过了显著性检验，并且其协方差均为正值，反映了被调查人员中本地居民、游客和外地学生认为红色文化带动经济发展和居民就业机会之间有着正向的共变关系，这说明东北边疆多民族地区的不同人员类别被调查人员认为当地红色文化越能够推动经济发展，就越能增加当地的居民就业机会。从 e4↔e10 路径来看，被调查人员中本地居民、游客和外地学生都通过了显著性检验，并且其协方差均为正值，反映了被调查人员中本地居民、游客和外地学生认为红色文化带动经济发展和生态环境保护之间有着正向的共变关系，这说明东北边疆多民族地区的不同人员类别被调查人员认为当地红色文化越能够推动经济发展，越有利于当地生态环境的保护。从 e4↔e11 路径来看，被调查人员中本地居民、游客和外地学生都通过了显著性检验，并且其协方差均为正值，反映了被调查人员当中的本地居民、游客和外地学生认为红色文化带动经济发展和基础设施建设之间有着正向的共变关系，这说明东北边疆多民族地区的不同人员类别被调查人员认为当地红色文化越能够推动经济发展，越有利于推动当地的基础设施建设与完善。从 e4↔e14 路径来看，被调查人员中本地居民、游客和外地学生都通过了显著性检验，并且其协方差均为正值，反映了被调查人员中本地居民、游客和外地学生认为红色文化带动经济发展和改善教育发展环境之间有着正向的共变关系，这说明东北边疆多民族地区的不同人员类别被调查人员认为当地红色文化越能够推动经济发展，就越能改善当地的教育发展环境。

从 e8↔e9 路径来看，被调查人员中本地居民、游客和外地学生都通过了显著性检验，并且其协方差均为正值，反映了被调查人员中本地居民、游客和外地学生认为社会主义核心价值体系和中华优秀传统文化之间有着正向的共变关系，这说明红色文化推动发展社会主义核心价值体系满意度越高的东北边疆多民族地区的不同人员类别被调查人员，越认为其能够带动中华优秀传统文化创新发展。从 e8↔e15 路径来看，被调查人员当中的本地居民、游客和外地学生都通过了显著性检验，并且其协方差均为正值，反映了被调查人员中本地居民、游客和外地学生认为社会主义核心价值体系和社区居民社会参与度之间有着正向的共变关系，这说明东北边疆多民族地区的不同人员类别被调查人员认为不断坚持发展社会主义核心价值体系，可以有效地提升社区居民对社会建设的参与度。从 e8↔e16 路径来看，被调查人员中本地居民、游客和外地学生都通过了显著性检验，并且其协方差均为正值，反映了被调查人员中本地居民、游客和外地学生认为社会主义核心价值体系和社区居民社会责任感之间有着正向的共变关系，这说明东北边疆多民族地区的不同人员类别被调查人员认为不断巩固社会主义核心价值体系，可以有效地提升社区居民的社会责任感。从 e9↔e15 路径来看，被调查人员中本地居民、游客和外地学生都通过了显著性检验，并且其协方差均为正值，反映了被调查人员中本地居民、游客和外地学生认为中华优秀传统文化和社区居民社会参与度之间有着正向的共变关系，这说明东北边疆多民族地区的不同人员类别被调查人员认为坚持传承和发展中华优秀传统文化，可以有效地提升社区居民对社会建设的参与度。从 e9↔e16 路径来看，被调查人员中本地居民、游客和外地学生都通过了显著性检验，并且其协方差均为正值，反映了被调查人员中本地居民、游客和外地学生认为中华优秀传统文化和社区居民社会责任感之间有着正向的共变关系，这说明东北边疆多民族地区的不同人员类别被调查人员认为坚持传承和发展中华优秀传统文化，可以有效地提升社区居民的社会责任感。

从 e13↔e14 路径来看，被调查人员中本地居民、游客和外地学生都通过了显著性检验，并且其协方差均为正值，反映了被调查人员中本地居民、游客和外地学生认为学生思想政治教育和教育发展环境之间有着正向的共变关系，这说明东北边疆多民族地区的不同人员类别被调查人员认为教育发展环境越好，越有利于推动学生思想政治教育工作。

东北边疆多民族地区不同年龄阶段的被调查人员对红色文化保护与传承意愿与其对红色文化的满意度、红色文化的保护意愿和红色文化的传承意愿关系十分明显，需要从这三方面入手综合探索提升其意愿。从 e18↔e20 路径来看，被调查人员中本地居民、游客和外地学生都通过了显著性检验，反映了被调查人员中本地居民、游客和外地学生认为当地遗迹遗址的满意度和保护红色文化的态度之间有着正向的共变关系，这说明东北边疆多民族地区的不同人员类别被调查人员对当地遗迹遗址的满意度越高，越能够激发其对当地红色文化的保护意愿。从 e18↔e23 路径来看，被调查人员中本地居民、游客和外地学生都通过了显著性检验，反映了被调查人员中本地居民、游客和外地学生认为当地遗迹遗址的满意度和当地红色文化遗迹遗址的保护利用现状之间有着正向的共变关系，这说明东北边疆多民族地区的不同人员类别被调查人员对当地遗迹遗址的满意度越高，对当地红色文化遗迹遗址的保护利用现状评价越有利。从 e18↔e24 路径来看，被调查人员中本地居民、游客和外地学生都通过了显著性检验，反映了被调查人员中本地居民、游客和外地学生认为当地遗迹遗址的满意度和宣传推介本地红色文化资源的意愿之间有着正向的共变关系，这说明东北边疆多民族地区的不同人员类别被调查人员对当地遗迹遗址的满意度越高，越愿意宣传推介当地的红色文化。从 e19↔e20 路径来看，被调查人员中本地居民、游客和外地学生都通过了显著性检验，反映了被调查人员中本地居民、游客和外地学生认为当地纪念场馆的满意度和保护红色文化的态度之间有着正向的共变关系，这说明东北边疆多民族地区的不同人员类别被调查人员对当地纪念场馆的满意度越高，越能够激发其对当地红色文化的保护意愿。从 e19↔e22 路径来看，被调查人员中本地居民、游客和外地学生都通过了显著性检验，反映了被调查人员中本地居民、游客和外地学生认为当地纪念场馆的满意度和当地红色文化纪念场馆的保护利用现状之间有着正向的共变关系，这说明东北边疆多民族地区的不同人员类别被调查人员对当地纪念场馆的满意度越高，对当地红色文化纪念场馆的保护利用现状评价越有利。从 e19↔e24 路径来看，被调查人员中本地居民、游客和外地学生都通过了显著性检验，反映了被调查人员中本地居民、游客和外地学生认为当地纪念场馆的满意度和宣传推介本地红色文化资源的意愿之间有着正向的共变关系，这说明东北边疆多民族地区的不同人员类别被调查人员对当地纪念场馆的满意度越高，越愿意宣传推介当地的红色文化。

根据结构方程模型的输出结果，可以得到东北边疆多民族地区不同人员类别的被调查人员保护与传承红色文化资源意愿测量模型中潜在变量与观测变量之间的标准化路径估计结果（见表 5－24）。可见在测量模型中，在被调查的当地居民、游客和外地学生的潜在变量对观察变量的显著性检验 P 值都在 0.001 水平，说明了该模型中的观测变量能够解释潜在变量。

表 5－24　　潜在变量与观测变量之间的标准化路径估计结果

测量模型路径	本地居民	游客	外地学生
	标准化路径系数	标准化路径系数	标准化路径系数
政治认同→党的理想信念	0.921***	0.884***	0.874***
政治认同→党的奋斗使命	0.911***	0.905***	0.899***
政治认同→民族记忆与国家认同	0.935***	0.901***	0.883***
经济认同→经济发展	0.889***	0.863***	0.836***
经济认同→居民收入水平	0.853***	0.849***	0.841***

续表

测量模型路径	本地居民	游客	外地学生
	标准化路径系数	标准化路径系数	标准化路径系数
经济认同→居民就业机会	0.864***	0.832***	0.897***
文化认同→社会主义先进文化	0.876***	0.874***	0.833***
文化认同→社会主义核心价值体系	0.893***	0.860***	0.854***
文化认同→中华优秀传统文化	0.866***	0.826***	0.861***
生态认同→生态环境保护	0.626***	0.679***	0.640***
生态认同→基础设施水平	0.672***	0.613***	0.725***
教育认同→爱国主义和革命传统教育	0.864***	0.829***	0.881***
教育认同→学生思想政治教育	0.811***	0.837***	0.842***
教育认同→教育发展环境	0.840***	0.793***	0.750***
社会认同→社区居民社会参与度	0.824***	0.716***	0.751***
社会认同→社区居民社会责任感	0.851***	0.823***	0.806***
社会认同→社区居民社会认知力	0.675***	0.641***	0.702***
红色文化满意度→遗迹遗址期望值	0.937***	0.893***	0.871***
红色文化满意度→纪念场馆期望值	0.904***	0.891***	0.867***
红色文化保护意愿→保护态度	0.905***	0.911***	0.924***
红色文化保护意愿→保护参与	0.877***	0.790***	0.821***
红色文化保护意愿→保护方式	0.884***	0.857***	0.829***
红色文化保护意愿→保护程度	0.824***	0.893***	0.758***
红色文化传承意愿→传承态度	0.872***	0.854***	0.839***
红色文化传承意愿→传承参与	0.903***	0.822***	0.801***
红色文化传承意愿→传承方式	0.841***	0.758***	0.770***

注：*** 表示 $P<0.001$。

在红色文化资源的价值认同方面，不同工作单位被调查人员的标准化路径系数都通过了显著性检验，并且数值分布在0.626～0.935。在政治认同上，本地居民相较于游客和外地学生而言认为红色文化资源在体现党的理想信念、印证党的奋斗使命和唤醒民族记忆与国家认同方面的作用能够增强其对红色文化资源的政治认同，其中，本地居民认为红色文化资源在唤醒民族记忆与国家认同方面的作用最能够影响其对红色文化资源的政治认同，游客和外地学生认为红色文化资源在印证党的奋斗使命方面的作用最能够影响其对红色文化资源的政治认同。

在经济认同上，本地居民相较于外地学生和游客而言认为红色文化资源在推动经济发展和提高居民收入水平方面的作用能够增强其对红色文化资源的经济认同，而外地学生相较于本地居民和游客而言认为红色文化资源在增加居民就业机会方面的作用能够增强其对红色文化资源的经济认同。其中，本地居民和游客认为红色文化资源对推动经济发展方面的作用最能够影响其对红色文化资源的经济认同，外地学生认为红色文化资源在增加居民就业机会方面的作用最能够影响其对红色文化资源的经济认同。

在文化认同上，本地居民相较于外地学生和游客而言认为红色文化资源在构筑社会主义先进文化生命力、推进社会主义核心价值体系建设和创新发展中华优秀传统文化方面的作用能够增强其对红色文化资源的文化认同。其中，外地游客认为红色文化资源在构筑社会主义先进文化的生命力方面的作用最能够影响其对红色文化资源的文化认同，本地居民则认为红色文化资源在推动社会主义核心价值体系建设方面的作用最能够影响其对红色文化资源的文化认同，外地学生认为红色文化资源在推动中华优秀传统文化创新发展方面的作用最能够影响其对红色文化资源的文化认同。

在生态认同上，外地学生相较于本地居民和游客而言认为红色文化资源在改善基础设施水平方面的作用能够增强被调查人员对红色文化资源的生态认同，而游客相较于本地居民和外地学生而言更认为红色文化资源在生态环境保护方面的作用最能够影响其对红色文化资源的生态认同。其中，本地居民和外地学生认为红色文化资源在改善基础设施建设方面的作用最能够影响其对红色文化资源的生态认同，外地游客认为红色文化资源在生态环境保护方面的作用最能够影响其对红色文化资源的生态认同。

在教育认同上，外地学生相较于本地居民和游客而言认为红色文化资源在提升爱国主义和革命传统教育效果和加强学生思想政治教育科学化水平方面的作用能够增强其对红色文化资源的教育认同，本地居民相较于游客和外地学生而言更认为红色文化资源在改善教育发展环境方面的作用能够增强其对红色文化资源的教育认同。其中，游客认为红色文化资源在加强学生思想政治教育方面的作用最能够使其对红色文化资源产生教育认同，而本地居民和外地学生则认为红色文化资源在提升爱国主义和革命传统教育效果方面的作用最能够使其对红色文化资源的教育认同产生影响。

在社会认同上，本地居民相较于游客和外地学生而言认为红色文化资源对增强社区居民社会参与度和社区居民社会责任感方面的作用能够增强其对红色文化资源的社会认同，而外地学生相较于本地居民和游客而言认为红色文化资源在提升社区居民社会认知力方面的作用能够增强其对红色文化资源的社会认同，其中，不同人员类别的被调查人员都认为红色文化资源在提升社区居民社会责任感方面的作用最能够使其对红色文化资源产生社会认同。

在红色文化资源满意度方面，东北边疆多民族地区本地居民对当地的遗迹遗址和纪念场馆的期望值的标准化路径系数都较高，说明了遗迹遗址和纪念场馆的期望值对其对红色文化资源满意度影响作用较明显。本地居民相较于游客和外地学生而言认为遗迹遗址期望值和纪念场馆期望值能够增强其对红色文化资源的满意度，其中，不同人员类别的被调查人员都认为遗迹遗址期望值最能够影响其对红色文化资源的满意度。

在红色文化资源的保护意愿方面，本地居民相较于游客和外地学生而言认为红色文化资源的保护参与和保护方式能够增强其对红色文化资源的保护意愿，游客相较于本地居民和外地学生而言则认为红色文化资源的保护程度更能够增强其对红色文化资源的保护意愿，外地学生相较于本地居民和游客而言认为红色文化资源的保护态度更能够增强其对红色文化资源的保护意愿。其中，不同人员类别的被调查人员都认为红色文化资源的保护态度最能够影响其对红色文化资源的保护意愿。

在红色文化资源的传承意愿方面，本地居民相较于游客和外地学生而言认为红色文化资源的传承态度、传承参与和传承方式更能够增强其对红色文化资源的传承意愿。其中，本地居民认为红色文化资源的传承参与最能够影响其对红色文化资源的传承意愿，外地学生和游客认为红色文化资源的传承态度最能够影响其对红色文化资源的传承意愿。

第六章　基于实地调查的边疆多民族地区红色文化资源保护与传承现状分析

第一节　西南边疆多民族地区红色文化资源保护与传承现状调查

一、西南边疆多民族地区红色文化资源的基本现状调查总结

在经过对西南边疆多民族地区的红色文化资源保护与传承现状的调查研究后发现，目前仍存在着以下问题。

在政府宏观管理规划方面，红色文化资源保护和传承未形成统一的管理合力。民政部门、教育部门、宣传部门、文化和旅游部门、党史研究部门、共青团组织以及有关政府部门的红色文化资源保护和传承合力有待提升。红色文化资源保护的政策体系和管理体制仍待深入改革，部分革命纪念馆、历史博物馆、纪念地及红色旅游目的地尚未实现完全开放，门票免费政策仍有待落实，进而影响红色文化资源保护和传承的常态化和制度化发展。红色文化资源保护和传承的监督监管机制有待健全，及时建立督查考核制度，加强对红色文化资源调查、保护和传承发展工作的跟踪指导、定期督查、专项考核等。红色文化资源保护的区域协调统筹能力、融合联动共享能力相对薄弱，城市之间以及城市内部区县存在区域发展不均衡问题，部分边远县区、基础设施欠发达县区的发展效能不佳，部分资源禀赋较好的县区存在创新发展能力不足的现象；部分红色旅游景区未能实现旅游资源共享、旅游客源互送、旅游线路联动开发。部分革命博物馆、纪念馆、纪念地缺乏经费支持，建设资金紧缺，在充分整合利用财政资金的基础上，合理引入竞争机制，实现红色文化资源与专项补助资金、社会资本、金融资本的有效对

接。红色文化资源保护和开发利用工作未纳入当地经济社会发展总体规划，将红色文化资源保护和开发利用工作与当地红色文化旅游产业规划、革命老区建设、文化产业发展、全域旅游发展、特色小镇建设、乡村振兴发展战略、精准扶贫与脱贫发展等充分结合。

在相关遗址遗迹和纪念场馆服务和红色文化资源开发方面，人才队伍建设亟待加强。红色文化资源保护的服务意识与服务能力仍待加强，部分革命博物馆、纪念馆、纪念地及红色旅游目的地等专职工作人员少，专兼职讲解员队伍有待加强培训，亟须规范服务礼仪与服务流程的培训，以此塑造规范专业的服务形象，增强热情主动的服务意识，提升标准高效的服务能力。红色文化资源支撑实物和史料的挖掘、征集、整理、研究和利用工作仍待强化，部分革命纪念馆、历史博物馆、纪念地及红色旅游目的地的支撑实物和史料仍待完备，这将影响如何利用红色历史事实讲好红色故事和增强红色文化传承知识性、吸引力和感染力。红色文化资源数据库以及图书资料数字化管理平台建设亟待强化，建议推进红色文化与时代特点和科技发展相结合，依托数字化技术加强区域红色文化资源系列化开发和深度转化，全面收集与区域红色文化密切相关的图书、音乐、戏剧、电影、故事视频等资源；运用智慧导览、智能音频数据库等技术，打造数字化红色文化展览展示体系。亟待建立红色文化资源保护和传承工作的人才专家库，建议选取在红色文化历史、文学、艺术、教育、理论研究等领域有卓越建树的专家学者和政府部门有关人员，建立和完善人才专家库；建立健全指导红色文化资源保护和传承相关法规制度；指导开展红色旅游规划与开发、质量标准化管理等。

此外，部分纪念场馆展陈设施设备亟待提质，亟须严格对标实施《红色旅游经典景区服务规范》，不断提升部分革命纪念馆、历史博物馆、纪念地及红色旅游目的地展览场馆服务标准化水平；开发利用集声、光、电、VR 动画、影视动漫等现代视觉效果于一体的高科技手段，创新场馆场景设计、交互性设计和视觉识别系统设计，增强公众游客的体验感和震撼力。影响区域红色文化资源开发的因素需要深入调研诊断，区域红色文化资源开发困境源于多方面影响因素，主要包括红色文化建设重要性的认识不足、红色文化的表现形式缺乏时代气息、红色文化的推广与应用手段有限、红色文化的影响力有限、红色文化宣传的内涵缺乏系统阐释和广泛宣传、红色文化的特色化和多样化不明显等。

在红色文化资源教育培训方面，红色教育培训的区域合作机制有待健全，建议当地红色教育培训机构与其他省内外红色教育培训机构加强交流合作，实现基础理论研究、旅游线路设计、培训学员交流等多领域的区域联动发展。在红色文化教育过程中，带领学生外出调研学习考察存在安全风险，亟待健全安全管理制度，制定系列安全管理制度，建立完善信息畅通机制，强化安全责任监督；创新安全教育模式，开展常态和制度化的安全教育主题活动，提高学生防范意识。红色教育的多类型方式需要深入创新，建议创新采用参观展览、自主学习、网络教育、学校教育、团队学习、评比式学习、社区新时代文明传习所宣传、体验学习等多元化红色教育方式。红色教育培训课程仍待开发，要加强地方党史、红色文化相关基础理论研究。红色文化创造性地融入高校思想政治教育的实践路径有待开拓，建议将红色文化与高校思想政治教育相结合，为社会主义核心价值观培育提供丰厚的文化资源。红色教育校本教材亟待深入研发，建议充分发挥红色文化资源保护和传承工作人才专家库、关工委“五老”宣讲团专家、教育系统师资等多方力量，紧密结合本地区红色文化资源，面向不同层次学生编撰融合知识性、时代性、趣味性于一体的系列红色教育校本教材。红色理想信念教育方法手段不够丰富，目前多是“研学游”形式，同质化严重，大部分都是穿红军衣、重走长征路、吃红军餐等形式，长期效果不明显，红色理想信念教育，离不开对于特定年代人物、事迹以及精神的宣扬与传承，更离不开历史发展问题与现实生活的有效对接，需要在红色理想信念教育中丰富现实生活元素以及多元创新手段。红色教育培训载体较为单一，亟待盘活当地党校、干部培训学院、高等院校、新时代文明传习所、红色教育实践基地、爱国主义和革命传统教育基地等现有教育培训资源。红色理想信念教育的受众需要精准识别和因人施策，针对不同地域、行业、工作内容及知识背景的教育对象，在保持红色文化资源基本内容不变的前提下，适当转化角色或侧重主题，因人施策，因材施教，不断增强红色理想信念教育活动的吸引力。红色理想信念教育的受众面仍需进一步扩大，增强红色理想信念教育的知晓度和认可度。

在红色文化资源宣传和旅游服务方面，需要树立红色旅游全域发展观，将红色旅游景点旅游模式升级为红色旅游全域发展模式。区域红色旅游知名度和美誉度有待提升，建议整合传统媒体和新媒体平台资源，讲好、传播好区域红色故事；利用重大节日和重要纪念日策划和举办红色旅游主题节庆、红色旅游推介会等。社会公众获取红色文化知识的渠道较为单一，红色文化知识的获取渠道主要来源于历史遗迹、学校教育、社区宣传、亲友介绍、广播电视、报刊书籍、网络教育、旅行社宣传等。游客在红色纪念地、红色旅游目的地、红色旅游景区获取红色文化知识的途径较为单一，游客在红色纪念地、红色旅游目的地、红色旅游景区获取红色文化知识的获取渠道主要来源于讲解服务（导游服务）人员、红色文化普查与史实资料整理、博物馆、纪念馆、红色文化纪念碑参观、景区景点标识牌、红色主题文艺作品、红色主题影视作品等。红色纪念地、红色旅游目的地、红色旅游景区提供的红色旅游文化产品或服务较为单一，亟须推动红色旅游文化产品创新，开发红色实景演艺节目、红色旅游餐饮项目、红色徒步体验项目等主题鲜明、内容生动有趣的“红色+”文化系列项目。

红色文化旅游的多元功能需要拓展，建议推进红色文化旅游与农业、教育、健康养老等产业深度融合；将红色文化传承与乡村振兴有机结合，助力革命老区的精准扶贫脱贫发展；推进红色教育进校园活动，激活、传承红色文化所蕴含的红色基因；推进红色文化与养老产业相结合，构建“党建+健康养老”融合发展模式，让已退休的“红色后代”继续发挥余热。支持龙头企业发挥引领示范作用，积极发展行业协会和产业联盟。红色文化教育的传播手段和话语方式跟不上时代变化，红色文化、红色知识、红色历史、党史教育的宣教力度仍待扩大，充分利用互联网信息技术手段以及数字经济优势，探索将红色文化资源纳入线上宣传工作，让公众随时随地、足不出户进行鲜明的红色文化体验。

二、西南边疆多民族地区红色文化资源保护与传承的现存问题分析

在文化旅游方面的现有困难与不足主要分为以下三点。一是基础设施建设滞后。由于红色旅游景区（点），单体体量小，老、少、边、穷特征明显，而且点多线长，景区自身建设和配套设施建设迟缓，道路交通建设滞后，影响了红色旅游景点的可进入性。

二是建设资金紧缺。红色旅游景区开发潜力较大，但投资开发成本也相应较大，由于省（区）、市（州）、县各级财力有限，特别是处于连片特殊困难地区的红色旅游景区、景点，开发建设资金十分紧张、有限，一定程度上制约了红色旅游的开发建设。

三是省（区）、市（州）红色旅游工作协调力量亟待加强。红色旅游工作涉及的部门多、工作协调难度大，但省级红办没有专门的编制，具体工作由相关业务处室人员兼任，工作力度明显不足；州、市级没有设置红办，由文化和旅游行政管理部门代为管理，工作协调难度更大，力量明显不足。

在教育传承方面主要有以下若干不足：一是认识有待提高；二是合力有待提升；三是管理有待提质；四是有些博物馆、爱国主义教育基地还未实现完全开放，免费政策有待落实；五是史料有待完备；六是有些场馆设备陈旧老化、场馆硬件有待完善；七是宣传有待扩大；八是专职工作人员少、讲解队伍有待加强；九是缺乏经费支持，经费要有保障；十是场馆被其他资源占用；十一是教育传播的方式手段跟不上时代变化；十二是带学生外出学习调研存在安全风险。

（一）西南边疆多民族地区红色文化资源保护与传承的模式、路径的核心症结

通过调研，课题组在西南边疆多民族地区的红色文化资源保护与传承模式中

发现了一系列问题，这些问题深度制约着当地红色文化资源保护与传承进程的推进，当中最突出的问题为科技化水平不足。

科技化水平的不足体现在诸多方面。第一，红色产业发展的过程中科技化不足，集中体现在红色旅游产业。西南民族地区的红色文化资源由于其特定的历史环境和历史事件，所处的地理位置都较为偏僻，甚至有一些在深山老林之中，集中开发的难度很大，许多红色文化资源被闲置，甚至被遗忘，没能发挥出红色文化资源应有的文化价值和社会价值。同时在红色文化资源的开发和利用过程中，相关文化产品的开发不足，创意匮乏、科技含量低；景区内部同质化严重，展现方式较为落后，红色景区整体文化氛围营造不够，很难让人身临其境。在当今社会，生活节奏不断加快，这就要求红色文化资源的开发部门充分挖掘不同地方的独特内涵，利用现代科学基础不断创新红色旅游模式，挖掘红色旅游项目，将红色文化资源、历史文化资源、生态文化资源、民俗文化资源与科学技术充分结合起来，利用声光电等科学技术给游客带来新型体验，在经济、教育、文化等维度更好发挥红色文化资源的作用。

第二，学校教育的科技化水平不足。在基础教育中，对学生的思想政治教育大多集中于课堂内部，且教学内容多集中在课本教材中，课本教材中红色文化的相关内容不足导致了教学内容对红色文化教育的缺失，这也导致了思想政治教育的实效性不足。在大学课程中，虽然学生有多方渠道提升自己的思想政治水平，但是教师在教授的过程中引导性不足，相关内容延伸不够，缺乏对大学生价值观念的培养。另外，大学内部的红色主题活动更多的是为了完成教学任务，没能够真正挖掘大学生的兴趣点，大学生的参与也只是为了自己能够顺利毕业，红色文化入眼入脑入心的效果微乎其微。不管是在基础教育还是在高等教育的过程中，相关教学方式都是十分传统的，没能够将科技成果与教学方式相融合，传播、展示方式过于陈旧增加了校园教育中红色文化教育的难度。

第三，红色文化资源的保护工作科技化水平不足。针对红色文化资源旅游开发模式大部分地区没有与传统的旅游模式区分开来，这就导致在旅游开发的过程中会不同程度地对红色文化资源造成破坏，红色文化资源一旦破坏，后期的维修和保护成本将会大大增加，当投入增大但经济效益无法获得增长时，当地政府和企业在向聚焦红色文化资源的开发难度就会提升，某种程度上来讲就会导致其他红色文化资源开发进程的滞后。科技化保护技术水平不足会导致红色文化维修、保护成本增加甚至会导致对红色文化资源的二次破坏。

第四，红色文化宣传科技化水平不足。红色文化宣传大多聚集在相关节日和纪念日中，宣传方式也多为宣传海报和横幅标语，宣传效果十分有限，很少能够利用显示屏、相关视频以及网络推动等手段进行宣传。同时在校园当中红色文化氛围构建也十分不足。伴随着网络的不断发展，年轻人获取信息的渠道更偏向于手机和电脑，但是高校红色文化宣传忽视了推送的精准性和创新性，在学校当中的宣传效果往往较差，甚至适得其反。在社会宣传当中，热门 App 和新型企业更能够影响或改变年轻人的生活方式和思维习惯，然而红色文化宣传很少与热门 App 或热门网站进行合作宣传，新型的企业也没有在红色文化宣传方面做出贡献，只有利用好热门 App 和新型企业，以润物细无声的方式才能够推动红色文化的有效化宣传。

（二）西南边疆多民族地区红色文化资源保护与传承的突出问题分析

第一，文物保护不够，文化挖掘不足，内涵不深。面对红色旅游巨大的市场需求，国家每年拨付专项经费与文物保护实际需求的费用之间存在较大差距，使得文物保护力度不够，再加上部分景区注重硬件设施的“高大上”，重硬件轻软件、盲目攀比、贪大求洋、不接地气、未批先建等问题仍然存在，导致一些红色遗迹得不到应有保护甚至遭到破坏，文物规范保护管理有待加强。同时，一些红色旅游资源文化内涵开发深度不够，文化思想内涵挖掘不足，旅游产品形式单一，同质化现象不少，参与性、体验感不强，教育功能有待增强。一些景区仍停留在泛泛展示革命历史遗迹，缺乏深层次内涵的挖掘和丰富展示。讲解庸俗化、娱乐化、套路化仍存在，严重违背了红色文化的严肃性、政治性、严谨性，也损害历史形象。文化缺位是发展红色旅游的大忌，去文化的红色景区是对红色旅游资源的严重浪费。

第二，科技化水平不足，红色旅游业态单一，带动能力不强。近年来，红色旅游融合发展有很大进展，但与其他旅游产品和业态深度融合仍不够。现阶段，以红色文化资源与秀美的自然山水风光共同开发的“红绿结合”为主的融合发展模式，仍集中在参观学习和缅怀阶段。产品业态的针对性、时代性不足，业态多元化、方式科技化、体验创新化有待提高。缺乏与区域资源条件和历史、民俗文化有效深度融合，尚未形成区域整体优势。与文化产业、农业、工业、林业、水利、体育、教育、中医药、科技等产业在广度、深度上的融合不够，导致红色旅游业态单一、产业链条短、产业化发展速度缓慢等问题，资源大、产业小现象突出。与文化事业、区域经济、社会教育的融合发展存在短板，带动区域经济发展的释放力还不充分。

第三，区域合作尚未形成规模效应。一些地方的红色旅游资源统筹规划不科学，建设水平较低，区域合作深度不够，联动互动不足，具有较强吸引力和竞争力的区域性红色旅游目的地和精品线路仍较少。从各地红色文化旅游发展情况看，形成较规模化发展主要集中在红色资源丰富的地区，但是在乡镇等地和省域交界地带，许多红色文化资源尚未得到有效开发利用，景区景点尚未加入热点精品旅游线路中，配套设施不完善，缺乏深入合作的长效机制，对区域发展整体带动力不足。

第四，碎片化的知识传递模式导致对红色文化认识不全面。在当今时代，虽然人类的知识总量快速提升，人类获取知识的方式也更加容易，但是快节奏的生活让人们更容易接受碎片化的知识，这就导致了人们对事物的认识容易不全面甚至有偏差，进而导致人们思考问题的方式有所变化，难以筛选有效化的信息。而红色文化的内涵与价值需要进行系统的学习和理解，认识和传承红色文化更是要建立在对红色文化完全理解的基础上才能够实现，然而当今时代碎片化的知识结构十分不利于人们认识到红色文化的本质，只能够认识到一些较为肤浅的片段，对红色文化认识的片面和粗浅理解将难以实现对红色文化深层次的贯通。

第二节　西北、北部边疆多民族地区红色文化资源保护与传承现状调查

一、西北、北部边疆多民族地区红色文化资源保护与传承的基本现状调查总结

在红色文化资源开发方面：第一，红色文化资源开发不均衡。由于西北、北部边疆多民族地区老、少、边、穷特征明显，基础设施建设较为落后，再加上红色文化资源的分布情况较为分散，很难构建起大规模的红色文化开发工程。

第二，硬件设施建设仍需完善。西北、北部地区的红色文化资源虽然丰富，但是景区内部的硬件设施建设仍需完善，同时红色文化资源所在地方的基础设施建设也同样制约着红色文化资源的开发，红色文化资源的开发离不开社会力量的支持，如若基础设施建设不完善很难吸引资金进驻开发。

在红色文化资源传承方面：第一，对红色文化及红色旅游宣传力度不够。对于西北、北部边疆多民族地区的红色文化和红色旅游，很多人知之不多，就连本地人都知之甚少。相关地区宣传的重点总是在风景和民俗风情上，对西北、北部边疆多民族地区的红色文化宣传较少，没能够很好地体现当地老一辈无产阶级革命者和当地人民在新民主主义革命时期做出的巨大贡献。

第二，与当地社会结合不足，群众了解不深。通过调研走访发现，西北、北

部边疆多民族地区的人民群众除了对知名度较高的红色旅游经典稍有了解之外，对其他地方的爱国主义教育基地或者红色文化旅游景点关注度不够，了解度不高。同时红色文化的受众十分有限，尤其在乡镇地区，广大农牧民这一群体未能接收到很好的宣传和教育，在生活方式和思维习惯等方面受红色文化影响较弱，红色文化与当地的文化结合较为不足。

第三，相关文创产品较为匮乏。西北、北部边疆多民族地区红色文化资源开发利用起步较晚，开发经营模式较为单一，再加上当地的红色文化社会化、宣传化较为不足，对当地红色文化事迹挖掘不足，有一些群众知道一些红色事迹，但是当地相关部门没有按着线索深挖下去，同时现有的红色文化资源设计较为稚嫩，少见成熟的红色旅游文创产品。

二、西北、北部边疆多民族地区红色文化资源保护与传承的现存问题分析

（一）西北、北部边疆多民族地区增强红色文化认同的模式、路径的核心症结

在西北、北部边疆多民族地区的红色文化资源保护与传承模式当中，通过调研课题组发现了一系列问题，这些问题深度制约着当地红色文化资源保护与传承进程的推进，当中最突出的问题即红色文化资源的社会宣传不到位、红色内涵仍需挖掘。

这些问题的出现体现在诸多方面。第一，红色文化资源的教育和引导作用仍有不足。伴随着全球一体化的进程不断推进，世界文化的交流不断增多，我国的文化安全问题逐渐凸显，如果不加以分辨就盲目学习外来文化，中国社会很容易遭受到外来低俗文化的入侵。一方面大众接受文化的渠道有局限性，分辨信息的能力也十分有限；另一方面一些政府将工作中心放到经济建设当中，对以红色文化为代表的社会主义文化建设重视程度较低，各层次都缺乏牢牢掌握无产阶级文化领导权的意识。这就使得红色文化资源的教育功能在外来文化面前被逐渐削弱。

第二，与时代精神、社会环境结合不够。地域差异是红色旅游景区得天独厚的优势，它是自然因素与人文因素的综合体现。身处不同地域环境的红色旅游纪念品，必然会受到当地自然因素与人文因素的影响，产品中必然要融入当地独特的地域文化，展现出不同的地域文化特色。然而通过调查发现，目前西北、北部边疆多民族地区红色旅游纪念品产品普遍缺乏地域特色，产品从开发、设计、加工、销售等方面较少与当地的地域文化资源相融合，这就造成市场上在

售产品在地域特色性、纪念性等方面都无法满足游客的需求。因此，只有通过深入到当地地域文化中去寻找、挖掘和提炼标志性文化元素，才能开发创作出独具文化内涵的文创产品。只有承载地域文化，传播地域文化的红色旅游纪念品才能赢得游客的认可，才能激发游客的购买欲望，才能勾起购买者对美好旅游的回忆。

第三，基层宣传工作仍需完善。在西北、北部边疆多民族地区的历史虚无主义仍有存在，这种思想反对中国共产党的领导，否定中国特色社会主义道路，与马克思主义基本理论所背离，这就证明历史虚无主义与红色文化天然对立，对红色文化的学习与传播起到了负面作用。一方面历史虚无主义通过抹黑历史人物，歪曲历史事件等方式解构红色文化，另一方面历史虚无主义对红色文化认同场域进行了破坏，这种思潮往往在党和国家的重大节日和纪念活动中利用断章取义、扭曲事实等手段传播反面思想，破坏了红色文化的严肃性。在这种背景下，社区、学校等基层宣传工作仍然任重而道远。

第四，民族英雄人物与红色人物在民众之间的认同感不同，相互之间的关系没有厘清。在西北、北部边疆多民族地区，有部分群众对民族英雄人物和红色人物之间的关系不甚明晰，更有甚者将少数民族革命英雄与红色文化剥离开来，大肆宣扬革命英雄是为本民族做贡献而非在中国共产党的领导下，为谋求国家独立和民族复兴作斗争，这种地方民族主义思潮的抬头对红色文化的保护与传承有极为不利的影响，从根源上将民族英雄与党和人民相隔离，人为制造民族隔阂，其居心不言而喻。

（二）西北、北部边疆多民族地区红色文化资源保护与传承的突出问题分析

现阶段西北、北部边疆多民族地区红色文化资源保护与传承工作中，红色文化资源的教育作用仍有待开发。

红色文化资源的教育功能没有得到良好的发挥，真正的教育价值没有得到充分体现。第一，红色文化的认同感仍然有待提升。只有对文化产生认同才能够进行保护与传承，红色文化对亲历者来说意义非凡，毕竟他们就是这种文化的创造者，可以利用这种情感让其接受这种良好作风和文化内涵。但是对于当今的年轻人来说，并没有亲身经历红色文化产生的过程，并且受到当今社会落后文化的影响，往往觉得红色文化已经失去了其产生和发展的空间、时间基础，其价值只留在历史的过往中，对当今社会没有价值，无法真正理解红色文化的精神内涵，更谈不上对红色文化资源进行保护与传承，所以急需提升年轻一代对红色文化的认同感。

第二，红色文化内化效果不佳，内化是指个体在接受文化内涵的基础上并将

其作为自身的行为准则。只有一种文化能够内化之后教育的结果才良好。通过调研我们发现，西北、北部边疆多民族地区存在着学习和内化脱离的问题，大家可能对红色人物和红色事迹有所了解，但是其精神内涵和道德品质与现代生活较远，学习的兴趣愈发减弱。

第三，红色文化传播效果一般。红色文化资源的保护与传承离不开对红色文化的传播，只有加强对红色文化的传播，才能够让红色文化占领西北、北部边疆多民族地区人民的思想高地。但是就目前来看，红色文化的传播没有占到优势，反而受非主流思想传播的影响，处于劣势地位。在传播过程中，传播的理念较为陈旧。传播理念是指文化传播的过程中所遵循的基本规律，这是实现思想传播的内在保证。在我国西北、北部边疆多民族地区的红色文化传播工作中，往往采取灌输式的传播方式，无法让人民群众感受到红色文化的内涵与魅力，很难与社会现实相结合，进而影响对红色文化实现认同。刻板的传授、机械的交流，往往适得其反，使得当地群众出现排斥心理，进而对红色文化在西北、北部边疆多民族地区的传播产生负面作用。同时，在传播过程中传播的主体较少，在西北、北部边疆多民族地区的党员干部是在基层传播红色文化课马克思主义理论的主要力量，少数民族干部对当地的具体情况了解较为清晰，但是对马克思主义理论学习相对较弱，年轻的党员干部理论实力较强，但是他们的专业背景不同，社会阅历较浅，传播水平较低。还有，在传播过程中内容较为模糊，在红色文化的研究中，西北、北部边疆多民族地区对红色文化的理论解释相对不足，红色文化是以马克思主义为指导的文化结晶，然而马克思经典原著较为深奥难懂，很难在传播过程中讲透其精髓，一些地方为了完成任务对相关内容随意解读，导致了相关内容的偏差，脱离了正确的主题。最后，传播的方式较为单一，在西北、北部边疆多民族地区，大部分少数民族都拥有自己的语言和文字，然而红色文化的调查、保护与传承工作大多以国家通用语言为主体，文字和语言成为红色文化传播的一大阻碍，传播效果大打折扣。传播的质量同样不够，目前受经济条件和基础设施建设的影响，西北、北部边疆多民族地区的传播方式相对落后，基本停留在电视报刊等方式上，甚至还有一些地区只能用口号、板报等方式进行宣传，很难让群众入脑入心。在社会快速发展的今天，人们的生活方式越来越便捷化，网络的使用很大程度上影响着人们的生活方式，传播方式急需现代化发展。

第三节 东北边疆多民族地区红色文化资源保护与传承现状调查

一、东北边疆多民族地区红色文化资源保护与传承的基本现状调查总结

在学生红色教育方面，由于红色文化本身相对于其他娱乐项目的吸引力不强，吸引方式不足，很难使得青少年自发地对红色文化产品感兴趣，所以在引导教育方面需要进一步加强；由于考虑到安全问题，学校方面的研学旅游开展得较少，而尚志市具有的丰富红色文化资源也并没有在研学旅游方面进行对外推广；红色文化活动在校园内高年级开展较少，由于学业逐渐加重，更多的学生、家长与老师更倾向于把精力放在提高成绩上，造成了高年级参与率较低的现象；红色文化产品开发不足，虽然现在上级批准可以申请抖音的官方账号，但是受限于技术、人员、资金等一系列原因，该计划搁浅；在相关评优活动中并没有将红色文化传承相关内容作为评优标准。

在党员干部培训方面，以尚志市为例，党校本身的教学力量不足，目前可以讲课教授的老师较少，其余的教学需求只能通过外聘的手段来实现；硬件设施不足，在对外培训过程中的食宿问题解决困难；由于年代久远，相关记载、文物的支撑较少，中央对东北抗联的支持相对不足，这就造成了关于东北抗联的研究有限；目前缺少宣传的平台与机会，在资金方面也比较短缺；黑龙江省在红色教学这一方面整体起步较晚，虽然各个县市的党校都进行了相关的研究，但是整体来看呈现出各自为战的局面，缺乏合作，造成了黑龙江省整体缺乏系统和规划。

在红色文化研究、旅游开发方面，尚志市烈士纪念馆内的信息资料展示形式比较单一，仅有纯文字和图片叙述，教育宣传水平有待提升，讲解人员配备不足，没有固定的讲解稿；赵一曼纪念园不能满足个体参观，只满足集体现场教学，日常时间不开放；文旅局曾经外包拍摄过包括红色文化资源在内的宣传片，但是没有真正起到宣传效果，只有在领导视察、调研的时候才予以观看；红色景区在布局规划方面仍有所欠缺，部分红色景区距离市区较远；当地的研究人员只是对赵尚志、赵一曼的事迹有所研究，并不能很好地上升到红色文化的层面；红色文化的宣传过程当中主要以赵尚志、赵一曼为主，然而东北抗联早期朝鲜族人

起到了十分重要的作用，现阶段对于朝鲜族人的贡献并没有相关的讲解和介绍。

二、东北边疆多民族地区红色文化资源保护与传承的现存问题分析

东北边疆多民族地区的红色文化资源开发有着以下三点不足：第一，基础设施落后，东北边疆多民族地区的红色文化资源大多处于乡镇当中，交通十分不便，再加上气候、地形等方面的自然原因，造成了交通条件差、基本服务不完善的困境。第二，开发模式较为粗犷，目前红色文化产业的开发仍然处于初级阶段，开发深度不足，红色文化的内在价值难以体现，文化资源的保护水平较低，相关资源的损害情况较为严重。第三，开发手段较为单一，多数红色文化资源的开发工作仅仅停留在展览，形式较为死板，无法让观者身临其境，不能很好地体现红色文化资源的内涵。

（一）东北边疆多民族地区红色文化资源保护与传承的模式、路径的核心症结

在东北边疆多民族地区增强红色文化认同的模式中，通过调研，课题组发现了一系列问题，这些问题深度制约着当地红色文化资源保护与传承进程的推进，当中最突出的问题为红色文化资源的市场化不足，经济效益认同不到位。

这些问题的出现体现在诸多方面。第一，相关红色文化资源保护传承体系机制仍待完善。以尚志市为例，当地的红色文化资源由于其分散性等特征导致了不同地区的红色文化资源受到不同部门管理，然而现在在尚志市内还没有能够形成较为系统的、能够协调各部门的体系机制，不同红色文化资源主管部门不同导致当地的红色文化资源保护与传承没有统一性。只有保护好红色文化资源才能在此基础上对红色文化资源进行进一步的开发与继承，在政治方面和教育方面发挥红色文化资源的积极作用。另外在保护方面尚志市的红色历史挖掘工作仍需深化，当地的红色文化资源保护工作有较大改进空间，现阶段尚志市的革命遗址只有赵一曼牺牲地等得到了相关保护，并且开发程度较为落后，尚志市目前还未开始革命遗址名录编撰工作，同时伴随着时间的推移，红色文化的经历者越来越少，这样就会导致红色遗址和红色资料的流失，这也从一方面显示出了尚志市的红色文化研究较为欠缺。

第二，当地市场化意识不足，更多的是政绩意识。红色文化产业虽然在东北边疆多民族地区有所发展，但是整体来看还是较为不足，品牌效益较为欠缺。红色文化产业的发展需要以市场为基准，以获取经济效益和社会效益为目标，将红色文化资源转化为红色文化商品或红色文化服务。但是就现在来看，东北边疆多民族地区的红色文化资源较为分散且偏远，当地政府的市场化意识

不足，红色文化资源的开发工作更多的是为了完成整治任务，这就造成了“有投入没产出，有开发没品牌”的情况，整体来看东北边疆多民族地区的红色文化产业发展较为落后，红色文化产品当中缺少红色文化精神内核，产品设计较为陈旧，缺少竞争力。

第三，没有形成大规模的红色产业集聚和红色旅游线路。相较于西南边疆多民族地区已经有了区域协同开发的红色旅游思路，东北边疆多民族地区的红色文化资源管理工作较为复杂，相关协调统筹机制没有建立，在解决产品同质性等问题上没有找到适合当地特色的出路，这就导致了当地的红色文化资源没能够形成产业集聚，相关地域性特色难以凸显，同时，与旅游相关产业的结合导致红色旅游规模仍需扩大，抗风险能力不足使得投资方更为谨慎。

第四，资源开发利用的宣传不到位，当地的开发热情不高，与外地联合研习不够。红色文化的传播主体是多样化的，其中包括政府、企业、民众多方，但是现阶段红色文化的传播主要力量来源于政府，其他传播主体的传播能力较弱，传播意愿有限。另外，东北边疆多民族地区的红色文化宣传内容不明晰，由于红色文化资源分布的离散性，导致了红色文化资源的宣传内容难以协调，就更加难以与国内外其他地区进行联合研习。最后，红色文化的宣传方式较为落后，在信息化社会快速发展的今天，东北边疆多民族地区的宣传方式仍然以报刊、电视等方式为主，新媒体技术运用不够导致了在年轻一代人的心中，红色文化资源的教育没能发挥出关键作用。

（二）东北边疆多民族地区红色文化资源保护与传承的突出问题分析

第一，体制机制不健全，市场机制发挥不充分。东北边疆多民族地区红色旅游景区分属宣传、文物、民政等不同部门管辖，涉及部门多、协调难度大，缺乏统一性和整体性，也缺乏强有力的有效机制，制约了红色旅游综合教育功能的充分发挥。教育目标与经济目标、教育手段与游乐手段、顾客被动接受与主动参与等不协调问题依然存在。目前，红色旅游经典景区和许多重要场馆免费开放，产生较好的社会效益，但仍需要研究完善激励和市场参与机制。

第二，基础设施薄弱，投入总体不足，市场化进程缓慢。许多红色旅游重点地区集“老、少、边、山、穷”特点于一体，经济社会发展基础薄弱，尽管交通条件改善了但仍不够通达，同时，地方投入到设施建设的资金极为有限，吸引外部投资的环境也较差，直接影响景区公厕、停车场、游客接待中心及水电、通信等基础设施滞后，旅游接待能力不足，配套服务功能不强，“食、宿、行、游、购、娱”未能有效拉长，综合效益还不高。总体上，红色旅游商品种类少、特色不鲜明，开发设计和生产销售都滞后，旅游商品收入占比偏低，产业水平停留在游览观光初级阶段。红色旅游相对滞后的基础设施和服务配套体系，造成游客预期视野与现实感观间的巨大心理落差，不利于客源稳步提升，阻碍长期向好发展。

第三，政府市场化意识不到位，财政支撑不足。东北边疆多民族地区的红色文化资源大部分在较为偏僻的山区当中，这就需要政府牵头对红色资源进行开发和保护。目前虽然当地的红色故事和红色事迹在百姓当中口口相传，但当地人对于红色遗址等红色文化资源都兴致缺缺，足以见得当地的红色文化资源开发工作还有很长的路要走，更不要提市场化、吸引外来游客参观学习了。另外，不管是在资源的开发宣传方面，还是在人才的培养引进方面，当地的财政支撑都稍有不足，调研的过程中有政府人员提出过，曾经申请过抖音等平台对当地的红色文化进行宣传，但最后碍于财政和人才多方面因素，计划还是搁浅。

第四，当地政府和社会对红色文化资源的市场化意愿不强，热情度不高。一方面是当地传播的主体难以承担对红色文化的传承。在现代化的社会当中，社会主体所能接受的信息量大幅度增加，但是这些信息的碎片化特性导致社会主体难以获得充实感，在快节奏的生活当中，社会主体对信息的反思和理解能力不断下降，最终被信息的洪流所淹没，对事件真相和知识的索取逐渐失去了兴趣。而红色文化在东北边疆多民族地区的传播方式有限，缺少能够让人身临其境的感觉，其教育意义大打折扣，碎片化的传播方式使得红色文化的传播内容缺少了逻辑性，这就导致红色文化在与其他社会文化传播的竞争中有着天然的劣势。

第七章　新时代背景下边疆多民族地区红色文化资源保护与传承外部环境调查

第一节　边疆多民族地区的社会发展现实分析

一、西南边疆多民族地区社会发展现实分析

西南边疆多民族地区包括广西壮族自治区、云南省、西藏自治区，在脱贫攻坚、全面小康社会建设，中国特色社会主义新时期等一系列背景下，西南边疆多民族地区作为我国面向东南亚地区的桥头堡、实施“一带一路”倡议的重要省份，这些省份的发展也迎来了新的机遇与挑战。

首先是云南省，在经济发展方面，云南运行总体平稳，经济结构和区域布局急需优化，大众创业万众创新持续推进，发展动能不断增强，交通基础设施不断完善，带动了工业和对外开放的发展。在开放合作方面，云南北接丝绸之路经济带，南接海上丝绸之路，作为亚洲的地理中心，是国家与亚、欧、非等国家合作交流的重要枢纽，伴随着与孟加拉国、印度、缅甸等国的深度合作，云南现已建立起多样化的合作区和试验区，充分发挥南博会、边交会等平台作用，进一步发挥边疆地区的开放优势。

其次是广西壮族自治区，在经济发展方面，国家和地方政策的作用不断凸显，广西经济能够平稳发展，伴随着对外开放广西的海陆空通道作用愈发明显，在加强互通互联的同时加快与粤港澳大湾区的融合。在民族团结进步方面，广西为我国民族团结进步的工作做出了良好的示范，不断推进各民族在八桂大地上休戚与共，和谐共生，为全国民族地区治理和党的民族理论与政策的研究提供了重要的实践依据和现实支撑。在社会保障、教育事业、脱贫攻坚、乡村治理等社会

民生方面，城乡居民的收入差距逐渐减小，消费结构逐渐优化，收入方式多样化，就业机会均等化，同时城市中的公共服务均等化水平也有所提升，教育资源分配合理，教学条件得到改善，社会保障水平不断提升，助力脱贫攻坚，为实现全面小康奠定了扎实的基础。

最后是西藏自治区，在经济发展方面，西藏经济受历史和地理诸多方面的影响，经济总量较小，但是近年来发展势头较为迅猛，现代化进程推进良好，以基础设施建设带动人民生活水平质量，农牧民生产生活不断向好。在社会稳定方面，西藏以现代化建设为抓手，不断维护当地社会的稳定，各族人民共享开放成果，物质基础不断丰富，民族关系不断向好发展，经受住了反分裂斗争的严峻考验，不断维护国家统一和领土完整。在发展前景方面，伴随着新时代的到来，西藏的发展需要立足于当地本身，走西藏特色的路子，在经济结构、社会结构多层面进行发展，同时还要走科学的新型发展路子，在政治、经济、文化各方面不断推动现代化发展。

同样的，目前西南边疆多民族地区面临着多样性的风险挑战。第一，全球治理问题带来的危险。随着与世界各国政治经济文化交往的密切，全球化进程得到深入推进。传统的社会治理问题，如食品安全、民族矛盾、粮食危机、资源危机不再限于国家内部，而变成了各国需携手合作解决的全球治理问题。这考验着执政党对外交流合作的能力，如何既能维护本国的安全和利益，又在与他国合作中实现共赢发展。如与三个东南亚国家接壤的云南，一直受到境外毒品渗透入侵的困扰，这里毒品犯罪行为丛生，与此相伴的艾滋病问题也滋生开来。这一问题单靠我国国内行政和法律的制约无法得到根本解决，关键就是要与东南亚各国展开合作治理，从源头遏制毒品犯罪行为。

第二，脱离群众产生的风险。不同于城市，西南边疆民族地区大多地处偏远山区，除了交通和通信不发达，更严重的是缺乏成熟的沟通机制。有些民族普通话并没有得到普及，主要使用自己民族的语言，部分村寨就会形成相对封闭的团体。在这种背景下，很多驻村党员干部不会当地民族语言，他们与少数民族团体交流就会变成阻碍。长此以往，党员和党员干部就无法深入到群众中去，部分村寨就变成了发展的空白区或死点。此外一般乡政府也远离这些特殊山区，如果群众想要去到政府反映特殊情况往往需要至少半天的路程，这会打击群众与党和政府沟通的积极性。

二、西北、北部边疆多民族地区社会发展现实分析

西北、北部边疆多民族地区包括新疆维吾尔自治区、内蒙古自治区。首先是

新疆维吾尔自治区，在经济发展方面，新疆人均GDP已经达到全国平均水平，社会经济发展水平明显提升，城乡居民收入达到了西部地区平均水平，产业发展动能明显提高，自我造血能力明显变强。在民族团结进步方面，新疆始终把握各民族共同团结奋斗、共同繁荣发展的主题，高举民族团结的大旗，不断铸牢中华民族共同体意识，坚持在改革发展的基础上带动社会稳定和民族团结，不断维护新疆的社会稳定和长治久安。在人民生活方面，新疆不断推进城镇居民住房改善工程，加快基础设施建设，增强对口支援力度，民生工程建设不断完善，文化教育事业显著推进，医疗卫生服务水平显著提升，就业前景明显广阔，人民幸福感明显增强。

其次是内蒙古自治区，在经济发展方面，内蒙古自治区位处中蒙俄贸易的重要地带，“一带一路”倡议提出之后，内蒙古经济发展提升明显，口岸贸易发展迅速，巨大的发展空间不断被挖掘，产业布局不断完善，经济开放程度不断提升。在民族团结进步方面，内蒙古的特色文化不断向其他省份辐射，以旅游业为代表的多种产业发展使得内蒙古的民族文化与其他文化不断融合，进而带动了民族之间的交流交往交融。在人民生活方面，内蒙古不断完善自身基础设施建设，加快交通运输网络的构成，联通能力逐渐增强，机场、水利、生态工程不断完善，人民生活便捷程度大幅提升。

但受国际形势影响和宗教因素影响，我国西北、北部边疆多民族地区社会有一定的特性。一是民族性。西北、北部边疆多民族地区是多民族的聚集地，多元的民族、宗教和文化长期在这里交汇融合，彼此又产生碰撞和冲突。二是国际性。西北、北部边疆多民族地区是我国与邻国交界的疆域，很多民族也会跨境而居。这种弹性的“边界”赋予了西北、北部边疆多民族地区动态性、复杂性和国际性，在流动中涉及了国与国之间的民族宗教问题、环境问题等。如果不充分考虑民族问题的复杂性和国际性，很有可能因为小的失误引发大的矛盾。三是复杂性。西北、北部边疆多民族地区其特殊的地理位置使边疆的发展夹杂了很多影响因素，对外开放程度低，工业化城镇化率低，经济发展相对之后贫困人口占比高。要实现西北、北部边疆多民族地区的发展不仅要考虑政治经济文化的影响，还要考虑国家关系、自然生态环境以及党的建设等多方面因素。

三、东北边疆多民族地区社会发展现实分析

东北边疆多民族地区包括黑龙江省、吉林省、辽宁省。首先是黑龙江省，在经济发展方面，黑龙江省的整体GDP持续增长，约占东三省的30%左右，在“一带一路”倡议下黑龙江省毗邻俄罗斯的地理区位优势不断凸显，区域产业不

断融合发展，经济平台不断构建，市场潜力有所挖掘。在社会发展方面，社会和谐度不断提升，社会安全度不断增长，社会公平度持续稳定，社会信任度态势良好，社会信心度与日俱增。

其次是吉林省，在经济发展方面，吉林省经济持续上涨，经济效益稳中向好，营商环境不断优化，开放合作不断推进，高质量发展进程平稳发展，现代农业建设紧贴乡村振兴战略。在人民生活方面，吉林坚持补齐短板，坚决打赢脱贫攻坚战，积极保护生态环境，启动蓝天、碧水、青山、黑土地和草原湿地“五大保卫战”。同时加快社会建设，不断提升居民生活幸福感和安全感，在娱乐、体育等方面加强建设，改善居民居住环境。

最后是辽宁省，在经济发展方面，辽宁省全年地区生产总值有较大进步，三大产业全部快速增长，农业播种面积不断增加，固定资产投资不断增长，工业经济平稳运行，与此同时打破行政区划界线支持发展“飞地经济”，全面带动县域经济发展。在人民生活方面，省内贸易总额不断增长，零售总额日益提升，人民生活水平不断增长，电子商务不断发展，人民生活日益便捷，同时基础设施建设不断完善，网络、交通等网络不断构建，推动人民生活的现代化。在民族团结方面，各民族团结一致，加强合作，在不断交流对话中加强认同，坚决铸牢中华民族共同体意识。

但同时东北边疆多民族地区面临着多样性的风险挑战。第一，发展力度不足的风险。中国特色社会主义新时代，少数民族地区比其他地区更加迫切需要提高物质文化生活水平。改革开放初期，我国制定了让一部分地区和人民先富起来，再逐步实现共同富裕的战略，主要在沿海开放城市展开了改革试点。改革卓有成效，使得我国经济增长速度突飞猛进，但也加剧了边疆地区与其他地区之间的差距，东北边疆民族地区的资金和人才不断外流政策倾斜力度的差异，大量青壮劳动力外流，当地产业也由于政策原因和产业升级原因逐渐落后于东部发达省份，总体来看东北边疆多民族地区与东部地区之间的发展绝对差距拉大。另外，教育资源的短缺和政策扶持力度的差异，也使得边疆地区更加极化发展。

第二，能力不足产生的风险。边疆民族地区比较偏远，发展机会比一线城市少，为了追求更好的机遇，不少居民会向中部或沿海城市发展，即使是边疆地区内部也会出现农村地区向城市迁移需求发展。这样边疆农村地区就会呈现空心化趋势，而边疆地区城市的人才也会因虹吸效应向中心发达地区的城市迁移。农村里人口结构不均衡，劳动力人群严重不足，男女比例也失衡，党员队伍的结构构成的合理性很难保证，党员队伍的素质也会因此而低落。这样就会形成一个不良的循环圈，基层党组织和党员的思想不能得到活跃逐渐偏向僵化，党建工作与经济社会发展就难以展开。

第三，消极腐败产生的风险。当前，部分党员没有树立先锋模范作用的意识，甚至还无视党纪国法贪污腐败欺压百姓，少数领导干部的贪污腐败让群众对党的认同度下降，导致群众在感情上选择疏远党，并且对政治转向冷漠态度。边疆地区的干部作为民族政策的执行者，也从民族政策中得到收益，然而有部分党员却把党制定的民族政策当作自己敛财获利的私有特权。在红色文化资源的开发利用当中，保护与传承工作的“胎死腹中、半途而废”的情况时有发生，工作不透明，干群之间联系少致使腐败现象的发生。消极腐败问题既有碍维护人民群众的根本利益，更容易引发社会矛盾，不利于边疆民族地区维持稳定。

第二节　边疆多民族地区红色文化资源保护与传承的基本外部影响因素分析

一、影响西南边疆多民族地区红色文化资源保护与传承的基本外部因素分析

（一）地理环境因素影响分析

西南边疆多民族地区包括广西、云南、西藏三省份，地貌特征上整体来看西南边疆多民族地区河流密布，峡谷广布，主要为高原和山地，除此之外喀斯特地貌、河谷地貌也分布广泛。地势起伏十分巨大，西高东低、北高南低，高山众多。地质构造十分复杂，由于整体地貌岩石性质强烈，峡谷众多、喀斯特地貌广泛分布，同时受冰川作用影响较大，西南地区频繁受到山地崩塌和泥石流等地质灾害。气候特征上整体来看西南边疆多民族地区大部分都位于副热带高压带中，气温较高，年差较小，降水丰富，由于高原季风、东亚季风和西南季风为西南边疆多民族地区带来了大量的水汽，与此同时北方的秦岭和大巴山为西南边疆多民族地区阻挡住了北方的冷空气，使得西南边疆多民族地区比较少受到寒潮的影响。河流和湖泊上整体来看西南边疆多民族地区河网密布，流量较大，水位季节变化十分明显，湖泊多为淡水湖和外流湖，加上土质较为疏松，水土流失较为严重。

云南省位于我国西南边陲，与四川、贵州、广西和西藏四省份相邻，同时与缅甸、老挝和越南三个国家相邻。云南省内具有多种温度带气候类型，兼具低纬气候、季风气候和山原气候等特点。地势北高南低，南北高差悬殊，造成了全省

范围内气候差异较大。由于地处低纬高原，空气较为干燥，太阳光热受到诸多因素的影响，使得云南年温差较小而日温差较大。云南全省的降水都十分充沛，但是降水分布较不均匀。云南大面积的土地都是山地，由于不科学地开采矿产，加上当地的气候和地形原因，使得云南泥石流多发。

广西壮族自治区是我国五个少数民族自治区之一，是中国唯一一个沿海自治区，与广东、湖南、贵州、云南相邻，与越南接壤，是面向东南亚的重要窗口。广西在云贵高原东南边缘，地势自西北向东南倾斜，内部盆地交杂，山峦重叠，兼有丘陵，喀斯特地貌广布。气候属于亚热带季风气候区，降水丰富，干湿季分明，气候温暖，热量丰富。广西岩溶地貌广布，受气候影响境内水资源总量虽不稳定，但水力资源丰富。

西藏自治区是我国五个少数民族自治区之一，位于我国青藏高原西南部，与新疆维吾尔自治区、四川、青海、云南相邻，与缅甸、印度、不丹、尼泊尔等国接壤，是我国西南边陲的重要门户，面积约占我国总面积的1/8，由于平均海拔较高，有“世界屋脊”之称。西藏海拔4000米以上的面积占西藏总面积的85%以上，空气稀薄，含氧量低，日照时间长，太阳辐射强烈，气候类型十分复杂，气温日较差冬季大夏季小，全年降水较少，季节性较为明显，同时冰雹较多，自然灾害类型多且严重。水资源十分丰富，河流湖泊众多，是多条江河的发源地，同时拥有大量的冰川，占全国冰川总面积近一半。

由于西南边疆多民族地区的气温较高、降水较多，空气较为湿润，再加上该地区地质灾害较多，给当地的红色文化资源的保护工作带来了一定的挑战，大量的铜像、遗迹遗址在自然环境的侵蚀下已经逐渐损毁，同时受限于地形原因，目前还有丰富的红色文化资源未能够调查整理清楚。

（二）经济社会发展因素影响分析

西南边疆多民族地区土地面积广阔，农业资源多样，江河、林木资源十分丰富，适合种植烟草、橡胶、茶叶等经济作物；矿产资源种类丰富，储存量十分巨大，多种有色金属占全国储量之首；旅游资源优势突出，现在已经开发出了诸如丽江古城、桂林山水、布达拉宫等多种旅游景观，旅游市场十分广阔；区位优势十分明显，面向东南亚，是我国与东盟交流合作的重要区域。但是从经济发展现状来看，西南边疆多民族地区与中东部地区有着较大的差距，经济基础较为薄弱，虽然经济发展水平逐年增长，但与中东部地区之间的差距仍然较大。从产业结构来看，西南边疆多民族地区产业之间比例失调，主要以传统农业、资源型工矿业和消费型服务业为主，工业和生产型服务业发展较为缓慢，产业结构矛盾较为突出。从投资主体来看，西南边疆多民族地区的投资主体主要是国家，形成了对外来投资严重依赖的特征，由于西南边疆多民族地区的特殊地理位置，大量国防、重工业等产业在此入驻，并且该类产业的运用十分固定，虽然大量国有企业入驻，但无法带动当地经济的健康发展。从基础设施建设来看，西南地区多山地，地势起伏较大，交通与中东部地区相比较为不便，基础设施建设较不完善，在这种背景下西南边疆多民族地区的红色文化资源保护与传承陷入了一种“有心无力”的尴尬困境。

云南省的经济发展增速处于全国领先地位，但是受限于经济基础较差的现实困境，2019 年云南省的 GDP 排名位列 31 省份中第 18 名。其中农业经济平稳向好，高原特色农业稳步推进，一是种植业发展态势良好；二是畜牧业增长平稳；三是林业和渔业稳定增长。工业增长平稳，高技术制造业增长较快，一是规模以上工业增加值增长迅速；二是主要行业持续保持快速增长；三是企业利润总额持续向好，外商投资不断增多。规模以上服务业企业利润持续增长，市场销售额同比增长迅速，金融运行稳中有进。固定资产投资平稳趋缓，重点领域支撑有力，一是民间投资和建筑、基础设施投资不断增多；二是工业投资同比增长，其中道路运输业增长迅速；三是房地产市场一路向好，住宅投资增长较多。消费品市场平稳运行，消费模式不断升级，一是电商发展迅速，经济贡献率逐渐增长；二是餐饮收入不增提升；三是珠宝类和化妆品类产品增长迅速。减税降费效果明显，财政收入结构进一步优化，一是一般公共预算支出增长较多；二是一般公共服务支出持续提升；三是社保、交通支出有力提升。

广西壮族自治区的经济发展增速同样较快，北部湾经济区更是面向东盟交流合作的重要窗口，2019 年广西壮族自治区的 GDP 排名位列 31 省份中第 19 名。目前广西的经济社会稳中有进，经济实力不断提升，创新驱动带动经济转型动能，加深开放程度，完善基础设施，协调城乡发展，生态保护工作卓有成效，社会环境基本稳定，但是发展不平衡不充分的问题仍然十分突出，深层次的经济发展问题未能解决，在加快构建“南向、北联、东融、西合”开放新格局当中，广西仍然需要进一步进行研究。在就业问题上仍需稳步扩大，城镇教育资源仍需进一步挖掘。

西藏自治区经济运行整体平稳，发展质量逐步提升，重点领域改革卓有成效，经济增速位居全国前列，受限于地理环境和产业结构等一系列现实问题，2019 年西藏自治区的 GDP 排名位列 31 省份中第 31 名。西藏农牧民群众的致富道路不断拓宽，脱贫攻坚工作卓有成效，异地扶贫搬迁工作全部完成，基础设施建设不断完善，特色产业不断发展，旅游产业高速增长，生态环境保护良好。

西南边疆多民族地区的经济社会发展相对于中东部地区持续落后，容易造成当地经济发展的心态失衡，所幸该地区的消费型服务业相对较为成熟，在旅游资源的开发方面有一定的经验，现阶段西南边疆多民族地区的红色旅游业发展较为迅速，但是在经济社会发展落后的背景下，难免有急功近利的现象，在开发的过程中忽略了红色文化的真正内核，盲目以经济利益为导向，将红色文化与不相匹配的其他文化资源加以结合，容易对红色文化的文化内核进行误导性宣传，一方面既对红色文化资源的保护有所影响，另一方面在传承方面容易让年轻一代人对红色文化的文化内核的认识产生偏差。

（三）民族文化因素影响分析

西南边疆多民族地区民族文化十分多样，该地区内广西壮族自治区有 12 个世居民族在此繁衍生息；云南除汉族外，人口超过 5000 人的少数民族有 25 个；西藏自治区主要以藏族为主，占当地总人口的 95%。这些少数民族在聚居地内长期生活，创造了丰富多彩的民族文化，在语言文字、风俗习惯、生产方式等方面都具有该民族的特征。

云南省内少数民族众多，民族文化也呈现出多元化、国际化等特点，由于受到当地的地理环境影响，不同民族源头各异，都拥有着本民族所特有的民族文化，傣族的孔雀舞，彝族的打歌舞，佤族的木鼓，哈尼族的蘑菇房都代表着本民族的优秀文化。“一山不同族，十里不同音”正是云南少数民族的特征反映，在生活方式、语言文化、风俗习惯等方面各民族之间各不相同，但是伴随着现代化社会的不断发展，各民族之间的交流逐渐增多，云南少数民族文化又迎来了新一轮的发展。

广西壮族自治区内拥有 12 个世居民族，长期的生产生活创造了十分丰富的民族文化，体现在生活当中的方方面面，一些民族文化被列为非物质文化遗产，成为国家级保护项目，如刘三姐歌谣、壮族歌圩、壮族织锦等，但是在经济快速发展的背景下，相关法律法规的缺失和传承工作的不足导致了广西优秀的民族文化正面临着断层和失传的境遇。

西藏自治区中藏族和其他少数民族人口占西藏总人口的 90% 以上，由于其特殊的地理环境和历史背景，西藏有着特殊的民族文化：在民居方面，不仅有随处迁居的帐篷，也有土木结构的房屋；在饮食方面，藏族有着特色的酒文化和茶文化，受宗教影响，藏族的饮食禁忌较多。同时藏族的风景名胜十分丰富，布达拉宫、大昭寺等风景名胜正是西藏民族文化的优秀代表。

在经济建设与城市基本设施建设等方面取得重大突破的背景下，西南边疆多民族地区与中东部地区的交流逐渐增多，人口流动逐渐加快，文化流失的现象逐渐凸显，少数民族文化的自觉意识逐渐模糊，在语言文字方面大量年轻人外出务工，在日常生活当中多用普通话，原有的语言文字逐渐淡出生活，少数民族语言文字的传承面临着一定的挑战；在风俗习惯方面由于城市内基础设施建设不断完善，少数民族的居住场所逐渐向楼房转移，传统的建筑逐渐淘汰，民族服饰在外来文化的冲击和生产生活的要求下逐渐失去穿着价值，风俗习惯伴随着对外交流的增多和价值观念的转变逐渐发生改变；在传统手艺方面，现代化的生产方式提升了生产效率，对少数民族的生产方式带来了巨大冲击，受市场影响，少数民族的传统手艺逐渐被机器生产所淘汰。整体来看伴随着社会的现代化发展，民族文化受到了当代文化的巨大冲击，而西南边疆多民族地区的红色文化资源正是以当地民族文化为基础所产生的，在这种背景下，当地的红色文化资源的保护与传承工作面临着巨大的挑战。

二、影响西北、北部边疆多民族地区红色文化资源保护与传承的基本外部因素分析

（一）地理环境因素影响分析

西北、北部边疆多民族地区包括新疆、内蒙古两个自治区，地貌特征上整体来看以高原盆地为主，有内蒙古高原、塔里木盆地和准噶尔盆地，同时山地、荒漠众多，受人类活动的影响目前自然植被仍有减少的趋势。气候特征上整体来看较为干旱，区域内部多为半干旱和干旱气候，由于身居内陆，距海洋较远，加上地势较高阻挡了暖湿气流使得本区域降水量较少。冬季严寒干燥，夏季高温少雨。矿产能源十分丰富，克拉玛依油田十分著名。

新疆维吾尔自治区位于我国西北边陲，与青海、甘肃、西藏三省份相邻，与俄罗斯、哈萨克斯坦、吉尔吉斯斯坦、塔吉克斯坦、巴基斯坦、蒙古国、印度、阿富汗八国接壤。新疆远离海洋，是明显的温带大陆性气候，气温温差较大，日照时间充足，降水量少，降水在地域分布上极不均匀，气候干燥，大部分地区春夏和秋冬之交日温差极大。新疆全区的河网密度小，具有干旱、半干旱特征，水质天然污染在个别河流表现比较严重。

内蒙古自治区位于我国北部边疆，与黑龙江、吉林、辽宁、河北、山西、陕西、宁夏和甘肃八个省份相邻，与蒙古国和俄罗斯接壤。内蒙古地势较高，内蒙古高原是我国的第二大高原，但是全区内部的地貌较为复杂多样，虽然全区有半数以上的面积都是高原型地貌，山地占总面积的20%左右，但是在大兴安岭东麓等地地势较为平坦，土地较为肥沃，水源较为充沛，在不同地形交接地带，又分布着丘陵和低谷，这种地形当中水土流失情况较为严重。由于地形较为复杂，内蒙古的气候以温带大陆性季风气候为主，春季气温骤升，多大风天气，夏季短

促而炎热，降水集中，秋季气温剧降，霜冻往往早来，冬季漫长严寒，多寒潮天气。水资源分布十分不均匀，大部分地区水资源紧缺，这就造成了部分地区有沙暴天气。

由于西北、北部边疆多民族地区气候较为干旱，土地荒漠化较为严重，大风天气较多，对当地的红色文化资源调查和保护工作来说有着一定的困难，大量的红色文化资源在这种自然条件下难以保存。

（二）经济社会发展因素影响分析

西北、北部边疆多民族地区资源丰富，具有发展特色农业、特色矿产、特色旅游等产业的先天优势条件，土地面积广阔，拥有丰富的光热资源、风能资源和矿产资源，面向欧亚大陆是“一带一路”倡议的重要地区。复杂的地理条件和民族文化使得西北、北部边疆多民族地区的旅游资源具有特色。但从经济发展现状来看，西北、北部边疆多民族地区基础设施建设十分落后，水资源十分稀缺，生态环境十分脆弱，经济发展和生态保护之间的协调关系未能有效建立。另外，西北、北部边疆多民族地区的绝对贫困受脱贫攻坚战的影响逐步减少，但相对贫困现象日益突出，当地的经济结构不合理问题逐渐凸显。从产业结构来看，西北、北部边疆多民族地区第一产业结构不合理，生产方式较为落后，机械化生产水平较低。第二产业当中产业链相对较短，发展能力较弱，产业结构较为落后。从基础设施建设来看，西北、北部边疆多民族地区土地广阔，但荒漠化较为严重，相对于其他地区面积广阔但人口较少，公共基础设施建设较为缺失，在交通、通信、水利等方面发展较慢。

新疆维吾尔自治区在国家脱贫工作的帮扶和自身的发展下，不断优化当地的产业结构，推动经济社会的快速发展，2019 年新疆维吾尔自治区的 GDP 排名位列 31 省份中第 25 位。伴随着供给侧改革的不断深化和“一带一路”倡议的进一步实施，新疆的经济快速发展，居民收入不断增加，生活水平不断上升。但是就目前来看，新疆的第一产业已经有了大幅度的下降，第三产业也有所发展，支柱型产业仍然是第二产业，目前新疆的工业化程度仍有待进一步提升。在新疆的第二产业当中主要以重工业为主，产业链相对较短，附加值偏低。整体来看新疆的产业结构仍需进一步优化，提升效率。在金融、投资等方面新疆不断快速发展，社会保障不断完善，科学教育水平不断提升，医疗卫生条件不断向好，资源环境保护开发能力不断增强。

内蒙古自治区发展速度较为平缓，受限于地理因素和基础因素，2019 年内蒙古自治区的 GDP 排名位列 31 省份中第 20 位。经济发展当中供给侧结构性改革推进深入，企业营收不断上涨，固定资产投资总额不断提升，交通运输、制造业投资一路向好，值得关注的是生态保护投资上升迅速。新动能持续发展壮大，煤炭产业逐渐下降，高技术制造业持续上涨，新能源发电增加值也快速增长。农业方面种植业发展态势平稳，畜牧业发展态势良好。工业方面企业发展态势良好，工业水平不断上升，工业产能进一步升级。社会投资方面固定资产投资持续向好，对外出口不断扩展，但外商投资有所减少。交通旅游业发展显示疲软态势，电信业务逐渐覆盖全区。人民生活水平不断上升，收入不断增多，医疗教育方面不断进步，培养高精尖人才，保障人民生命权益。

西北、北部边疆多民族地区的经济社会发展较为落后，产业结构较为老化，基础设施建设不足等一系列问题对当地的红色文化资源的保护与传承造成了较大的困难，一方面财政方面无力拿出专项资金对红色文化资源进行调查、保护与传承，另一方面当地的交通建设较为不足，对红色文化资源的调查产生了一定的影响，当地的水、电、网络等基础设施建设不足对红色文化资源的保护工作产生了一定的阻力。

（三）民族文化因素影响分析

我国西北、北部边疆多民族地区的民族文化十分丰富多彩，同时又具有共性，在生产生活中大多都是农牧兼营，在宗教上受伊斯兰教、佛教、基督教和天主教等宗教影响较为深厚，同时当地的民族文化又带有一定的互融性，这是因为我国西北地区自古以来就是不同民族在此交流交融的地区，多种文化在此碰撞形成了当地现有的民族文化。而北方边疆多民族地区的民族文化更多地为草原文化，受当地的生产生活方式影响，当地的草原文化十分具有特色。

新疆维吾尔自治区自古就是多民族聚居的地区，共有 47 个民族成分，在新中国成立前，由于帝国主义列强的阴谋和长期的历史遗留问题，各民族之间纠纷不断，新中国成立后，民族区域自治制度为新疆的民族文化继承与发展提供了制度保障，现在的新疆民族文化多样，各民族团结一致，在党的领导下传统的文化得以保留，并且不断推动当地民族文化发展。

内蒙古自治区有着悠久的历史，少数民族中蒙古族人数较多，由于蒙古族畜牧业较为发达，相关的民族文化也带有浓烈的草原文化气息，草原盛会那达慕、蒙古包、祭敖包充分体现了蒙古族民众的生活方式和宗教信仰，安代舞、内蒙古民歌很好地反映了蒙古族同胞的日常生活。

在城市化的进程当中，西北、北部边疆多民族地区的民族文化不仅受到了文化变异的冲击，而且面对文化的涵化，少数民族文化无力阻挡城市化推进带来的结果，不同少数民族文化在文化的涵化过程当中出现了抗拒的现象，尤其是在老一代人的身上，面对新型文化的冲击，他们的抗拒尤其强烈，在保护和传承红色文化的工作当中，政府应当建立起一个优化的结构框架，以红色文化为核心增强对民族文化的自信心和自豪感，一方面对当地的民族文化进行活态保护，在传承红色文化内核的前提下对民族文化进行进一步的发展，将民族文化和红色文化的保护与传承有机结合，另一方面需要加深红色文化中的爱国主义思想教育，防止民族文化的“地方化”的扩大。

三、影响东北边疆多民族地区红色文化资源保护与传承的基本外部因素分析

（一）地理环境因素影响分析

东北边疆多民族地区包括黑龙江、吉林和辽宁三个省份，地貌特征上整体来看以平原为主，地势西高东低，同时山地众多，大、小兴安岭和长白山系中拥有着丰富的林地，延长了冰雪消融的时间。气候特征上受纬度和地形影响，整体来看冬季寒冷漫长、夏季暖湿短暂，年降水量自东南至西北递减，由 1000 毫米降至 300 毫米，是典型的温带季风气候。

由于东北边疆多民族地区的地势较为平坦，适合文化的交流与沟通，在红色文化的调查和保护方面有着其他地区不可比拟的天然优势。

（二）经济社会发展因素影响分析

东北边疆多民族地区资源丰富，具有发展特色农业、特色矿产、特色旅游等产业的先天优势条件，土地面积广阔，拥有丰富的矿产资源、水资源和林业资源。从产业结构来看，东北地区曾是我国重要的工业基地，工业化水平较高，同时东北地区的黑土地肥力高、适合农耕，使得东北地区成为“北大仓”，但是东北地区的经济发展极其封闭，目前的产业结构已经不适应当今的社会需求，在经济的开放与改革优化方面东北边疆多民族地区面临着巨大的挑战。从基础设施来看，东北边疆多民族地区的基础设施建设较为完善，交通运输和通信邮电已经形成网络。从社会人口来看，东北地区的生育率较低，人口流出率高，人口老龄化严重。

东北边疆多民族地区的经济社会发展程度相较而言稍好于其他被调查地区，但是由于其产业结构老化、人口老龄化严重等一系列经济社会问题，造成了在红色文化资源的保护与传承上显露疲态，优质人才不断外流，财政支持无法跟进等现象为红色文化资源的调查、保护与传承带来了挑战。

（三）民族文化因素影响分析

我国东北边疆多民族地区的少数民族众多，特征较为明显，在语言文字、风俗习惯、服饰等方面均有特色，在伦理纲常、价值观念方面也有所区别，但是整体来看由于自然地理、人文环境较为接近，生产生活方式较为相通，同时受气候影响当地气候干燥，冷暖多变，给东北边疆的少数民族带来了豪迈朴实、精神爽朗的格调。近代以来，不同民族的交往交流交融不断加深使得当地的民族文化有了多元化的特征，东北边疆多民族地区的民族文化不断发展。

伴随着当地民族文化的不断发展，东北边疆多民族地区的民族文化逐渐获得新生，在建设社会主义国家的进程当中，东北地区作为“共和国长子”，其民族文化和红色文化在社会发展的过程当中获得了新的内涵和发展，“大庆精神”“铁人精神”不断涌现，“抗联精神”也在东北全面振兴的背景下重新提起。在东北相对苦寒的自然环境当中，东北边疆多民族地区的人民不断推动红色文化资源的进一步发展。

第八章　边疆多民族地区红色文化资源保护与传承的发展趋势

第一节　西南边疆多民族地区红色文化资源保护与传承的发展趋势

红色文化是中华民族的精神标识，也是对青年进行思想政治教育的宝贵资源。近年来，随着大数据、人工智能等信息技术的发展，西南边疆多民族地区的红色文化资源如何进一步科技化，补足人民的“精神之钙”，成为当务之急。针对西南边疆多民族地区红色文化资源保护与传承工作中的现有问题分析，本研究认为在后续的工作中需要红色文化资源的信息化建设，增多红色文化资源的科技化融合，以更好地整合利用好当地的红色文化资源。

在秉承原则方面：第一，要遵循系统性的原则。红色文化资源的产生与发展具有十分密切的关联性和相关性的，对红色文化资源进行系统性的收集和梳理，将有利于减少冗杂重复的信息，相关管理工作以系统性的角度去进行，将会十分清晰明了，同时也为后续构建信息管理系统做下了工作基础。

第二，要遵循开放性和标准化的原则，开放才能共享，共享才能发展，红色文化资源的信息化建设需要加强不同地区和不同类型的红色文化资源的沟通与整合，以标准化作为工作原则将有利于统一整理红色文化资源，同时相关数据的标准化建设将有利于多方共享，共同建设的工作机制，实现红色文化资源的价值挖掘和内涵创新。

第三，要与大数据技术紧密联合，现代信息技术快速发展的今天，人工智能、区块链等技术将很快融入人们的日常生活当中，加快与此类高新科技的结合，将有利于信息的传递与共享，实现业务创新和价值创造的大数据的“4V”特征，决定了其数据处理技术与利用方式的转变，也是红色文化资源信息化进程中需要重点考虑的因素。

第四，要秉承不断创新科技服务模式。一方面是在学校教育当中，加强相关科学技术的应用，让红色文化教育更加具有趣味性和灵活性，通过深挖需求、灵活应变、创新形式，不断探寻红色文化教育的新型模式。另一方面是在红色文化产业化的过程当中，尤其是在红色旅游当中，利用现代陈展技术，将游览和体验相融合，不断推进沉浸式旅游体验，带动红色旅游的快速发展。同时还可以利用红色文化数字化服务，加速与社会资本的融合，创新出新的商业模式，催生出红色文化产业的新业态。

在具体实践方面：第一，建设红色文化数字资源库。数字资源库的建立是保护红色文化资源最直接有效的方式，也是促进红色文化传播、让红色文化“活起来”的重要手段。为此，中共中央办公厅、国务院办公厅先后印发了《关于实施中华优秀传统文化传承发展工程的意见》《关于实施革命文物保护利用工程（2018—2022 年）的意见》等文件，指出要强化战略思维，加强对红色文化资源数字化的组织领导，加大财政投入，扎实推进。强调要切实做好“革命文物资源目录和大数据库”“适度运用现代科技手段，增强革命文物陈列展览的互动性体验性”等工作，真正让红色文化“活起来”。一方面，要对各地的红色文献、图片、纪录片、声音、文物等进行数据收集、挖掘、梳理与整合，建立基础数据库。同时，利用人工智能、3D 影像、VR 网络虚拟现实等技术，将红色文化转化为影像、文字和三维再现数据等数字模式。另一方面，要充分挖掘红色文化资源内涵，开发各具特色的数字化创意产品，提升红色文化数字化资源库的利用率。

第二，提升红色文化数字传播效度。红色文化的传播如果只是简单地通过橱窗中的一双草鞋、一根扁担、一件旧衣、一幅图片的静态方式，很难向青年展示自己“前世今生”和深刻内涵，必须通过精准化个性化传播手段，让红色文化“立体、丰满”起来。要通过大数据技术，将各种红色文化资源，如红色精神、红色展馆、红色旧址、红色故事甚至红色旅游等通过数字化个性化处理，充分挖掘各自的独特价值，形成特色，从而实现精准化个性化传播。在 2016 年，贵州的“四渡赤水 VR 战争体验中心”，就曾针对青年人推出全新的长征精神体验项目，通过数字技术手段，将 VR 技术与红色故事完美结合，在虚拟现实中再现了著名的“四渡赤水”战役，给人留下了深刻的印象。此外，采用精准化个性化手段，既能符合青年的数字化思维方式，消除疏离感，又能契合红色文化本身的精神内涵，使红色文化“活起来”，提升传播效度。

第三，搭建红色文化数字共享平台。数字化共享平台的建立既是推进红色文化数字化的必然要求，也是拓展思想政治教育数字资源的必要手段。首先，充分利用数字媒介传播范围广的优势，搭建各地独具特色的红色文化数字化平台、频道等，如湖北红色历史文化数据库就将湖北的红色名人、红色地标、革命史实、历史图片等进行整合，并提供搜索引擎，为在线享用当地的红色文化资源提供了极大便利。其次，推动国家和地方主流数字媒介之间的层级交流与合作共享。由国家整体规划，对红色文化资源进行整体性挖掘与结构性整合，在国家战略层面搭建起红色文化资源数字化共享平台。2016 年新华报业在国家“一带一路”倡议下，采用“虚拟出镜采访”形式，推出云走“一带一路”项目，通过“四网一端”全面展示了江苏在经贸和人文领域对外交流的成果，是红色文化资源数字化整合的有益探索。最后，各地红色文化数据库的建设，应突出本地特色，避免千篇一律，借助大数据技术、精准定位，打造独具特色的红色文化品牌，使红色文化更具吸引力。

第四，增强红色文化数字教育实效性。构建动态预测大数据模型是在精准定位基础上，依托大数据的高速度和精确性，打造动态化教育体系，实现红色文化数字化教育的目标。首先，动态把控红色文化数字化教育中的需求。利用大数据对青年群体在搜索与浏览时产生的实时需求、停留时间、转载点评等信息进行精细捕捉，精准推送相关红色文化信息，让红色文化走出“深闺”。其次，定位网络群体浏览习惯、关注度、参与性的差异，进行精准研判，利用数据分析工具快速建立预测性模型，从横向和纵向两个方面，立体化地分析红色文化资源的利用率和影响力，从而为接下来的教育活动提供有效参考。最后，针对不同传播媒介受众群体的不同，分析红色文化资源对不同年龄、不同阶层、不同教育背景等青年群体的影响程度，动态把握他们的思想变化趋势，提高对青年的思想情感和价值观预测的准确性，甚至对教育效果进行实时评估。我们可借鉴国外博物馆的展览技术，通过传感器采集观众的停留时间、拍照行为等数据，分析不同人群参观模式，实时评估参观效果，及时改进展览方案。构建动态预测大数据模型，不仅可以提升红色文化的传播价值，也能增强红色文化数字化教育的实效性。

第二节　西北、北部边疆多民族地区红色文化资源保护与传承的发展趋势

针对西北、北部边疆多民族地区红色文化资源保护与传承工作中的现有问题分析，本研究认为在后续的工作中需要加强社会宣传，并以红色文化提升国家认同。

第一，要加强利用红色文化符号，以文化符号来带动人民对红色文化的认同。文化符号是展现文化内涵的重要形式，红色文化符号正是展示红色文化的抽象体现，是红色文化展现的重要载体，它能够有效地唤醒、教育、传播人们心中

的红色记忆和红色信念。中国共产党在新民主主义革命时期积淀了大量的红色文化符号，这些符号蕴含着华夏儿女的情感与记忆，是当今社会增进“五个认同”的重要标识。红色文化符号的内在意义决定了在传承红色文化工作中的重要作用，它是加强爱国主义教育的有效载体。因此在红色文化资源保护与传承的过程中，要充分发挥红色文化符号的重要作用，利用好现有传播媒介，利用建筑、歌舞等多种方式将红色文化符号内在的精神展现出来，并且要进一步挖掘红色文化符号背后的象征意义，更好地强化其表征作用，唤醒人民记忆，增强其文化认同感。

第二，要进一步发挥红色文化在社会当中的引导作用，加强红色文化与当地文化的结合，进而实现当地群众对红色文化的认同，自发地保护与传播。目前西北、北部边疆多民族地区特有的区位环境和民族构成使得当地社会当中的文化和价值观具有丰富性的特征，一方面这是中华民族的文化瑰宝，另一方面也为我们的社会带来了一定的挑战，在这个时期利用好红色文化这一特殊的文化结晶，将十分有利于当地的文化发展和价值观念的建设。红色文化是社会主义先进文化的重要构成，代表着社会主义文化的前进方向，红色文化加强对当地文化和价值观念的引导，有利于引领社会思潮正常化发展，消减社会文化离心力，增进社会成员之间的团结力，构建国家、文化归属感，进而保障国家安全，维护社会稳定。

第三，加强红色文化实践活动，以社会实践带动红色文化的保护与传承。社会记忆可以通过社会实践进行传播，并内化到个人的记忆当中，进而对个人产生影响。这种社会实践对人的影响是润物细无声的。红色文化的保护与传承工作可以通过这种方式进行带动。由于红色文化具有丰富形式，相关的社会实践方式选择多元，注重社会性的红色文化实践活动有利于让社会成员有沉浸感，对红色文化加深认同，进而自发地对红色文化进行保护与传承。

第三节　东北边疆多民族地区红色文化资源保护与传承的发展趋势

针对东北边疆多民族地区红色文化资源保护与传承工作中的现有问题分析，本研究认为在后续的工作中需要加强红色文化资源市场化进程，不断推动当地对红色文化资源的经济认同，以红色文化资源的开发带动当地的产业升级和产业结构调整。

第一，转型升级，文化创新是红色文化产业化发展的内在要求。东北边疆多民族地区红色文化资源开发需要加快升级转型，以创新驱动红色文化产业化发展。现阶段当地的红色文化产业结构急需优化升级，红色文化产业链仍需延长，红色品牌较为欠缺，红色文化内涵研究不深。在当今社会多元文化的背景下，大众选择文化产品的方式也呈现多样化，文化内容研究的停滞会导致文化吸引力的下降，进一步导致文化产业发展的动力不足，所以东北边疆多民族地区下一阶段红色文化的产业化发展需要加强红色文化内涵的挖掘，加快红色文化产业发展模式的转型，提高红色文化产业链的附加值，对红色文化产品进行形式和内容上的创新，推动红色文化产业的良性发展。

第二，以文化创意带动文化产业发展。文化创意来源于组织或个人的创造，通过提供特定的文化服务以获取经济效益或社会效益，文化创意是推动文化产业发展的重要基础。文化的创造力在红色文化上体现在不断激发红色文化的创新性和生命力，红色文化资源虽然形式多样、内容丰富，但是集中体现在一定的历史时期当中，其文化内涵较为集中，审美样式较为单一，这就容易导致受众在接受红色文化的时候会出现疲惫感，在此基础上需要对红色文化的表现形式进行创新，基于红色文化内涵的基础，不断更新展现形式，来满足大众的审美需求。

第三，加快品牌建设，激发红色文化产业化活力。市场中，品牌可以使得受众和投资人快速识别文化产品。获取市场的最优方式就是利用品牌效应，在商品内容同质化的今天，如何利用好品牌来提升产品的竞争力是推广产品、传播文化的重要手段，所以需要加快树立当地红色文化产品的品牌来激发红色文化产业化活力。

第四，生态文化是红色文化产业可持续发展的重要基础。从文化产业可持续发展角度来说，红色旅游产业，特别是在较贫穷、偏远的或规模较小的红色资源区域的开发利用，因资金不足、创意人才的缺乏等因素，基础设施落后，文化原创力不够，文化产品单一，对区域文化的红色特质挖掘不够深，甚至有些地方资源的开发只是贴上了红色标签，粗放型发展造成了资源的浪费，虽取得短期的经济效益，但无助于文化产业的永续发展、红色文化的传承与发展。应该更加注重长远发展的经济增长模式；注重“高效”“低耗”的生态文化发展，既满足当代人的文化需求，又不损害后代人满足其需求的能力。

参考文献

[1] 齐卫平. 五四运动结缘马克思主义的历史叙事 [J]. 当代世界与社会主义, 2019 (2): 23 –30.

[2] 石仲泉. 五四运动的五大历史贡献 [N]. 中国纪检监察报, 2019 –04 –25 (005).

[3] 王明钦. 中国共产党的早期组织对传播马克思主义的贡献 [J]. 史学月刊, 1991 (4): 67 –74.

[4] 苏若群. 试论中国共产党创建时期的理论准备 [J]. 湖北行政学院学报, 2012 (1): 72 –76.

[5] 文平, 何延海. 忆往昔峥嵘岁月稠 [J]. 走向世界, 2021 (27): 8 –11.

[6] 陈家新. 香港海员大罢工　中国工人阶级第一次同帝国主义的有组织较量 [J]. 工会博览 (下旬版), 2015 (2): 61 –63.

[7] 董奇. 中共二大: 中国共产党独立自主的最初尝试 [J]. 上海党史与党建, 2017 (11): 15 –18.

[8] 石冀. 安源路矿工人大罢工 [J]. 工会博览, 2002 (10): 68 –69.

[9] 姚远, 戈秋艳, 蒋国海. 李大钊的革命动员策略与开滦五矿工人大罢工 [J]. 北京印刷学院学报, 2019, 27 (5): 15 –19.

[10] 尚连山, 苏若群. 从解密档案看中共三大的三个问题 [J]. 中共党史研究, 2013 (9): 123 –126.

[11] 李颖. 中共四大历史意义探析 [J]. 中共党史研究, 2015 (1): 35 –46.

[12] 冯筱才. 沪案交涉、五卅运动与一九二五年的执政府 [J]. 历史研究, 2004 (1): 45 –62, 192.

[13] 杨天石. 蒋介石与前期北伐战争的战略策略 [J]. 历史研究, 1995 (2): 69 –81.

[14] 申晓云. 四一二前后的蒋介石与列强 [J]. 历史研究, 2000 (6): 96 –106, 192.

[15] 中共五大对党的建设的历史贡献 (上) [J]. 党员干部之友, 2021 (7): 46.

［16］中共五大对党的建设的历史贡献（下）［J］. 党员干部之友，2021（7）：46.

［17］周宣佐．“八七会议”中毛泽东理论的影响［J］. 理论观察，2019（6）：39－41.

［18］陈洪模．再探南昌起义与秋收起义的异同及其原因［J］. 江西师范大学学报（哲学社会科学版），2017，50（4）：24－32.

［19］蒋贤斌，刘坚．“三湾改编”历史叙述的生成［J］. 党史研究与教学，2017（6）：19－29.

［20］赵丛浩．毛泽东如何带领革命队伍克服失败危机——从秋收起义到井冈山的斗争［J］. 井冈山大学学报（社会科学版），2019，40（6）：19－27，68.

［21］韩泰华．关于中共六大研究的若干问题［J］. 中共党史研究，2008（4）：37－44.

［22］毛泽东选集：第1卷［M］. 北京：人民出版社，1991.

［23］余伯流．毛泽东同志“工农武装割据”思想形成的历史考察［J］. 江西社会科学，1987（5）：99－104.

［24］黄少群．论古田会议精神与中国革命的胜利［J］. 苏区研究，2020（6）：22－39.

［25］孙力，田志轩．从古田会议看中国共产党政治建设的奠基［J］. 理论与改革，2019（5）：107－115.

［26］丁云．国民党政府的“攘外必先安内”政策之探析［J］. 历史教学问题，2016（6）：45－51.

［27］金冲及．对遵义会议的历史考察［J］. 中共党史研究，2015（1）：13－29.

［28］杨奎松．第二次国共合作的形成［J］. 近代史研究，1985（3）：60－89.

［29］王华锋，谢金容，刘建华．“一二·九”运动掀起全国抗日救亡新高潮［J］. 党员文摘，2020（9）：26－27.

［30］梁俊英．瓦窑堡会议与抗日民族统一战线的形成［J］. 文史春秋，2016（9）：29－31.

［31］刘庭华．蒋介石“攘外必先安内”的国策与西安事变的爆发［J］. 军事历史，2019（6）：35－47.

［32］范立君．“联合抗日”与“统一救国”的争论——西安事变前后中国舆论的分歧与整合［J］. 吉林大学社会科学学报，2017，57（5）：92－101，205.

［33］于化民．中共中央对七七事变性质、走势的判断和因应［J］. 中共党

史研究，2017（7）：29－41.

[34] 范会民．国共第二次合作及其历史启示［A］．中国延安精神研究会、中共山西省委宣传部、山西省延安精神研究会．纪念中国人民抗日战争暨世界反法西斯战争胜利70周年理论研讨会论文集［C］．中国延安精神研究会、中共山西省委宣传部、山西省延安精神研究会：中国延安精神研究会，2015：3.

[35] 栗莉．关于平型关大捷的研究综述［J］．山西青年，2016（11）：67－68.

[36] 白竟凡．论日军在冀中推行的囚笼政策［A］．中国抗日战争史学会、中国社会科学院近代史研究所、美国日本侵华研究学会、美国南伊利诺伊大学．第二届近百年中日关系史国际研讨会论文集［C］．中国抗日战争史学会、中国社会科学院近代史研究所、美国日本侵华研究学会、美国南伊利诺伊大学：中国社会科学院近代史研究所，1993：5.

[37] 王温馨．浅析百团大战简史及历史意义［J］．党史博采（下），2021（1）：42－44.

[38] 曾凡云．蒋介石与皖南事变的发生［J］．北京师范大学学报（社会科学版），2015（4）：127－133.

[39] 石仲泉．毛泽东与延安整风运动——纪念延安整风运动70周年［J］．毛泽东邓小平理论研究，2012（6）：62－74，116.

[40] 张旭东．"惩前毖后、治病救人"的内在逻辑与创新发展［J］．人民论坛，2020（21）：88－91.

[41] 宋凤英．《关于若干历史问题的决议》与延安整风时期的党史研究［J］．北京党史，2011（4）：28－30.

[42] 张炯．论《在延安文艺座谈会上的讲话》的传播与影响［J］．兰州学刊，2017（8）：5－18.

[43] 鲁雷．论中共七大与党的指导思想的确立［J］．西安政治学院学报，2016，29（6）：52－56.

[44] 黄延敏．中共七大政治路线对抗战胜利和新民主主义革命胜利的重要意义［J］．思想理论教育导刊，2015（8）：42－48.

[45] 张小满．国民党与《双十协定》的签订［J］．史学月刊，1994（4）：102－104.

[46] 时文生，杨晓玲．"帝国主义和一切反动派都是纸老虎"论断的形成过程——以《和美国记者安娜·路易斯·斯特朗的谈话》的传播为中心考察［J］．毛泽东研究，2020（6）：76－85.

[47] 杨明伟．毛泽东对十大军事原则的辩证思考［J］．湘潭大学学报（哲

学社会科学版)，2017，41 (4)：1 -7.

[48] 刘志青．锦州战役：辽沈战役关门之战 [J]．党史博览，2019 (7)：40 -46.

[49] 孙丽．论毛泽东战略决战理论对辽沈战役的杰出指导 [J]．黑龙江史志，2013 (17)：79 -80.

[50] 于化庭．淮海战役中毛泽东的全局指导 [J]．党的文献，2019 (2)：43 -51.

[51] 吕臻．一次具有党的代表会议性质的中央全会——纪念中共七届二中全会召开70周年 [J]．思想理论教育导刊，2019 (6)：32 -37.

[52] 逄立左．为建立中国特色社会主义民主政治制度奠基　中国人民政治协商会议第一届全体会议的历史地位述略 [J]．政协天地，2019 (10)：109 -113.

[53] 姜辉，龚云．中华人民共和国成立的伟大历史意义 [J]．党课参考，2019 (16)：104 -111.

[54] 胡献忠．“五四”的百年沧桑与青年的历史担当 [J]．青年探索，2019 (1)：51 -59.

[55] 彭世杰．红船精神理想信念教育价值的内在逻辑、历史语境和实践路径 [J]．毛泽东思想研究，2017，34 (4)：90 -96.

[56] 曹京燕，卢忠萍．井冈山精神的新时代内涵与价值实现 [J]．江西社会科学，2018，38 (10)：225 -232.

[57] 梅黎明．长征精神的历史形成及其时代价值探析 [J]．毛泽东思想研究，2016，33 (6)：93 -98.

[58] 赵刚印．陕甘宁边区大生产运动的历史背景及意义 [J]．宁夏大学学报 (人文社会科学版)，2005 (4)：47 -51.

[59] 王璇．西柏坡精神内涵及当代价值解析 [J]．毛泽东思想研究，2018，35 (6)：20 -24.

[60] 朱丽，李美．游客需求视角下的乡村红色旅游发展困境及应对 [J]．农业经济，2020 (3)：48 -50.

[61] 刘国祥．兴隆洼文化聚落形态初探 [J]．考古与文物，2001 (6)：58 -67.

[62] 刘兴宇．林西县西山革命烈士纪念园 [J]．实践 (党的教育版)，2021 (6)：64.

[63] 八路军驻新疆办事处纪念馆 [N]．中国纪检监察报，2010 -10 -08 (004).

[64] 血沃天山——乌鲁木齐烈士陵园 [J]．神州，2008 (11)：94 -95.

[65] 王英杰．历史虚无主义思潮影响红色文化育人的典型表现 [J]．新乡学院学报，2017，34 (10)：7-9.

[66] 李阎．中国青年红色文化认同：诉求、困境和对策 [J]．保定学院学报，2019，32 (5)：37-43.

[67] 杨海霞．红色文化的内化困境及对策探析 [J]．思想政治教育研究，2020，36 (4)：129-133.

[68] 王家荣，杨宇光，朱小理．转化："红色资源"从育人困境中突围的关键 [J]．南昌大学学报（人文社会科学版），2010，41 (1)：16-19.

[69] 陈筱莉．红色文化的网络传播困境及出路 [J]．新闻传播，2019 (24)：34-36.

[70] 何彦霏．边疆民族地区主流意识形态传播的困境与策略 [J]．云南民族大学学报（哲学社会科学版），2019，36 (3)：18-23.

[71] 王燕萍．四平战役纪念馆全国爱国主义教育基地（六十九）[J]．党史文汇，2020 (12)：2.

[72] 石培新．红色旅游教育功能提升与可持续发展机制创新 [J]．宏观经济管理，2020 (5)：83-90.

[73] 吴越，于广莹．大数据时代红色文化传承的困境与路径研究 [J]．现代交际，2019 (24)：90-91.

[74] 丁忠毅．"一带一路"建设中的西部边疆安全治理：机遇、挑战及应对 [J]．探索，2015 (6)：121-126.

[75] 刘有军，谢贵平．"一带一路"视域下西部边疆非传统安全：威胁及应对 [J]．太平洋学报，2020，28 (7)：67-79.

[76] 张光雄．新时代抵御边疆民族地区党的执政风险研究 [J]．云南行政学院学报，2020，22 (2)：90-94.

[77] 叶振宇．东北地区经济发展态势与新一轮振兴 [J]．区域经济评论，2015 (6)：61-67.

[78] 高志英．多元宗教与社会和谐——云南少数民族宗教信仰发展问题调查研究 [J]．云南行政学院学报，2008 (3)：54-58.

[79] 周世中．我国西南民族地区宗教事务治理法治化路径探析 [J]．南海法学，2017，1 (6)：81-86.

[80] 徐百永．中国共产党有关西藏宗教的认知演变与政策研究 [J]．中国边疆史地研究，2019，29 (2)：99-109，214-215.

[81] 何虎生，胡竞方．新中国·新时期·新时代：坚持我国宗教中国化的发展历程研究 [J]．世界宗教研究，2020 (1)：1-13.

[82] 赵小芳，耿建忠，宋金平．近60年来新疆产业结构演进过程与机理分析［J］．干旱区资源与环境，2011，25（3）：1－7.

[83] 顾金龙，陈文山，陈晓雪．我国西北少数民族地区新农村建设的特殊性［J］．江苏农业科学，2008（4）：1－4.

[84] 高永久，刘庸．城市化背景下西北少数民族文化的保护与开发利用［J］．西北民族大学学报（哲学社会科学版），2005（6）：48－54.

[85] 陈慧，许瑞芳．坚持宗教中国化方向的几点思考——以内蒙古宗教中国化的探索为例［J］．中国宗教，2019（4）：62－63.

[86] 阎秋红．萨满教与东北民间文化［J］．满族研究，2004（2）：56－59.

[87] 朱海峰．文旅融合背景下公共图书馆研学旅行服务的供给与创新［J］．大学图书情报学刊，2021，39（1）：69－73.

[88] 陈俊秀，吴千漉．困境与突破：红色文化资源信息化路径刍议［J］．湖北广播电视大学学报，2020，40（4）：37－43，64.

[89] 刘正岐，邵泽云．基于SOA的红色文化资源数字化管理模式的创新与实践［J］．无线互联科技，2015（4）：71－74.

[90] 张文馨，李姗姗，张睿，任世晴．社会记忆视域下数字红色文化遗产资源的建构与开发［J］．北京档案，2021（6）：31－34.

[91] 黄晓通，李玉雄．中国共产党红色文化符号的美育功能及实践路径［J］．当代教育与文化，2021，13（4）：15－20.

[92] 张珊．论红色文化融入时代新人培育的实践［J］．广西青年干部学院学报，2020，30（6）：75－79.

[93] 苏英伟，潘晓燕．基于旅游产业集群视角的江西红色文化产业创新发展研究［J］．东华理工大学学报（社会科学版），2018，37（2）：115－118.

[94] 何丽萍．用大融合战略推进桂北地区红色旅游品牌建设——兼论桂北地区红色文化的新时代内涵［J］．社会科学家，2020（4）：68－74.

[95] 陈俊．红色文化传承与绿色生态发展协同推进的逻辑思考［J］．成都大学学报（社会科学版），2020（5）：10－15.

后　记

“走的再远都不能忘记来时的路”，这是《习近平谈治国理政》第三卷中第十九专题的开篇第一章，习近平总书记强调，“共和国是红色的，不能淡化这个颜色”。红色文化资源是共和国的生命之源，是中国共产党百年奋斗的力量之源，是铸牢中华民族共同体意识的重要基础，能够为实现中华民族伟大复兴的增添动力。从上海中共一大会址到浙江嘉兴南湖红船、从江西于都中央红军长征集结出发地到甘肃高台中国工农红军西路军纪念馆，从沂蒙山老区华东革命烈士陵园到大别山老区金寨县红军纪念堂，党的十八大以来，习近平总书记遍访革命故地、红色热土，就是为了不断解读党的初心。用好红色资源，讲好红色故事，搞好红色教育，让红色基因代代相传，才能够让我们党领导人民进行的伟大社会革命继续推进下去，才能够以团结奋进的精神状态迈上全面建设社会主义现代化国家新征程。在“两个一百年”奋斗目标交汇之时，全国各族人民应当充分保护好、利用好、传承好红色文化资源，从中汲取永不衰竭的动力，早日实现中华民族的伟大复兴。

边疆多民族地区的红色文化资源十分丰富，红军长征、血战湘江、四战四平、百色起义、彝海结盟等重要历史事件为边疆多民族地区留下了十分丰富的红色文化资源，乌兰夫、赵尚志、韦拔群、陈潭秋等老一辈革命家在边疆多民族地区的红色事迹至今仍深深地影响着我们。在推进中国特色社会主义伟大事业、实现中华民族伟大复兴的征程上，边疆多民族地区的红色文化资源需要得到充分的保护和利用，才能够强有力地推动边疆多民族地区的经济社会发展，才能够增强各族人民的政治认同，才能够让各族人民树立文化自信。

保护和传承边疆多民族地区红色文化资源将增进民族团结。在边疆多民族地区，各族群众一同创造了历史悠久的中华文化，特别是在近代以来，中国共产党在广大少数民族地区宣传革命思想，留下了红色的火种，带领各族人民一同抵御外来侵略、夺取革命成功，创造了红色文化，留存下来的红色文化资源正是各民族团结奋斗的历史见证和共有记忆。保护好、传承好这一重要的文化资源，将成为开展民族团结进步教育、铸牢中华民族共同体意识的重要路径。

保护和传承边疆多民族地区红色文化资源将唤醒共有记忆。红色文化作为一种特殊的文化现象和意识形态，是中国共产党在革命时代领导全国各族人民创建的。在中国特色社会主义新时代到来的今天，仍然面临着发展不平衡不充分的社会现实，国内文化竞争日益激烈，国际局势日益复杂，红色文化面临着被消解、边缘化的现实问题。保护和传承边疆多民族地区红色文化资源，将凸显出追求民族团结和国家统一在边疆多民族地区红色文化资源中的根基地位，将唤醒各族人民的集体记忆，只有将红色文化资源留存下来，才能够维护民族团结和国家统一。

保护和传承边疆多民族地区红色文化资源将维护社会和谐。边疆多民族地区红色文化资源中蕴含着丰富的崇高理想信念和精神财富，忠诚爱国、艰苦奋斗、无私奉献等理想信念在建设和谐社会的今天依然有着强大的生命力，保护和传承边疆多民族地区红色文化资源将为重构新时代和谐民族关系和和谐社会提供重要的思想基础。同时，在文化多元化的今天，红色文化还担任着丰富精神世界、引领社会风尚、传播正能量的重要作用，保护和传承边疆多民族地区红色文化资源将加强边疆各族人民的思想道德建设，增强各族人民的凝聚力，推动我国边疆地区的和谐与稳定。

保护与传承边疆多民族地区红色文化资源将带动经济发展。当前我国社会主要矛盾已经转化为人民日益增长的美好生活需要同不平衡不充分的发展之间矛盾，脱贫攻坚战已经取得了全面胜利，如何让各族人民的日子过得越来越红火成为了边疆地区发展的重要问题。红色文化资源不仅仅是一种文化资源，同样也是一种重要的经济资源，在推动边疆多民族地区经济转型、引领经济高质量发展的道路上有着十分重要的作用。保护和传承边疆多民族地区红色文化资源，将为边疆多民族地区的社会发展提供坚实的意识形态保障和精神源泉，将为边疆多民族地区发展旅游业、文化产业提供关键的资源支撑，将使全体人民在共建共享发展中获得更多的获得感与成就感。

访革命圣地，忆峥嵘往昔。在进行实地调研和文献研究的过程中，革命先烈的英勇事迹不断感染着我。本书是我主持的2018年度国家社科基金重大项目“边疆多民族地区红色文化资源调查、保护与传承研究”（18ZDA270）的主要研究成果。在研究的过程中新冠肺炎疫情为我国人民的工作和生活带来了重大的冲击，也为课题组外出调研带来了巨大的挑战，但是课题组成员依旧克服了重重困难，完成了课题的相关调研工作，该书才能够顺利出版。回想起本书的撰写过程，课题组的成员从确定写作提纲、查阅文献，到实地调研，理论分析，既有艰苦和不易，也有快乐和成就。

我还要感谢课题组成员中国社会科学院民族学与人类学研究所所长王延中研究员、中国社会科学院马克思主义研究院邓纯东研究员、新疆师范大学副校长孙秀玲教授、延边大学民族研究院院长朴今海教授、广西民族大学发展规划处处长陈媛教授，在他们的支持下，课题组才能够深入西北、北方、东北、西南地区进行深入调研，进而获得了大量的有益于本书研究的一手资料。感谢经济科学出版社李晓杰对本书出版所付出的辛勤劳动，感谢在本书的校对和出版过程中所有付出心血的朋友们。

卞成林

2022 年 8 月

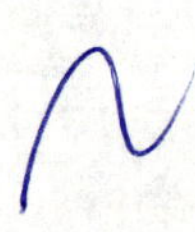